Law of Tax

税法

（第9版）

主　编　王红云

副主编　李　蕾　李树奇

21世纪会计系列教材

Accounting
classics

中国人民大学出版社
· 北京 ·

图书在版编目（CIP）数据

税法/王红云主编. —9 版. —北京：中国人民大学出版社，2019.7
21 世纪会计系列教材
ISBN 978-7-300-27090-6

Ⅰ.①税… Ⅱ.①王… Ⅲ.①税法-中国-高等学校-教材 Ⅳ.①D922.22

中国版本图书馆 CIP 数据核字（2019）第 132386 号

省级优秀教材
省级"十二五"规划教材
21 世纪会计系列教材
税法（第 9 版）
主　编　王红云
副主编　李　蕾　李树奇
Shuifa

出版发行	中国人民大学出版社				
社　　址	北京中关村大街 31 号		邮政编码	100080	
电　　话	010－62511242（总编室）		010－62511770（质管部）		
	010－82501766（邮购部）		010－62514148（门市部）		
	010－62515195（发行公司）		010－62515275（盗版举报）		
网　　址	http://www.crup.com.cn				
经　　销	新华书店				
印　　刷	中煤（北京）印务有限公司		版　　次	2011 年 9 月第 1 版	
规　　格	185 mm×260 mm　16 开本			2019 年 7 月第 9 版	
印　　张	21 插页 1		印　　次	2021 年 1 月第 6 次印刷	
字　　数	460 000		定　　价	49.00 元	

前　言

感谢广大教师和读者的厚爱，截至2019年5月，《税法》教材已经销售超过23万册。本教材2013年荣获云南省高校精品教材奖，2014年入选云南省"十二五"规划教材。

本教材有配套的习题和答案，同时，中国人民大学出版社网站提供了教学大纲、配套课件、国家税务总局等网站的部分精彩视频、税法案例、企业所得税年度纳税申报表的样表等教学资源。

本教材于2011年9月推出第1版。2019年4月，我国一般纳税人的增值税税率第二次进行调整，为此，本教材对第3章"增值税"、第4章"增值税普通发票和专用发票"进行了大幅修改，现推出第9版。本教材在第8版中已针对个人所得税中综合所得征收、专项附加扣除等变化，进行了"个人所得税"一章的重新编写。本教材每版均多次重印。

我主编的教材（《纳税会计》《会计法规》《税法》等）曾荣获中国大学出版社协会优秀畅销书二等奖、中国书刊发行业协会"全行业优秀畅销书"、云南省优秀教材、云南省精品教材（2本）和云南省"十二五"规划教材（3本）。这是广大师生给以喜爱的结果。我们热切希望这个载有我们教学体会的产品能够继续得到广大读者的喜爱和支持，谢谢您的选用！

第9版根据增值税、企业所得税、个人所得税等内容的最新相关规定，对增值税、企业所得税和个人所得税的相关内容和例题进行了大幅度的修改和完善。同时，更新了相关的习题和答案，课件也进行了相应调整。

具体修订内容如下：

1. 政策依据：自2019年4月1日起，增值税一般纳税人发生增值税应税销售行为或者进口货物，原适用16%税率的，税率调整为13%；原适用10%税率的，税率调整为9%。纳税人购进农产品，原适用10%扣除率的，扣除率调整为9%。纳税人购进用于生产或者委托加工13%税率货物的农产品，按照10%的扣除率计算进项税额。修订内容：修改和完善增值税的相关内容，包括例题和习题。

2. 政策依据：2018年8月31日第十三届全国人民代表大会常务委员会第五次会议通过《全国人民代表大会常务委员会关于修改〈中华人民共和国个人所得税法〉的决定》，对《中华人民共和国个人所得税法》进行了第七次修正。该决定从2019年1月1日起执行。修订内容：个人所得税的相关内容，包括例题和习题。

3. 政策依据：自 2018 年 10 月 15 日起，优化出口退（免）税企业分类管理。修订内容：优化出口退（免）税企业分类管理的相关内容。

4. 政策依据：自 2019 年 1 月 1 日起，对从事涉税服务人员实行个人信用记录制度。修订内容：税款征管的相关内容。

5. 政策依据：自 2019 年 4 月 1 日起，纳税人购进国内旅客运输服务，其进项税额允许从销项税额中抵扣。修订内容：一般纳税人进项税额的相关内容。

6. 政策依据：自 2019 年 4 月 1 日起，纳税人取得不动产或者不动产在建工程的进项税额不再分 2 年抵扣。修订内容：企业所得税的相关内容。

7. 政策依据：自中华人民共和国境外港口进入境内港口的船舶（简称应税船舶），应缴纳船舶吨税，自 2018 年 7 月 1 日起执行。修订内容：增加船舶吨税的相关内容。

8. 政策依据：2019 年 4 月 1 日至 2021 年 12 月 31 日，提供邮政服务、电信服务、现代服务和生活服务的生产、生活服务业纳税人可抵扣进项税额加计 10% 抵扣，抵减应纳税额。修订内容：增值税的相关内容。

9. 政策依据：自 2018 年 5 月 1 日起施行出口退（免）税申报相关问题的规定。修订内容：出口退（免）税的相关内容。

10. 政策依据：自 2020 年 7 月 1 日起，启用《中华人民共和国企业所得税月（季）度预缴纳税申报表（A类，2018 年版）》和《中华人民共和国企业所得税月（季）度预缴纳税申报表（B类，2018 年版）》。修订内容：企业所得税月（季）度预缴纳税申报表的相关表格。

11. 政策依据：国家税务总局发布《企业所得税税前扣除凭证管理办法》，自 2018 年 7 月 1 日起实施。修订内容：企业所得税相关内容。

12. 政策依据：2019 年 1 月 1 日开始执行的《中华人民共和国个人所得税法》。修订内容：个人所得税的全部内容，尤其是补充了专项附加扣除的相关内容。

13. 政策依据：2018 年 12 月 29 日，第十三届全国人民代表大会常务委员会第七次会议通过《车辆购置税法》，自 2019 年 7 月 1 日起施行。修订内容：车辆购置税相关内容。

14. 政策依据：2018 年 12 月 29 日，第十三届全国人民代表大会常务委员会第七次会议通过《耕地占用税法》，自 2019 年 9 月 1 日起施行。修订内容：耕地占用税的相关内容。

15. 政策依据：自 2019 年 5 月 1 日起，城镇职工基本养老保险单位缴费比例降低到 16%。修订内容：基本养老保险的相关内容。

本教材对习题做了全面修改和补充，并在全书最后提供了全部习题的答案。

本教材按我国现行主要税种，分章叙述其基本内容、计算及相关注意事项。本教材的作者均是长期担任注册会计师、会计技术职称考试、税务局执法资格等考试辅导的教师，我们尽可能将我们的各种教学体会融入书中，例题选择了相关的注册会计师、税务师和会计技术职称考试的部分真题，列示了增值税和企业所得税主要税种的纳税申报表表样。突出了增值税、企业所得税和个人所得税的基本内容，对学习和考试中需要特别注意辨析的内容做了醒目的"特别提醒"，将增值税普通发票和专用发票专门作为一章进行介绍。

本教材由王红云教授担任主编，李蕾副教授、李树奇副教授担任副主编，邓玉婷和柳蕊参编。具体分工如下：第 3、4、10、12 章由王红云执笔；第 1、2、5 章由李蕾执笔；

第 6、8、11 章由李树奇执笔；第 7、9 章由邓玉婷执笔；全书由王红云修改和总撰，李树奇和邓玉婷编写和修改了章后练习题，赵珂然制作了课件。

借此机会，感谢中国人民大学出版社策划编辑陈永凤老师给予的大力支持和帮助，她陪伴我们多次反复修改和补充教材内容与习题。如果我国税法政策有变化，我们将及时进行修订和补充，当然，这也是税法教材的特点。

由于编者学识水平有限，时间较紧，加之我国税制仍在不断改革，书中存在不足之处，恳请各位读者不吝赐教。

王红云
于云南财经大学

目　录

C 第 1 章
Chapter 1 税法概论

【引导案例】　　　　　　税收深刻影响社会经济的发展

在我国，个人所得税经常被当成税收的全部，但实际上，它只占税收总额的不足
10%。除个人所得税以外，我国还有十多个大税种。这些税不一定直接针对每个人征
收，但是往往通过市场价格机制传递给每一个人。根据微观经济学的理论，如果不考
虑其他干扰因素，向生产者收税和向消费者收税的税负效果是一样的。税收的本质是
维持政府功能，使其有能力提供公共物品，如公路、消防、
治安、环保等。现代社会中，税收体现的是政府和公众之间
的交易关系，税收在给大家提供必需的公共物品的同时，也
提高了商品成本和价格，带来工资下降、企业利润减少等问
题，从而深刻影响社会经济的发展。

1.1 税法概述

1.1.1 税法的概念与特点

1. 税法的概念

税法是指有权的国家机关制定的有关调整税收分配过程中形成的权利义务关系
的法律规范的总和。税法的调整对象是税收分配中形成的权利义务关系。

税收是政府为了满足社会公众需要，凭借政治权力，强制、无偿地取得财政收
入的一种形式。从本质来看，税收是国家与纳税人之间形成的以国家为主体的社会

剩余产品分配关系。从形式特征来看，税收具有"三性"，即无偿性、强制性和固定性，其中无偿性是核心。从税收职能来看，税收具有调节经济、监督管理的职能。

税收和税法是两个既有联系又有区别的概念，两者之间的关系是：

（1）税收是经济学概念，侧重解决分配关系；税法是法学概念，侧重解决权利义务关系。

（2）有权的国家机关指国家最高权力机关，在我国指全国人民代表大会及其常务委员会。地方立法机关往往拥有一定的税收立法权，获得授权的行政机关也是制定税法主体的构成者。

（3）税法有广义和狭义之分。广义的税法包括各级有权机关制定的税收法律、法规、规章和规范性文件，是由税收实体法、税收程序法、税收争讼法等构成的法律体系；狭义的税法仅指国家最高权力机关正式立法的税收法律。

2. 税法的特点

税法的特点主要有：

（1）从立法过程看，税法属于制定法，而不属于习惯法，即税法是由国家制定的，而不是由习惯做法或司法判例认可的。

（2）从法律性质看，税法属于义务性法规，而不属于授权性法规，即税法直接规定人们的某种义务，其显著特点是具有强制性。

（3）从内容看，税法属于综合法，而不属于单一法，即税法是由实体法、程序法、争讼法等构成的综合法律体系。

1.1.2　税收法律关系

税收法律关系总体上由权利主体、权利客体和税收法律关系的内容三方面构成。

1. 税收法律关系的构成

（1）权利主体。法律关系的主体是指法律关系的参与者。税收法律关系的主体即税收法律关系中享有权利和承担义务的当事人。在我国税收法律关系中，权利主体一方是代表国家行使征税职责的国家行政机关，包括国家各级税务机关、海关和财政机关，另一方是履行纳税义务的纳税人，包括法人、自然人和其他组织，在华的外国企业、组织、外籍人、无国籍人，以及在华虽然没有机构、场所但有来源于中国境内所得的外国企业或组织。对于纳税人的确认，在我国采取的是属地兼属人的原则。

解释

　　属地原则是指一国政府行使地域管辖权，对来源于一个国家境内的所得，该国都有优先征税的权力。属人原则是指一国政府行使居民（公民）管辖权，该国就本国居民（公民）的境内与境外所得都有权征税。

（2）权利客体。权利客体是指税收法律关系主体的权利、义务所共同指向的对象，即征税对象。

（3）税收法律关系的内容。税收法律关系的内容是权利主体所享有的权利和所应承担的义务，这是税收法律关系中最实质的东西，也是税法的灵魂。

2. 税收法律关系的产生、变更与消灭

税法是引起税收法律关系的前提，但税法本身并不能产生具体的税收法律关系。税收法律关系的产生、变更和消灭必须有能够引起税收法律关系产生、变更或消灭的客观情况，也就是由税收法律事实来决定。税收法律事实可以分为税收法律事件和税收法律行为。

3. 税收法律关系的保护

税收法律关系是与国家利益及企业和个人的权益相联系的。税收法律关系的保护对权利双方是对等的，对权利享有者的保护就是对义务承担者的制约。

1.1.3　税法的构成要素

税法的构成要素是指各种单行税法共同具有的基本要素的总称。首先，税法的构成要素既包括实体性的，也包括程序性的；其次，税法的构成要素是所有完善的单行税法共同具备的，仅为某一税法所单独具有而非普遍性的内容，不构成税法要素，如扣缴义务人。税法的构成要素一般包括总则、纳税义务人、课税对象、税目、税率、减免税、纳税环节、纳税期限、纳税地点、罚则、附则等项目。

1. 纳税义务人及其相关概念

（1）纳税义务人。纳税义务人简称纳税人，是税法中规定的直接负有纳税义务的单位和个人，也称纳税主体。

（2）负税人。负税人是与纳税人既有联系又有区别的一个概念。纳税人是直接向税务机关缴纳税款的单位和个人，负税人是实际负担税款的单位和个人。纳税人如果能够通过一定途径把税款转嫁或转移出去，就不再是负税人。否则，纳税人同时也是负税人。

（3）代扣代缴义务人。代扣代缴义务人是指虽不承担纳税义务，但依照有关规定有义务从持有的纳税人收入中扣除其应纳税款并代为缴纳的企业、单位和个人。

（4）代收代缴义务人。代收代缴义务人是指虽不承担纳税义务，但依照有关规定有义务借助与纳税人的经济交往而向纳税人收取应纳税款并代为缴纳的单位。

（5）代征代缴义务人。代征代缴义务人是指接受税务机关委托，按国家税法规定代征税款的单位和个人。由代征代缴义务人代征税款的征收方法，是税务机关为了加强征收管理，方便群众纳税，对于不便直接征收，有关单位又能控制的税源采取的一种有效征管形式。

代征代缴义务人有两种类型：

1）海关。对进口的货物和物品应纳的增值税、消费税，由税务机关委托海关于办理报关进口计征关税的同时，代征代缴应纳的增值税和消费税。

2）委托代征单位。为了加强对零星分散税源的控管，方便纳税人缴税，边远地区的零星税源一般委托乡、村和信用社等单位代征税款。

税务机关对代征义务人要进行资格审查，发给代征证书，对代征税款的税种、课税对象、税率、征收范围、计算方法、纳税期限和缴库办法等做出明确具体的规定。税务机关要按照规定付给代征义务人一定的代征手续费。代征人只能办理代征业务，如果纳税人申请减税、免税、退税，或者有违规行为，必须送交税务机关处理。

（6）纳税单位。纳税单位是指申报缴纳税款的单位，是纳税人的有效集合。如企业所得税可以每个子公司为一个纳税单位，也可以总公司为一个纳税单位。纳税单位的大小通常根据管理的需要和国家政策来确定。

2. 课税对象和计税依据

（1）课税对象。课税对象又称征税对象，是税法中规定的征税的目的物，是国家据以征税的依据。通过规定课税对象，解决对什么征税这一问题。

课税对象是构成税收实体法诸要素中的基础性要素。课税对象是一种税区别于另一种税的最主要标志。课税对象体现着各种税的征税范围。其他要素的内容一般都是以课税对象为基础确定的。

（2）计税依据。计税依据又称税基，是指税法中规定的据以计算各种应征税款的依据或标准。也是纳税人正确履行纳税义务，合理负担税收的重要标志。

计税依据的表现形态主要是：1）价值形态。属于价值形态的课税对象和计税依据一般是一致的，其前提是适用比例税率。例如，企业所得税的课税对象就是企业所得，而计税依据也是企业所得，所以二者是一致的。2）实物形态。属于实物形态的课税对象和计税依据一般是不一致的，往往表现为适用定额税率。例如，我国车船税的课税对象是各种车辆、船舶，计税依据是车船的吨位；资源税的课税对象是应税资源，而计税依据往往是资源产品的重量、体积等。

（3）课税对象与计税依据的关系。课税对象与计税依据的关系主要是：1）课税对象是指征税的目的物，计税依据则是在目的物已经确定的前提下，对目的物据以计算税款的依据或标准；2）课税对象是从质的方面对征税所做的规定，计税依据则是从量的方面对征税所做的规定，是课税对象量的表现。

3. 税目

税目是课税对象的具体化，反映具体的征税范围，代表征税的广度。税目的制定方法分为列举法和概括法。列举法是按照每一种商品或经营项目分别设计税目，必要时还可以在税目之下划分若干细目。概括法是对同一征税对象用集中概括的方法将其分类归并。列举法和概括法各有其优缺点，应配合运用。

4. 税率

税率是应纳税额与课税对象之间的数量关系或比例关系，是计算税额的尺度，代表征税的深度，关系着国家税收收入的多少和纳税人的负担程度，因此，税率是体现税收政策的中心环节。税率具体包括以下三种：

（1）比例税率。比例税率是指对同一征税对象或同一税目，不论数额大小只规定一个比例，都按同一比例征税，税额与课税对象成正比例关系。比例税率的基本特点是：税率不随课税对象数额的变动而变动，便于按不同的产品设计不同的税率。比例税率主要包括：1）单一比例税率（如增值税）；2）差别比例税率，可分为产品差别比例税率（如消费税、关税等）、行业差别比例税率（如电信业增值税）和地区差别比例税率（如城市维护建设税）。

（2）累进税率。累进税率是指对同一课税对象，征收比例随数量的增大而提高的税率。表现为将课税对象按数额大小分为若干等级，不同等级适用由低到高的不同税率，包括最低税率、最高税率和若干等级的中间税率。累进税率可分为：1）超额累进税率（如个人所得税中的工资、薪金所得）；2）超率累进税率（如土地增值税）。

▶ **特别提醒**

> 超额累进税率是各国普遍采用的一种税率。为解决超额累进税率计算税款比较复杂的问题，在实际工作中引入了"速算扣除数"的概念，通过预先计算出的速算扣除数，即可直接计算应纳税额，不必再分级分段计算。速算扣除数是按全额累进税率和超额累进税率计算的应纳税额的差额。
>
> 用公式表示为：
>
> $$速算扣除数 = \begin{array}{c}按全额累进方法\\计算的税额\end{array} - \begin{array}{c}按超额累进方法\\计算的税额\end{array}$$
>
> $$= \begin{array}{c}上一级最高\\绝对数\end{array} \times \left(\begin{array}{c}本级\\税率\end{array} - \begin{array}{c}上一级\\税率\end{array}\right) + \begin{array}{c}上一级速算\\扣除数\end{array}$$

（3）定额税率。定额税率又称固定税额，是根据课税对象计量单位直接规定固定的征税数额。定额税率的基本特点是：税率与课税对象的价值量无关，不受课税对象价值量变化的影响，适用于对价格稳定、质量等级和品种规格单一的大宗产品征税的税种。定额税率主要包括资源税、城镇土地使用税、车船税等。

对税率的其他相关概念介绍如下：

（1）名义税率与实际税率。名义税率与实际税率是分析纳税人负担时常用的概念。名义税率是指税法规定的税率。实际税率是指实际负担率，即纳税人在一定时期内实际缴纳税额占其课税对象实际数额的比例。实际税率常常低于名义税率。

（2）边际税率与平均税率。边际税率是指当收入再增加一些时，这部分增加的收入所纳税额与增加的收入的比例。平均税率是相对于边际税率而言的，指全部税额与全部收入之比。

在比例税率条件下，边际税率等于平均税率。在累进税率条件下，边际税率往往要高于平均税率。边际税率的提高还会带动平均税率的上升。边际税率上升的幅度越大，平均税率的提高就越多，调节收入的能力也就越强，但对纳税人的负向激励也越大。通过两者的比较，易于获得税率的累进程度和税负的变化情况。

（3）零税率与负税率。零税率是指税率为零，是免税的一种方式，表明课税对象的持有人虽负有纳税义务，但不需缴纳税款。通常适用于两种情况：一是在所得税中，对所得中的免税部分规定税率为零，目的是保证所得少者的生产和生活需要；二是在商品税中，对出口商品规定税率为零，即退还出口商品在生产制造和流转环节已纳的税款。

负税率是指政府利用税收形式对所得额低于某一特定标准的家庭或个人予以补贴的比例。负税率主要用于负所得税的计算。

5．减免税

减免税是指根据国家一定时期的政治、经济、社会政策要求，对生产经营活动中的某些特殊情况给予减轻或免除税收负担的照顾。对应征税款依法减少征收为减税；对应征税款全部免除纳税义务为免税。

（1）减免税的基本形式。

1）税基式减免。税基式减免是通过直接缩小计税依据的方式实现的减免税，具体包括改变起征点、免征额、项目扣除以及跨期结转等。

2）税率式减免。税率式减免是通过直接降低税率的方式实行的减免税，包括低税率、零税率等。例如，企业所得税中，对于符合小型微利条件的企业适用20%的税率，而对于国家重点扶持的高新技术企业，则适用15%的税率，因此，相对于25%的基本税率，20%和15%的企业所得税税率就是税率式减免。

3）税额式减免。税额式减免是通过直接减少应纳税额的方式实行的减免税，包括全部免征、减半征收、核定减免率等。

（2）减免税的分类。

1）从时间上可划分为定期减免和不定期减免。前者限于在规定的期限内给予减免税，过期一般不再继续给予减免照顾；后者是对特定纳税人和特定征税对象在一定范围内给予的减免税，没有固定的减免时间限制。

2）从性质上可划分为政策减免、困难减免和一般减免。政策减免，是指配合国家有关政策所给予的减免税；困难减免，是指对纳税人因特殊情况纳税有困难而给予的减免税；一般减免，是指其他一般性的减免税。

3）从与税法的关系上可划分为法定减免和非法定减免。前者是指基本税法中明文规定的减免税；后者是指基本税法规定以外的由行政法规规定的减免税。

6. 纳税环节

任何税种都要确定纳税环节。有的税种纳税环节较明确、固定，有的税种则需要在商品流转过程中确定适当的纳税环节。按照确定纳税环节的多少，可以分为一次课征制、两次课征制和多次课征制。

7. 纳税期限

纳税期限是指税法规定的纳税主体向征税机关缴纳税款的具体时间。纳税期限是衡量征纳双方是否按时行使征税权力和履行纳税义务的尺度，是税收的强制性和固定性特征在时间上的体现。

8. 纳税地点

纳税地点是指缴纳税款的场所，即指纳税人应向何地征税机关申报纳税并缴纳税款。纳税地点一般为纳税人的住所地，也有营业地、财产所在地或特定行为发生地。纳税地点关系到征税管辖权和是否方便纳税等问题，在税法中明确规定纳税地点有利于防止漏征或重复征税。

9. 罚则

罚则是税收法律关系的主体因违反税法而应当承担的法律后果。税法规定的法律责任形式主要有三种：一是经济责任，包括补交税款、加收滞纳金等；二是行政责任，包括吊销税务登记证、罚款、税收保全及强制执行等；三是刑事责任，对违反税法情节严重构成犯罪的行为，要依法承担刑事责任。罚则的规定对于保障国家税收利益不受或少受侵犯，具有十分重要的现实意义和威慑作用。

10. 附则

附则一般规定与相关税法紧密相关的内容，如税收征收管理法的解释权、生效时间等。

1.1.4　税法的分类

1. 按税法的基本内容和效力分类

按照税法的基本内容和效力，可分为税收基本法和税收普通法。

（1）税收基本法。税收基本法是税法体系的主体和核心，在税法体系中起着税收母法的作用。其基本内容一般包括税收制度的性质、税务管理机构、税收立法与管理权限、纳税人的基本权利与义务、税收征收范围（税种）等。税收基本法类似于中华人民共和国成立初期的《全国税政实施要则》。我国还没有制定统一的税收基本法，随着我国税收法制建设的发展和完善，将研究制定税收基本法。

（2）税收普通法。税收普通法是根据税收基本法的原则，对税收基本法规定的事项分别立法实施的法律。如个人所得税法、税收征收管理法等。

2. 按税法的职能作用分类

按照税法的职能作用的不同，可分为税收实体法和税收程序法。

（1）税收实体法，也称实体法，是指规定税收法律关系主体所享有的权利和义务的法律规范。税收实体法的要素主要有六个：纳税人、课税对象、税率、减税免税、纳税环节、纳税期限。一般来说，各单行税种法都属于税收实体法。

（2）税收程序法，也称程序法，是指使税收实体法赋予税收法律关系主体所享有的权利和义务得以主张和履行的法律机制。如税法中有关纳税期限、税款征收、缴纳方式的内容等。目前的税收征收管理法就是税收程序法。除此之外，还有一些程序法虽然不是专门规定税收问题的，但税务活动仍然需要遵守这些程序法的规定。这主要是指一些规定行政程序的行政法律或法规，如行政复议法、行政处罚法、行政诉讼法、国家赔偿法等。程序法还包括表明身份、回避、职能分离、听证、时限等制度。

3. 按税法的征收对象分类

按照税法的征收对象，可分为流转税税法，所得税税法，财产、行为税税法和资源税税法。

（1）流转税税法。流转税税法主要包括针对增值税、消费税、关税等税种的税法。这类税法的特点是：与商品生产、流通、消费有密切联系。对什么商品征税，税率多高，对商品经济活动都有直接的影响，可以发挥对经济的宏观调控作用。

（2）所得税税法。所得税税法主要包括针对企业所得税、个人所得税等税种的税法。其特点是可以直接调节纳税人收入，发挥公平税负、调整分配关系的作用。

（3）财产、行为税税法。财产、行为税税法主要是规定对财产的价值或某种行为课税的税法。包括房产税、印花税等税种的税法。

（4）资源税税法。资源税税法主要是为保护和合理使用国家自然资源而课税的税法。我国现行的资源税、城镇土地使用税等税种均属于资源税税法的范畴。

4. 按税收收入归属和征收管辖权限分类

按照税收收入的归属和征收管辖的权限，可分为中央税、地方税和中央与地方共享税。

（1）中央税。中央税属于中央政府的财政收入，如消费税、关税等。

（2）地方税。地方税属于各级地方政府的财政收入，如城市维护建设税、城镇土地使用税等。

（3）中央与地方共享税。中央与地方共享税属于中央政府和地方政府的共同收入，如增值税。

 特别提醒

营改增后，所有行业的增值税均由中央和地方对半分。

1.1.5　税法的作用

正确认识税法在我国社会主义市场经济发展中的重要作用，对于我们在实际工作中准确把握和认真执行税法的各项规定是很有必要的。

1. 税法是国家组织财政收入的法律保障

为了维护国家机器的正常运转以及促进国民经济的健康发展，必须筹集大量的资金，即组织国家财政收入。为了保证税收组织财政收入职能的发挥，必须通过制定税法，以法律的形式确定企事业单位和个人履行纳税义务的具体项目、数额和纳税程序，惩治逃避缴纳税款的行为，防止税款流失，保证国家依法征税，及时足额地取得税收收入。

2. 税法是国家宏观调控的法律手段

我国建立和发展社会主义市场经济体制，一个重要的改革目标就是国家从过去习惯于用行政手段直接管理经济，向主要运用法律、经济手段宏观调控转变。税收是国家宏观调控的重要手段，通过制定税法，以法律的形式确定国家与纳税人之间的利益分配关系，调节社会成员的收入水平，调整产业结构和社会资源的优化配置，使之符合国家的宏观经济政策；同时，依照法律的平等原则，使经营单位和个人的税收负担公平，鼓励平等竞争，为市场经济的发展创造良好的条件。

3. 税法对维护经济秩序有重要的作用

由于税法的贯彻执行涉及从事生产经营活动的所有单位和个人，一切经营单位和个人通过办理税务登记、建账建制、纳税申报，其各项经营活动都将纳入税法的规范制约和管理范围，从而较全面地反映纳税人的生产经营情况。这样，税法就确定了一个规范有效的纳税秩序和经济秩序，监督经营单位和个人依法经营，加强经济核算，提高经营管理水平。同时，税务机关按照税法规定对纳税人进行税务检查，严肃查处逃避缴纳税款及其他违反税法规定的行为，也将有效地打击各种违法经营活动，为国民经济的健康发展创造一个良好、稳定的经济秩序。

4. 税法能有效地保护纳税人的合法权益

国家征税直接涉及纳税人的切身利益，如果税务机关随意征税，就会侵犯纳税人的合法权益，影响纳税人的正常经营，这是法律所不允许的。因此，税法在确定税务机关征税权力和纳税人履行纳税义务的同时，相应地规定了税务机关应尽的义务和纳税人享有的权利，如纳税人享有延期纳税权、申请减税免税权、多缴税款要求退还权，如不服税务机关的处理决定可申请复议或有提起诉讼权等；税法还严格规定了对税务机关执法行为的监督制约制度，如进行税收征收管理必须按照法定的权限和程序行事，造成纳税人合法权益损失的要负赔偿责任等。因此，税法不仅是税务机关征税的法律依据，也是纳税人保护自身合法权益的重要法律依据。

5. 税法是维护国家权益，促进国际经济交往的可靠保证

在国际经济交往中，任何国家对在本国境内从事生产、经营的外国企业或个人都拥有税收管辖权，这是国家权益的具体体现。我国自 1978 年实行对外开放以来，在平等互利的基础上，不断扩大和发展与各国各地区的经济交流及合作，建立和完善涉外税法。我国还与多个国家签订了避免双重征税的协定，为鼓励外商投资、发展国家间平等互利的经济技术合作关系提供了可靠的法律保障。

特别提醒

从 2009 年 2 月 28 日起，"偷税"在我国不再作为一个刑法概念存在。第十一届全国人民代表大会常务委员会第七次会议表决通过了《中华人民共和国刑法修正案（七）》，修订后的《中华人民共和国刑法》（以下简称《刑法》）对第二百零一条关于不履行纳税义务的定罪量刑标准和法律规定中的相关表述方式进行了修改，用"逃避缴纳税款"取代"偷税"。但目前我国的税收征收管理法中还没有做出相应的修改。

1.2　我国税法的原则

1.2.1　税法的基本原则

税法的基本原则是指对一国调整税收关系的基本规范的抽象和概括，是贯穿税

法的立法、执法、司法和守法全过程的具有普遍指导意义的法律准则。

1. 税收法律主义原则

税收法律主义原则也称税收法定主义、法定性原则，是指税法主体的权利义务必须由法律加以规定，税法的各类构成要素都必须且只能由法律予以明确规定，超越法律规定的课征是违法的、无效的。具体包括：（1）课税要素法定原则，即课税要素必须由法律直接规定。（2）课税要素明确原则，即有关课税要素的规定必须尽量地明确而不出现歧义、矛盾，在基本内容上不出现漏洞。（3）依法稽征原则，即税务行政机关必须严格依据法律的规定稽核征收，无权改变法定课税要素和法定征收程序。

2. 税收公平主义原则

税负必须根据纳税人的负担能力分配：负担能力相等，税负相同；负担能力不等，税负不同。例如，个人所得税法中针对劳务报酬所得畸高实施加征的规定，对所得高的提高税负，量能课征，就体现了税法基本原则中的税收公平主义原则。

特别提醒

法律上的税收公平与经济上要求的税收公平较为接近，但是两者有明显的不同：（1）经济上的税收公平往往是作为一种经济理论提出来的，对政府与纳税人尚不具备强制性的约束力，而法律上的税收公平是有具体法律制度予以保障的。（2）经济上的税收公平主要是从税收负担带来的经济后果来考虑的，而法律上的税收公平不仅考虑税收负担的合理分配，还要从税收立法、执法、司法等各个方面考虑。

3. 税收合作信赖主义原则

税收合作信赖主义原则也称公众信任原则，是指征纳双方相互信赖、相互合作，而不是对抗。如企业所得税中预约定价的条款体现了税务机关与纳税人的相互沟通与合作，体现了税收合作信赖主义原则。

4. 实质课税原则

实质课税原则是指应根据纳税人的真实负担能力决定纳税人的税负，不能仅考核其表面上是否符合课税要件。即在判断某个具体的人或事件是否满足课税要件，是否应承担纳税义务时，不能被其外在形式蒙蔽，而要深入探究其实质。如转让定价情形下的价格是表面而非真实的价格，税务机关根据实质课税原则，有权调整其计税依据，而不是按照纳税人申报的计税价格计税。

1.2.2 税法的适用原则

1. 法律优位原则

法律优位原则也称行政立法不得抵触法律原则，是指法律的效力高于行政法规的效力，行政法规的效力又高于规章的效力。法律优位原则在税法中的作用主要体现在：处理不同等级税法的关系时，如果效力低的税法与效力高的税法发生冲突，效力低的税法是无效的。如《中华人民共和国企业所得税法》和《中华人民共和国企业所得税法实施条例》，前者效力高于后者，前者是法律，后者是法规，这时体现的就是法律优位原则。

2. 法律不溯及既往原则

法律不溯及既往原则是指一部新法实施后，对人们在新法实施之前的行为不得适用新法，而只能沿用旧法。如从 2009 年 5 月起，我国对卷烟在批发环节征收消费税，税率为不含增值税销售额的 5%，而对 2009 年 4 月以前发生的销售额按照旧法规定是不征收消费税的。

3. 新法优于旧法原则

新法优于旧法原则也称后法优于先法原则。新法、旧法对同一事项有不同规定时，新法的效力优于旧法。其作用在于避免因法律修订带来新法、旧法对同一事项有不同的规定，而给法律适用带来的问题，为法律的更新与完善提供法律适用上的保障。该原则的适用，以新法生效实施为标志，新法生效实施以后适用新法，新法实施以前，包括新法公布以后尚未实施的这段时间，仍沿用旧法，新法不发生效力。

4. 特别法优于普通法原则

特别法优于普通法原则是指对同一事项两部法律分别制定一般规定和特别规定时，特别规定的效力高于一般规定的效力。如企业所得税法中对于公益性捐赠限额只有 12% 的标准，没有全额扣除的标准，但 2008 年汶川地震发生后，财政部、国家税务总局做出了对按照规定渠道向汶川地震灾区捐赠可在计算应纳税所得额时全额扣除的规定。在实际执行中，对符合条件的向汶川地震灾区捐赠在计算企业应纳所得税前全额扣除，体现了税法适用原则中的特别法优于普通法原则。

5. 程序优于实体原则

程序优于实体原则是指在诉讼发生时税收程序法优于税收实体法。

6. 实体从旧、程序从新原则

实体从旧、程序从新原则是指税收实体法不具备溯及力，而税收程序法在特定条件下具备一定的溯及力，新法实施前后的同种情况原则上都要按照新的规定执行。

1.3 我国的税收立法机关和立法程序

1.3.1 我国的税收立法机关和税法体系

我国的立法体制是：全国人民代表大会及其常务委员会行使立法权，制定法律；国务院及所属各部委有权根据宪法和法律制定行政法规和规章；地方人民代表大会及其常务委员会在不与宪法、法律、行政法规相抵触的前提下有权制定地方性法规，但要报全国人民代表大会常务委员会和国务院备案；民族自治地方的人民代表大会有权依照当地民族政治、经济和文化的特点，制定自治条例和单行条例。

各级有权机关根据国家立法体制规定所制定的一系列税收法律、法规、规章和规范性文件，构成了我国的税收法律体系。

解释

> 税法有广义和狭义之分。广义的税法包括所有调整税收关系的法律、法规、规章和规范性文件，是税法体系的总称；狭义的税法特指由全国人民代表大会及其常务委员会制定和颁布的税收法律。制定税收法律、法规和规章的机关不同，其法律级次不同，法律效力也不同。

1. 全国人民代表大会及其常务委员会制定的税收法律

在国家税收中，凡是基本的、全局性的问题，例如，国家税收的性质，税收法律关系中征纳双方权利与义务的确定，税种的设置，税目、税率的确定等，都需要由全国人民代表大会及其常务委员会以税收法律的形式制定实施，并且在全国范围内，无论对国内纳税人还是涉外纳税人都普遍适用。在现行税法中，如《中华人民共和国企业所得税法》《中华人民共和国个人所得税法》《中华人民共和国税收征收管理法》等都是税收法律。除宪法外，在税收法律体系中，税收法律具有最高的法律效力，是其他机关制定税收法规、规章的法律依据，其他各级机关制定的税收法规、规章不得与宪法和税收法律相抵触。

2. 全国人民代表大会及其常务委员会授权立法

授权立法是指全国人民代表大会及其常务委员会根据需要授权国务院制定某些具有法律效力的暂行规定或者条例。授权立法与制定行政法规不同。国务院经授权立法所制定的规定或条例等，具有国家法律的性质和地位，它的法律效力高于行政法规，在立法程序上还需报全国人民代表大会常务委员会备案。例如，国务院从1994年1月1日起实施工商税制改革，制定实施了增值税、消费税、资源税、土地增值税的暂行条例。授权立法在一定程度上解决了我国经济体制改革和对外开放工作需要法律保障的当务之急。税收暂行条例的制定和公布施行，也为全国人民代表大会及其常务委员会的立法工作提供了有益的经验和条件，并为在条件成熟时将这些条例上升为法律做好了准备。

3. 国务院制定的税收行政法规

行政法规作为一种法律形式，在中国法律形式中处于低于宪法、法律但高于地方法规、部门规章、地方规章的地位，也是在全国范围内普遍适用的。行政法规的立法目的在于保证宪法和法律的实施。行政法规不得与宪法、法律相抵触，否则无效。国务院发布的《中华人民共和国企业所得税法实施条例》《中华人民共和国税收征收管理法实施细则》等都是税收行政法规。

4. 地方人民代表大会及其常务委员会制定的税收地方性法规

地方人民代表大会及其常务委员会制定税收地方性法规不是毫无限制的，而是要严格按照税收法律的授权行事。目前除了海南省、民族自治地区按照全国人民代表大会授权立法规定，在遵循宪法、法律和行政法规的原则基础上，可以制定有关税收的地方性法规外，其他省、直辖市一般都无权制定税收地方性法规。

5. 国务院税务主管部门制定的税收部门规章

有权制定税收部门规章的税务主管机关是财政部、国家税务总局及海关总署，其制定规章的范围包括对有关税收法律、法规的具体解释以及对税收征收管理的具体规定、办法等。税收部门规章在全国范围内具有普遍适用的效力，但不得与税收法律、行政法规相抵触。例如，财政部颁布的《中华人民共和国增值税暂行条例实施细则》、国家税务总局颁布的《税务代理试行办法》等都属于税收部门规章。

6. 地方政府制定的税收地方规章

地方政府制定税收规章，必须在税收法律、法规明确授权的前提下进行，并且不得与税收法律、法规相抵触。没有税收法律、法规的授权，地方政府无权制定税收规章，凡越权制定的税收规章没有法律效力。例如，国务院发布实施的城市维护建设税、车船税、房产税等地方性税种暂行条例，都规定省、自治区、直辖市人民政府可根据条例制定实施细则。

1.3.2 我国的税收立法程序

税收立法程序是指有权的机关在制定、认可、修改、补充、废止等税收立法的活动中，必须遵循的法定步骤和方法。目前我国的税收立法程序主要包括以下几个阶段：

（1）提议阶段。无论是税法的制定，还是税法的修改、补充和废止，一般都由国务院授权其税务主管部门（财政部或国家税务总局）负责立法的调查研究等准备工作，并提出立法方案或税法草案，上报国务院。

（2）审议阶段。税收法规由国务院负责审议。税收法律在经国务院审议通过后，以议案的形式提交全国人民代表大会常务委员会的有关工作部门，在广泛征求意见并做修改后，提交全国人民代表大会或其常务委员会审议通过。

（3）通过和公布阶段。税收法规由国务院审议通过后，以国务院总理的名义发布实施。税收法律由全国人民代表大会或其常务委员会在开会期间，先听取国务院关于制定税法议案的说明，然后经过讨论，以简单多数的方式通过后，以国家主席的名义发布实施。

🔅 特别提醒

税法的实施即税法的执行。由于税法层次较多，因此，在税收执法过程中，对其适用性或法律效力的判断一般依据以下原则：（1）层次高的法律优于层次低的法律；（2）特别法优于普通法；（3）国际法优于国内法；（4）实体从旧，程序从新。

1.4　我国税收制度的改革和发展

1. 1978 年以前的税制改革：建立复合税制

从 1949 年中华人民共和国成立到 1978 年党的十一届三中全会召开之前，约 29 年的时间，我国税制建设的发展历程十分坎坷。

这一时期，我国根据当时的政治、经济状况，在清理旧税制的基础上，建立了一套以多种税、多环节、多层次为特征的复合税制。这套税制的建立和实施，对于保证革命战争的胜利，实现国家财政经济状况的根本好转，促进国民经济的恢复和发展，以及配合国家对于农业、手工业和资本主义工商业的社会主义改造，建立社会主义经济制度，发挥了重要作用。

2. 1978—1982 年的税制改革：取得第一次全面重大突破

党的十一届三中全会明确提出了改革经济体制的任务，党的十二大进一步提出要抓紧制定改革的总体方案和实施步骤，对这一时期我国的经济体制改革和税制改革具有极为重要的指导作用。

这一时期是我国税制建设的恢复时期和税制改革的准备和起步时期，我国的税制改革取得了改革开放以后的第一次重大突破，先后通过并颁布了《中华人民共和国中外合资经营企业所得税法》《中华人民共和国个人所得税法》《中华人民共和国外国企业所得税法》。同时，对中外合资企业、外国企业和外国人继续征收工商统一税、城市房地产税和车船使用牌照税。在此期间，国务院还批准开征了烧油特别税，发布了《牲畜交易税暂行条例》。

3. 1983—1991 年的税制改革：全面探索税制改革

这一时期是我国全面探索税制改革的时期，取得了改革开放以后税制改革的第二次重大突破。为了加快城市经济体制改革的步伐，经第六届全国人民代表大会及其常务委员会批准，国务院决定从 1984 年 10 月起在全国实施国营企业第二步"利改税"和工商税制改革，发布了关于征收国营企业所得税、国营企业调节税、产品税、增值税、营业税、盐税、资源税等一系列行政法规。这是我国改革开放以后第一次、中华人民共和国成立以后第四次大规模的税制改革。

此后，国务院又陆续发布了关于征收集体企业所得税、私营企业所得税、城乡个体工商业户所得税、个人收入调节税、城市维护建设税、奖金税（包括国营企业奖金税、集体企业奖金税和事业单位奖金税）、国营企业工资调节税、固定资产投资方向调节税（其前身为 1983 年开征的建筑税）、特别消费税、房产税、车船使用税、城镇土地使用税、印花税、筵席税等税种的税收法规。1991 年，第七届全国人民代表大会第四次会议将《中华人民共和国中外合资经营企业所得税法》与《中华人民共和国外国企业所得税法》合并为《中华人民共和国外商投资企业和外国企业所得税法》。

4. 1992—1994 年的税制改革：改革开放后的第二次税制改革

1992 年 10 月，党的十四大召开，提出了建立社会主义市场经济体制的战略目标，其中包括税制改革的任务。1993 年 11 月，党的十四届三中全会通过了《中共中央关于建立社会主义市场经济体制若干问题的决定》，明确提出了税制改革的基本原则和主要内容，要求统一税法、简化税制、公平税负、促进竞争。这是我国改革开放以后第二次、中华人民共和国成立以后第五次大规模的税制改革。

经过 1994 年税制改革和多年的逐步完善，我国已经初步建立了适应社会主义市场经济体制需要的税收制度，对于保证财政收入，加强宏观调控，深化改革，扩大开放，促进经济与社会的发展，起到了重要作用。

5. 2003 年至今的税制改革：稳步推进税制改革

2003 年 10 月 14 日，党的十六届三中全会通过了《中共中央关于完善社会主义市场经济体制若干问题的决定》，明确分步实施税收制度改革。我国按照简税制、宽税基、低税率、严征管的原则，稳步推进税制改革。

（1）大幅度调整出口退税政策。自 2004 年 1 月 1 日起，改革出口退税机制，加大中央财政对出口退税的支持力度，建立中央和地方共同负担出口退税的新机制。为了鼓励出口，保证国内市场供应，适当抑制高能耗、高污染和资源型货物出口，对出口退税率多次做出调整。

（2）停征农业税。农业税是国家对一切从事农业生产、有农业收入的单位和个人征收的一种税，俗称"公粮"。2005 年 12 月 29 日，第十届全国人民代表大会常务委员会第十九次会议决定，自 2006 年 1 月 1 日起，废止农业税（1958 年 6 月 3 日开始征收），标志着在我国沿袭两千年之久的传统农业税的终结。作为政府解决"三农"问题的重要举措，停止征收农业税不仅减轻了农民的负担，增加了农民的公民权利，体现了现代税收中的公平原则，同时还符合"工业反哺农业"的趋势。

（3）统一内外资企业税收。

1）企业所得税的统一。2007 年 3 月 16 日，第十届全国人民代表大会第五次会议决定，自 2008 年 1 月 1 日起，施行《中华人民共和国企业所得税法》，统一适用于内外资企业。

2）车船税法的实施。2011 年 2 月 25 日，第十一届全国人民代表大会常务委员会第十九次会议通过《中华人民共和国车船税法》，自 2012 年 1 月 1 日起施行，车船税是第一个从国务院条例上升为法律的税种。

3）城镇土地使用税的统一。2006 年 12 月 31 日，国务院发布《关于修改〈中华人民共和国城镇土地使用税暂行条例〉的决定》和修改以后的《中华人民共和国城镇土地使用税暂行条例》，自 2007 年 1 月 1 日起施行，开始对外商投资企业、外国企业和外国人征收。

4）耕地占用税的统一。2007 年 12 月 1 日，国务院公布修改以后的《中华人民共和国耕地占用税暂行条例》，自 2008 年 1 月 1 日起施行，开始对外商投资企业、外国企业和外国人征收。

5）房产税的统一。自 2009 年 1 月 1 日起，外商投资企业、外国企业和组织、外籍个人适用《中华人民共和国房产税暂行条例》缴纳房产税。

6）城市维护建设税和教育费附加的统一。自 2010 年 12 月 1 日起，我国统一内外资企业城市维护建设税和教育费附加制度，对外商投资企业、外国企业及外籍个人征收城市维护建设税和教育费附加。内外资企业税制实现了全面统一，外资企业在税收政策上享受的"超国民待遇"彻底终结。这些改革统一了税法，简化了税制，清理了税收优惠，使税负更加合理，有利于促进企业发展和公平竞争。

（4）逐步改革个人所得税。1980 年 9 月 10 日我国开征个人所得税，个人所得税法经过了七次修正：

1）1993 年第一次修正。

2）1999 年第二次修正。

3）2005 年第三次修正。

4）2007 年第四次修正。

5）2007 年第五次修正。

6）2011 年第六次修正。

7）2018 年第七次修正。

2018 年《中华人民共和国个人所得税法修正案（草案）》公开征求意见期间，收到超过 13 万条意见，说明公众对个人所得税改革的高度关注。该个人所得税法修正案草案是我国个税模式的重大调整，迈出了综合与分类相结合改革的关键一步。

（5）增值税改革。我国从1994年1月1日开始全面实施增值税，之后进行了四次大的增值税修改：

1）试行扩大进项税额抵扣范围。自2004年7月1日起，我国在辽宁、吉林和黑龙江3个省，选择装备制造业、石油化工业、冶金业、船舶制造业、汽车制造业、农产品加工业6个行业和军品、高新技术产品领域，试行扩大进项税额抵扣范围。

2）继续试行扩大进项税额抵扣范围。自2007年7月1日起，在山西、安徽、江西、河南、湖北、湖南6个省的26个老工业基地城市，选择部分行业和产业继续试行扩大进项税额抵扣范围。

3）全面实施消费型增值税。自2008年7月1日起，在内蒙古东部地区，选择有关行业和产业试行扩大进项税额抵扣范围。2008年11月10日国务院总理温家宝签署国务院令，公布修订后的《中华人民共和国增值税暂行条例》，自2009年1月1日起施行。

4）营改增试点改革。2011年3月，《中华人民共和国国民经济和社会发展第十二个五年规划纲要》明确提出扩大增值税征收范围，相应调减营业税等税收。2011年11月，国务院批准营改增试点方案（总纲）。财政部、国家税务总局针对上海试点同时印发了一个办法和两个规定。2012年1月1日起上海市的交通运输业和部分现代服务业开始营改增试点改革。2012年8月1日起试点范围扩大至北京、天津、江苏、浙江、安徽、福建、湖北、广东、厦门和深圳10个省市的交通运输业和部分现代服务业。2013年8月1日，交通运输业和部分现代服务业在全国范围展开试点。2014年1月1日，铁路运输业和邮政业在全国范围进行营改增试点。2014年6月1日，全国范围的电信业开始营改增。2016年5月1日完成全行业营改增，营业税全面改征增值税的改革目标初步实现。

5）2018年4月4日，财政部和国家税务总局发布增值税税率的调整，纳税人发生增值税应税销售行为或者进口货物，原适用17%和11%税率的，税率分别调整为16%、10%；纳税人购进农产品，原适用11%扣除率的，扣除率调整为10%；纳税人购进用于生产销售或委托加工16%税率货物的农产品，按照12%的扣除率计算进项税额；等等。同时发布增值税小规模纳税人标准不分行业为年应征增值税销售额500万元及以下。

2019年4月1日起，我国推进增值税实质性减税，增值税一般纳税人发生增值税应税销售行为或者进口货物，原适用16%税率的，税率调整为13%；原适用10%税率的，税率调整为9%。纳税人购进农产品，原适用10%扣除率的，扣除率调整为9%。纳税人购进用于生产或者委托加工13%税率货物的农产品，按照10%的扣除率计算进项税额。原适用16%税率且出口退税率为16%的出口货物劳务，出口退税率调整为13%；原适用10%税率且出口退税率为10%的出口货物、跨境应税行为，出口退税率调整为9%。原适用6%税率的服务性劳务税率不变。

（6）消费税调整。我国从1994年1月1日开始执行消费税，进行了两次大的消费税修改：

1）经国务院批准，财政部、国家税务总局调整了部分消费品的税目和税率。从 2006 年 4 月 1 日起，新增高尔夫球及球具、高档手表、游艇、木制一次性筷子、实木地板税目，适用税率从 5％到 20％不等。取消了护肤护发品税目，调整了小汽车、粮食白酒、薯类白酒、汽车轮胎的税目、税率。

2）2008 年年底，经国务院批准，财政部、国家税务总局联合下发了《财政部　国家税务总局关于提高成品油消费税税率的通知》（财税〔2008〕167 号）和《财政部　国家税务总局关于提高成品油消费税税率后相关成品油消费税政策的通知》（财税〔2008〕168 号），其中明确提出自 2009 年 1 月 1 日起，提高成品油消费税税率，加强费改税。2012 年以后又数次调整税额。

3）2014 年消费税进入改革密集区。取消汽车轮胎和酒精等消费税税目，拉开了新一轮消费税改革的帷幕。提高卷烟批发环节从价税率，对电池和涂料新开征消费税。

4）2016 年消费税迎来改革窗口期。以征税范围、征收环节、税率为核心的调整在加速推进，取消普通化妆品税目，下调高档化妆品税率，对超豪华小汽车加征消费税。

（7）资源税改革。2011 年年底，修改后的《中华人民共和国资源税暂行条例实施细则》公布，并于当年 11 月起施行。修改后的资源税暂行条例对原油、天然气资源税由从量计征改为从价计征，并相应提高了原油、天然气的税负水平，油气资源税按 5％的税率征收；煤炭资源税依然实行从量计征。

2016 年 5 月《财政部　国家税务总局关于全面推进资源税改革的通知》（财税〔2016〕53 号）发布，自 2016 年 7 月 1 日起实施资源税从价计征改革及水资源税改革试点。此次改革全面构建从价计征机制，按照税费平移的基本原则，兼顾企业经营的实际情况和承受能力，合理确定资源税计税依据和税率水平。

（8）环保税改革。2016 年 12 月 25 日《中华人民共和国环境保护税法》经第十二届全国人民代表大会常务委员会第二十五次会议审议通过，于 2018 年 1 月 1 日起施行。总体思路是由费改税，即按照税负平移原则，实现排污费制度向环保税制度的平稳转移。

🌀 **特别提醒**

税收历史上的重要事件：（1）1950 年 1 月，中华人民共和国的税收制度建立。（2）1954 年首部《中华人民共和国宪法》规定"中华人民共和国公民有依照法律纳税的义务"。（3）我国最高立法机关正式建立以后，首次通过的税收法律是 1956 年全国人民代表大会常务委员会通过的《文化娱乐税条例》，并以中华人民共和国主席令的形式颁布。（4）农业税法是我国修改最少、执行时间最长的一部单行税法。（5）2016 年 5 月 1 日完成全行业营改增，全行业实行增值税，取消营业税。

1.5 我国的税收管理体制

1.5.1 税收管理体制的概念

税收管理体制是在各级国家机构之间划分税权的制度或制度体系。税权的划分有纵向划分和横向划分的区别。纵向划分是指税权在中央与地方国家机构之间的划分，横向划分是指税权在同级立法、司法、行政等国家机构之间的划分。

我国的税收管理体制是税收制度的重要组成部分，也是财政管理体制的重要内容。税收管理权限包括税收立法权、税收法律法规的解释权、税种的开征或停征权、税目和税率的调整权、税收的加征和减免权等。如果按大类划分，可以简单地将税收管理权限划分为税收立法权和税收执法权两类。

1.5.2 税收立法权的划分

1. 税收立法权的概念

税收立法权是制定、修改、解释或废止税收法律、法规、规章和规范性文件的权力。

税收立法权包括两方面的内容：一是什么机关有税收立法权；二是各级机关的税收立法权是如何划分的。明确税收立法权有利于保证国家税法的统一制定和贯彻执行，充分、准确地发挥各级有权机关管理税收的职能作用，防止各种越权自定章法、随意减免税收现象的发生。

2. 我国税收立法权的层次

我国的税收立法权主要分为下列几个层次：

（1）全国性税种的立法权，包括中央税、中央与地方共享税和在全国范围内征收的地方税税法的制定、公布和税种的开征、停征权，属于全国人民代表大会及其常务委员会。

（2）经全国人民代表大会及其常务委员会授权，全国性税种可先由国务院以条例或暂行条例的形式发布施行。经一段时期后，再行修订并经过立法程序，由全国人民代表大会及其常务委员会正式立法。

（3）经全国人民代表大会及其常务委员会授权，国务院有制定税法实施细则、增减税目和调整税率的权力。

（4）经全国人民代表大会及其常务委员会授权，国务院有税法的解释权；经国务院授权，国家税务主管部门（财政部和国家税务总局）有税收条例的解释权和制定税收条例实施细则的权力。

（5）省级人民代表大会及其常务委员会有根据本地区经济发展的具体情况和实际需要，在不违背国家统一税法，不影响中央财政收入，不妨碍我国统一市场的前提下，开征全国性税种以外的地方性税种的税收立法权。税法的公布，税种的开征、停征，由省级人民代表大会及其常务委员会统一规定，所立税法在公布实施前需报全国人民代表大会常务委员会备案。

（6）经省级人民代表大会及其常务委员会授权，省级人民政府有本地区地方税法的解释权和制定税法实施细则，调整税目、税率的权力，也可在上述规定的前提下，制定一些税收征收办法，还可以在全国性地方税条例规定的幅度内，确定本地区适用的税率或税额。上述权力除税法解释权外，在行使后和发布实施前需报国务院备案。地区性地方税收的立法权只限于省级立法机关或经省级立法机关授权同级政府，不能层层下放。所立税法可在全省（自治区、直辖市）范围内执行，也可只在部分地区执行。

⊙ **特别提醒**

> 关于我国现行税收立法权的划分问题，迄今为止尚无一部法律对之加以完整规定，只是散见于若干财政和税收法律法规中，有待税收基本法做出统一规定。

1.5.3　国税与地税的合并

改革国税地税征管体制，将省级和省级以下国税地税机构合并，具体承担所辖区域内的各项税收、非税收入征管等职责。国税地税机构合并后，实行以国家税务总局为主与省（区、市）人民政府双重领导管理体制。

2019 年 11 月 11 日，国家税务总局为持续深化"放管服"改革，进一步支持和服务小微企业发展，推出八条便利小微企业办税缴费新举措，见表 1-1。

表 1-1　　　　　　便利小微企业办税缴费新举措任务分工表

序号	措施类别	具体做法	责任单位	责任部门	完成时限
1	搭建线上诉求和意见直联互通渠道	各级税务机关在原有直联方式基础上，运用信息化技术搭建与小微企业的线上直联互通渠道，促进税企沟通，更加广泛采集、精准分析并及时反馈小微企业实际诉求，进一步提升小微企业诉求和意见的快速响应效率。	税务总局各省税务局	纳税服务部门	2019 年 12 月
2	制发小微企业办税辅导产品	税务总局依据《全国税务机关纳税服务规范（3.0 版）》，修订《纳税人办税指南》；针对小微企业日常办税事项，编制《小微企业办税一本通》，指引小微企业明白办税、便利办税。各地税务机关组织好印制和宣传发放等工作。	税务总局	纳税服务部门	2019 年 12 月

续前表

序号	措施类别	具体做法	责任单位	责任部门	完成时限
3	优化跨区迁移服务	各省税务局探索为属于正常户且不存在未办结事项的小微企业，提供省内跨区迁移注销的线上办理服务，并在风险可控的前提下快速办结，让符合条件的小微企业办理省内跨区迁移更便捷。	各省税务局	征管和科技发展部门	2020年3月
4	扩围批量零申报服务	各省税务局探索将批量零申报服务范围从申请注销的非正常户扩大至全部非正常户，减少补充零申报重复操作。纳税人补充申报以前年度非正常状态期间的企业所得税，其月（季）度申报均为零申报（且不存在弥补前期亏损情况）的，可以进行批量处理，便利小微企业解除非正常状态后恢复经营。	各省税务局	网信办	2020年3月
5	优化涉税违法违规信息查询服务	各省税务局依托电子税务局，为小微企业提供涉税违法违规记录线上查询服务，便利小微企业及时了解掌握本企业相关情况，促进小微企业提升税法遵从度。	税务总局各省税务局	征管和科技发展部门	2020年3月
6	推行企业开办事项集成办理	各省税务局加强与市场监管、公安等政府部门协作，利用政府政务服务平台，协同相关部门实现新办企业登记、刻章备案、申领发票等企业开办事项的信息"一次填报、一网提交"。	各省税务局	网信办	持续推进
7	制发税收优惠事项清单	税务总局编写、发布并动态调整税收优惠事项清单，第一批清单将包含小微企业相关的18类491项优惠事项。各地税务机关在此基础上，结合实际细化分行业清单，有针对性地开展宣传辅导，方便小微企业及时享受。	税务总局	纳税服务部门	2019年12月
8	提升"银税互动"普惠效能	各省税务局积极与银保监部门沟通，将申请"银税互动"贷款的受惠企业范围由纳税信用A级和B级企业扩大至M级企业；在风险可控的前提下，探索为纳税信用A级和B级的小微企业创新流动资金贷款服务模式，如"无还本续贷"等，切实缓解小微企业融资难、融资贵问题。	税务总局各省税务局	纳税服务部门	2020年6月

□ 练习题

一、单项选择题

1. 下列有关税法概念的说法正确的是（　　）。

A. 税法是国家制定的用来调整纳税人之间权利与义务关系的法律规范的总称

B. 制定税法的目的是保障国家利益和纳税人的合法权益

C. 税法的特征是强制性、无偿性和固定性

D. 税法是国家凭借其权力，利用税收工具参与社会产品和国民收入分配的法律规范的总称

2. 关于税法基本原理的相关表述，正确的是（　　）。

A. 税法的各类构成要素皆必须且只能由法律予以明确，征纳主体的权利义务只以法律规定为依据，没有法律依据，任何主体不得征税或减免税收

B. 法律上的税收公平主义与经济上要求的税收公平是相同的，其基本思想也是一致的

C. 纳税人已经对税务机关表示信赖，但没有据此做出某种纳税行为，或者这种信赖与其纳税行为没有因果关系，也可以引用税收合作信赖主义

D. 程序优于实体原则是为了保护纳税人的权利不受侵犯

3. 某县人民政府 2014 年发文规定，凡是不种枣树的本县农民必须每年向政府缴纳土地管理费 1 000 元，不再征收其他税。这种做法违背了（　　）。

A. 税收法定主义　　　B. 税收公平主义

C. 实质课税原则　　　D. 法律优位原则

4. 某人和税务机关在缴纳税款上存在争议，必须在缴纳税款后税务机关才能受理其复议申请，这体现了税法适用原则中的（　　）。

A. 新法优于旧法原则

B. 特别法优于普通法原则

C. 程序法优于实体法原则

D. 实体从旧原则

5. 可以作为法庭判案直接依据的税法解释是（　　）。

A. 各级行政机关的行政解释

B. 国务院对其制定税法所做的立法解释

C. 各级司法机关的司法解释

D. 各级检察院做出的检察解释

6. 下列税种中，属于中央政府与地方政府共享收入的是（　　）。

A. 关税　　　　　B. 消费税

C. 土地增值税　　　D. 个人所得税

7. 税法是指有权的国家机关制定的有关调整税收分配过程中形成的权利义务关系的法律规范的总和。从狭义税法角度看，有权的国家机关是指（　　）。

A. 全国人民代表大会及其常务委员会

B. 国务院

C. 财政部

D. 国家税务总局

8. 目前我国税制基本上是（　　）的税制结构。

A. 直接税为主体

B. 间接税为主体

C. 间接税和直接税为双主体

D. 无主体

9. 从法律性质看，税法属于（　　）。

A. 授权性法规　　　B. 义务性法规

C. 综合性法规　　　D. 禁止性法规

10. 下列关于课税对象和计税依据关系的表述，不正确的有（　　）。

A. 计税依据是课税对象量的表现

B. 计税依据是从质的方面对课税做出的规定，课税对象是从量的方面对课税做出的规定

C. 我国现行车船税的课税对象和计税依据是不一致的

D. 计税依据有价值形态和物理形态两种表现形态

11. 下列规范性文件中，属于国务院制定的税收行政法规的是（　　）。

A. 《增值税暂行条例实施细则》

B. 《税收征收管理法实施细则》

C. 《中华人民共和国土地增值税暂行条例》

D. 《中华人民共和国车船税法》

12. 关于税收公平主义的陈述，下列选项中正确的是（　　）。

A. 法律上的税收公平和经济上的税收公平在思想上是一致的

B. 经济上的税收公平对纳税人具有约束力

C. 经济上的税收公平主要从税收负担带来的经济后果上考虑，法律上的税收公平则不但要考虑经济后果，而且要另外考虑立

法、执法、司法等各个方面

D. 纳税人只能要求程序上的税收公平

二、多项选择题

1. 下列关于税法效力的解释，正确的是（　　）。

A. 我国税法采用属人兼属地相结合的原则

B. 税法解释除遵循税法的基本原则之外也要遵循法律解释的具体原则

C. 税法的效力范围表现为空间效力、时间效力和对人的效力

D. 法定解释具有专属性

2. 下列关于税务规章的表述中，正确的是（　　）。

A. 税务规章原则上不得重复法律和国务院的行政法规已经明确规定的内容

B. 不属于税务机关权限范围内的事项，税务规章无权制定

C. 审议通过的税务规章，报局长签署后予以公布，以在国家税务总局公报上刊登的税务规章文本为标准文本

D. 国家税务总局发布的第一部税务规章是2002 年 3 月 1 日实施的《税务部门规章制定实施办法》

3. 征税对象又称为（　　）。

A. 课税对象　　　　　B. 征税客体

C. 征税主体　　　　　D. 具体征税项目

4. 关于税收实体法构成要素，下列说法中不正确的是（　　）。

A. 纳税人是税法规定的直接负有纳税义务的单位和个人，是实际负担税款的单位和个人

B. 征税对象是税法中规定的征税的目的物，是国家征税的依据

C. 纳税人在计算应纳税款时，应以税法规定的税率为依据，所以税法规定的税率反映了纳税人的税收实际负担率

D. 税目是课税对象的具体化，反映具体征税范围，代表征税的广度

5. 下列关于税收法律关系特点的表述，正确的是（　　）。

A. 主体的一方只能是国家

B. 体现国家单方面的意志

C. 权利义务关系具有不对等性

D. 具有财产所有权或支配权单向转移的性质

6. 下列关于课税对象的表述，正确的是（　　）。

A. 课税对象是一种税区别于另一种税的主要标志

B. 课税对象决定了征税的深度

C. 纳税环节、减税免税等，都是以课税对象为基础确定的

D. 课税对象体现着不同税种征税的基本界限

7. （2009 年初级会计职称考试试题）根据税收法律制度的规定，我国对纳税人和征税对象实行减免税的方式主要有（　　）。

A. 税基式减免　　　　B. 税率式减免

C. 税额式减免　　　　D. 协商式减免

8. 下列项目中，属于税法适用原则的有（　　）。

A. 税法公平原则

B. 法律优位原则

C. 税收效率原则

D. 特别法优于普通法原则

9. 下列各项中，属于我国税收法律关系权利主体的有（　　）。

A. 国家税务总局　　　B. 海关

C. 法人　　　　　　　D. 自然人

10. 下列项目中，对我国税收立法体制表述正确的有（　　）。

A. 全国人民代表大会行使立法权，制定法律

B. 全国人民代表大会常务委员会行使立法权，制定法规

C. 国务院有权根据宪法和法律制定行政法规和规章

D. 国务院所属各部委有权根据宪法和法律制定行政法规和规章

C 第2章
Chapter 2 税收征收管理

【引导案例】

2017 年 4 月 18 日，河南自贸试验区开封片区在全国率先推出"二十二证合一"的创新模式。

"二十二证合一"是在"五证合一、一照一码"的基础上，依托互联网＋开封市政务服务平台，通过"一表申请、一口受理、核发一照、信息共享"，把分别由商务、工信等十个部门办理的 17 项登记、备案等事项的信息，以双二维码（"五证合一"二维码＋动态二维码）形式加载在同一份营业执照上，极大简化了商事主体的市场准入手续，缩短了企业创办周期，降低了投资创业成本。

2.1 纳税人或扣缴义务人的权利和义务

2009 年 11 月 6 日，国家税务总局发布了《国家税务总局关于纳税人权利与义务的公告》（国家税务总局公告 2009 年第 1 号），该公告第一次以税收规范性文件的形式，将《中华人民共和国税收征收管理法》及其实施细则和相关税收法律、行政法规中有关纳税人或扣缴义务人的权利与义务的规定进行了系统的归纳和整理，列明了纳税人或扣缴义务人享有的权利和应该履行的义务。该公告强调了征纳双方的对等关系，体现了对纳税人的人文关怀。

2.1.1　纳税人或扣缴义务人的权利

1.　知情权

纳税人或扣缴义务人有权向税务机关或税务人员了解国家税收法律、行政法规的规定以及与纳税程序有关的情况，包括：现行税收法律、行政法规和税收政策规定；办理税收事项的时间、方式、步骤以及需要提交的资料；应纳税额核定及其他税务行政处理决定的法律依据、事实依据和计算方法；因纳税、处罚和采取强制执行措施而与税务机关或税务人员发生争议或纠纷时，纳税人或扣缴义务人可以采取的法律救济途径及需要满足的条件。

2.　保密权

纳税人或扣缴义务人有权要求税务机关或税务人员为纳税人或扣缴义务人的情况保密。税务机关或税务人员将依法为纳税人或扣缴义务人的商业秘密和个人隐私保密，主要内容包括：纳税人或扣缴义务人的技术信息、经营信息，纳税人或扣缴义务人、主要投资人以及经营者不愿公开的个人事项。上述事项如无法律、行政法规明确规定或者纳税人或扣缴义务人的许可，税务机关或税务人员不能对外提供。但根据法律规定，税收违法行为信息不属于保密范围。

3.　税收监督权

纳税人或扣缴义务人对税务机关或税务人员违反税收法律、行政法规的行为，如税务人员索贿受贿、徇私舞弊、玩忽职守，不征或者少征应征税款，滥用职权多征税款或者故意刁难等，可以检举和控告。同时，纳税人或扣缴义务人对其他纳税人的税收违法行为也有权检举。

4.　纳税申报方式选择权

纳税人或扣缴义务人可以直接到办税服务厅办理纳税申报或者报送代扣代缴、代收代缴税款报告表，也可以按照规定采取邮寄、数据电文或者其他方式办理上述申报、报送事项。采取邮寄或数据电文方式办理上述申报、报送事项的，须经纳税人或扣缴义务人的主管税务机关批准。

纳税人或扣缴义务人如采取邮寄方式办理纳税申报，应当使用统一的纳税申报专用信封，并以邮政部门收据作为申报凭据。邮寄申报以寄出的邮戳日期为实际申报日期。

数据电文申报是指经税务机关批准的纳税人通过电话语音、电子数据交换和网络传输等电子方式办理的纳税申报。纳税人或扣缴义务人如采用电子方式办理纳税申报，应当按照税务机关或税务人员规定的期限和要求保存有关资料，并定期书面报送给税务机关或税务人员。

5. 申请延期申报权

纳税人或扣缴义务人如不能按期办理纳税申报或者报送代扣代缴、代收代缴税款报告表，应当在规定的期限内向税务机关或税务人员提出书面延期申请，经核准，可在核准的期限内办理。经核准延期办理申报、报送事项的，应当在税法规定的纳税期内按照上期实际缴纳的税额或者税务机关或税务人员核定的税额预缴税款，并在核准的期限内办理税款结算。

6. 申请延期缴纳税款权

纳税人或扣缴义务人因有特殊困难，不能按期缴纳税款的，经省、自治区、直辖市税务局批准，可以延期缴纳税款，但是最长不得超过 3 个月。计划单列市税务局可以参照省级税务机关的批准权限，审批纳税人或扣缴义务人的延期缴纳税款申请。

纳税人或扣缴义务人满足以下任何一个条件，均可以申请延期缴纳税款：一是因不可抗力，导致纳税人或扣缴义务人发生较大损失，正常生产经营活动受到较大影响的；二是当期货币资金在扣除应付职工工资、社会保险费后，不足以缴纳税款的。

7. 申请退还多缴税款权

对纳税人或扣缴义务人超过应纳税额缴纳的税款，税务机关或税务人员发现后，将自发现之日起 10 日内办理退还手续；纳税人或扣缴义务人自结算缴纳税款之日起 3 年内发现的，可以向税务机关或税务人员要求退还多缴的税款，并加算银行同期存款利息。税务机关或税务人员将自接到纳税人或扣缴义务人退还税款申请之日起 30 日内查实并办理退还手续，涉及从国库中退库的，依照法律、行政法规有关国库管理的规定退还。

8. 依法享受税收优惠权

纳税人或扣缴义务人可以依照法律、行政法规的规定书面申请减税、免税。减税、免税的申请须经法律、行政法规规定的减税、免税审查批准机关审批。减税、免税期满，应当自期满次日起恢复纳税。减税、免税条件发生变化的，应当自发生变化之日起 15 日内向税务机关或税务人员报告；不再符合减税、免税条件的，应当依法履行纳税义务。

纳税人或扣缴义务人享受的税收优惠需要备案的，应当按照税收法律、行政法规和有关政策规定，及时办理事前或事后备案。

9. 委托税务代理权

纳税人或扣缴义务人有权就以下事项委托税务代理人代为办理：办理、变更或者注销税务登记，办理除增值税专用发票以外的发票领购手续、纳税申报或扣缴税款报告、税款缴纳和申请退税，制作涉税文书，审查纳税情况，建账建制，办理财务、税务咨询，申请税务行政复议，提起税务行政诉讼，以及国家税务总局规定的其他业务。

10. 陈述与申辩权

纳税人或扣缴义务人对税务机关或税务人员做出的决定，享有陈述权和申辩权。如果纳税人或扣缴义务人有充分的证据证明自己的行为合法，税务机关或税务人员就不得对纳税人或扣缴义务人实施行政处罚；即使纳税人或扣缴义务人的陈述或申辩不充分合理，税务机关或税务人员也会向纳税人或扣缴义务人解释实施行政处罚的原因。税务机关或税务人员不会因纳税人或扣缴义务人的申辩而加重处罚。

11. 对未出示税务检查证和税务检查通知书情况的拒绝检查权

税务机关派出的人员进行税务检查时，应当向纳税人或扣缴义务人出示税务检查证和税务检查通知书；对未出示税务检查证和税务检查通知书的，纳税人或扣缴义务人有权拒绝检查。

12. 税收法律救济权

纳税人或扣缴义务人对税务机关或税务人员做出的决定，依法享有申请行政复议、提起行政诉讼、请求国家赔偿等权利。

纳税人或扣缴义务人、纳税担保人与税务机关或税务人员在纳税上发生争议时，必须先依照税务机关或税务人员的纳税决定缴纳或解缴税款及滞纳金，或者提供相应的担保，然后可以依法申请行政复议；对行政复议决定不服的，可以依法向人民法院起诉。纳税人或扣缴义务人对税务机关或税务人员的处罚决定、强制执行措施或者税收保全措施不服的，可以依法申请行政复议，也可以依法向人民法院起诉。

当税务机关或税务人员的职务违法行为给纳税人或扣缴义务人和其他税务当事人的合法权益造成侵害时，纳税人或扣缴义务人和其他税务当事人可以要求税务行政赔偿。主要包括两种情形：一是纳税人或扣缴义务人在限期内已缴纳税款，税务机关或税务人员未立即解除税收保全措施，使纳税人或扣缴义务人的合法权益遭受损失的；二是税务机关或税务人员滥用职权，违法采取税收保全措施、强制执行措施或者采取税收保全措施、强制执行措施不当，使纳税人、扣缴义务人或者纳税担保人的合法权益遭受损失的。

13. 依法要求听证的权利

在对纳税人或扣缴义务人做出规定金额以上罚款的行政处罚之前，税务机关或税务人员会向纳税人或扣缴义务人送达《税务行政处罚事项告知书》，告知纳税人或扣缴义务人已经查明的违法事实、证据、行政处罚的法律依据和拟将给予的行政处罚。对此，纳税人或扣缴义务人有权要求举行听证。税务机关或税务人员将根据纳税人或扣缴义务人的要求组织听证。如果纳税人或扣缴义务人认为税务机关或税务人员指定的听证主持人与本案有直接利害关系，有权申请主持人回避。

对应当进行听证的案件，税务机关或税务人员不组织听证的，行政处罚决定不能成立，但纳税人或扣缴义务人放弃听证权利或者被正当取消听证权利的除外。

14. 索取有关税收凭证的权利

税务机关或税务人员征收税款时，必须给纳税人或扣缴义务人开具完税凭证。扣缴义务人代扣、代收税款时，纳税人要求扣缴义务人开具代扣、代收税款凭证时，扣缴义务人应当开具。

税务机关或税务人员扣押商品、货物或者其他财产时，必须开付收据；查封商品、货物或者其他财产时，必须开付清单。

2.1.2　纳税人或扣缴义务人的义务

1. 依法进行税务登记的义务

纳税人或扣缴义务人应当自领取营业执照之日起 30 日内，持有关证件，向税务机关或税务人员申报办理税务登记。税务登记主要包括领取营业执照后的设立登记，税务登记内容发生变化后的变更登记，依法申请停业、复业登记，依法终止纳税义务的注销登记等。

在各类税务登记管理中，纳税人或扣缴义务人应该根据税务机关或税务人员的规定分别提交相关资料，及时办理。同时，纳税人或扣缴义务人应当按照税务机关或税务人员的规定使用税务登记证件，税务登记证件不得转借、涂改、损毁、买卖或者伪造。

2. 依法设置账簿、保管账簿和有关资料以及依法开具、使用、取得和保管发票的义务

纳税人或扣缴义务人应当按照有关法律、行政法规和国务院财政、税务主管部门的规定设置账簿，根据合法、有效凭证记账，进行核算；从事生产、经营的，必须按照国务院财政、税务主管部门规定的保管期限保管账簿、记账凭证、完税凭证及其他有关资料；账簿、记账凭证、完税凭证及其他有关资料不得伪造、变造或者擅自损毁。

此外，纳税人或扣缴义务人在购销商品、提供或者接受经营服务以及从事其他经营活动时，应当依法开具、使用、取得和保管发票。

3. 财务会计制度和核算软件备案的义务

纳税人或扣缴义务人的财务会计制度或者处理办法和核算软件，应当报送税务机关或税务人员备案。纳税人或扣缴义务人的财务会计制度或者处理办法与国务院或者国务院财政、税务主管部门有关税收的规定抵触的，应依照国务院或者国务院财政、税务主管部门有关税收的规定计算应纳税款以及代扣代缴和代收代缴税款。

4. 按照规定安装、使用税控装置的义务

国家根据税收征收管理的需要，积极推广使用税控装置。纳税人或扣缴义务人

应当按照规定安装、使用税控装置，不得损毁或者擅自改动税控装置。纳税人或扣缴义务人未按规定安装、使用税控装置，损毁或者擅自改动税控装置的，税务机关或税务人员将责令纳税人或扣缴义务人限期改正，并可根据情节轻重处以规定数额内的罚款。

5. 按时、如实申报的义务

纳税人或扣缴义务人必须依照法律、行政法规的规定或者税务机关或税务人员依照法律、行政法规的规定确定的申报期限、申报内容如实办理纳税申报，报送纳税申报表、财务会计报表以及税务机关或税务人员根据实际需要要求纳税人或扣缴义务人报送的其他纳税资料。

扣缴义务人必须依照法律、行政法规规定或者税务机关或税务人员依照法律、行政法规的规定确定的申报期限、申报内容如实报送代扣代缴、代收代缴税款报告表以及税务机关或税务人员根据实际需要要求纳税人或扣缴义务人报送的其他有关资料。

纳税人或扣缴义务人即使在纳税期内没有应纳税款，也应当按照规定办理纳税申报。享受减税、免税待遇的，在减税、免税期间应当按照规定办理纳税申报。

6. 按时缴纳税款的义务

纳税人或扣缴义务人应当按照法律、行政法规规定或者税务机关或税务人员依照法律、行政法规的规定确定的期限，缴纳或者解缴税款。

未按照规定期限缴纳税款或者未按照规定期限解缴税款的，税务机关或税务人员除责令限期缴纳外，从滞纳之日起，按日加收滞纳税款万分之五的滞纳金。

7. 代扣、代收税款的义务

扣缴义务人按照法律、行政法规的规定负有代扣代缴、代收代缴税款义务，必须依照法律、行政法规的规定履行代扣、代收税款的义务。扣缴义务人依法履行代扣、代收税款义务时，纳税人不得拒绝。纳税人拒绝的，扣缴义务人应当及时报告税务机关或税务人员进行处理。

8. 接受依法检查的义务

纳税人或扣缴义务人有接受税务机关或税务人员依法进行税务检查的义务，应主动配合税务机关或税务人员按法定程序进行的税务检查，如实地向税务机关或税务人员反映自己的生产经营情况和执行财务制度的情况，并按有关规定提供报表和资料，不得隐瞒和弄虚作假，不能阻挠、刁难税务机关或税务人员的检查和监督。

9. 及时提供信息的义务

纳税人或扣缴义务人除通过税务登记和纳税申报向税务机关或税务人员提供与纳税有关的信息外，还应及时提供其他信息。纳税人或扣缴义务人有歇业、经营情况变化、遭受各种灾害等特殊情况的，应及时向税务机关或税务人员说明，以便税务机关或税务人员依法妥善处理。

10.　报告其他涉税信息的义务

为了保障国家税收能够及时、足额征收入库，税法还规定了纳税人或扣缴义务人有义务向税务机关或税务人员报告如下涉税信息：

（1）纳税人或扣缴义务人有义务就其与关联企业之间的业务往来，向当地税务机关提供有关的价格、费用标准等资料。

纳税人或扣缴义务人有欠缴税款情形而以财产设定抵押、质押的，应当向抵押权人、质押权人说明自己欠缴税款的情况。

（2）企业合并、分立的报告义务。纳税人或扣缴义务人有合并、分立情形的，应当向税务机关或税务人员报告，并依法缴清税款。合并时未缴清税款的，应当由合并后的纳税人继续履行未履行的纳税义务；分立时未缴清税款的，分立后的纳税人对未履行的纳税义务应当承担连带责任。

（3）报告全部账号的义务。纳税人或扣缴义务人从事生产、经营的，应当按照国家有关规定，持税务登记证件，在银行或者其他金融机构开立基本存款账户和其他存款账户，并自开立基本存款账户或者其他存款账户之日起 15 日内，向纳税人或扣缴义务人的主管税务机关书面报告全部账号；账号发生变化的，应当自变化之日起 15 日内，向纳税人或扣缴义务人的主管税务机关书面报告。

（4）处分大额财产报告的义务。如果纳税人或扣缴义务人的欠缴税款数额在 5 万元以上，纳税人或扣缴义务人在处分不动产或者大额资产之前，应当向税务机关或税务人员报告。

2.2　一照一码的基本内容

2.2.1　"五证合一、一照一码"的基本内容

1. "五证合一、一照一码"的概念

2016 年 10 月 1 日起正式实施"五证合一、一照一码"。"五证合一、一照一码"登记制度是指企业登记时依次申请，由工商（市场监管）、质监、税务、人力社保、统计五个部门分别核发不同证照，改为一次申请，由工商（市场监管）部门核发加载法人和其他组织统一社会信用代码（统称"统一代码"）的营业执照的登记制度。组织机构代码证、税务登记证、社会保险登记证、统计登记证不再发放。

2. "五证合一、一照一码"的特点

（1）企业登记注册，只需填写一张申请表，向"五证合一、一照一码"登记窗

口提交一套登记材料。

（2）一窗受理。企业登记申请表和登记材料由工商登记窗口受理，质监、税务、人力社保、统计部门不再受理企业组织机构代码证、税务登记证、社会保险登记证、统计登记证申请。

（3）"一企一码"。一个企业主体只能有一个统一代码，一个统一代码只能赋予一个企业主体。

（4）一网互联。各省工商、质监、税务、人力社保、统计等部门通过全省统一信息共享交换平台进行数据交换，实现跨层级、跨区域、跨部门信息共享和有效应用。

（5）一照通用。"一照一码"执照在全国通用，相关各部门均要予以认可。

提示

> 实现"五证合一"后，办证申请人填报的申报表从原先的 6 张减少为 1 张，需要提交的材料从之前的 35 份减少为 8 份，一般情况下，从材料受理到发证只需几个工作日。改革后，申请设立登记、原执照有效期满、申请变更登记或申请换发营业执照的企业，由登记机关依法核发、换发加载统一代码的营业执照。

2.2.2　新设企业涉税事项

新设立企业领取"一照一码"营业执照后，登记信息由企业登记机关发送给税务机关，纳税人无须再次进行税务登记，不再领取税务登记证。

提示

> 企业在设立登记时应准确填写手机号码，以便税务部门在确认企业设立登记信息后，及时通过 12366 财税服务短信平台将主管税务机关等涉税信息告知企业。

2.2.3　企业变更涉税事项

实行"一照一码"的企业办理变更登记，除生产经营地、财务负责人、核算方式变更由企业向税务机关提出变更申请外，其他变更信息由企业登记机关统一采集。

特别提醒

> 相关证照、批准文书等信息能够通过政府信息共享获取的，只需要纳税人提供上述材料的名称、文号、编码等信息供查询验证，不再提交材料原件或复印件。

2.2.4　企业注销涉税事项

自 2017 年 3 月 1 日起，在全国范围内全面实行企业简易注销登记改革。企业申请简易注销登记，应当先通过国家企业信用信息公示系统"简易注销公告"专栏，主动向社会公告拟申请简易注销登记及全体投资人承诺等信息（强制清算终结和破产程序终结的企业除外），公告期为 45 日。公告期满后，企业方可向企业登记机关提出简易注销登记申请。

企业在申请简易注销登记时只需要提交申请书、指定代表或者共同委托代理人授权委托书、全体投资人承诺书及营业执照正副本即可。强制清算终结的企业提交人民法院终结强制清算程序的裁定，破产程序终结的企业提交人民法院终结破产程序的裁定，不再提交清算报告、投资人决议、清税证明、清算组备案证明、刊登公告的报纸样张等材料。

2.2.5　个体工商户的"两证整合"

从 2016 年 12 月 1 日起，全国正式实施个体工商户营业执照和税务登记证"两证整合"。公民只需填写一张表，向一个窗口提交一套材料即可办理个体工商户工商及税务登记，将由工商行政管理、税务部门分别核发的营业执照和税务登记证，改为由工商行政管理部门核发一个加载法人和其他组织统一社会信用代码（简称统一社会信用代码）的营业执照。同时，实现工商、税务部门的个体工商户数据信息实时共享。

个体工商户开业登记申请书见表 2-1。

表 2-1　　　　　　　　　　个体工商户开业登记申请书

经营者	姓名		性别		照片粘贴处
	身份证号码				
	住所				
	邮政编码		移动电话		
	固定电话		电子邮箱		
	政治面貌		民族		
	文化程度		职业状况		
名称					
备选字号（请选用不同字号）	1.				
	2.				
组成形式	个人经营　□		家庭经营　□		
	参加经营的家庭成员姓名		参加经营的家庭成员身份证号码		
经营范围					

经营场所	地址	＿＿＿＿＿省（市/自治区）＿＿＿＿＿市（地区/盟/自治州）＿＿＿＿＿县（自治县/旗/自治旗/市/区）＿＿＿＿＿乡（民族乡/镇/街道）＿＿＿＿＿村（路/社区）＿＿＿＿＿号＿＿＿＿＿		
	邮政编码		联系电话	
从业人数		（人）	资金数额	（万元）
本人依照《个体工商户条例》申请登记为个体工商户，提交文件材料真实有效。谨对真实性承担责任。 经营者签名： 　　　　　　　　　　　　　　　　　　　　　年　　月　　日				

2.2.6 "多证合一"工商共享信息

自 2017 年 11 月 1 日起，国家税务总局进一步推进"多证合一"工商共享信息运用，"多证合一"登记信息确认表见表 2-2。

表 2-2　　　　　　　　　　　　　"多证合一"登记信息确认表

尊敬的纳税人：

以下是您在工商机关办理注册登记时提供的信息。为保障您的合法权益，请您仔细阅读，对其中不全的信息进行补充，对不准的信息进行更正，对需要更新的信息进行补正，以便为您提供相关服务。

一、以下信息非常重要，请您务必仔细阅读并予以确认						
纳税人名称			统一社会信用代码			
登记注册类型		批准设立机关			开业（设立）日期	
生产经营期限起		生产经营期限止		注册地址邮政编码		注册地址联系电话
注册地址						
生产经营地址						
经营范围	（可根据内容调整表格大小）					
注册资本		币种			金额	
投资方名称	证件类型	证件号码			投资比例	国籍或地址
		□□□□□□□□□□□□□□□□□□				
		□□□□□□□□□□□□□□□□□□				
…	…	…			…	…
联系人＼项目	姓名	证件类型	证件号码		固定电话	移动电话
法定代表人			□□□□□□□□□□□□□□□□□□			
财务负责人			□□□□□□□□□□□□□□□□□□			
二、以下信息比较重要，请您根据您的实际情况予以确认						
法定代表人电子邮箱			财务负责人电子邮箱			
投资总额		币种			金额	
若您是总机构，请您确认						
分支机构名称			分支机构统一社会信用代码			

分支机构名称		分支机构统一社会信用代码	
分支机构名称		分支机构统一社会信用代码	
...		...	
若您是分支机构，请您确认			
总机构名称		总机构统一社会信用代码	
		经办人：　　　　纳税人（签章） 年　月　日	

2.2.7　跨省经营企业涉税事项全国通办

全国通办是指跨省（自治区、直辖市、计划单列市）经营企业，可以根据办税需要就近选择税务机关申请办理异地涉税事项。全国通办的涉税事项范围确定为 4 类 15 项。

1. 涉税信息报告类

具体包括存款账户账号报告、财务会计制度及核算软件备案报告。

2. 申报纳税办理类

具体包括欠税人处置不动产或大额资产报告、纳税人合并分立情况报告、发包出租情况报告、企业年金职业年金扣缴报告。

3. 优惠备案办理类

具体包括增值税优惠备案、消费税优惠备案、企业所得税优惠备案（根据税法规定由总机构统一备案的企业所得税优惠备案事项除外）、印花税优惠备案、车船税优惠备案、城市维护建设税优惠备案、教育费附加优惠备案。

4. 证明办理类

具体包括开具完税证明、开具个人所得税完税证明。

2.2.8　金税三期系统

金税工程是经国务院批准的国家级电子政务工程，是国家电子政务"十二金"工程之一，是税收管理信息系统工程的总称。自 1994 年开始，历经金税一期、金税二期、金税三期工程建设，为我国税收工作取得巨大成就和不断进步做出了重要的贡献。

2015 年 1 月 8 日，金税三期系统正式启用。金税三期系统上线后，纳税人足不出户即可完成之前的涉税项目。系统统一后，纳税人在税务局提交，就能办理涉税事项。

特别提醒

（1）金税三期系统上线后，出口企业不需要在金税三期系统办理出口货物退（免）税资格的认定、变更和注销业务，统一在出口退税审核系统内办理即可。

（2）金税三期系统上线后，非居民企业均应到主管税务机关办理税务登记手续。即常驻代表机构应办理设立税务登记；源泉扣缴和指定扣缴申报的纳税人应办理组织临时登记；在中国境内承包工程作业和提供劳务自行申报的非居民企业应办理临时税务登记。

2.2.9　办税事项"二维码"一次性告知措施

国家税务总局决定自2016年1月起在全国推行办税事项"二维码"一次性告知措施（简称"二维码"措施）。办税事项"二维码"一次性告知是指税务机关制作并在办税服务厅、门户网站等办税服务平台放置二维码图标，纳税人扫描相应业务的二维码即可通过手机等移动终端获知办理该项业务所需准备的资料、基本流程等信息。

1. "二维码"措施的业务内容

"二维码"一次性告知事项内容主要包含全国统一事项和地方适用事项。

（1）全国统一事项。是指国家税务总局根据《全国税务机关纳税服务规范》对服务事项进行梳理，就全国通行事项统一制发二维码。国家税务总局共梳理110项全国统一事项，包括税务登记20项，税务认定27项，发票办理11项，纳税申报23项，优惠办理4项，证明办理25项。国家税务总局将根据具体业务的变化定期对全国统一事项业务内容进行增减和修订。

（2）地方适用事项。是指省税务机关对地方业务进行梳理，自行生成供本地纳税人使用的二维码。地方适用事项不得与现行涉税法律法规、全国统一事项及相关规定相悖，原则上不与全国统一事项重复。

2. "二维码"措施的宣传和应用

各级税务机关要利用办税服务厅、门户网站、微博、微信等多种渠道加强对办税事项"二维码"一次性告知工作的宣传，办税服务厅人员和热线坐席人员要主动引导纳税人扫描相应业务的二维码，帮助纳税人理解和使用二维码。

（1）各地税务机关应在办税服务厅的导税台、咨询台和各办税窗口明显位置摆放印有二维码图标的指南，同时在资料架上摆放宣传手册供纳税人查阅。

（2）国家税务总局和省税务机关应在门户网站等网上办税平台首页显示"二维码"一次性告知窗口（悬浮窗），纳税人点开链接后可以扫描二维码查看相应业务。

已开通手机 App、微信和微博的单位，可以通过这些渠道主动推送二维码。

2.2.10　账簿、凭证管理

1. 设置账簿的范围

从事生产经营的纳税人应当自领取营业执照或者发生纳税义务之日起 15 日内设置账簿。扣缴义务人应当自税收法律、行政法规规定的扣缴义务发生之日起 10 日内，按照所代扣、代收的税种，分别设置代扣代缴、代收代缴税款账簿。

 特别提醒

设置账簿的起始日期为领取营业执照之日，而非企业开始经营日。

2. 账簿、凭证的保管

从事生产经营的纳税人、扣缴义务人必须按照国务院财政、税务主管部门规定的保管期限保管账簿、记账凭证、完税凭证及其他有关资料。账簿、记账凭证、报表、完税凭证、发票、出口凭证以及其他有关涉税资料不得伪造、变造或者擅自损毁。

除法律、行政法规另有规定外，账簿、记账凭证、报表、完税凭证、发票、出口凭证及其他有关涉税资料应当保存 10 年。

自 2018 年 7 月 5 日起，从事生产、经营的纳税人依法向主管税务机关报告其银行账号时，使用修改后的《纳税人存款账户账号报告表》，见表 2-3。

表 2-3　　　　　　　　　　　　纳税人存款账户账号报告表

纳税人名称			纳税人识别号			
经营地址						
银行开户登记证号			发证日期		年　月　日	
账户性质	开户银行	账号	开户时间	变更时间	注销时间	备注
报告单位： 经办人： 法定代表人（负责人）： 　　　　　　报告单位（签章） 　　　　　　　年　月　日			受理税务机关： 经办人： 负责人： 　　　　　　税务机关（签章） 　　　　　　　年　月　日			

账户性质按照基本账户、一般账户、专用账户、临时账户如实填写。《纳税人存款账户账号报告表》一式二份，报送主管税务机关一份，纳税人留存一份。

2.2.11　税收票证管理

　　2013年1月25日国家税务总局审议通过《税收票证管理办法》，自2014年1月1日起施行。

1. 税收票证

　　税收票证是指税务机关、扣缴义务人依照法律法规，代征代售人按照委托协议，征收税款、基金、费、滞纳金、罚没款等各项收入（以下统称税款）的过程中，开具的收款、退款和缴库凭证。税收票证是纳税人实际缴纳税款或者收取退还税款的法定证明。

　　税收票证包括纸质形式和数据电文形式。数据电文税收票证是指通过横向联网电子缴税系统办理税款的征收缴库、退库时，向银行、国库发送的电子缴款、退款信息。纸质税收票证的基本联次包括收据联、存根联、报查联。收据联交纳税人做完税凭证；存根联由税务机关、扣缴义务人、代征代售人留存；报查联由税务机关做会计凭证或备查。

2. 税收票证的基本要素

　　税收票证的基本要素包括税收票证号码、征收单位名称、开具日期、纳税人名称、纳税人识别号、税种（费、基金、罚没款）、金额、所属时期等。

3. 税收票证的种类

　　税收票证包括税收缴款书、税收收入退还书、税收完税证明、出口货物劳务专用税收票证、印花税专用税收票证以及国家税务总局规定的其他税收票证。

　　（1）税收缴款书，是纳税人据以缴纳税款，税务机关、扣缴义务人以及代征代售人据以征收、汇总税款的税收票证。

　　（2）税收收入退还书，是税务机关依法为纳税人从国库办理退税时使用的税收票证。

　　（3）税收完税证明，是税务机关为证明纳税人已经缴纳税款或者已经退还纳税人税款而开具的纸质税收票证。

　　（4）出口货物劳务专用税收票证，是由税务机关开具，专门用于纳税人缴纳出口货物劳务增值税、消费税或者证明该纳税人再销售给其他出口企业的货物已缴纳增值税、消费税的纸质税收票证。

(5) 印花税专用税收票证，是税务机关或印花税票代售人在征收印花税时向纳税人交付、开具的纸质税收票证。

税收票证应当按规定的适用范围填开，不得混用。

税务机关、代征代售人征收税款时应当开具税收票证。通过横向联网电子缴税系统完成税款的缴纳或者退还后，纳税人需要纸质税收票证的，税务机关应当开具。扣缴义务人代扣代收税款时，纳税人要求扣缴义务人开具税收票证的，扣缴义务人应当开具。

2.2.12　纳税信用评价

自 2014 年 10 月 1 日起，纳税信用评价采取年度评价指标得分和直接判级方式。评价指标包括税务内部信息和外部评价信息。年度评价指标得分采取扣分方式。

2018 年 4 月 1 日起，纳税信用级别设 A，B，M，C，D 五级。A 级纳税信用为年度评价指标得分 90 分以上的；B 级纳税信用为年度评价指标得分 70 分以上不满 90 分的；M 级纳税信用级别包括新设立企业和评价年度内无生产经营业务收入且年度评价指标得分 70 分以上的；C 级纳税信用为年度评价指标得分 40 分以上不满 70 分的；D 级纳税信用为年度评价指标得分不满 40 分或者直接判级确定的。

2014 年 7 月 4 日，国家税务总局发布《纳税信用管理办法（试行）》，自 2014 年 10 月 1 日起施行。

1. 适用范围

已办理税务登记（含"多证合一，一照一码"、临时登记），从事生产、经营并适用查账征收的独立核算企业、个人独资企业和个人合伙企业。

2. 纳税信用信息采集

税务内部信息从税务管理系统中采集，采集的信息记录截止时间为评价年度 12 月 31 日。主管税务机关遵循"无记录不评价，何时（年）记录、何时（年）评价"的原则，使用税务管理系统中纳税人的纳税信用信息，按照规定的评价指标和评价方式确定纳税信用级别。

3. 起评分

从 2018 年 4 月 1 日起，对首次在税务机关办理涉税事宜的新设立企业，税务机关应及时进行纳税信用评价。

评价年度内，纳税人经常性指标和非经常性指标信息齐全的，从 100 分起评；非经常性指标缺失的，从 90 分起评。

非经常性指标缺失是指在评价年度内，税务管理系统中没有纳税评估、大企业税务审计、反避税调查或税务稽查出具的决定（结论）文书的记录。

4. 纳税信用评价的具体规定

（1）有下列情形之一的纳税人，本评价年度不能评为 A 级：

1）实际生产经营期不满 3 年的；2）上一评价年度纳税信用评价结果为 D 级的；3）非正常原因一个评价年度内增值税连续 3 个月或者累计 6 个月零申报、负申报的；4）不能按照国家统一的会计制度规定设置账簿，并根据合法、有效凭证核算，向税务机关提供准确税务资料的。

（2）有下列情形之一的纳税人，本评价年度直接判为 D 级：

1）存在逃避缴纳税款、逃避追缴欠税、骗取出口退税、虚开增值税专用发票等行为，经判决构成涉税犯罪的；2）存在前项所列行为，未构成犯罪，但偷税（逃避缴纳税款）金额 10 万元以上且占各税种应纳税总额 10％以上，或者存在逃避追缴欠税、骗取出口退税、虚开增值税专用发票等税收违法行为，已缴纳税款、滞纳金、罚款的；3）在规定期限内未按税务机关处理结论缴纳或者足额缴纳税款、滞纳金和罚款的；4）以暴力、威胁方法拒不缴纳税款或者拒绝、阻挠税务机关依法实施税务稽查执法行为的；5）存在违反增值税发票管理规定或者违反其他发票管理规定的行为，导致其他单位或者个人未缴、少缴或者骗取税款的；6）提供虚假申报材料享受税收优惠政策的；7）骗取国家出口退税款，被停止出口退（免）税资格未到期的；8）有非正常户记录或者由非正常户直接责任人员注册登记或者负责经营的；9）由 D 级纳税人的直接责任人员注册登记或者负责经营的；10）存在税务机关依法认定的其他严重失信情形的。

特别提醒

　　自 2019 年 1 月 1 日起，对从事涉税服务人员实行个人信用记录制度。对从事涉税服务人员实行个人信用记录，是落实国务院关于加强重点人群职业信用记录有关要求的具体举措。国家税务总局制定的《从事涉税服务人员个人信用积分指标体系及积分记录规则》的主要内容包括：从事涉税服务人员个人信用积分指标体系、个人信用积分/扣分的标准、纳入涉税服务失信名录的积分处理等。

为鼓励和引导纳税人增强依法诚信纳税意识，主动纠正纳税失信行为，2019 年 11 月 7 日，国家税务总局规定纳入纳税信用管理的企业纳税人，符合下列条件之一的，可在规定期限内向主管税务机关申请纳税信用修复。

（1）纳税人发生未按法定期限办理纳税申报、税款缴纳、资料备案等事项且已补办的。

（2）未按税务机关处理结论缴纳或者足额缴纳税款、滞纳金和罚款，未构成犯罪，纳税信用级别被直接判为 D 级的纳税人，在税务机关处理结论明确的期限期满后 60 日内足额缴纳、补缴的。

（3）纳税人履行相应法律义务并由税务机关依法解除非正常户状态的。

2.3　纳税申报和税款征管

2.3.1　纳税申报

纳税申报是纳税人员履行纳税义务的法定手续。

1.　纳税申报的方式

税务机关应当建立健全纳税人自行申报纳税制度，经税务机关批准，纳税人、扣缴义务人可以采取邮寄、数据电文方式办理纳税申报或者报送代扣代缴、代收代缴税款报告表。

2.　纳税人纳税申报时应报送的资料

（1）财务会计报表及其说明材料；（2）与纳税有关的合同、协议书及凭证；（3）安装了税控装置的单位还应报送税控装置的电子报税资料；（4）外出经营活动税收管理证明和异地完税凭证；（5）境内或者境外公证机构出具的有关证明文件；（6）税务机关规定应当报送的其他有关证件、资料。

3.　扣缴义务人代扣代缴应报送的资料

（1）代扣代缴、代收代缴税款报告表；（2）税务机关规定的其他有关证件、资料。

4.　纳税申报的具体要求

（1）不论当期是否发生纳税义务，都要进行纳税申报；纳税人在纳税期内没有应纳税款的，也应当按照规定办理纳税申报。

（2）定期定额缴纳税款的，可以采用"简易申报、简并征收"的方式。

（3）纳税人享受减税、免税待遇的，在减税、免税期间应当按照规定办理纳税申报。

（4）纳税人、扣缴义务人按照规定的期限办理纳税申报或者报送代扣代缴、代收代缴税款报告表确有困难，需要延期的，应当在规定的期限内向县以上税务机关提出书面延期申请，经税务机关核准，在核准的期限内办理。纳税人、扣缴义务人因不可抗力，不能按期办理纳税申报或者报送代扣代缴、代收代缴税款报告表的，可以延期办理，但应当在不可抗力因素消除后立即向税务机关报告。经核准延期办理申报的，必须在纳税期内按上期实际缴纳的税款或者税务机关核定的税额预缴税款，在核准的延期时限内办理税款结算。

税务机关应对纳税人申请延期申报的理由进行审核，确认其真实性、合理合法性，按照上期实际缴纳的税额或者税务机关核定的税额确定纳税人的预缴税款。

特别提醒

　　延期申报与延期缴纳不同。延期缴纳的批准权限在省级或计划单列市税务局，且批准延期缴纳的时间最长不得超过3个月；延期申报的批准权限在县级以上税务机关，且没有规定延期申报的最长时限。实行定期定额缴纳税款的纳税人可以采用简易申报等纳税申报方式。

2.3.2　税款征收的方式

1. 查账征收

　　查账征收是指由纳税人依法自行申报，经税务机关审核后填开纳税缴款书，再由纳税人自行到指定银行缴纳税款的一种征收方式。此征收方式适用于财务会计制度健全、会计核算真实准确，且能够正确计算应纳税额、依法纳税的纳税人，目前应用最为普遍。

特别提醒

　　（1）纳税人应按月进行纳税申报，申报期为次月1日起至15日止，最后一日为法定节假日的，顺延一日；在当月1日至15日内有连续3日以上法定休假日的，按休假日天数顺延。（2）纳税人不论有无销售额，均应按主管税务机关核定的纳税期限按期填报纳税申报表，并于次月1日起至15日止，向当地税务机关申报。

2. 核定征收

　　核定征收是指当不能以纳税人的账簿为基础计算其应纳税额时，由税务机关采用特定方法确定其应纳税收入或应纳税额，纳税人据以缴纳税款的一种征收方式。具体包括：

　　（1）查定征收。查定征收是指税务机关对纳税人的生产经营情况进行查实，进而核定其应纳税额的一种征收方式。这种征收方式适用于生产经营规模小、财务会计制度不健全、账册不齐全的小型企业和个体工商户。

　　（2）查验征收。查验征收是指税务机关到纳税人的生产经营场所进行实地查验，进而确定其应纳税额的一种征收方式。这种征收方式适用于财务会计制度不健全、生产经营不固定的纳税人。

　　（3）定期定额征收。定期定额征收是指税务机关根据纳税人的生产经营情况，按期核定应纳税额并定期征收税款的一种征收方式。这种征收方式主要适用于难以查清其真实收入、账册不健全的个体工商户。

3. 代扣代缴、代收代缴

　　代扣代缴、代收代缴是指依照税法规定负有代扣代缴、代收代缴税款义务的扣缴义务人，在向纳税人支付或收取款项时依法代为扣缴或收缴的征收方式。此种方式有利于税源控管和税收成本控制，目前我国的个人所得税法规定了代扣代缴和自行申报纳税两种方式。

4. 委托征收

委托征收是指税务机关根据国家有关规定委托有关单位和人员代征少数零星分散和异地缴纳税款的征收方式。受托单位和人员按照代征的要求，以税务机关的名义依法征收税款，纳税人不得拒绝；纳税人拒绝的，受托代征单位和人员应当及时报告税务机关。

2.3.3　税款征收的制度

1. 代扣代缴、代收代缴税款制度

（1）对法律、行政法规没有规定负有代扣、代收税款义务的单位和个人，税务机关不得要求其履行代扣、代收税款义务。

（2）税法规定的扣缴义务人必须依法履行代扣、代收税款义务。如果不履行义务，就要承担法律责任。除按税收征管法及其实施细则的规定给予处罚外，应当责成扣缴义务人限期将应扣未扣、应收未收的税款补扣或补收。

（3）扣缴义务人依法履行代扣、代收税款义务时，纳税人不得拒绝。纳税人拒绝的，扣缴义务人应当在一日之内报告主管税务机关处理。不及时向主管税务机关报告的，扣缴义务人应承担应扣未扣、应收未收税款的责任。

（4）扣缴义务人代扣、代收税款，只限于法律、行政法规规定的范围，并依照法律、行政法规规定的征收标准执行。对法律、行政法规没有规定代扣、代收的，扣缴义务人不能超范围代扣、代收税款，扣缴义务人也不得提高或降低标准代扣、代收税款。

（5）税务机关按照规定付给扣缴义务人代扣、代收手续费。代扣、代收税款手续费只能由县（市）级以上税务机关统一办理退库手续，不得在征收税款过程中坐支。

2. 延期缴纳税款制度

2019 年 10 月 14 日，国家税务总局规定：

（1）税务机关办理对纳税人延期缴纳税款的核准，不再要求申请人单独提供申请延期缴纳税款报告、当期货币资金余额材料、应付职工工资和社会保险费等税务机关要求提供的支出预算材料，改为申请人在《税务行政许可申请表》中填写相关信息及申请理由；不再要求申请人提供连续 3 个月缴纳税款情况和资产负债表，由税务机关在信息系统中主动核查。

（2）税务机关办理对纳税人延期申报的核准，不再要求申请人单独提供确有困难不能正常申报的情况说明，改为申请人在《税务行政许可申请表》中填写申请理由。

⊙ **特别提醒**

税务机关办理对纳税人延期缴纳税款、延期申报的核准，不再要求申请人填写《延期缴纳税款申请审批表》《延期申报申请核准表》。

3. 税收滞纳金征收制度

纳税人未按照规定期限缴纳税款的，扣缴义务人未按照规定期限解缴税款的，税务机关除责令限期缴纳外，从滞纳税款之日起，按日加收滞纳税款万分之五的滞纳金。

4. 税收减免制度

纳税人在享受减免税待遇期间，仍应按规定办理纳税申报。

纳税人享受减税、免税的条件发生变化时，应当自发生变化之日起15日内向税务机关报告，经税务机关审核后，停止其减税、免税待遇；对不报告，又不再符合减税、免税条件的，税务机关有权追回已减免的税款。

减免税项目分为报批类减免税项目和备案类减免税项目。报批类减免税项目是指应由税务机关审批的减免税项目；备案类减免税项目是指取消审批手续和不需税务机关审批的减免税项目。

纳税人同时从事减免税项目与非减免税项目的，应分别核算，独立计算减免税项目的计税依据和减免税额度。不能分别核算的，不能享受减免税待遇；核算不清的，由税务机关按合理方法核定。

5. 税额核定制度

纳税人（包括单位纳税人和个人纳税人）有下列情形之一的，税务机关有权核定其应纳税额：（1）依照法律、行政法规的规定可以不设置账簿的。（2）依照法律、行政法规的规定应当设置但未设置账簿的。（3）擅自销毁账簿或者拒不提供纳税资料的。（4）虽设置账簿，但账目混乱或者成本资料、收入凭证、费用凭证残缺不全，难以查账的。（5）发生纳税义务，未按照规定的期限办理纳税申报，经税务机关责令限期申报，逾期仍不申报的。（6）纳税人申报的计税依据明显偏低，又无正当理由的。

税务机关核定税额的方法主要有：（1）参照当地同类行业或者类似行业中经营规模和收入水平相近的纳税人的税负水平核定。（2）按照应税收入额或成本费用支出额定率核定。（3）按照耗用的原材料、燃料、动力等推算或者测算核定。（4）按照其他合理的方法核定。

2.3.4　税收保全措施和强制执行措施

税收保全措施和强制执行措施的主要内容如表2-4所示。

表 2 - 4　　　　　税收保全措施和强制执行措施的主要内容

措施	实施条件	实施措施	注意事项
税收保全	(1) 行为条件：纳税人有逃避纳税义务的行为。逃避纳税义务的行为主要包括：转移、隐匿商品、货物或者其他财产等。 (2) 时间条件：纳税人在规定的纳税期届满之前和责令缴纳税款的期限之内。 (3) 担保条件：在上述两个条件具备的情况下，税务机关可以责成纳税人提供纳税担保；纳税人不提供纳税担保的，税务机关可以依照法定权限和程序，采取税收保全措施。	(1) 书面通知纳税人的开户银行或者其他金融机构冻结纳税人相当于应纳税款的存款。 (2) 扣押、查封纳税人的价值相当于应纳税款的商品、货物或者其他财产。	(1) 税务机关采取强制执行措施时，对纳税人、扣缴义务人、纳税担保人未缴纳的滞纳金同时强制执行。 (2) 税务机关对纳税人等采取保全措施或强制执行措施应经县以上税务局（分局）局长批准。
强制执行	(1) 超过纳税期限。未按照规定的期限纳税或者解缴税款。 (2) 告诫在先。税务机关责令限期缴纳税款。 (3) 超过告诫期。经税务机关责令限期缴纳，逾期仍未缴纳的。	(1) 书面通知纳税人的开户银行或者其他金融机构从其存款中扣缴税款。 (2) 扣押、查封、依法拍卖或者变卖相当于应纳税款的商品、货物或者其他财产。	

 例 2 - 1

（2012 年初级会计职称考试试题）根据税收征收管理制度，下列个人财产中不适用税收保全措施的是（　　）。

A. 机动车辆

B. 金银首饰

C. 古玩字画

D. 维持生活必需的住房

【解析】

答案：选项 D。个人及其所扶养家属维持生活必需的住房和用品，不在税收保全措施的范围之内。

 特别提醒

　　个人及其所扶养家属维持生活必需的住房和用品，不在税收保全和强制执行措施的范围之内。个人所扶养家属，是指与纳税人共同居住生活的配偶、直系亲属以及无生活来源并由纳税人扶养的其他亲属。生活必需的住房和用品不包括机动车辆、金银饰品、古玩字画、豪华住宅或者一处以外的住房。税务机关对单价 5 000 元以下的其他生活用品，不采取税收保全措施和强制执行措施。税收保全措施与税收强制执行措施的适用范围不同、时限不同、措施不同。

2.3.5　税款的退还和追征制度

纳税人超过应纳税额缴纳的税款，税务机关发现后应当立即退还；纳税人自结算缴纳税款之日起 3 年内发现的，可以向税务机关要求退还多缴的税款并加算银行同期存款利息，税务机关及时查实后应当立即退还。

因纳税人、扣缴义务人计算错误等失误，未缴或者少缴税款的，税务机关在 3 年内可以追征税款、滞纳金；有特殊情况的，追征期可以延长到 5 年。对逃避缴纳税款、抗税、骗税的，税务机关追征其未缴或者少缴的税款、滞纳金或者所骗取的税款，不受上述规定期限的限制。

▶ **特别提醒**

> 根据权利和义务对等的原则，企业以前年度未扣除的资产损失也可以追补确认，其追补确认期限不得超过 5 年。未扣除的税费与未扣除的资产损失性质相同，追补确认期限均不得超过 5 年。

税款的退还和追征制度的主要内容如表 2-5 所示。

表 2-5　　　　　　　　　税款的退还和追征制度的主要内容

制度	适用范围	相关规定
税款退还制度	退还多缴的税款主要包括两种情况： (1) 因为技术问题或计算上的错误，造成纳税人多缴或税务机关多征的税款。 (2) 正常的税收征管情况下造成的多缴税款。	(1) 有欠税的，抵顶欠缴的税款和滞纳金。 (2) 无欠税的，可以按纳税人的要求留抵下期应纳税款。
税款追征制度	税务机关的责任造成的未缴或者少缴税款。	税务机关可在 3 年内要求纳税人、扣缴义务人补缴税款，但是不得加收滞纳金。
	因纳税人、扣缴义务人的责任造成的未缴或者少缴税款。	(1) 一般情况下，追征期为 3 年。 (2) 特殊情况下，追征期为 5 年。 (3) 追征税款的同时，还需追征滞纳金。
		对逃避缴纳税款、抗税、骗税的，无限期追征逃避缴纳的税款、抗税的税款、滞纳金和纳税人、扣缴义务人所骗取的税款。

☐ 练习题

一、单项选择题

1. 下列各项中，不属于税收管理活动的是（　　）。

A. 税务管理　　　B. 税款征收

C. 工商登记　　　D. 税务检查

2. 实行"一照一码"后，企业领取载有 18 位的（　　）营业执照后，无须再次进行税务登记，也不再领取税务登记证。

A. 组织机构代码

B. 统一社会信用代码

C. 社会保险登记代码

D. 统计登记代码

3. 实行"一照一码"后的变更登记要求，下列（　　）变更事项，应向工商登记机关申请变更。

A. 财务负责人

B. 核算方式

C. 经营地址

D. 其他登记机关登记的信息

4. 自 2016 年 1 月起，在全国推行办税事项"二维码"一次性告知措施，告知事项内容主要包括全国统一事项和（　　）。

A. 全国适用事项　　B. 全国综合事项

C. 地方统一事项　　D. 地方适用事项

5.（　　）方式主要对已建立会计账册且会计记录完整的单位采用。

A. 查账征收　　　　B. 查验征收

C. 查定征收　　　　D. 定期定额征收

6. 下列关于税收保全措施的表述，不正确的是（　　）。

A. 税收保全措施的行为条件是纳税人有逃避纳税义务的行为

B. 税收保全措施的时间条件是纳税人在规定的纳税期届满之前和责令缴纳税款的期限之内

C. 税收保全措施的时间条件是纳税人超过纳税期限，未按照规定的期限纳税或者解缴税款

D. 在规定的行为条件与时间条件均具备的情况下税务机关可以责成纳税人提供纳税担保，纳税人不提供纳税担保的，税务机关可以依照法定权限和程序采取税收保全措施

7. 在我国目前普遍采用的纳税申报方式是（　　）。

A. 直接申报

B. 电子申报

C. 税收管理员下户辅导申报

D. 邮寄申报

8. 从事生产经营的纳税人应当自领取营业执照或者发生纳税义务之日起（　　）天内设置账簿。

A. 5　　　　　　　B. 10

C. 15　　　　　　 D. 30

9. 税务机关采取税收保全措施的前提是（　　）。

A. 经县以上主管领导批准

B. 纳税期满经税务机关责令限期缴纳，逾期仍未缴纳的

C. 纳税人有逃避纳税义务的行为

D. 纳税人超过规定的纳税期限未缴纳税款，并且有转移、隐匿其应纳税的商品、货物以及其他财产的迹象

10. 纳税人因特殊困难，不能按期缴纳税款的，经省级税务局批准，可以延期缴纳税款，但最长不得超过（　　）个月。

A. 1　　　　　　　B. 2

C. 3　　　　　　　D. 4

11. D 级纳税信用为年度评价指标得分不满（　　）分或者直接判级确定。

A. 90　　　　　　 B. 70

C. 40　　　　　　 D. 20

12. 某企业财务人员因对所得税税前扣除规定理解不正确，导致 2016 年应纳税所得额计算有误，造成少缴所得税税款 2 万元。按规定，当地税务机关一般情况下可在（　　）年内追征税款、滞纳金。

A. 3　　　　　　　B. 5

C. 7　　　　　　　D. 8

二、多项选择题

1. 我国现行纳税申报的种类有（　　）。

A. 直接申报　　　　B. 邮寄申报

C. 数据电文申报　　D. 其他方式申报

2.《中华人民共和国税收征收管理法》中对纳税人、扣缴义务人未缴少缴税款的追征制度的陈述，说法正确的有（　　）。

A. 因税务机关的责任造成少缴税款，税务机关可以在 3 年内要求纳税人补缴税款但不得加收滞纳金

B. 对骗税，税务机关可以在 7 年内追征纳税

人所骗取的税款

C. 因纳税人非主观故意造成少缴税款，一般情况下税务机关的追征期限为5年

D. 纳税人因计算错误造成少缴税款，一般情况下税务机关的追征期限为3年

3. 在全面实施"三证合一"登记制度改革的基础上，再整合（　　），从2016年10月1日起正式实施"五证合一、一照一码"。

A. 工商营业执照

B. 组织机构代码证

C. 社会保险登记证

D. 统计登记证

4. 税收保全措施适用于（　　）。

A. 临时从事经营的纳税人

B. 扣缴义务人

C. 从事生产、经营的纳税人

D. 纳税担保人

5. （2015年初级会计职称考试试题）根据税收征收管理法律制度的规定，纳税人存在下列情形，税务机关有权核定其应纳税额的有（　　）。

A. 依照法律、行政法规的规定可以不设置账簿的

B. 依照法律、行政法规的规定应当设置但未设置账簿的

C. 擅自销毁账簿或者拒不提供纳税资料的

D. 纳税人申报的计税依据明显偏低，又无正当理由的

6. （2016年初级会计职称考试试题）根据税收征收管理法律制度的规定，下列各项中属于税务机关派出人员在税务检查中应履行的职责的有（　　）。

A. 出示税务检查通知书

B. 出示税务机关组织机构代码证

C. 为被检查人保守秘密

D. 出示税务检查证

7. 下列关于税收管辖权的陈述，正确的是（　　）。

A. 税收管辖权是一个主权国家在税收管理方面所行使的在一定范围内的征税权力

B. 税收管辖权具有明显的排他性，排他性是指在处理属于本国税收事务时不受外来干涉、控制和支配

C. 税收管辖权在国际税收形成后，才真正形成和出现

D. 目前世界上将税收管辖权分为来源地管辖权、居民管辖权和公民管辖权

8. （2010年初级会计职称考试试题）根据税收征收管理法律制度的规定，税务机关在税款征收中可以根据不同情况采取相应的税款征收措施，下列各项中，属于税款征收措施的有（　　）。

A. 罚款

B. 责令缴纳并加收滞纳金

C. 阻止出境

D. 由税务机关核定，调整应纳税额

9. （2009年初级会计职称考试试题）根据税收征收管理法律制度的规定，下列各项中，属于税收保全措施的有（　　）。

A. 书面通知纳税人开户银行从其存款中直接扣缴税款

B. 拍卖纳税人的价值相当于应纳税款的商品、货物或其他财产

C. 书面通知纳税人开户银行冻结纳税人的金额相当于应纳税款的存款

D. 扣押、查封纳税人的价值相当于应纳税款的商品、货物或者其他财产

C 第 3 章
Chapter 3 增值税

【引导案例】

增值税最早起源于法国，1917 年产生了近代意义的累积税，由于文化传统的不同，法国人将这种累积税称为营业税。涉及货物销售和服务提供的传统累积税因具重叠征税的性质，其弊端逐渐被人们所认识。法国在 1917—1954 年的 30 多年里曾进行过多次重大的营业税税制改革，改革的动因包含多重因素。1954 年，法国正式实行增值税制度，之后增值税迅速在全球推广，目前已有超过 160 个国家和地区开征了增值税。

我国的增值税引入较晚，于 1979 年引进并在极小范围内进行试点，至今已历时 40 年，主要经历了试点、确立、转型和扩围四个阶段。2016 年 5 月 1 日，全面推开营改增试点，现在营业税全部改征增值税。

3.1 增值税概述

增值税有其固有的优越性，在历史上还没有哪一个税种能像它那样在几十年内遍及世界各地。

我国是双重主体税种为主的复合税制国家，增值税是两个主体税种之一，是我国第一大税种。营改增将营业税彻底并入增值税，2016 年 5 月 1 日，我国实现了增值税全行业的全覆盖，打通税收抵扣链条，解决重复征税难题，是税制改革中的一次重大革命。

3.1.1　增值税的申报时间

具体来讲，增值税的纳税义务发生时间包括但不限于以下时点：

（1）纳税人采取直接收款方式销售货物，不论货物是否发出，均为收到销售款或者取得索取销售款凭据的当天。

（2）纳税人采取赊销方式销售货物，签订了书面合同的，为书面合同约定的收款日期的当天。

（3）纳税人采取赊销方式销售货物，无书面合同的或者书面合同没有约定收款日期的，为货物发出的当天。

（4）纳税人采取分期收款方式销售货物，签订了书面合同的，为书面合同约定的收款日期的当天。

（5）纳税人采取分期收款方式销售货物，无书面合同的或者书面合同没有约定收款日期的，为货物发出的当天。

（6）纳税人采取预收货款方式销售货物（特定货物除外），为货物发出的当天。

（7）纳税人采取预收货款方式，生产销售生产工期超过12个月的大型机械设备、船舶、飞机等特定货物，为收到预收款或者书面合同约定的收款日期的当天。

（8）纳税人委托其他纳税人代销货物，为收到代销单位的代销清单或者收到全部或者部分货款的当天。未收到代销清单及货款的，为发出代销货物满180天的当天。

（9）纳税人销售加工、修理修配劳务，为提供劳务同时收讫销售款或者取得索取销售款的凭据的当天。

（10）纳税人进口货物，为报关进口的当天。

（11）纳税人发生销售服务、无形资产或者不动产的应税行为，并在其应税行为发生过程中或者完成后收到销售款项的当天。

（12）纳税人销售服务、无形资产或者不动产，签订了书面合同并确定了付款日期的，为书面合同确定的付款日期的当天。

（13）纳税人销售服务、无形资产或者不动产，签订了书面合同但未确定付款日期的，为服务、无形资产转让完成的当天或者不动产权属变更的当天。

（14）纳税人销售服务、无形资产或者不动产，未签订书面合同的，为服务、无形资产转让完成的当天或者不动产权属变更的当天。

（15）纳税人提供（有形动产和不动产）租赁服务采取预收款方式的，为收到预收款的当天。

（16）纳税人提供建筑服务，被工程发包方从应支付的工程款中扣押的质押金、保证金，未开具发票的，以纳税人实际收到质押金、保证金的当天为纳税义务发生时间。

特别提醒

> 增值税纳税义务发生时间的界定，即"发生应税销售行为的，为收讫销售款项或者取得索取销售款项凭据的当天；先开具发票的，为开具发票的当天。进口货物，为报关进口的当天"。就发生应税销售行为而言，确定其增值税纳税义务发生时间的总原则是，以收讫销售款项、取得索取销售款项凭据或者发票开具时间三者孰先（谁在前）的原则确定。

3.1.2　增值税的纳税地点

1. 增值税纳税地点的基本规定

（1）固定业户应当向其机构所在地或者居住地主管税务机关申报纳税。如果固定业户设有分支机构，且不在同一县（市）的，应当分别向各自所在地的主管税务机关申报纳税。经财政部和国家税务总局或者其授权的财政和税务机关批准，可以由总机构汇总向总机构所在地的主管税务机关申报纳税。

具体审批权限为：1）总机构和分支机构不在同一省、自治区、直辖市的，经财政部和国家税务总局批准，可以由总机构汇总向总机构所在地的主管税务机关申报纳税。2）总机构和分支机构不在同一县（市），但在同一省、自治区、直辖市范围内的，经省、自治区、直辖市财政厅（局）、税务局审批同意，可以由总机构汇总向总机构所在地的主管税务机关申报纳税。

（2）非固定业户应当向应税行为发生地的主管税务机关申报纳税；未申报纳税的，由其机构所在地或者居住地的主管税务机关补征税款。

（3）其他个人提供建筑服务，销售或者租赁不动产，转让自然资源使用权，应向建筑服务发生地、不动产所在地、自然资源所在地税务机关申报纳税。

（4）扣缴义务人向其机构所在地或者居住地的主管税务机关申报缴纳其扣缴的税款。

2. 建筑业的纳税地点

自 2017 年 7 月 1 日起，建筑服务增值税预缴地点为：

（1）纳税人跨地级行政区范围提供建筑服务取得预收款的，应在收到预收款时，向建筑服务发生地主管税务机关预缴税款。

（2）纳税人在同一地级行政区范围（含在同一地级行政区范围内跨县、市、区）内提供建筑服务取得预收款的，应在收到预收款时，向机构所在地主管税务机关预缴税款。

3.1.3　增值税的纳税期限

增值税的纳税期限分别为 1 日、3 日、5 日、10 日、15 日、1 个月或者 1 个季度。纳税人的具体纳税期限由主管税务机关根据纳税人应纳税额的大小分别核定。以 1 个季度为纳税期限的规定适用于小规模纳税人、银行、财务公司、信托投资公司、信用社，以及财政部和国家税务总局规定的其他纳税人。不能按照固定期限纳税的，可以按次纳税。

纳税人以 1 个月或者 1 个季度为一个纳税期的，自期满之日起 15 日内申报纳税；以 1 日、3 日、5 日、10 日或者 15 日为一个纳税期的，自期满之日起 5 日内预缴税款，于次月 1 日起 15 日内申报纳税并结清上月应纳税款。

⚙️ **特别提醒**

国家税务总局规定，自 2018 年 5 月 1 日起，进一步加强和规范增值税纳税申报比对（简称"申报比对"）管理。

申报比对管理是指税务机关以信息化为依托，通过优化整合现有征管信息资源，对增值税纳税申报信息进行票表税比对，并对比对结果进行相应处理。申报比对信息范围不仅包括增值税一般纳税人开具的增值税发票信息、取得的进项抵扣凭证信息、优惠备案信息等，而且包括小规模纳税人开具的增值税发票信息等。

3.2 增值税的纳税人和扣缴义务人

3.2.1 增值税的纳税人

1. 老增值税的纳税人

我国境内销售货物或提供加工、修理修配劳务以及进口货物的单位和个人，俗称老增值税的纳税人。

2. 营改增的纳税人

在我国境内销售服务、无形资产或者不动产（称应税行为）的单位和个人，俗称营改增的纳税人。

销售服务、无形资产或者不动产，具体包括销售交通运输服务、邮政服务、电信服务、建筑服务、金融服务、现代服务、生活服务、无形资产或者不动产。

单位包括企业、行政单位、事业单位、军事单位、社会团体及其他单位。个人包括个体工商户和其他个人。其他个人是指除了个体工商户外的自然人。

进口货物的收货人或办理报关手续的单位和个人为进口增值税的纳税人。

3.2.2 增值税的扣缴义务人

在境内发生应税行为，是指应税行为销售方或者购买方在境内。境外单位或者个人在境内发生应税行为，在境内未设有经营机构的，以购买方为增值税扣缴义务人。

 特别提醒

如果境外单位或者个人在境内设立了经营机构，应以其经营机构为增值税纳税人。

3.2.3　一般纳税人和小规模纳税人的划分标准

增值税纳税人分为一般纳税人和小规模纳税人，其具体划分标准见表 3-1。

表 3-1　　　　　　　　　一般纳税人和小规模纳税人的划分标准

要点		具体规定
基本划分标准	年应税销售额	年应税销售额的规模： 增值税纳税人年应税销售额超过财政部、国家税务总局规定的小规模纳税人年应征增值税销售额 500 万元及以下标准的，应当向主管税务机关办理一般纳税人登记。
		年应税销售额的范围： 年应税销售额包括纳税申报销售额、稽查查补销售额、纳税评估调整销售额、税务代开发票销售额和免税销售额。
	资格条件	小规模纳税人可主动申请办理一般纳税人资格登记： (1) 有固定的生产经营场所。 (2) 能够按照国家统一的会计制度规定设置账簿，根据合法、有效的凭证核算，能够提供准确的税务资料。
特殊划分标准		(1) 年应税销售额超过小规模纳税人标准的其他个人按小规模纳税人纳税。 (2) 不经常发生应税行为的非企业性单位、企业可选择按小规模纳税人纳税。另外，兼有销售货物、提供加工修理修配劳务以及应税行为，且不经常发生应税行为的单位和个体工商户也可选择按照小规模纳税人纳税。
下列纳税人不办理一般纳税人资格登记		(1) 个体工商户以外的其他个人（指自然人）。 (2) 选择按照小规模纳税人纳税的非企业性单位指行政单位、事业单位、军事单位、社会团体和其他单位。 (3) 选择按照小规模纳税人纳税的不经常发生应税行为的企业（指偶然发生增值税应税行为的非增值税纳税人）。
资格登记程序		纳税人办理一般纳税人登记的程序为： (1) 纳税人向主管税务机关填报《增值税一般纳税人登记表》。 (2) 如实填写固定生产经营场所等信息。 (3) 提供税务登记证件。

解释　▶ ▶ ▶ ▶ ▶ ▶ ▶

年应税销售额，是指纳税人在连续不超过 12 个月或 4 个季度的经营期内累计应征增值税销售额，包括纳税申报销售额、稽查查补销售额、纳税评估调整销售额。

特别提醒

> 纳税人填报内容与税务登记信息一致的，主管税务机关当场登记。纳税人填报内容与税务登记信息不一致，或者不符合填列要求的，税务机关应当场告知纳税人需要补正的内容。

3.2.4 增值税一般纳税人的登记

自 2015 年 4 月 1 日起，增值税一般纳税人资格正式告别审核认定，实行登记制，登记事项由增值税纳税人向其主管税务机关办理。《增值税一般纳税人登记表》见表 3-2。

表 3-2　　　　　增值税一般纳税人登记表（自 2018 年 2 月 1 日起施行）

纳税人名称			社会信用代码 （纳税人识别号）	
法定代表人 （负责人、业主）		证件名称及号码		联系电话
财务负责人		证件名称及号码		联系电话
办税人员		证件名称及号码		联系电话
税务登记日期				
生产经营地址				
注册地址				
纳税人类别：企业☐　非企业性单位☐　个体工商户☐　其他☐				
主营业务类别：工业☐　商业☐　服务业☐　其他☐				
会计核算健全：是☐				
一般纳税人生效之日：当月 1 日☐　　　　　次月 1 日☐				
纳税人（代理人）承诺： 　　会计核算健全，能够提供准确税务资料，上述各项内容真实、可靠、完整。如有虚假，愿意承担相关法律责任。 经办人：　　　法定代表人：　　　代理人：　　　（签章） 　　　　　　　　　　　　　　　　　　　　　　年　月　日				
以下由税务机关填写				
税务机关受理情况	受理人：　　　　　　　　　受理税务机关（章） 　　　　　　　　　　　　　　　　年　月　日			

特别提醒

> 《增值税一般纳税人登记表》中的"一般纳税人生效之日"由纳税人自行勾选。

1. 应该作为一般纳税人登记的纳税人

年应税销售额超过财政部、国家税务总局规定的小规模纳税人标准的纳税人，不论其是否愿意，都必须向其企业所在地（县、市、区）主管税务机关办理一般纳税人登记手续，否则按照一般纳税人的应纳税额计算，不得抵扣进项税额，也不得使用增值税专用发票。

2. 可以作为一般纳税人登记的纳税人

年应税销售额未超过财政部、国家税务总局规定的小规模纳税人标准的纳税人和新开业的纳税人，也可以向其企业所在地（县、市、区）主管税务机关办理一般纳税人登记手续。年应税销售额是指在连续不超过 12 个月的经营期内累计应征增值税销售额，包括免税销售额。

3. 登记为一般纳税人的条件

对提出登记并且同时符合下列条件的纳税人，主管税务机关应当为其办理一般纳税人资格：

（1）有固定的生产经营场所；

（2）能够按照国家统一的会计制度规定设置账簿，根据合法、有效凭证核算，能够提供准确的税务资料。

3.2.5　增值税小规模纳税人的情况说明

纳税人新办理一般纳税人登记的程序中，纳税人年应税销售额超过财政部、国家税务总局规定标准，可以选择按小规模纳税人纳税，但应当向主管税务机关提交书面说明。增值税小规模纳税人的情况说明见表 3-3。

表 3-3　　选择按小规模纳税人纳税的情况说明（自 2018 年 2 月 1 日起施行）

纳税人名称		社会信用代码				
连续不超过 12 个月的经营期内累计应税销售额		货物劳务：	年　月至　年　月共			元。
		应税服务：	年　月至　年　月共			元。
情况说明						
纳税人（代理人）承诺： 　　上述各项内容真实、可靠、完整。如有虚假，愿意承担相关法律责任。 　　　　经办人：　　　法定代表人：　　　　　代理人：　　　　　（签章） 　　　　　　　　　　　　　　　　　　　　　　　　　　　　　年　月　日						
以下由税务机关填写						
主管税务机关受理情况	受理人：　　　　　　　　　主管税务机关（章） 　　　　　　　　　　　　　　　　　　　　　　年　月　日					

选择按照小规模纳税人纳税的情形包括：

（1）个体工商户以外的其他个人。

（2）不经常发生应税行为的非企业性单位。

（3）不经常发生应税行为的企业。

特别提醒

> 个体工商户以外的其他个人年应税销售额超过规定标准的，不需要向主管税务机关提交书面说明。

3.3 增值税的征税范围

3.3.1 增值税的一般征税范围

2016年5月1日全面营改增之后，增值税的征税范围包括销售货物，提供加工、修理修配劳务，销售服务，销售无形资产，销售不动产和进口货物。

1. 老增值税企业的一般征税范围

（1）销售货物。销售货物是指有偿转让货物的所有权。货物包括有形动产，含电力、热力、气体在内。

（2）提供加工、修理修配劳务。加工，是指受托加工货物，即委托方提供原料及主要材料，受托方按照委托方的要求，制造货物并收取加工费的业务。修理修配，是指受托对损伤和丧失功能的货物进行修复，使其恢复原状和功能的业务。

特别提醒

> 不含单位或个体工商户聘用员工为本单位或者雇主提供的加工、修理修配劳务。

（3）进口货物。进口货物是指申报进入我国海关境内的货物。

2. 营改增企业的一般征税范围

营改增企业的一般征税范围包括销售服务、无形资产或者不动产，是指在境内有偿提供服务，有偿转让无形资产或者不动产。境内的相关规定见表3-4。

表3-4

要点	基本规定
境内销售服务、无形资产或者不动产的含义	（1）服务（租赁不动产除外）或者无形资产（自然资源使用权除外）的销售方或者购买方在境内。 （2）所销售或者租赁的不动产在境内。 （3）所销售自然资源使用权的自然资源在境内。 （4）财政部和国家税务总局规定的其他情形。
特殊销售主体的境内销售	（1）境外单位或者个人向境内单位或者个人销售完全在境内发生的服务（不含租赁不动产），属于在境内销售服务。 （2）境外单位或者个人向境内单位或者个人销售未完全在境外发生的服务（不含租赁不动产），属于在境内销售服务。

⊘ **特别提醒**

> 下列情形不属于在境内销售服务或者无形资产：
> （1）境外单位或者个人向境内单位或者个人销售完全在境外发生的服务；
> （2）境外单位或者个人向境内单位或者个人销售完全在境外使用的无形资产；
> （3）境外单位或者个人向境内单位或者个人出租完全在境外使用的有形动产；
> （4）财政部和国家税务总局规定的其他情形。

营改增企业的一般征税范围具体包括以下内容：

（1）销售服务。销售服务主要包括交通运输服务、邮政服务、电信服务、建筑服务、金融服务、现代服务、生活服务等。

1）交通运输服务。交通运输服务是指利用运输工具将货物或者旅客送达目的地，使其空间位置得到转移的业务活动。包括陆路运输服务、水路运输服务、航空运输服务和管道运输服务。

⊘ **特别提醒**

> 出租车公司向使用本公司自有出租车的出租车司机收取的管理费用，按照陆路运输服务缴纳增值税。无运输工具承运业务，按照交通运输服务缴纳增值税。

2）邮政服务。邮政服务是指中国邮政集团公司及其所属邮政企业提供邮件寄递、邮政汇兑和机要通信等邮政基本服务的业务活动。包括邮政普遍服务、邮政特殊服务和其他邮政服务。

3）电信服务。电信服务是指利用有线、无线的电磁系统或者光电系统等各种通信网络资源，提供语音通话服务，传送、发射、接收或者应用图像、短信等电子数据和信息的业务活动。包括基础电信服务和增值电信服务。

⊘ **特别提醒**

> 卫星电视信号落地转接服务，按照增值电信服务计算缴纳增值税。

4）建筑服务。建筑服务是指各类建筑物、构筑物及其附属设施的建造、修缮、装饰，线路、管道、设备、设施等的安装以及其他工程作业的业务活动。包括工程服务、安装服务、修缮服务、装饰服务和其他建筑服务。

⊘ **特别提醒**

> （1）有形动产修理属于加工修理修配劳务。
> （2）建筑物、构筑物的修补、加固、养护、改善属于建筑服务中的修缮服务。
> （3）物业服务企业为业主提供的装修服务，属于建筑服务。
> （4）纳税人将建筑施工设备出租给他人使用并配备操作人员的，属于建筑服务。

5）金融服务。金融服务是指经营金融保险的业务活动。包括贷款服务、直接收费金融服务、保险服务和金融商品转让。其中，金融商品转让是指转让外汇、有价证券、非货物期货和其他金融商品（基金、信托、理财等资产管理产品和各种金融衍生品）所有权的活动。

⊙ **特别提醒**

（1）各种占用、拆借资金取得的收入，包括金融商品持有期间（含到期）利息（保本收益、报酬、资金占用费、补偿金等）收入、信用卡透支利息收入、买入返售金融商品利息收入、融资融券收取的利息收入，以及融资性售后回租、押汇、罚息、票据贴现、转贷等业务取得的利息及利息性质的收入，按照贷款服务缴纳增值税。

（2）以货币资金投资收取的固定利润或者保底利润，按照贷款服务缴纳增值税。

（3）基金、信托、理财等资产管理产品持有到期的收益也不属于金融商品转让，其中保本收益属于贷款服务。

（4）存款利息、被保险人获得的保险赔付，不征收增值税。

6）现代服务。现代服务是指围绕制造业、文化产业、现代物流产业等提供技术性、知识性服务的业务活动。包括研发和技术服务、信息技术服务、文化创意服务、物流辅助服务、租赁服务、鉴证咨询服务、广播影视服务、商务辅助服务和其他现代服务。

⊙ **特别提醒**

（1）文化创意服务中的广告服务包括广告代理和广告的发布、播映、宣传、展示等。

（2）宾馆、旅馆、旅社、度假村和其他经营性住宿场所提供会议场地及配套服务的活动，按照文化创意服务中的会议展览服务缴纳增值税。

（3）将建筑物、构筑物等不动产或者飞机、车辆等有形动产的广告位出租给其他单位或者个人用于发布广告，按照经营租赁服务缴纳增值税。如外墙广告位、电梯广告位、出租车广告位。

（4）车辆停放服务、道路通行服务（包括过路费、过桥费、过闸费等）等按照不动产经营租赁服务缴纳增值税。

（5）翻译服务和市场调查服务不属于商务辅助服务，属于咨询服务。

7）生活服务。生活服务是指为满足城乡居民日常生活需求提供的各类服务活动。包括文化体育服务、教育医疗服务、旅游娱乐服务、餐饮住宿服务、居民日常服务和其他生活服务。

特别提醒

（1）提供餐饮服务的纳税人销售的外卖食品，按照餐饮服务缴纳增值税。

（2）纳税人在游览场所经营索道、摆渡车、电瓶车、游船等取得的收入，按照文化体育服务缴纳增值税。

（2）销售无形资产。销售无形资产是指转让无形资产所有权或者使用权的业务活动。无形资产是指不具有实物形态但能带来经济利益的资产，包括技术、商标、著作权、商誉、自然资源使用权和其他权益性无形资产。其他权益性无形资产包括基础设施资产经营权、公共事业特许权、配额、经营权（包括特许经营权、连锁经营权、其他经营权）、经销权、分销权、代理权、会员权、席位权、网络游戏虚拟道具、域名、名称权、肖像权、冠名权、转会费等。

（3）销售不动产。销售不动产是指转让不动产所有权的业务活动。不动产是指不能移动或者移动后会引起性质、形状改变的财产，包括建筑物、构筑物等。

 特别提醒

转让建筑物有限产权或者永久使用权的，转让在建的建筑物或者构筑物所有权的，以及在转让建筑物或者构筑物时一并转让其所占土地的使用权的，按照销售不动产缴纳增值税。

3.3.2　增值税特殊的征税范围

1. 折扣销售

（1）商业折扣。商业折扣是企业为了促销而在标价上给予的价格扣除。企业销售商品涉及商业折扣的，应当按照扣除商业折扣后的金额（即净额）确定收入，会计处理上要求按照净额法核算。

（2）现金折扣。现金折扣是为了鼓励购货方尽快付款而提供的债务扣除。一般现金折扣的表示方法为："2/10，1/20，n/30"（10 天内付款给予 2% 的折扣，20 天内付款给予 1% 的折扣，20 天以后付款没有现金折扣，最迟的付款期为 30 天），会计处理上要求按照总额法核算。

 特别提醒

销售额和折扣额必须在同一张发票上的金额栏分别注明。未在同一张发票金额栏注明折扣额，而仅在发票的备注栏注明折扣额或另外开具一张发票注明折扣额的，折扣额不得从销售额中减除。

2. 视同销售

（1）老增值税的视同销售。

1）将货物交付其他单位或者个人代销；

2）销售代销货物；

3）设有两个以上机构并实行统一核算的纳税人将货物从一个机构移送其他机构用于销售，但相关机构设在同一县（市）的除外；

4）将自产、委托加工的货物用于集体福利或者个人消费；

5）将自产、委托加工或者购进的货物作为投资，提供给其他单位或者个体工商户；

6）将自产、委托加工或者购进的货物分配给股东或者投资者；

7）将自产、委托加工或者购进的货物无偿赠送其他单位或者个人。

（2）营改增企业的视同销售。

1）单位或者个体工商户向其他单位或者个人无偿提供服务，但用于公益事业或者以社会公众为对象的除外；

2）单位或者个人向其他单位或者个人无偿转让无形资产或者不动产，但用于公益事业或者以社会公众为对象的除外；

3）财政部和国家税务总局规定的其他情形。

🔶 **特别提醒**

> 酒店业在提供酒店住宿的同时免费提供餐饮服务（以早餐居多），是酒店的一种营销模式，消费者已统一支付对价，且适用税率相同，不视为视同销售。

🔶 **特别提醒**

> （1）只要是经过加工的产品（如自产、委托加工的产品），无论用于企业内部（如用于集体福利）还是企业外部（如捐赠），都视同销售计入销项税额。
>
> （2）未经加工的货物（如购入的货物）只有用于企业外部（如捐赠、对外投资、分配给股东等）才视同销售，用于企业内部（如用于集体福利、在建工程、个人消费等）计入进项税额转出。
>
> （3）视同销售的货物如果属于免税货物，不得开具增值税专用发票。
>
> （4）向消费者个人销售视同销售的货物，不得开具增值税专用发票。

3. 混合销售行为和兼营行为

（1）混合销售行为。一项销售行为如果既涉及服务又涉及货物，为混合销售。从事货物的生产、批发或者零售的单位和个体工商户的混合销售行为，按照销售货物（税率为13％，9％，3％或0）缴纳增值税；其他单位和个体工商户的混合销售行为，按照销售服务（税率为9％，6％，5％或3％）缴纳增值税。

特别提醒

（1）界定"混合销售"行为的标准有两点：一是其销售行为必须是一项；二是该项行为必须既涉及服务又涉及货物。其中，货物是指增值税条例中规定的有形动产，包括电力、热力和气体；服务是指属于全面营改增范围的交通运输服务、建筑服务、金融保险服务、邮政服务、电信服务、现代服务、生活服务等。

（2）如果一项销售行为只涉及销售服务，不涉及货物，这种行为就不是混合销售行为；反之，如果涉及销售服务和涉及货物的行为，不是在一项销售行为中，也不是混合销售行为。

例如，某整体橱柜厂销售橱柜给客户的同时给客户提供设计、安装服务，该业务按照13%的增值税税率计算。

（2）兼营行为。兼营行为有两种情况。

1）纳税人兼营销售货物、劳务、服务、无形资产或者不动产，适用不同税率或者征收率的，应当分别核算适用不同税率或者征收率的销售额。

2）未分别核算的，从高适用税率。纳税人兼营免税、减税项目的，应当分别核算免税、减税项目的销售额；未分别核算的，不得免税、减税。

例如，既有设计资质也有建筑资质的企业与发包方签订承包合同，有一份承包合同为设计服务，适用6%的增值税税率，另一份承包合同为建筑服务，适用9%的增值税税率，则可作为兼营行为，分别按照不同税率计算增值税。

特别提醒

兼营行为中的销售业务和兼营业务是两项销售行为，两者是独立的业务。

混合销售和兼营行为的判定标准主要是看其销售货物行为与提供劳务行为是否同时发生在同一业务中。如果是，则为混合销售行为；如果不是，则为兼营行为。

实际工作中，如果签订一份合同即认定为"一项销售行为"，签订两份合同则认定为"两项销售行为"。如果一份合同中分别注明销售货物和销售服务的价格，也认为是一份销售合同，认定为混合销售行为。

 例 3 - 1

（1）某酒店提供住宿餐饮服务（适用生活服务6%的增值税税率），内设商店销售货物（适用13%的增值税税率），同时经营停车场收费业务（适用不动产经营租赁9%的增值税税率）。

（2）汽车美容店提供汽车打蜡服务（适用生活服务6%的增值税税率），同时销售车蜡（适用13%的增值税税率）。

（3）某旅行社举行抽奖活动，为中奖者提供免费的新马泰旅游服务。

【解析】

（1）属于兼营行为。适用不同税率或者征收率的，应当分别核算适用不同税率或者征收率的销售额；未分别核算的，从高适用税率。

（2）属于混合销售行为。按照销售服务6%的增值税税率缴纳增值税。

（3）属于视同销售。提供免费旅行应确认收入，按照视同销售的相关规定确定计税价格，计算缴纳增值税。

3.4　增值税的税目税率和征收率

增值税的税目税率和征收率表见表3－5。

表3－5　　　　　　　　　　　　　　增值税税目税率和征收率表

具体范围				增值税税率
一、一般纳税人的税目税率				
（一）一般纳税人一般计征的税目税率				
原增值税纳税人	销售或者进口货物（另有列举的货物除外）；提供加工、修理修配劳务			13%
	1. 农产品（含粮食）、食用植物油、食用盐			9%
	2. 自来水、暖气、冷气、石油液化气、天然气、热水、煤气、居民用煤炭制品、沼气、二甲醚			
	3. 农机、饲料、农药、农膜、化肥			
	4. 图书、报纸、杂志、音像制品、电子出版物			
	出口货物			0
销售服务	交通运输服务	陆路运输服务	铁路运输服务	9%
			其他陆路运输服务	
		水路运输服务	程租业务	
			期租业务	
		航空运输服务	包含航空运输的湿租业务	
		管道运输服务	包含无运输工具承运业务	
	邮政服务	邮政普遍服务	函件、包裹等的寄送	9%
			邮票、报刊发行，邮政汇兑	
		邮政特殊服务		
		其他邮政服务	邮册等邮品销售、邮政代理	
	电信服务	基础电信服务		9%
		增值电信服务		6%
	建筑服务	工程服务		9%
		安装服务		
		修缮服务		
		装饰服务		
		其他建筑服务		

续前表

具体范围				增值税税率
销售服务	金融服务	贷款服务	贷款	6%
			融资性售后回租	
		直接收费金融服务		
		保险服务	人身保险服务	
			财产保险服务	
		金融商品转让	金融商品转让	
			其他金融商品转让	
	现代服务	研发和技术服务	研发服务	6%
			合同能源管理服务	
			工程勘察勘探服务	
			专业技术服务	
		信息技术服务	软件服务	6%
			电路设计及测试服务	
			信息系统服务	
			业务流程管理服务	
			信息系统增值服务	
		文化创意服务	设计服务	6%
			知识产权服务	
			广告服务	
			会议展览服务	
		物流辅助服务	航空服务	航空地面服务	6%
				通用航空服务	
			港口码头服务		
			货运客运场站服务		
			打捞救助服务		
			装卸搬运服务		
			仓储服务		
			收派服务	收件服务	
				分拣服务	
				派送服务	
		租赁服务	有形动产租赁服务	13%
			不动产租赁服务	9%
		鉴证咨询服务	认证服务	6%
			鉴证服务	
			咨询服务	

续前表

具体范围				增值税税率
销售服务	现代服务	广播影视服务	广播影视节目（作品）制作服务	6%
			广播影视节目（作品）发行服务	
			广播影视节目（作品）播映服务	
		商务辅助服务	企业管理服务	6%
			经纪代理服务	经纪服务、中介服务
				代理服务
			人力资源服务	
			安全保护服务	
		其他现代服务		6%
	生活服务	文化体育服务	文化服务	6%
			体育服务	
		教育医疗服务	教育服务	
			医疗服务	
		旅游娱乐服务	旅游服务	
			娱乐服务	
		餐饮住宿服务	餐饮服务	
			住宿服务	
		居民日常服务		
		其他生活服务		
销售无形资产	技术	专利技术		6%
		非专利技术		
	商标			
	著作权			
	商誉			
	自然资源使用权	海域使用权		
		探矿权		
		采矿权		
		取水权		
		其他自然资源使用权		
		土地使用权		9%
	其他权益性无形资产			6%
销售不动产	建筑物			9%
	构建物			

续前表

具体范围	增值税税率
（二）一般纳税人的简易计征税目税率	
建筑业的清包工、甲供工程、老项目	3%
生活服务业中的旅游服务业	3%
销售试点前取得的不动产	5%
房地产企业销售自行开发的房地产老项目	5%
二、小规模纳税人的税目征收率	
动产销售和租赁行为	5%
除动产销售和租赁外的销售	3%

3.5 增值税的减免和起征点

3.5.1 增值税的减免

增值税的减免由国务院规定，任何地区或部门不得规定减免税项目。

1. 免征增值税项目

（1）老增值税的免征增值税项目。

1）农业生产者销售的自产农业产品。

2）避孕药品和用具。

3）古旧图书。

4）直接用于科学研究、科学试验和教学的进口仪器、设备。

5）外国政府、国际组织无偿援助的进口物资和设备。

6）来料加工、来件装配和补偿贸易所需进口的设备。

7）由残疾人组织直接进口供残疾人专用的物品。

8）销售自己使用过的物品。

（2）营改增的免征增值税项目。营改增后，有 40 个项目免征增值税，下面列示其中主要的 17 项：

1）托儿所、幼儿园提供的保育和教育服务。

2）养老机构提供的养老服务。

3）残疾人福利机构提供的育养服务。

4）婚姻介绍服务。

5）殡葬服务。

6）残疾人员本人为社会提供的服务。

7）医疗机构提供的医疗服务。

8）从事学历教育的学校提供的教育服务。

9）学生勤工俭学提供的服务。

10）农业机耕、排灌、病虫害防治、植物保护、农牧保险以及相关技术培训业务，家禽、牲畜、水生动物的配种和疾病防治。

11）纪念馆、博物馆、文化馆、文物保护单位管理机构、美术馆、展览馆、书画院、图书馆在自己的场所提供文化体育服务取得的第一道门票收入。

12）寺院、宫观、清真寺和教堂举办文化、宗教活动的门票收入。

13）行政单位之外的其他单位收取的政府性基金和行政事业性收费。

14）个人转让著作权。

15）个人销售自建自用住房。

16）自2019年2月1日至2020年12月31日，对企业集团内单位（含企业集团）之间的资金无偿借贷行为，免征增值税。

17）自2019年1月1日至2022年12月31日，对单位或者个体工商户将自产、委托加工或购买的货物通过公益性社会组织、县级及以上人民政府及其组成部门和直属机构，或直接无偿捐赠给目标脱贫地区的单位和个人，免征增值税。

> **🔺 特别提醒**
>
> 　　自2019年4月1日起，纳税人购进国内旅客运输服务，其进项税额允许从销项税额中抵扣。
>
> | 抵扣凭证 | 凭证要求 | 进项税额 |
> | --- | --- | --- |
> | 增值税专用发票，增值税电子普通发票 | 符合规定 | 发票上注明的税额 |
> | 航空运输电子客票行程单 | 注明旅客身份信息 | （票价＋燃油附加费）÷（1＋9％）×9％ |
> | 铁路车票 | | 票面金额÷（1＋9％）×9％ |
> | 公路、水路等其他客票 | | 票面金额÷（1＋3％）×3％ |

> **🔺 特别提醒**
>
> 　　增值税的免税、减税项目由国务院规定。任何地区、部门均不得规定免税、减税项目。纳税人兼营免税、减税项目的，应当单独核算免税、减税项目的销售额；未单独核算销售额的，不得免税、减税。纳税人销售额未达到财政部规定的增值税起征点的，免征增值税。

2. 起征点免税

销售额未达到起征点的可以免征增值税。纳税人在免税期内购进用于免税项目的货物、加工修理修配劳务或者应税行为所取得的增值税扣税凭证，一律不得抵扣。

3.5.2　增值税起征点

个人发生应税行为的销售额未达到增值税起征点的，免征增值税；达到起征点的，全额计算缴纳增值税。增值税起征点不适用于登记为一般纳税人的个体工商户。增值税起征点所称的销售额不包括其应纳税额，即不含税销售额。

增值税起征点幅度为：

（1）按期纳税的，为月销售额 5 000～20 000 元（含本数）。

（2）按次纳税的，为每次（日）销售额 300～500 元（含本数）。

起征点的调整由财政部和国家税务总局规定。省、自治区、直辖市财政厅（局）和税务局应当在规定的幅度内，根据实际情况确定本地区适用的起征点，并报财政部和国家税务总局备案。

 特别提醒

> 自 2019 年 1 月 1 日至 2021 年 12 月 31 日，对月销售额 10 万元以下（含本数）的增值税小规模纳税人免征增值税。

3.5.3 纳税人放弃免税权的处理

纳税人可以放弃免税权，以书面形式提交放弃免税权声明，报主管税务机关备案。纳税人一经放弃免税权，其生产销售的全部增值税应税货物或劳务均应按照适用税率征税，不得选择某些免税项目放弃免税权，也不得根据不同的销售对象选择部分货物或劳务放弃免税权。纳税人在免税期内购进用于免税项目的货物或者应税劳务所取得的增值税扣税凭证，一律不得抵扣。

 特别提醒

> 放弃免税、减税后，36 个月内不得再申请免税、减税。纳税人发生应税行为同时适用免税和零税率规定的，纳税人可选择免税或者零税率。

3.5.4 房地产业的增值税特殊规定

1. 个人出售房地产项目

（1）个人销售自建自用住房，免征增值税。

（2）北京市、上海市、广州市和深圳市之外的地区的个体工商户和个人销售购买的住房，将购买不足 2 年的住房对外销售的，按照 5% 的征收率全额缴纳增值税；将购买 2 年以上（含 2 年）的住房对外销售的，免征增值税。

（3）北京市、上海市、广州市和深圳市的个体工商户和个人销售购买的住房，将购买不足 2 年的住房对外销售的，按照 5% 的征收率全额缴纳增值税；将购买 2 年以上（含 2 年）的非普通住房对外销售的，以销售收入减去购买住房价款后的差额按照 5% 的征收率缴纳增值税；个人将购买 2 年以上（含 2 年）的普通住房对外销售的，免征增值税。

个体工商户应按照计税结果，在不动产所在地预缴税款后，向机构所在地主管税务机关进行纳税申报。

2. 其他个人销售其取得（不含自建）的不动产（不含其购买的住房）

以全部收入减去该项不动产购置原价或者取得不动产时的作价后的余额，按照5％的征收率申报缴纳增值税。

3. 租赁不动产

（1）一般纳税人出租不动产老项目。

1）一般纳税人出租其2016年4月30日前取得的不动产，可以选择适用简易计税方法，按照5％的征收率计算应纳税额。纳税人出租其2016年4月30日前取得的与机构所在地不在同一县（市）的不动产，应按照上述计税方法在不动产所在地预缴税款后，向机构所在地主管税务机关进行纳税申报。

2）公路经营企业中的一般纳税人收取试点前开工的高速公路的车辆通行费，可以选择适用简易计税方法，减按3％的征收率计算应纳税额。

试点前开工的高速公路，是指相关施工许可证明上注明的合同开工日期在2016年4月30日前的高速公路。

（2）一般纳税人出租不动产新项目。一般纳税人出租其2016年5月1日后取得的与机构所在地不在同一县（市）的不动产，应按照3％的预征率在不动产所在地预缴税款，向机构所在地主管税务机关申报缴纳增值税。

（3）小规模纳税人出租不动产。小规模纳税人出租其取得的不动产（不含个人出租住房），应按照5％的征收率计算应纳税额。纳税人出租与机构所在地不在同一县（市）的不动产，应按照上述计税方法在不动产所在地预缴税款后，向机构所在地主管税务机关进行纳税申报。

（4）个人出租不动产。

1）其他个人出租其取得的不动产（不含住房），应按照5％的征收率计算应纳税额。

2）个人出租住房，按照5％的征收率减按1.5％计算应纳税额。

3.5.5　对个体工商户实行定期定额征收

自2016年10月1日起，税务机关对营业税改征增值税试点的个体工商户实行定期定额征收方式的，在采集纳税人信息时应使用《个体工商户定额信息采集表》，见表3-6。

表3-6　　　　　　　　　**个体工商户定额信息采集表**

（适用于营业税改征增值税试点纳税人）

单位名称：　　　　　　　　　　　　　　　　　采集日期：　　年　　月　　日

纳税人识别号		业户名称	
业主姓名		经营地址	
联系电话		经营范围	

调查项目名称	调查项目内容
定额项目	
资产投资总额（元）	
经营面积（m²）	
主要经营用具及台（套）数	
月发票开具额	
年房屋租金（元）	
仓储面积（m²）	
所属乡镇、街道	
所属集贸市场	
从业人数	
经营方式	
代理品牌数量	
淡季旺季情况	
代理区域	
交通工具	
所属路段	
经营年限	
广告类别	
信誉程度	
其他项目	

"其他项目"补充说明：

纳税人签字：　　　　　年　月　日	税收管理员签字：　　　　　年　月　日

3.6 增值税的一般计税方法

增值税的计税方法包括一般计税方法和简易计税方法。

一般纳税人原则上必须采用一般计税方法。采用一般计税方法，不仅包括老增值税企业——工业、商业，而且包括所有的营改增企业——交通运输业、现代服务业、邮政业、电信业、建筑业、房地产业、金融保险业和生活服务业。

 特别提醒

> 只有建筑业、房地产业等营改增一般纳税人可以采用简易计税方法。

计算公式如图 3-1 所示。

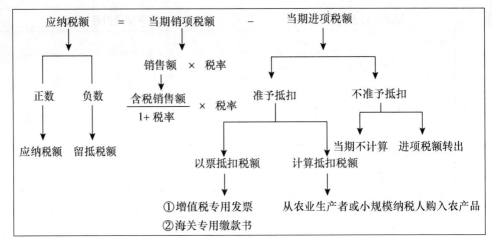

图 3-1　增值税应纳税额计算公式

当期销项税额＜当期进项税额，不足抵扣时，其不足部分可以结转下期继续抵扣。

3.6.1　销项税额的计算

当期销项税额＝销售额×适用税率(13％，9％或 6％)

1. 一般销售方式下的销售额

纳税人销售货物或提供应税劳务以销售额为计税依据，销售额是指纳税人销售货物或提供应税劳务向购买方收取的全部价款和价外费用。

（1）销售额的计算公式为：

销售额＝价款＋价外费用

1）一般纳税人销售货物或者提供应税劳务开具普通发票或没有开具发票的，按下列公式换算销售额：

$$不含税销售额＝\frac{含税销售额}{1＋增值税税率}$$

2）价外费用是指价外向购买方收取的手续费、补贴、基金、集资费、返还利润、奖励费、违约金（延期付款利息）、包装费、包装物租金、储备费、优质费、运输装卸费、代收款项、代垫款项及其他各种性质的价外收费。

凡是价外费用，无论其会计制度如何核算，均应并入销售额计算应纳税额。价外费用及包装物押金，应视为含税收入，计税时应换算成不含税收入。换算公式为：

$$不含税销售额＝\frac{含税销售额}{1＋增值税税率}$$

（2）销售额中不包括的内容。

1）向购买方收取的销项税额。

2）受托加工应征消费税的消费品所代收代缴的消费税。

3）同时符合以下两个条件的代垫运费：一是承运部门的运费发票开具给购货方的；二是纳税人将该项发票转交给购货方的。

4）同时符合条件的代收政府性基金或者行政事业性收费。

5）销售货物的同时代办保险等而向购买方收取的保险费，以及向购买方收取的代购买方缴纳的车辆购置税、车辆牌照费。

 特别提醒

> （1）增值税专用发票的销售额是不含税的，不需要换算。
> （2）普通发票的销售额是含税的，需要换算。
> （3）零售企业的销售额，如果没有特别指明，一般是含税的，需要换算。
> （4）价外费用的价格是含税的，需要换算。

例 3-2

销售农用机械一批，取得不含税销售额 430 000 元，另收取含税包装费和运输费 15 000 元。

【解析】

$$销项税额 = 430\,000 \times 9\% + 15\,000 \div (1 + 9\%) \times 9\%$$
$$= 38\,700 + 1\,238.53$$
$$= 39\,938.53（元）$$

（3）折扣折让下销售额的计算，见表 3-7。

表 3-7　　　　　　　折扣折让下销售额的计算

三种折扣折让	税务处理	说明
商业折扣	折扣额可以从销售额中扣减（同一张发票上注明）	目的是促销 如果是实物折扣，应按视同销售中"无偿赠送"处理，实物款额不能从原销售额中减除
现金折扣	折扣额不得从销售额中减除	发生在销货之后，属于融资行为
销售折让	折让额可以从销售额中减除	目的是保证商业信誉，对已售产品出现品种、质量问题而给予购买方的补偿

例 3-3

甲企业本月销售给某专卖商店 A 牌商品一批，由于货款回笼及时，根据合同规定，给予专卖商店 2% 的现金折扣，甲企业实际取得不含税销售额 245 万元。

【解析】

$$销售额 = 245 \div 98\% = 250（万元）$$
$$销项税额 = 250 \times 13\% = 32.5（万元）$$

例 3-4

某新华书店批发图书一批，每册标价 20 元，共计 1 000 册，由于购买方购买数量多，按七折优惠价格成交，并将折扣部分与销售额同开在一张发票上。10 日内付款 2‰ 折扣，购买方如期付款，请计算销项税额。

【解析】

销售额＝20×70‰×1 000÷(1＋9‰)＝12 844.04(元)

销项税额＝12 844.04×9‰＝1 155.96(元)

（4）以旧换新销售。按新货同期销售价格确定销售额，不得扣减旧货收购价格（金银首饰除外）。

例 3-5

位于某市区的一家百货商场为增值税一般纳税人。2019 年 4 月份零售金银首饰取得含税销售额 10.17 万元，其中包括以旧换新首饰的含税销售额 5.65 万元。在以旧换新业务中，旧首饰作价的含税金额为 3.39 万元，百货商场实际收取的含税金额为 2.26 万元。

【解析】

销项税额＝(10.17－5.65)÷(1＋13‰)×13‰＋2.26÷(1＋13‰)×13‰
＝0.78(万元)

（5）包装物押金的计算。

1）销售货物收取的包装物押金，如果单独记账核算，时间在 1 年以内又未过期的，不并入销售额征税。

2）因逾期（1 年为限）未收回包装物不再退还的押金，应并入销售额征税。计算公式为：

$$应纳增值税＝\frac{逾期押金}{1＋增值税税率}×增值税税率$$

特别提醒

（1）逾期包装物押金为含税收入，需换算成不含税价再并入销售额。

（2）征税税率为所包装货物适用税率。

（3）酒类产品中的啤酒、黄酒按是否逾期处理。啤酒、黄酒以外的其他酒类产品收取的押金，无论是否逾期一律并入销售额征税。

例 3-6

某啤酒厂为增值税一般纳税人，2019 年 5 月销售啤酒取得销售额 800 万元，已开具增值税专用发票，收取包装物押金 22.6 万元，本月逾期未退还包装物押金 56.5 万元。

【解析】

啤酒包装物押金在逾期时才缴纳增值税。

销项税额＝800×13％＋56.5÷(1+13％)×13％＝110.5(万元)

 例3-7

某酒厂为增值税一般纳税人。本月向某小规模纳税人销售白酒，开具普通发票，注明金额93 600元；同时收取单独核算的包装物押金2 000元（尚未逾期），计算此业务酒厂应确认的销项税额。

【解析】

啤酒、黄酒以外的其他酒类产品收取的押金，无论是否逾期一律并入销售额征税。

销项税额＝(93 600＋2 000)÷(1+13％)×13％＝10 998.23(元)

2. 房地产企业销项税额的计算

房地产企业中的一般纳税人销售其开发的房地产项目（选择简易计税方法的房地产老项目除外），以取得的全部价款和价外费用扣除当期销售房地产项目对应的土地价款后的余额计算销售额。计算公式为：

$$销售额＝\frac{全部价款＋价外费用－当期允许扣除的土地价款}{1＋增值税税率(9％)}$$

3. 当期销售额的特殊确定

纳税人有价格明显偏低并无正当理由或者有视同销售货物行为而无销售额的，按下列顺序确定销售额：

（1）按纳税人最近时期同类货物或者同类服务的平均销售价格确定。

（2）按其他纳税人最近时期同类货物或者同类服务的平均销售价格确定。

（3）按组成计税价格确定，计算公式为：

$$组成计税价格＝成本×(1＋成本利润率)$$

属于应征消费税的货物，其组成计税价格中应加计消费税额。其公式为：

$$组成计税价格＝成本×(1＋成本利润率)＋消费税额$$

或

$$＝\frac{成本×(1＋成本利润率)}{1－消费税税率}$$

式中，成本是指自产货物的实际生产成本或外购货物的实际采购成本。利润率由国家税务总局确定，通常为10％。

 例3-8

企业职工俱乐部领用本企业生产的空调器5台，生产成本每台8 000元，售价每台10 000元。作为职工福利，发给职工抽油烟机400台，生产成本每台200元，售价每台250元。

【解析】

将自产的产品作为集体福利，应视同销售。

$$销项税额＝5×10\,000×13\％＋400×250×13\％$$
$$＝6\,500＋13\,000$$
$$＝19\,500（元）$$
$$计入固定资产＝5×8\,000＋6\,500＝46\,500（元）$$
$$计入应付福利费＝400×200＋13\,000＝93\,000（元）$$

3.6.2　进项税额的计算

1. 准予从销项税额中抵扣的进项税额

（1）以票抵扣。以票抵扣，即取得法定扣税凭证，并符合税法抵扣规定的进项税额。包括：

1）从销售方取得的增值税专用发票（含税控机动车销售统一发票）上注明的增值税额。

2）从海关取得的海关进口增值税专用缴款书上注明的增值税额。

3）从境外单位或者个人购进服务、无形资产或者不动产，自税务机关或者扣缴义务人取得的解缴税款的完税凭证上注明的增值税额。

4）纳税人购进国内旅客运输服务，其进项税额允许从销项税额中抵扣。纳税人未取得增值税专用发票的，暂按照以下规定确定进项税额：①取得增值税电子普通发票的，为发票上注明的税额。②取得注明旅客身份信息的航空运输电子客票行程单的，为按照下列公式计算的进项税额：航空旅客运输进项税额＝（票价＋燃油附加费）÷（1＋9％）×9％。③取得注明旅客身份信息的铁路车票的，为按照下列公式计算的进项税额：铁路旅客运输进项税额＝票面金额÷（1＋9％）×9％。④取得注明旅客身份信息的公路、水路等其他客票的，为按照下列公式计算进项税额：公路、水路等其他旅客运输进项税额＝票面金额÷（1＋3％）×3％。

🔹 **特别提醒**

> 纳税人凭完税凭证抵扣进项税额的，应当具备书面合同、付款证明和境外单位的对账单或者发票。资料不全的，其进项税额不得从销项税额中抵扣。

（2）计算抵扣。

1）外购免税农产品的进项税额的计算。取得（开具）农产品销售发票或收购发票的，以农产品销售发票或收购发票上注明的农产品买价和9％的扣除率计算进项税额，纳税人购进用于生产销售或委托加工13％税率货物的农产品，按照10％的扣除率计算进项税额。

在生产领用当期，按10％与9％之间的差额，计算当期可加计扣除的农产品进项税额的计算公式为：

$$加计扣除农产品进项税额＝\frac{当期生产领用农产品已按9\％税率（扣除率）抵扣税额}{9\％}×（10\％－9\％)$$

买价包括纳税人购进农产品在农产品收购发票或销售发票上注明的价款。

一般情况下的进项税额＝买价×9％

特殊情况下的烟叶收购金额＝收购价款×（1＋10％①）

应纳烟叶税税额＝收购金额×20％

烟叶进项税额＝（收购金额＋烟叶税）×9％

一般纳税人发生财政部和国家税务总局规定的特定应税行为，可选择简易计税方法，也可选择一般计税方法。但对一项特定应税行为，一般纳税人一经选择适用简易计税方法的，在选定后的 36 个月内不得再变更计税方法。

 特别提醒

农产品收购发票是计算抵扣，不是认证或者勾选抵扣。收购发票的样式同增值税普通发票，特点是发票左上角会打上"收购"两个字。

 例 3-9

某食品加工厂为一般纳税人，购进某农场自产玉米，收购凭证上注明价款为 65 830 元。

【解析】

进项税额＝65 830×9％＝5 924.70（元）

采购成本＝65 830×（1－9％）＝59 905.30（元）

2）自 2019 年 4 月 1 日起，纳税人取得不动产或者不动产在建工程的进项税额不再分 2 年抵扣，可以一次性在购入当期抵扣。

已抵扣进项税额的不动产，发生非正常损失，或者改变用途，专用于简易计税方法计税项目、免征增值税项目、集体福利或者个人消费的，按照下列公式计算不得抵扣的进项税额，并从当期进项税额中扣减：

不得抵扣的进项税额＝已抵扣进项税额×不动产净值率

$$不动产净值率＝\frac{不动产净值}{不动产原值}×100％$$

按照规定不得抵扣进项税额的不动产，发生用途改变，用于允许抵扣进项税额项目的，按照下列公式在改变用途的次月计算可抵扣进项税额。

可抵扣进项税额＝增值税扣税凭证注明或计算的进项税额×不动产净值率

（3）进项税额加计抵扣。2019 年 4 月 1 日至 2021 年 12 月 31 日，对主营业务为邮政服务、电信服务、现代服务和生活服务的生产、生活服务业纳税人，进项税额加计 10％抵扣。2019 年 10 月 1 日至 2021 年 12 月 31 日，允许生活性服务业纳税

---

① 10％为价外补贴。

人按照当期可抵扣进项税额加计 15％，抵减应纳税额。生活性服务业纳税人，是指提供生活服务取得的销售额占全部销售额的比重超过 50％的纳税人。具体规定见表 3－8。

表 3－8 进项税额加计抵扣相关规定

纳税人设立时间	销售额	适用加计抵减的时间
2019 年 3 月 31 日前	自 2018 年 4 月至 2019 年 3 月期间的销售额（经营期不满 12 个月的，按照实际经营期的销售额）	自 2019 年 4 月 1 日起
2019 年 4 月 1 日后	自设立之日起 3 个月的销售额	自登记为一般纳税人之日起

加计抵减计算公式：

当期计提加计抵减额＝当期可抵扣进项税额×10％（或 15％）

当期可抵减加计抵减额＝上期末加计抵减额余额＋当期计提加计抵减额

－当期调减加计抵减额

特别提醒

　　按应纳税额借记"应交税费——未交增值税"科目，按实际纳税金额贷记"银行存款"科目，按计提加计抵减金额贷记"其他收益"科目。即进项税额加计抵扣金额记入"其他收益"科目，在期末时，计入应纳税所得额中，计算企业所得税。

　　适用加计抵减政策的生产、生活服务业纳税人，应在年度首次确认适用加计抵减政策时，通过电子税务局（或前往办税服务厅）提交《适用加计抵减政策的声明》（见表3－9）。

表 3－9 适用加计抵减政策的声明

纳税人名称：

纳税人识别号（统一社会信用代码）：

　　本纳税人符合《财政部 税务总局 海关总署关于深化增值税改革有关政策的公告》（财政部税务总局 海关总署公告 2019 年第 39 号）规定，确定适用加计抵减政策。行业属于（请从下表勾选，只能选择其一）：

行业	选项
邮政服务业	
电信服务业	——
其中：1. 基础电信业	
2. 增值电信业	
现代服务业	——
其中：1. 研发和技术服务业	
2. 信息技术服务业	
3. 文化创意服务业	
4. 物流辅助服务	
5. 有形动产租赁服务业	
6. 鉴证咨询服务业	

续前表

行业	选项
7. 广播影视服务	
生活服务业	——
其中：1. 文化艺术业	
2. 体育业	
3. 教育	
4. 卫生	
5. 旅游业	
6. 娱乐业	
7. 餐饮业	
8. 住宿业	
9. 居民服务业	
10. 社会工作	
11. 公共设施管理业	
12. 不动产出租	
13. 商务服务业	
14. 专业技术服务业	
15. 代理业	
16. 其他生活服务业	

本纳税人用于判断是否符合加计抵减政策条件的销售额占比计算期为_____年_____月至_____年_____月，此期间提供邮政服务、电信服务、现代服务、生活服务销售额合计_____元，全部销售额_____元，占比为_____％。

以上声明根据实际经营情况作出，我确定它是真实的、准确的、完整的。

年　　月　　日

（纳税人签章）

 例3-10

某现代服务企业2019年5月购进货物，取得增值税专用发票上的不含税价款为100 000元，税额为13 000元；购买货物运输服务，取得增值税专用发票上的不含税价款为10 000元，税额为900元，计算6月实际可以抵扣的增值税进项税额。

【解析】

在6月作增值税的纳税申报时，进项税额的计算为：

当期计提加计抵减额＝(13 000＋900)×10％＝1 390(元)

实际可以抵扣的进项税额＝13 000＋900－1 390＝12 510(元)

按应纳税额13 900元借记"应交税费——未交增值税"科目，按实际纳税金额12 510元贷记"银行存款"科目，按计提加计抵减金额1 390元贷记"其他收益"科目。

2. 一般纳税人可以抵扣进项税额的注意事项

在实际工作中，一般纳税人的增值税进项税额抵扣需要注意下列事项：

（1）需注意纳税人的身份。增值税一般纳税人取得增值税专用发票，可进行进项税额抵扣，而小规模纳税人只能取得增值税普通发票，不得抵扣进项税额。

（2）需注意增值税计税方法。如果增值税一般纳税人的单位或者项目采用简易计税方法，不得抵扣进项税额。

 特别提醒

> 增值税一般纳税人采用一般计税方法，或采用一般计税方法同时采用简易计税方法计税的，都可以抵扣进项税额。

（3）需注意增值税扣税凭证符合规定。符合抵扣条件的增值税一般纳税人，取得符合条件的增值税扣税凭证才能抵扣进项税额。增值税扣税凭证包括增值税专用发票（包括机动车销售统一发票）、海关进口增值税专用缴款书、农产品收购发票、农产品销售发票、税收缴款凭证、道路桥闸通行费发票。

特别提醒

> 2018年7月27日起，财政部和国家税务总局联合下发通知，对实行增值税期末留抵退税的纳税人，允许其从城市维护建设税、教育费附加和地方教育附加的计税（征）依据中扣除退还的增值税税额。

（4）需注意增值税票面的开票信息符合开具要求。如果是下列不符合要求的不能进行抵扣：专用章未按规定加盖，加盖多次，发票专用章样式错误，货物或应税劳务名称不符合开票规定，备注栏填写信息不符合开票规定等。

（5）需注意购买的货物或应税劳务有部分不允许进行抵扣。属于不能抵扣的项目，如用于集体福利或者个人消费；用于免税项目、简易计税项目；购进贷款服务、餐饮服务等，即便取得增值税专用发票等扣税凭证，也不能作为进项税额抵扣。

（6）需注意自2019年4月1日起，纳税人购进国内旅客运输服务的进项税额允许抵扣。现行政策未对除增值税专用发票以外的国内旅客运输服务凭证设定抵扣期限。

（7）需注意是否在规定期限内填报增值税申报表申报抵扣。增值税一般纳税人取得的增值税专用发票和机动车销售统一发票，2017年7月1日以后，在360日内认证或登录增值税发票选择确认平台进行确认，并在认证通过的次月或者登录增值税发票选择确认平台进行确认的次月申报期内，向主管税务机关申报抵扣进项税额。

（8）需注意增值税专用发票认证抵扣是否逾期。取得的增值税专用发票和机动车销售统一发票，2017年7月1日以前是在自发票开具之日起180日内认证、勾选、稽核比对；2017年7月1日以后，在自发票开具之日起360日内认证或登录增值税发票选择确认平台进行确认。逾期的，未经省级税务机关核准抵扣的，不得抵扣。

（9）企业购进农产品，属于以下几种情况进项税额可抵扣：1）取得一般纳税人开具的增值税发票或海关进口增值税专用缴款书，以票面增值税额为进项税额。2）取得小规模纳税人开具的增值税专用发票，以增值税专用发票上注明的不含税金额乘以 9% 为进项税额。3）取得自开或代开农产品收购发票，以农产品收购发票上注明的金额乘以 9% 为进项税额。4）取得自产农产品销售发票，以农产品发票上注明的金额乘以 9% 为进项税额。5）按照农产品收购发票或者销售发票上注明的农产品买价和 13% 或 9% 的扣除率计算的进项税额（2019 年 4 月 1 日开始，纳税人购进农产品，原适用 10% 扣除率的，扣除率调整为 9%。纳税人购进用于生产或者委托加工 13% 税率货物的农产品，按照 10% 的扣除率计算进项税额）。

特别提醒

> 纳税人从批发、零售环节购进属于免征增值税政策的蔬菜、部分鲜活肉蛋等取得的普通发票，不得作为计算抵扣进项税额的扣税凭证。

（10）自 2018 年 1 月 1 日起，纳税人租入固定资产、不动产，既用于一般计税方法计税项目，又用于简易计税方法计税项目、免征增值税项目、集体福利或者个人消费的，其进项税额准予从销项税额中全额抵扣。

3.6.3 进项税额转出

1. 不得从销项税额中抵扣的进项税额

纳税人支付的所有进项税额并不是都可以从销项税额中抵扣，具体包括：

（1）纳税人取得的增值税扣税凭证不符合法律、行政法规或者国家税务总局有关规定的。纳税人凭完税凭证抵扣进项税额的，应当具备书面合同、付款证明和境外单位的对账单或者发票。资料不全的，其进项税额不得从销项税额中抵扣。

例如，A 企业为增值税一般纳税人，2016 年 6 月境外 B 企业向其提供咨询服务，A 企业在主管税务机关为 B 企业代扣代缴增值税 6 000 元，但 A 企业不能提供与该业务相关的境外单位的对账单或者发票，其进项税额不得抵扣。

（2）用于简易计税方法项目的购进货物、加工修理修配劳务、服务、无形资产和不动产。一般纳税人发生财政部和国家税务总局规定的特定应税行为时，可选择简易计税方法。适用简易计税方法的一般纳税人，其取得的用于简易计税方法项目的进项税额不得抵扣。例如，房地产开发企业一般纳税人销售自行开发的房地产老项目、一般纳税人为建筑工程老项目提供的建筑服务等。

适用一般计税方法的纳税人，兼营简易计税项目、免税项目而无法划分不得抵扣的进项税额，应按照下列公式计算不得抵扣的进项税额：

$$不得抵扣的 \over 进项税额 = 当期无法划分的 \over 全部进项税额 \times 简易计税、免税房地产项目建设规模 \over 房地产项目总建设规模$$

例 3-11

　　某企业为一般纳税人，提供货物运输服务和装卸搬运服务，其中货物运输服务适用一般计税方法，装卸搬运服务适用简易计税方法。该纳税人 2019 年 5 月缴纳当月电费 11.7 万元，取得增值税专用发票并于当月认证抵扣，且该进项税额无法在货物运输服务和装卸搬运服务间划分。该纳税人当月取得货物运输服务收入 6 万元，装卸搬运服务收入 4 万元。

　　【解析】

　　纳税人因兼营简易计税项目而无法划分所取得的进项税额，按照下列公式计算应转出的进项税额：

$$进项税额转出 = 117\,000 \div (1 + 13\%) \times 40\,000 \div (40\,000 + 60\,000)$$
$$= 41\,415.93(元)$$

　　（3）用于免征增值税项目的购进货物、销售服务、无形资产和不动产。免征增值税项目是指财政部及国家税务总局规定的免征增值税的项目，如养老机构提供的养老服务、婚姻介绍服务，从事学历教育的学校提供的教育服务，农业生产者销售的自产农产品等。

　　适用一般计税方法的纳税人，兼营简易计税方法计税项目、免征增值税项目而无法划分不得抵扣的进项税额，按照下列公式计算不得抵扣的进项税额：

$$不得抵扣的 \over 进项税额 = 当期无法划分的 \over 全部进项税额 \times 当期简易计税方法计税项目销售额 + 免征增值税项目销售额 \over 当期全部销售额$$

例 3-12

　　某企业为一般纳税人，提供货物运输服务和装卸搬运服务，其中货物运输服务适用一般计税方法，装卸搬运服务选择适用简易计税方法。该纳税人 2019 年 5 月缴纳当月电费 11.3 万元，取得增值税专用发票并于当月认证抵扣，且该进项税额无法在货物运输服务和装卸搬运服务间划分。该纳税人当月取得货物运输不含税收入 6 万元，装卸搬运服务不含税收入 4 万元。

　　【解析】

　　纳税人因兼营简易计税项目而无法划分所取得进项税额的，计算不得抵扣的进项税额，即在会计处理上，作"进项税额转出"。

$$进项税额转出 = 113\,000 \div (1 + 13\%) \times 40\,000 \div (40\,000 + 60\,000)$$
$$= 40\,000(元)$$

　　（4）用于集体福利的购进货物、销售服务、无形资产和不动产。集体福利是指纳税人为内部职工提供的各种内设福利部门所发生的设备、设施等费用，包括职工食堂、职工浴室、理发室、医务所、托儿所、疗养院等集体福利部门的设备、设施及维修保养费用。

例 3 - 13

某企业为一般纳税人，2019 年 5 月购进一栋楼用作职工宿舍，购进含税价为 1 110 万元，已取得增值税专用发票并于当月勾选认证。

【解析】

纳税人取得不动产用于集体福利，一开始将相应的增值税额列入进项税额，现在需将进项税额转出。同时，即使能抵扣的增值税，本月勾选认证本月的增值税进项税额时也不能抵扣上月销项税额。

进项税额转出＝11 100 000÷(1＋9％)×9％＝916 513.76(元)

（5）用于个人消费的购进货物、销售劳务、无形资产和不动产。个人消费是指纳税人内部职工个人消费的货物、劳务及服务等所发生的费用，如交际应酬消费、职工个人的车辆加油费等。纳税人的交际应酬消费属于个人消费。

若纳税人取得的进项税额同时用于正常缴纳增值税项目和简易计税方法项目、免征增值税项目、集体福利或者个人消费的，则进项税额可以抵扣。

（6）非正常损失的购进货物及销售服务。非正常损失的购进货物是指因管理不善造成货物被盗、丢失、霉烂变质，以及因违反法律法规造成货物被依法没收、销毁、拆除的。

（7）非正常损失的在产品、产成品所耗用的购进货物（不包括固定资产）、加工修理修配劳务和交通运输服务。非正常损失的在产品、产成品所耗用的购进货物、加工修理修配劳务和交通运输服务是指因管理不善造成在产品、产成品被盗、丢失、霉烂变质，以及因违反法律法规造成在产品、产成品被依法没收、销毁、拆除的。该在产品、产成品所耗用的购进货物和销售服务所对应的进项税额不得抵扣。

例 3 - 14

某企业为一般纳税人，生产食品，适用一般计税方法。2019 年 6 月其某批次在产品的 60％因违法国家法律法规被依法没收，该批次在产品所耗用的购进货物成本为 10 万元，发生运费 1 万元，已于购进当月认证抵扣。

【解析】

进项税额转出＝(100 000×13％＋10 000×9％)×60％＝8 340(元)

（8）非正常损失的不动产，以及该不动产所耗用的购进货物、设计服务和建筑服务。非正常损失的不动产是指因管理不善造成不动产被盗、丢失、霉烂变质，以及因违反法律法规造成不动产被依法没收、销毁、拆除的。该不动产以及该不动产所耗用的购进货物、设计服务和建筑服务所对应的进项税额不得抵扣。

（9）非正常损失的不动产在建工程所耗用的购进货物、设计服务和建筑服务。纳税人新建、改建、扩建、修缮、装饰不动产，均属于不动产在建工程。非正常损失的不动产在建工程所耗用的购进货物、设计服务和建筑服务是指因管理不善造成不动产在建工程被盗、丢失、霉烂变质，以及因违反法律法规造成不动产在建工程被依法没收、销毁、拆除的。该不动产在建工程所耗用的购进货物、设计服务和建筑服务所对应的进项税额不得抵扣。

（10）购进的旅客运输服务。旅客运输服务是指客运服务，包括通过陆路运输、水路运输、航空运输为旅客个人提供的客运服务。纳税人取得的旅客运输服务的进项税额不得抵扣。

（11）购进的贷款服务。贷款服务是指将资金贷与他人使用而取得利息收入的业务活动。如银行提供的贷款服务、金融商品持有期间利息收入、信用卡透支利息收入、买入返售金融商品利息收入、融资融券收取的利息收入，以及融资性售后回租、押汇、罚息、票据贴现、转贷等业务取得的利息及利息性质的收入。纳税人取得的贷款服务的进项税额不得抵扣。

（12）购进的餐饮服务。餐饮服务是指通过同时提供饮食和饮食场所的方式为消费者提供饮食消费服务的业务活动。纳税人取得的餐饮服务的进项税额不得抵扣。

（13）购进的居民日常服务。居民日常服务是指主要为满足居民个人及其家庭日常生活需求提供的服务，包括市容市政管理、家政、婚庆、养老、殡葬、照料和护理、救助救济、美容美发、按摩、桑拿、氧吧、足疗、沐浴、洗染、摄影扩印等服务。纳税人取得的居民日常服务的进项税额不得抵扣。

（14）购进的娱乐服务。娱乐服务是指为娱乐活动同时提供场所和服务的业务。具体包括歌厅、舞厅、夜总会、酒吧、台球、高尔夫球、保龄球、游艺（包括射击、狩猎、跑马、游戏机、蹦极、卡丁车、热气球、动力伞、射箭、飞镖）。纳税人取得的娱乐服务的进项税额不得抵扣。

2. 不可抵扣进项税额的具体项目

不可抵扣进项税额的项目一般只能得到增值税普通发票或者定额发票。退一步说，即便是得到增值税专用发票，也不得抵扣。不可抵扣增值税进项税额的项目见表 3-10。

表 3-10　　　　　　　　　不可抵扣增值税进项税额的项目

序号	常见报销事项	得到发票类型	能否抵扣进项税额
1	招待费	增值税普通发票	无法抵扣进项税额
2	差旅费中的餐饮、交通费		
3	会议费中的餐饮费		
4	职工福利费		
5	鲜活肉产品、鲜活蛋产品		
6	停车费	增值税定额发票	
7	ETC 充值	增值税普通发票	

 例 3-15

下列选项中不得从销项税额中抵扣进项税额的有（　　　）。

A. 购进的餐饮服务

B. 非正常损失的购进货物

C. 个人消费的购进货物

D. 购进作为固定资产自用的摩托车

【解析】

答案：ABC。

 例 3 - 16

某企业是增值税一般纳税人，适用一般税率 13%，2019 年 6 月有关生产经营业务如下：

（1）月初外购货物一批，支付增值税进项税额 24 万元，中下旬因管理不善，造成该批货物一部分发生霉烂变质，经核实造成 25% 的损失。

（2）外购的动力燃料支付的增值税进项税额 20 万元，一部分用于应税项目，一部分用于免税项目，无法分开核算。

（3）销售应税货物取得不含增值税销售额 700 万元，销售免税货物取得销售额 300 万元。

【解析】

（1）外购货物可抵扣的进项税额＝24－24×25%＝24－6＝18（万元）

（2）销售货物可抵扣的进项税额＝20－20×300÷（700＋300）＝14（万元）

（3）当月可抵扣的进项税额＝18＋14＝32（万元）

 例 3 - 17

某广告公司为增值税一般纳税人，1 月 10 日与客户签订了一份广告代理合同，合同含税价为 1 060 万元，该广告公司又与某电视台签订广告发布合同，合同金额为 636 万元。现代服务业税率为 6%。

【解析】

　　　　不含税价＝1 060÷（1＋6%）＝1 000（万元）

　　　　销项税额＝1 000×6%＝60（万元）

 例 3 - 18

某运输企业为增值税一般纳税人，2019 年 5 月取得运输收入 163.5 万元（含税），当月发生联运支出，取得货物运费的增值税专用发票上注明的价款为 50 万元，增值税 4.5 万元；当月购入运输车辆，取得的机动车销售统一发票上注明的增值税税额为 3.4 万元；当月因管理不善造成上月购入的汽油（已抵扣过进项税额）丢失，账面成本为 10 万元。

【解析】

　　　　应纳增值税＝163.5÷（1＋9%）×9%－（4.5＋3.4）＋10×13%

　　　　　　　　　　＝5.9（万元）

 例 3 - 19

某客运站 5 月提供客运服务收入和价外费用共计 106 万元，其中支付给运输公司 84.8 万元。

【解析】

　　　　不含税价＝（106－84.8）÷（1＋6%）＝20（万元）

销项税额＝20×6%＝1.2(万元)

例 3-20

某建筑企业为增值税一般纳税人，在本区提供建筑修缮服务，采取一般计税方法，给对方开具了增值税普通发票，销售额为 109 万元。

【解析】

不含税价＝109÷(1＋9%)＝100(万元)
销项税额＝100×9%＝9(万元)

例 3-21

某餐饮连锁企业属于增值税一般纳税人，10 月营业额为 200 万元，该企业该月购买适用 9% 税率的面粉、油、自来水等原材料 17.699 万元，增值税税额为 1.593 万元；购买适用 13% 税率的酒水、饮料等原材料 8.547 万元，增值税税额为 1.111 万元，均取得增值税专用发票。

【解析】

销项税额＝200÷(1＋6%)×6%＝11.321(万元)
进项税额＝1.593＋1.111＝2.704(万元)
应纳增值税＝11.321－2.704＝8.617(万元)

3.6.4　差额纳税计算

根据国家税务总局陆续发布的营改增的有关规定，共有 13 种情况涉及增值税差额征税，其业务主要是：金融商品转让、经纪代理服务、航空运输服务、客运场站服务、旅游服务、建筑服务、房地产企业销售商品房、劳务派遣服务、人力资源外包服务、转让营改增前取得的土地使用权、融资租赁和融资性售后回租、物业公司水费的差额征收、安保服务等。

以下主要介绍其中几种业务的差额纳税计算。

1. 金融商品转让

金融商品转让，按照卖出价扣除买入价后的余额为销售额。若相抵后出现负差，可结转下一纳税期与下期转让金融商品销售额相抵，但年末时仍出现负差的，不得转入下一个会计年度。金融商品的买入价，可以选择按照加权平均法或者移动加权平均法进行核算，选择后 36 个月内不得变更。

例 3-22

某增值税一般纳税人 2016 年 5 月买入国债，买入价为 30 万元，2016 年 12 月卖出，卖出价为 35 万元。

【解析】

不含税销售额＝(35－30)÷(1＋6%)＝4.72(万元)
应纳增值税＝4.72×6%＝0.28(万元)

2. 经纪代理服务

经纪代理服务，以取得的全部价款和价外费用，扣除向委托方收取并代为支付的政府性基金或者行政事业性收费后的余额为销售额。向委托方收取的政府性基金或者行政事业性收费，不得开具增值税专用发票。

特别提醒

> 如果经纪代理业务中代收的政府性基金或者行政事业性收费，政府相关职能部门直接开具行政事业性收费专用票据给客户，经纪代理公司无须确认收入，无须自行就代收部分开具发票，只需要将政府票据转交即可。
>
> 如果政府将票据开给经纪代理公司，代理公司必须确认全部收入，同时享受差额征税政策。

3. 航空运输服务

航空运输企业的销售额不包括代收的机场建设费和代售其他航空运输企业客票而代收转付的价款。

特别提醒

> 实际上，这两种代收费用均属于代收性质，因此不包含在销售额中，不应该作为收入处理。

特别提醒

> 旅客运输服务取得发票方不能抵扣进项税额。

4. 客运场站服务

一般纳税人提供客运场站服务，以其取得的全部价款和价外费用，扣除支付给承运方运费后的余额为销售额。

特别提醒

> 一般纳税人的客运场站服务属于物流辅助服务，税率 6%，而交通运输服务税率 10%，客运服务运费进项税额不能抵扣，因此允许作为差额扣除。小规模企业提供客运场站服务不能差额征税。

5. 旅游服务

一般纳税人提供旅游服务，可以选择以取得的全部价款和价外费用，扣除向旅游服务购买方收取并支付给其他单位或者个人的住宿费、餐饮费、交通费、签证费、门票费和支付给其他接团旅游企业的旅游费用后的余额为销售额。

6. 建筑服务

一般纳税人提供建筑服务适用简易计税方法的，以取得的全部价款和价外费用扣除支付的分包款后的余额为销售额。

（1）一般纳税人老项目（2016年4月30日以前的项目）选择简易计税。

（2）小规模纳税人按照简易计税，也可以差额征税。

7. 房地产企业销售商品房

房地产企业中的一般纳税人销售其开发的房地产项目（选择简易计税方法的房地产老项目除外），以取得的全部价款和价外费用，扣除受让土地时向政府部门支付的土地价款后的余额为销售额。

 特别提醒

土地价款扣除包括出让金和拆迁补偿款。

 例3-23

A建筑公司为增值税一般纳税人，采用简易计税方式。收取B公司工程款100万元，支付C公司分包款80万元，开具增值税专用发票。

【解析】

$$差额纳税申报税额 = (1\,000\,000 - 800\,000) \div (1 + 3\%) \times 3\%$$
$$= 5\,825.24(元)$$

$$票面增值税 = 1\,000\,000 \div (1 + 3\%) \times 3\% = 29\,126.21(元)$$

$$不含税价 = 1\,000\,000 - 29\,126.21 = 970\,873.79(元)$$

纳税人以契税计税金额进行差额扣除的，按照下列公式计算增值税应纳税额：

（1）2016年4月30日及以前缴纳契税的。

$$应纳税额 = \left[\begin{array}{c} 全部交易价格 \\ (含增值税) \end{array} - \begin{array}{c} 契税计税金额 \\ (含营业税) \end{array} \right] \div (1 + 5\%) \times 5\%$$

（2）2016年5月1日及以后缴纳契税的。

$$应纳税额 = \left[\begin{array}{c} 全部交易价格 \\ (含增值税) \end{array} \div (1 + 5\%) - \begin{array}{c} 契税计税金额 \\ (不含增值税) \end{array} \right] \times 5\%$$

纳税人同时保留取得不动产时的发票和其他能证明契税计税金额的完税凭证等资料的，应当凭发票进行差额扣除。

8. 劳务派遣服务

劳务派遣服务是指劳务派遣公司为了满足用工单位对于各类灵活用工的需求，将员工派遣至用工单位，接受用工单位管理并为其工作的服务。

一般纳税人提供劳务派遣服务，可以取得的全部价款和价外费用为销售额，按照一般计税方法计算缴纳增值税；也可以选择差额纳税，以取得的全部价款和价外费用，扣除代用工单位支付给劳务派遣员工的工资、福利和为其办理社会保险及住房公积金后的余额为销售额，按照简易计税方法依 5% 的征收率计算缴纳增值税。

　　小规模纳税人提供劳务派遣服务，可以取得的全部价款和价外费用为销售额，按照简易计税方法依 3% 的征收率计算缴纳增值税；也可以选择差额纳税，以取得的全部价款和价外费用，扣除代用工单位支付给劳务派遣员工的工资、福利和为其办理社会保险及住房公积金后的余额为销售额，按照简易计税方法依 5% 的征收率计算缴纳增值税。

特别提醒

　　选择差额纳税的纳税人，向用工单位收取用于支付给劳务派遣员工工资、福利和为其办理社会保险及住房公积金的费用，不得开具增值税专用发票，可以开具普通发票。

 例 3 - 24

　　A 公司为劳务派遣公司，5 月份向 B 公司派遣劳务人员提供劳务服务，收取服务费 10 500 元，其中支付给劳务派遣员工的工资、福利和为其办理社会保险及住房公积金为 6 300 元。

　　【解析】

　　　　销售额＝10 500 － 6 300＝4 200(元)

　　　　应纳增值税＝4 200÷(1＋5%)×5%＝200(元)

9. 人力资源外包服务

　　纳税人提供人力资源外包服务，按照经纪代理服务缴纳增值税，其销售额不包括受客户单位委托代为向客户单位员工发放的工资和代理缴纳的社会保险、住房公积金。向委托方收取并代为发放的工资和代理缴纳的社会保险、住房公积金，不得开具增值税专用发票，可以开具普通发票。

　　一般纳税人提供人力资源外包服务，可以选择适用简易计税方法，按照 5% 的征收率计算缴纳增值税。

特别提醒

　　无论是一般计税方法还是简易计税方法，人力资源外包均可享受差额征税政策。

3.6.5　一般纳税人销售自己使用过的固定资产和物品的计算

1. 一般纳税人销售自己使用过的固定资产

　　(1) 销售抵扣过进项税额且在 2009 年 1 月 1 日后购进的固定资产，按适用税率 13% 征税。

（2）销售属于按规定不得抵扣进项税额，并在 2009 年 1 月 1 日后购进应抵扣而未抵扣的固定资产，按照简易办法按 3% 征收率减按 2% 征收增值税。

（3）销售 2009 年 1 月 1 日前购进的固定资产，按照简易办法按 3% 征收率减按 2% 征收增值税。

特别提醒

> 一般纳税人销售自己使用过的固定资产，如果属于按简易办法依 2% 征收率征收增值税政策的，应开具普通发票，不得开具增值税专用发票。

2. 一般纳税人销售自己使用过除固定资产外的其他物品

一般纳税人销售自己使用过除固定资产外的其他物品，按适用税率 13% 征税。

例 3-25

东部地区某公司 2×19 年 5 月出售 A 型和 B 型两台使用过的用于生产应税货物的机器。

（1）A 机器于 2×12 年 8 月购入，原值 100 000 元，预计残值 5%，采用直线法计算折旧，已提折旧 66 500 元，以价税合计 40 000 元出售。

（2）B 机器于 2×13 年 2 月份购入，进项税额已抵扣，已提折旧 61 750 元，预计残值 5%，以价税合计 45 000 元出售。

【解析】

（1）出售 A 机器按简易办法依征税率 3% 减按 2% 征收增值税。

应纳增值税 $= 40\,000 \div (1 + 3\%) \times 2\% = 776.70$（元）

（2）出售 B 机器按一般计税方法依适用税率计算。

销项税额 $= 45\,000 \div (1 + 13\%) \times 13\% = 5\,176.99$（元）

3.6.6 进口增值税的计算

1. 自行申报进口的增值税

凡是申报进入我国海关境内的货物，均应缴纳进口环节增值税，由我国海关代征。

纳税人进口货物，按照组成计税价格和与国内货物 16% 或 10% 的税率计算应纳税额，其计算公式为：

应纳进口增值税 = 组成计税价格 × 增值税税率

组成计税价格 = 关税完税价格 + 关税

或   = 关税完税价格 + 关税 + 消费税

消费税 $= \dfrac{\text{关税完税价格} + \text{关税}}{1 - \text{消费税税率}} \times \text{消费税税率}$

关税 = 关税完税价格 × 关税税率

进口货物的关税完税价格是以该货物运抵我国的到岸价格为依据的，包括买价、货物运抵我国关境内输入地点起卸前的包装费、运费、保险费和其他劳务费等。

 例3-26

某外贸公司某月从美国进口一批货物，当地购买价为 10 万美元，运抵我国上海口岸支付包装费 1 500 美元、运费 9 000 美元、保险费 150 美元、有关手续费 500 美元。该进口货物的关税税率为 50%，消费税税率为 5%，增值税税率为 13%（假定外汇牌价为 USD100＝CNY700）。

【解析】

关税完税价格＝(100 000＋1 500＋9 000＋150＋500)×7＝778 050(元)

进口关税＝778 050×50%＝389 025(元)

$$进口消费税＝\frac{778\ 050＋389\ 025}{1－5\%}×5\%＝61\ 425(元)$$

组成计税价格＝778 050＋389 025＋61 425＝1 228 500(元)

进口增值税＝1 228 500×13%＝159 705(元)

2. 在境内未设有经营机构的增值税

境外单位或个人在境内发生应税行为，在境内未设有经营机构的，以购买方为增值税扣缴义务人。

 例3-27

设立于中国香港的 B 公司将 K 品牌授权给设立于我国境内的增值税一般纳税人 A 公司使用，按照约定，A 公司按照销售额的 3% 支付特许权使用费给 B 公司，扣除相关税费后按季支付。2013 年第四季度 A 公司的销售额为 1 000 万元，应付税前特许权使用费 30 万元。假设增值税适用税率为 6%，预提所得税税率为 10%，附加税费合计为增值税税额的 12%（城建税 7%，教育费附加 3%，地方教育费附加 2%）。

【解析】

(1) 代扣代缴增值税的计算。

$$代扣代缴增值税＝\frac{接受方支付的价款}{1＋增值税税率}×增值税税率$$

$$＝\frac{300\ 000}{1＋6\%}×6\%＝16\ 981.13(元)$$

(2) 代扣代缴附加税费的计算。

代扣代缴附加税费＝16 981.13×12%＝2 037.74(元)

(3) 代扣代缴预提所得税的计算。计算企业所得税时，应以不含增值税的收入全额作为应纳税所得额。

代扣代缴预提所得税额＝300 000÷(1＋6%)×10%＝28 301.89(元)

3.7　增值税的简易计税

3.7.1　一般纳税人的简易计税

1. 简易计税方法需要报送的资料

（1）《增值税一般纳税人简易征收备案表》2份。

（2）一般纳税人选择简易办法征收备案事项说明。

（3）选择简易征收的产品、服务符合条件的证明材料，或者企业符合条件的证明材料。上述复印件应注明"与原件相符"字样并由纳税人签章。如果报送资料齐全，符合法定形式，填写内容完整，主管税务机关受理后即时办结。

2. 简易计税方法下的增值税计算

简易计税方法下的应纳税额，是指按照销售额和增值税征收率计算的增值税额，不得抵扣进项税额。计算公式为：

$$应纳税额 = 销售额 \times 征收率$$

式中，销售额不包括其应纳税额，纳税人采用销售额和应纳税额合并定价方法的（即含税价），计算公式为：

$$销售额 = \frac{含税销售额}{1 + 征收率}$$

特别提醒

> 纳税人适用简易计税方法的，因销售折让、中止或者退回而退还给购买方的销售额，应当从当期销售额中扣减。扣减当期销售额后仍有余额，造成多缴的税款，可从以后的应纳税额中扣减。

营改增一般纳税人的简易计税项目明细表见表3-11。

表3-11　　　　营改增一般纳税人的简易计税项目明细表

税目	基本税率	简易计税项目		销售额差额计算项目
		一般纳税人可选择简易计税项目	征收率	
交通运输服务	9%	公共交通运输服务	3%	航空运输企业代收的机场建设费和代收转付的客票价款可差额扣除
现代服务	6%	经认定的动漫企业为开发动漫产品提供服务、电影放映、仓储、装卸搬运、收派服务	3%	客运场站服务（仅一般纳税人）；经纪代理服务

续前表

税目	基本税率	简易计税项目		销售额差额计算项目
		一般纳税人可选择简易计税项目	征收率	
其中：不动产租赁	9%	试点前取得的不动产经营租赁	5%	融资租赁
		公路经营企业中的一般纳税人收取试点前开工的高速公路的车辆通行费	5%（减按3%）	
		个人出租住房	5%（减按1.5%）	
其中：有形动产租赁	13%	2012年9月30日前取得的有形动产为标的物提供的经营租赁；2012年9月30日前签订的尚未执行完毕的有形动产租赁合同	3%	
电信服务	基础电信9%增值电信6%	—	3%	—
邮政服务	9%	—	3%	
建筑服务	9%	清包工、甲供工程、老项目	3%	简易计税项目的总包方
金融服务	6%	2012年9月30日前签订的尚未执行完毕的有形动产租赁合同（融资性售后回租）	3%	金融商品转让、融资性售后回租
生活服务	6%	文化体育服务	3%	旅游服务
销售无形资产	6%	境内转让动漫版权	3%	
其中：转让土地使用权	9%	—	3%	—
销售不动产	9%	销售试点前取得的不动产；房地产企业销售自行开发的房地产老项目	5%	销售试点前取得（非自建）的不动产；房地产开发项目（限一般计税方法）

特别提醒

　　自2018年5月1日起，增值税一般纳税人生产销售和批发、零售抗癌药品，可选择按照简易办法依照3%征收率计算缴纳增值税。上述纳税人选择简易办法计算缴纳增值税后，36个月内不得变更。自2018年5月1日起，对进口抗癌药品，减按3%征收进口环节增值税。

例3-28

　　A演艺公司为增值税一般纳税人，2019年5月举办文艺表演5场，取得门票收入 106 万元，A 演艺公司 5 月购买背景布、音响道具、钢构舞台等取得增值税专用发票上注明的税额合计 3 万元。

【解析】

增值税一般纳税人提供文化体育服务可选择简易计税方法。

（1）按一般计税方法。

销项税额＝106÷(1＋6%)×6%＝6(万元)

应纳增值税＝6－3＝3(万元)

（2）按简易计税方法。

应纳增值税＝106÷(1＋3%)×3%＝3.09(万元)

 例 3-29

某会计培训学校为一般纳税人，5 月提供非学历教育服务获得含税服务收入 26 万元，该培训学校选择适用简易计税方法。

【解析】

一般纳税人提供非学历教育服务、教育辅导服务，可以选择适用简易计税方法按照 3% 征收率计算应纳税额。

应纳增值税＝260 000÷(1＋3%)×3%＝7 572.82(元)

3. 建筑服务业选择简易计税方法应纳税额的计算

（1）建筑服务业选择简易计税的方式。

1）一般纳税人以清包工方式提供的建筑服务。

2）一般纳税人为甲供工程提供的建筑服务。

3）一般纳税人为建筑工程老项目提供的建筑服务。

4）总承包单位为房屋建筑提供部分工程服务。

解释

（1）以清包工方式提供建筑服务，是指施工方不采购建筑工程所需的材料或只采购辅助材料，并收取人工费、管理费或者其他费用的建筑服务。

（2）甲供工程，是指全部或部分设备、材料、动力由工程发包方自行采购的建筑工程。

（3）建筑工程老项目，是指：1）建筑工程施工许可证注明的合同开工日期在 2016 年 4 月 30 日前的建筑工程项目；2）未取得建筑工程施工许可证的，建筑工程承包合同注明的开工日期在 2016 年 4 月 30 日前的建筑工程项目。

（4）建筑工程总承包单位为房屋建筑的地基与基础、主体结构提供工程服务，是指建设单位自行采购全部或部分钢材、混凝土、砌体材料、预制构件。

🔶 **特别提醒**

　　建筑服务业可以选择其中一个项目实行简易计税方法。

　　（2）建筑服务采用简易计税方法的增值税计算。
　　销售额为以取得的全部价款和价外费用扣除支付的分包款后的余额。

　　　　销售额＝全部价款＋价外费用－分包款
　　　　应纳税额＝销售额×3%

🔶 **特别提醒**

　　自 2018 年 1 月 1 日起，增值税一般纳税人提供建筑服务，按规定适用或选择适用简易计税方法计税的，实行一次备案制。纳税人应在按简易计税方法首次办理纳税申报前，向机构所在地主管税务机关办理备案手续，并提交以下资料：（1）为建筑工程老项目提供的建筑服务，办理备案手续时应提交《建筑工程施工许可证》（复印件）或建筑工程承包合同（复印件）；（2）为甲供工程提供的建筑服务、以清包工方式提供的建筑服务，办理备案手续时应提交建筑工程承包合同（复印件）。

 解释　▶ ▶ ▶ ▶ ▶ ▶

　　可以扣除分包款的合法有效凭证是：（1）从分包方取得的 2018 年 4 月 30 日前开具的建筑业营业税发票。（2）从分包方取得的 2016 年 5 月 1 日后开具的，备注栏注明建筑服务发生地所在县（市、区）、项目名称的增值税发票。（3）国家税务总局规定的其他凭证。

 例 3-30

　　某企业在异地洱源县提供工程服务，属于甲供方式，该企业选择简易计税方法，含税销售额 103 万元，给对方开具了增值税普通发票。

　　【解析】
　　由于是在异地洱源县提供工程服务，需要向洱源县税务局预缴税款。

　　　　预缴税款＝103÷（1＋3%）×3%＝3（万元）
　　　　销售额＝103÷（1＋3%）＝100（万元）
　　　　销项税额＝100×3%＝3（万元）

例 3-31

　　甲建筑公司为增值税一般纳税人，2018 年 5 月 1 日以清包工方式承接 A 工程项目（或为甲供工程提供建筑服务），5 月 30 日发包方按工程进度支付工程价款 222 万元，该项目当月发生工程成本 100 万元，其中购买材料、动力、机械等取得增值税专用发票上注明的金额为 50 万元。甲建筑公司对 A 工程项目选用简易计税方法计算应纳税额。

【解析】

企业以清包工方式提供建筑服务或为甲供工程提供建筑服务，可选用简易计税方式，其进项税额不能抵扣。

$$应纳增值税＝222÷(1＋3\%)×3\%＝6.47(万元)$$

表3-12归纳了建筑业营改增的政策要点。

表3-12　　　　　建筑业营改增政策要点明细表

| 纳税人资格类型 | 施工类型 | 计税方法 | 发票开具 | | 申报 | 预缴 |
			普通发票	专用发票		增值税预缴税款表
一般纳税人	总包方	一般计税	自行开具	自行开具	全额申报，9%税率，扣减预缴	扣除支付的分包款后的余额，按照2%的预征率计算应预缴税款：预缴税款＝(含税价－支付的分包款)÷(1＋9%)×2%
		简易计税			差额申报，3%征收率，扣减预缴	扣除支付的分包款后的余额，按照3%的征收率计算应预缴税款：预缴税款＝(含税价－支付的分包款)÷(1＋3%)×3%
	分包方（不再分包）	一般计税			全额申报，9%税率，扣减预缴	取得的全部价款与价外费用按照2%的预征率计算应预缴税款：预缴税款＝含税价÷(1＋9%)×2%
		简易计税			全额申报，3%征收率，扣减预缴	取得的全部价款与价外费用按照3%的预征率计算应预缴税款：预缴税款＝含税价÷(1＋3%)×3%
小规模纳税人	单位和个体工商户 总包方	简易计税	自行开具	服务发生地税务机关代开	差额申报，3%征收率，扣减预缴	扣除支付的分包款后的余额，按照3%的征收率计算应预缴税款：预缴税款＝(含税价－支付的分包款)÷(1＋3%)×3%
	分包方（不再分包）	简易计税			全额申报，3%征收率，扣减预缴	取得的全部价款与价外费用按照3%的预征率计算应预缴税款：预缴税款＝含税价÷(1＋3%)×3%
	自然人	—	简易计税	服务发生地税务机关代开	—	在建筑服务发生地申报纳税，3%征收率	—

说明：

①分包方如果再向下进行二次分包，相对于二次分包方而言，其为"总包方"，依此类推。

②纳税人提供建筑服务预缴时，计算需扣减的分包款需分项目对应扣减。

③起征点以下的小规模纳税人，无法自行开具增值税发票的，可以向服务发生地税务机关申请代开增值税发票。

4. 房地产业选择简易计税方法应纳税额的计算

（1）房地产企业选择简易计征的项目。房地产开发企业中的一般纳税人销售自行开发的房地产老项目，可选择简易计税方法按照 5% 的征收率计税。

房地产老项目是指：1）建筑工程施工许可证注明的合同开工日期在 2016 年 4 月 30 日前的房地产项目。2）建筑工程施工许可证未注明合同开工日期或者未取得建筑工程施工许可证，但建筑工程承包合同注明的开工日期在 2016 年 4 月 30 日前的建筑工程项目。

（2）房地产业采用简易计税方法的增值税计算。简易计税方法的应纳税额，是指按照销售额和增值税征收率计算的增值税额，不得抵扣进项税额。计算公式为：

$$应纳税额＝销售额×征收率$$

纳税人采用销售额和应纳税额合并定价方法的，需要换算为不含税价。计算公式为：

$$销售额＝\frac{含税销售额}{1＋征收率}$$

 例 3-32

某房地产企业销售建筑工程施工许可证日期在 2016 年 4 月 30 日之前的住宅，办理入住并收款 4 200 万元。

【解析】

建筑工程施工许可证注明的合同开工日期在 2016 年 4 月 30 日前的房地产项目是房地产老项目。一般纳税人销售自行开发的房地产老项目，可以选择适用简易计税方法按照 5% 的征收率计税。

$$应纳增值税＝4\,200÷(1＋5\%)×5\%＝200(万元)$$

3.7.2　小规模纳税人增值税的计算

1. 一般情况下，小规模纳税人的增值税计算

一般情况下，小规模纳税人自行开具的发票是增值税普通发票，需要将发票上的含税价换算为不含税价。

$$不含税价＝\frac{含税价}{1＋征收率}$$

$$应纳税额＝不含税价×征收率$$

 特别提醒

小规模纳税人中的小微企业如果月销售额在 10 万元以下（含本数），可以享受免征收增值税和附加税的优惠。

2. 允许自行开具增值税专用发票的小规模纳税人增值税计算

住宿业、鉴证咨询业、建筑业、工业以及信息传输、软件和信息技术服务业可以自行开具增值税专用发票，其增值税专用发票上的价款为不含税价，不需要进行换算。

例 3 - 33

乙宾馆为增值税小规模纳税人，2019 年 5 月取得住宿服务收入 106 万元。甲宾馆 5 月需缴纳多少增值税？

【解析】

应纳增值税＝106÷(1+3%)×3%＝3.09(万元)

3. 建筑业小规模纳税人的增值税计算

小规模纳税人跨县（市、区）提供建筑服务，均应以取得的全部价款和价外费用扣除支付的分包款后的余额为销售额，按照 3% 的征收率计算应纳增值税。计算公式为：

$$应预缴税款＝\frac{全部价款＋价外费用－支付的分包款}{1＋3\%}×3\%$$

纳税人应在建筑服务发生地预缴税款后，向机构所在地主管税务机关进行纳税申报。

例 3 - 34

甲建筑公司为增值税小规模纳税人，机构所在地为大理市。某年 5 月 1 日到洱源县承接 A 工程项目，并将 A 项目中的部分施工项目分包给乙公司，5 月 30 日发包方按进度支付工程价款 222 万元。5 月甲公司支付给乙公司工程分包款 50 万元。甲建筑公司需缴纳多少增值税？

【解析】

应纳税额＝(222－50)÷(1+3%)×3%＝5.01(万元)

在洱源县预缴增值税＝5.01(万元)

在大理市全额申报，则

应纳税额＝5.01－5.01＝0

4. 房地产业小规模纳税人增值税的计算

（1）小规模纳税人销售其取得（不含自建）的不动产（不含个体工商户销售购买的住房和其他个人销售不动产）。

$$应纳税额＝(全部价款＋价外费用)－\frac{不动产购置原价或}{取得不动产时的作价}×5\%$$

纳税人应按照计税结果，在不动产所在地预缴税款后，向机构所在地主管税务机关进行纳税申报。

（2）小规模纳税人销售其自建的不动产。

$$应纳税额＝（全部价款＋价外费用）\times 5\%$$

纳税人应按照计税结果，在不动产所在地预缴税款后，向机构所在地主管税务机关进行纳税申报。

（3）房地产开发企业中的小规模纳税人，销售自行开发的房地产项目。

$$应纳税额＝（全部价款＋价外费用）\times 5\%$$

3.7.3 预缴增值税

1. 预缴增值税需要提供的资料

自 2016 年 9 月 1 日起，纳税人跨县（市、区）提供建筑服务，在向建筑服务发生地主管税务局预缴税款时，需提交以下资料：

（1）《增值税预缴税款表》；

（2）与发包方签订的建筑合同原件及复印件；

（3）与分包方签订的分包合同原件及复印件；

（4）从分包方取得的发票原件及复印件。

2. 一般纳税人跨县（市、区）提供建筑服务，选择一般计税方法计税的

以取得的全部价款和价外费用扣除支付的分包款后的余额，按照 2% 的预征率计算应纳增值税。计算公式为：

$$应预缴税款＝\frac{全部价款＋价外费用－支付的分包款}{1＋10\%}\times 2\%$$

3. 一般纳税人采取预收款方式销售自行开发的房地产项目

自 2017 年 7 月 1 日起，纳税人提供建筑服务取得预收款，应在收到预收款时，以取得的预收款扣除支付的分包款后的余额，按照规定的预征率预缴增值税。适用一般计税方法计税的项目预征率为 2%，适用简易计税方法计税的项目预征率为 3%。

$$应预缴税款＝\frac{预收款－支付的分包款}{1＋增值税税率}\times 预征率$$

《增值税预缴税款表》见表 3－13。

表 3－13　　　　　　　　　　增值税预缴税款表

税款所属时间：	年 月 日至	年 月 日	
纳税人识别号：		是否适用一般计税方法	是□　否□
纳税人名称：（公章）		金额单位：元（列至角分）	
项目编号		项目名称	

项目地址					
预征项目和栏次		销售额	扣除金额	预征率	预征税额
		1	2	3	4
建筑服务	1				
销售不动产	2				
出租不动产	3				
	4				
	5				
合计	6				

例 3-35

丙公司为房地产开发企业，为增值税一般纳税人，机构所在地为 A 区，开发的房地产项目也在 A 区。该项目建筑工程施工许可证上登记的开工日期在 2016 年 4 月 30 日前，计税方法选择简易征收。2016 年 5 月 5 日预售，取得预收款 1 000 000 元。

【解析】

由于丙公司采取预收款的方式销售自行开发的房地产项目，取得收入 1 000 000 元，应在收到预收款时按照 3% 的预征率预缴增值税。

$$预缴增值税 = 1 000 000 \div (1 + 5\%) \times 3\% = 28 571.43（元）$$

3.7.4 小规模纳税人和个人销售自己使用过的固定资产和物品

1. 小规模纳税人销售自己使用过的固定资产和物品

（1）小规模纳税人销售自己使用过的固定资产，按 2% 的征收率征收增值税。销售行为发生在 2009 年 1 月 1 日以后，不区分购进年限，小规模纳税人不包括其他个人。

▶ **特别提醒**

小规模纳税人销售自己使用过的固定资产，应开具普通发票，不得由税务机关代开增值税专用发票。

（2）小规模纳税人销售自己使用过的除固定资产外的其他物品，按 3% 的征收率征收增值税。

▶ **特别提醒**

2015 年 12 月 22 日，国家税务总局规定自 2016 年 2 月 1 日起，对纳税人销售自己使用过的固定资产，现行政策规定适用简易办法按 3% 的征收率减按 2% 征收增值税的，可以放弃享受优惠政策，适用简易办法按 3% 的征收率缴纳增值税，并可以开具增值税专用发票。

例 3 - 36

某小规模纳税人销售使用过的一项固定资产，确认收入 10 712 元。

【解析】

$$销项税额＝10\ 712÷(1＋3\%)×2\%＝208(元)$$

2. 个人销售自己使用过的固定资产和物品

个人仅指其他个人。

（1）个人销售自己使用过的固定资产。

1）个人销售购买不足 2 年的不动产，按照 5％的增值税税率计算增值税。个人销售购买超过 2 年的不动产，免征增值税。

2）销售动产类固定资产，免征增值税。

（2）个人销售自己使用过的物品，免征增值税。

 例 3 - 37

小张将购买不足 2 年的住房对外销售，取得出售住房收入 420 万元。

【解析】

$$应纳税额＝420÷(1＋5\%)×5\%＝20(万元)$$

3.8　出口退税

3.8.1　出口企业或其他单位办理出口退（免）税的基本规定

出口退税是指对出口货物退还其在国内生产和流通环节实际缴纳的增值税和消费税。各地的税务局网站上都有出口退税的生产企业出口退税申报系统和外贸企业出口退税申报系统。

1. 办理出口退（免）税备案

2018 年 4 月 19 日，国家税务总局就出口退（免）税申报的相关问题进行规定，自 2018 年 5 月 1 日起施行。

出口企业或其他单位办理出口退（免）税备案手续时，应按规定向主管税务机关填报修改后的《出口退（免）税备案表》（见表 3 - 14）。

表 3 - 14　　　　　　　　　　出口退（免）税备案表

以下信息由备案企业填写	
统一社会信用代码/纳税人识别号	
纳税人名称	
海关企业代码	
对外贸易经营者备案登记表编号	

企业类型		内资生产企业（　）　　外商投资企业（　） 外贸企业（　）　　　　其他单位（　）		
退税开户银行				
退税开户银行账号				
办理 退（免） 税人员	姓名		电话	
	身份证号			
	姓名		电话	
	身份证号			
退（免）税计算方法		免抵退税（　）免退税（　）免税（　）其他（　）		
是否提供零税率应税服务		是（　） 否（　）	提供零税率 应税服务代码	
享受增值税优惠政策		先征后退（　）　　　　即征即退（　） 超税负返还（　）　　　　其他（　）		
出口退（免）税管理类型				
附送资料				

本表是根据国家税收法律法规及相关规定填报的，我单位确定它是真实的、可靠的、完整的。

经办人：

财务负责人：

法定代表人：

（印　章）

年　　月　　日

以下信息由主管税务机关从税务登记信息中提取				
工商 登记	证照号码		法定代表 人（个体 工商户负 责人）	姓名
	开业（设立）日期			身份证号
	营业期限止			电话
	注册资本			
注册地址				
生产经营地址				
联系电话				
纳税人类型		增值税一般纳税人（　）增值税小规模纳税人（　）其他（　）		
登记注册类型		行业		
纳税信用级别		纳税人状态		
以下信息由主管税务机关填写				
主管税务机关代码		主管税务机关名称		
退税机关代码		退税机关名称		
企业分组		分类管理类别		
备案状态				
撤回标识		撤回时间		
其他扩展信息				

2. 申报出口退（免）税不再进行退（免）税预申报的基本规定

出口企业和其他单位申报出口退（免）税时，不再进行退（免）税预申报。主管税务机关确认申报凭证的内容与对应的管理部门电子信息无误后方可受理出口退

（免）税申报。取消的出口退（免）税事项和表证单书具体规定为：

（1）取消出口退（免）税预申报。出口企业和其他单位申报出口退（免）税时，主管税务机关确认申报凭证的内容与海关总署等相关管理部门的电子信息无误后方可受理。

（2）取消报送《增值税纳税申报表》。实行免抵退税办法的出口企业或其他单位在申报办理出口退（免）税时，不再报送当期《增值税纳税申报表》。

（3）取消报送进口货物报关单（加工贸易专用）。出口企业按规定申请开具代理进口货物证明时，不再提供进口货物报关单（加工贸易专用）。

（4）取消报送《出口退税进货分批申报单》。外贸企业购进货物需分批申报退（免）税的以及生产企业购进非自产应税消费品需分批申报消费税退税的，出口企业不再向主管税务机关填报《出口退税进货分批申报单》，由主管税务机关通过出口税收管理系统对进货凭证进行核对。

（5）取消报送无相关电子信息申报凭证及资料。出口企业或其他单位在出口退（免）税申报期限截止之日前，申报出口退（免）税的出口报关单、代理出口货物证明、委托出口货物证明、增值税进货凭证仍没有对应管理部门电子信息或凭证的内容与电子信息比对不符的，应在出口退（免）税申报期限截止之日前，向主管税务机关报送《出口退（免）税凭证无相关电子信息申报表》。相关退（免）税申报凭证及资料留存企业备查，不再报送。

3. 申报出口退（免）税的其他规定

（1）向主管税务机关报送《出口退（免）税凭证无相关电子信息申报表》的规定。出口企业或其他单位在出口退（免）税申报期限截止之日前，申报出口退（免）税的出口报关单、代理出口货物证明、委托出口货物证明、增值税进货凭证仍没有电子信息或凭证的内容与电子信息比对不符的，应在出口退（免）税申报期限截止之日前，向主管税务机关报送《出口退（免）税凭证无相关电子信息申报表》（见表 3 - 15）。相关退（免）税申报凭证及资料留存企业备查，不再报送。

表 3 - 15　　　　　　　　出口退（免）税凭证无相关电子信息申报表

统一社会信用代码/纳税人识别号：

纳税人名称：

序号	关联号	出口报关单/代理出口货物证明号码/委托出口货物证明号码	是否无出口报关单或代理出口货物证明电子信息	对应进货凭证号码	出口（开具）日期	备注
	1	2	3	4	5	6

兹声明，本企业已取得以上凭证的原始单证，以上申报无讹并愿意承担一切法律责任。

经办人：（印章）

年　　月　　日

（2）出口企业和其他单位申报出口退（免）税时申请延期办理的情形。出口企业或其他单位出口货物劳务、发生增值税跨境应税行为，由于以下原因未收齐单证，无法在规定期限内申报的，应在出口退（免）税申报期限截止之日前，向负责管理出口退（免）税的主管税务机关报送《出口退（免）税延期申报申请表》（见表3-16）及相关举证资料，提出延期申报申请。主管税务机关自受理企业申请之日起20个工作日内完成核准，并将结果告知出口企业或其他单位。

企业申请延期办理的事由可按下列原因填写序号，如不属所列原因的，需在表格中详细填写。

1）自然灾害、社会突发事件等不可抗力因素；

2）出口退（免）税申报凭证被盗、抢，或者因邮寄丢失、误递；

3）有关司法、行政机关在办理业务或者检查中，扣押出口退（免）税申报凭证；

4）买卖双方因经济纠纷，未能按时取得出口退（免）税申报凭证；

5）由于企业办税人员伤亡、突发危重疾病或者擅自离职，未能办理交接手续，导致不能按期提供出口退（免）税申报凭证；

6）由于企业向海关提出修改出口货物报关单申请，在出口退（免）税申报期限截止之日前海关未完成修改，导致不能按期提供出口货物报关单；

7）有关政府部门在出口退（免）税申报期限截止之日前未出具出口退（免）税申报所需凭证资料；

8）国家税务总局规定的其他情形。

表3-16　　　　　　　　　　　出口退（免）税延期申报申请表

统一社会信用代码/纳税人识别号				
纳税人名称				
企业类型				
我单位下列业务不能在规定的期限内申报出口退（免）税，根据现行出口退（免）税相关规定，特申请延期办理。				
申请延期申报出口退（免）税情况				
序号	增值税进货凭证号码	出口报关单号码	代理出口证明号码	出口发票号码	延期原因
本表是根据国家税收法律法规及相关规定填报的，我单位确定它是真实的、可靠的、完整的。 　　　　　　　　　　　　　　　　经　办　人： 　　　　　　　　　　　　　　　　财务负责人： 　　　　　　　　　　　　　　　　法定代表人： 　　　　　　　　　　　　　　　　　　（印章） 　　　　　　　　　　　　　　　　　年　　月　　日				

（3）生产企业的特殊规定。生产企业应于每年4月20日前，按以下规定向主管税务机关申请办理上年度海关已核销的进料加工手册（账册）项下的进料加工业务

核销手续。4 月 20 日前未进行核销的，对该企业的出口退（免）税业务，主管税务机关暂不办理，在其进行核销后再办理。

1）生产企业申请核销前，应从主管税务机关获取海关联网监管加工贸易电子数据中的进料加工电子账册（电子化手册）核销数据以及进料加工业务的进口和出口货物报关单数据。

生产企业将获取的反馈数据与进料加工手册（账册）实际发生的进口和出口情况核对后，填报《生产企业进料加工业务免抵退税核销表》向主管税务机关申请核销。如果核对发现实际业务与反馈数据不一致的，生产企业还应填写《已核销手册（账册）海关数据调整表》连同电子数据和证明材料一并报送主管税务机关。

2）主管税务机关应将企业报送的电子数据读入出口退税审核系统，对《生产企业进料加工业务免抵退税核销表》和《已核销手册（账册）海关数据调整表》及证明资料进行审核。

3）主管税务机关确认核销后，生产企业应以《生产企业进料加工业务免抵退税核销表》中的"已核销手册（账册）综合实际分配率"，作为当年度进料加工计划分配率。同时，应在核销确认的次月，根据《生产企业进料加工业务免抵退税核销表》确认的不得免征和抵扣税额在纳税申报时申报调整；应在确认核销后的首次免抵退税申报时，根据《生产企业进料加工业务免抵退税核销表》确认的调整免抵退税额申报调整当期免抵退税额。

4）生产企业发现核销数据有误的，应在发现次月按照有关规定向主管税务机关重新办理核销手续。

特别提醒

出口企业因纳税信用级别、海关企业信用管理类别、外汇管理的分类管理等级等发生变化，或者对分类管理类别评定结果有异议的，可以书面向负责评定出口企业管理类别的税务机关提出重新评定管理类别。

4. 出口货物劳务和服务的时间确定

自 2018 年 5 月 1 日起，出口货物劳务、服务的时间，按以下原则确定：属于向海关报关出口的货物劳务，以出口货物报关单上注明的出口日期为准；属于非报关出口销售的货物、发生适用增值税零税率跨境应税行为，以出口发票或普通发票的开具时间为准；属于保税区内出口企业或其他单位出口的货物以及经保税区出口的货物，以货物离境时海关出具的出境货物备案清单上注明的出口日期为准。

5. 优化出口退（免）税企业分类管理

2018 年 10 月 15 日起，国家税务总局规定：

（1）调整出口企业管理类别评定标准：

1）将一类生产企业评定标准中的"上一年度的年末净资产大于上一年度该企

业已办理的出口退税额（不含免抵税额）"调整为"上一年度的年末净资产大于上一年度该企业已办理的出口退税额（不含免抵税额）的 60％"。

2）取消三类出口企业评定标准中"上一年度累计 6 个月以上未申报出口退（免）税（从事对外援助、对外承包、境外投资业务的，以及出口季节性商品或出口生产周期较长的大型设备的出口企业除外）"的评定条件。

（2）取消管理类别年度评定次数限制。出口企业相关情形发生变更并申请调整管理类别的，主管税务机关应按照有关规定及时开展评定工作。

（3）评定标准调整后，符合一类出口企业评定标准的生产企业，可按照规定提交相关资料申请变更其管理类别。税务机关应自受理企业资料之日起 15 个工作日内完成评定调整工作。

评定标准调整后，对符合二类出口企业评定标准的企业，税务机关应于 15 个工作日内完成评定调整工作。

6. 全面推行无纸化退税申报

（1）实现无纸化退税申报地域全覆盖。各地税务机关应利用信息技术，实现申报、证明办理、核准、退库等出口退（免）税业务网上办理，切实方便出口企业办理退税，提高退税效率。2018 年 12 月 31 日前，在全国推广实施无纸化退税申报。

（2）实现无纸化退税申报一类、二类出口企业全覆盖。按照企业自愿的原则，于 2018 年 12 月 31 日前，实现出口退（免）税管理类别为一类、二类的出口企业全面推行无纸化退税申报。

> **特别提醒**
>
> （1）鼓励外贸综合服务企业为中小企业代办退税。
>
> （2）国家税务总局要求主管税务机关根据企业需求，指导外贸综合服务企业建立内部风险管控制度，建设内部风险管控信息系统，防范代办退税业务风险。
>
> （3）各级税务机关要定期提醒出口企业退（免）税申报、审核、退库进度及申报退（免）税期限等情况，便于出口企业及时、足额获取出口退税。

3.8.2　出口退税的税率

增值税出口退税的退税率分别为 13％、10％、9％、6％和 0，共五档。具体为：

（1）原适用 16％税率且出口退税率为 16％的出口货物劳务，出口退税率调整为 13％。

（2）原适用 10％税率且出口退税率为 10％的出口货物、跨境应税行为，出口退税率调整为 9％。

（3）适用 13％税率的境外旅客购物离境退税物品，退税率为 11％。

（4）适用 9% 税率的境外旅客购物离境退税物品，退税率为 8%。

3.8.3 出口退税的计算

1. "免、抵、退"的含义

（1）"免"是指生产企业出口自产货物免征生产销售环节的增值税。

（2）"抵"是指以本企业本期出口产品应退税额抵顶内销产品应纳税额。

（3）"退"是指按照上述过程确定的实际应退税额符合一定标准时，即生产企业出口的自产货物在当月内应抵顶的进项税额大于应纳税额时，对未抵顶完成的部分予以退税。

2. "免、抵、退"税的计算

"免、抵、退"税的计算可分为四个步骤。

（1）计算不得免征和抵扣税额。

$$\text{免抵退税不得免征和抵扣税额} = \text{出口货物离岸价} \times \text{外汇牌价} \times (\text{增值税税率} - \text{出口退税率}) - \text{免抵退税不得免征和抵扣税额抵减额}$$

$$\text{免抵退税不得免征和抵扣税额抵减额} = \text{免税购进原材料价格} \times (\text{出口货物征收率} - \text{出口货物退税率})$$

（2）计算当期应纳税额。

$$\text{当期应纳税额} = \text{当期内销货物的销项税额} - (\text{当期进项税额} - \text{当期免抵退税不得免征和抵扣税额}) - \text{上期末留抵税额}$$

若应纳税额为正数，即没有可退税额（因为没有留抵税额），则仍应交纳增值税；若应纳税额为负数，即期末有未抵扣税额，则可以申请退税，最终可以退多少税金，需要进行计算比较确定。

（3）计算免抵退税额。

$$\text{免抵退税额} = \text{出口货物离岸价} \times \text{外汇牌价} \times \text{出口货物退税率} - \text{免抵退税额抵减额}$$

$$\text{免抵退税额抵减额} = \text{免税购进原料价格} \times \text{出口货物退税率}$$

免税购进原料包括从国内购进免税原料和进料加工免税进口料件。其中进料加工免税进口料件的组成计税价格公式为：

$$\text{进料加工免税进口料件的组成计税价格} = \text{货物到岸价} + \text{海关实征关税和消费税}$$

（4）确定应退税额和免抵税额。

若期末未抵扣税额 $\leq$ 免抵退税额，则当期应退税额 $=$ 期末未抵扣税额，当期免抵税额 $=$ 免抵退税额 $-$ 期末未抵扣税额。

若期末未抵扣税额 $\geq$ 免抵退税额，则当期应退税额 $=$ 免抵退税额，当期免抵税额 $=0$。

特别提醒

　　如果退税率等于征税率，出口商可得到全部出口货物的进项税额的退还。退税率低于征税率的，计算出的差额部分（即不得退税的部分），在会计处理上，是以"应交税费——应交增值税（进项税额转出）"记入"主营业务成本"或者"其他业务成本"中。

例3-38

　　2019年5月3日，A企业当期经勾选认证进项税额为15 000元，国内销项税额为2 000元，企业适用退税率为10%，国内销售时税率为13%，出口销售收入为10 000美元（汇率1∶6.5）。

【解析】

当期应退税额＝10 000×6.5×10%＝6 500（元）

当期不得退税＝10 000×6.5×(13%－10%)＝1 950（元）

当期应纳增值税＝2 000－15 000－6 500＋1 950＝－17 550（元）

　　如果纳税人满足自2019年4月税款所属期起，连续6个月有增量留抵税额，并且第6个月的增量留抵税额不低于50万元这一退税门槛等相关条件，则可以申请留抵退税。

3.9　增值税的纳税申报

3.9.1　一般纳税人的纳税申报资料

1.　必报资料

（1）《增值税纳税申报表（一般纳税人适用）》及其附列资料。

（2）资产负债表和利润表。

（3）使用防伪税控系统的纳税人必须报送记录当期纳税信息的IC卡等。

2.　财务报表相关项目列示

"应交税费"下的"应交增值税""未交增值税""待抵扣进项税额""待认证进项税额""增值税留抵税额"等明细科目期末借方余额应根据情况，在资产负债表中的"其他流动资产"或"其他非流动资产"项目下列示。

"应交税费——待转销项税额"等科目期末贷方余额应根据情况，在资产负债表中的"其他流动负债"或"其他非流动负债"项目下列示。

"应交税费"下的"未交增值税""简易计税""转让金融商品应交增值税""代扣代交增值税"等科目期末贷方余额应在资产负债表中的"应交税费"项目下列示。

3.9.2 增值税一般纳税人纳税申报表的填写

1. 增值税一般纳税人的增值税纳税申报表格式

《增值税纳税申报表（一般纳税人适用）》见表 3-17。

表 3-17

增值税纳税申报表

（一般纳税人适用）

根据国家税收法律法规及增值税相关规定制定本表。纳税人不论有无销售额，均应按税务机关核定的纳税期限填写本表，并向当地税务机关申报。

税款所属时间：自　　年　月　日至　　年　月　日　填表日期：　年　月　日

金额单位：元至角分

纳税人识别号						所属行业：	
纳税人名称	（公章）	法定代表人姓名		注册地址		生产经营地址	
开户银行及账号		登记注册类型				电话号码	
项　目		栏次	一般项目		即征即退项目		
			本月数	本年累计	本月数	本年累计	

项目		栏次	一般项目 本月数	一般项目 本年累计	即征即退项目 本月数	即征即退项目 本年累计
销售额	（一）按适用税率计税销售额	1				
	其中：应税货物销售额	2				
	应税劳务销售额	3				
	纳税检查调整的销售额	4				
	（二）按简易办法计税销售额	5				
	其中：纳税检查调整的销售额	6				
	（三）免、抵、退办法出口销售额	7			—	—
	（四）免税销售额	8				
	其中：免税货物销售额	9				
	免税劳务销售额	10				
税款计算	销项税额	11				
	进项税额	12				
	上期留抵税额	13			—	
	进项税额转出	14				
	免、抵、退货物应退税额	15			—	—
	按适用税率计算的纳税检查应补缴税额	16			—	—
	应抵扣税额合计	17=12+13－14－15+16		—		—
	实际抵扣税额	18（如17<11，则为17，否则为11）				
	应纳税额	19=11－18				

税款计算	期末留抵税额	20＝17－18				—
	简易计税办法计算的应纳税额	21				
	按简易计税办法计算的纳税检查应补缴税额	22				
	应纳税额减征额	23				
	应纳税额合计	24＝19＋21－23				
税款缴纳	期初未缴税额（多缴为负数）	25				
	实收出口开具专用缴款书退税额	26			—	
	本期已缴税额	27＝28＋29＋30＋31				
	①分次预缴税额	28			—	—
	②出口开具专用缴款书预缴税额	29			—	—
	③本期缴纳上期应纳税额	30				
	④本期缴纳欠缴税额	31				
	期末未缴税额（多缴为负数）	32＝24＋25＋26－27				
	其中：欠缴税额（≥0）	33＝25＋26－27			—	—
	本期应补（退）税额	34＝24－28－29				
	即征即退实际退税额	35	—	—		
	期初未缴查补税额	36			—	—
	本期入库查补税额	37			—	—
	期末未缴查补税额	38＝16＋22＋36－37			—	—
授权声明	如果你已委托代理人申报，请填写下列资料： 　为代理一切税务事宜，现授权， （地址）　　　为本纳税人的代理申报人，任何与本申报表有关的往来文件，都可寄予此人。 　　　　　　　　授权人签字：			申报人声明	本纳税申报表是根据国家税收法律法规及相关规定填报的，我确定它是真实的、可靠的、完整的。 　　声明人签字：	

2. 增值税纳税申报表附列资料的填写

增值税纳税申报表附列资料自 2017 年 8 月 1 日起施行，表略。

3.9.3 增值税小规模纳税人纳税申报表的填写

增值税小规模纳税人纳税申报表见表 3-18。

表 3-18

增值税纳税申报表

（适用小规模纳税人）

纳税人识别号：□□□□□□□□□□□□□□□□□□□

纳税人名称（公章）：　　　　　　　　　　　　　　　　　金额单位：元至角分

税款所属期：　年　月　日至　年　月　日　　　　　　填表日期：　年　月　日

项 目		栏次	本期数		本年累计	
			货物及劳务	服务、不动产和无形资产	货物及劳务	服务、不动产和无形资产
一、计税依据	（一）应征增值税不含税销售额（3%征收率）	1				
	税务机关代开的增值税专用发票不含税销售额	2				
	税控器具开具的普通发票不含税销售额	3				
	（二）应征增值税不含税销售额（5%征收率）	4		—		—
	税务机关代开的增值税专用发票不含税销售额	5		—		—
	税控器具开具的普通发票不含税销售额	6		—		—
	（三）销售使用过的固定资产不含税销售额	7（7≥8）		—		—
	其中：税控器具开具的普通发票不含税销售额	8		—		—
	（四）免税销售额	9=10+11+12				
	其中：小微企业免税销售额	10				
	未达起征点销售额	11				
	其他免税销售额	12				
	（五）出口免税销售额	13（13≥14）				
	其中：税控器具开具的普通发票销售额	14				
二、税款计算	本期应纳税额	15				
	本期应纳税额减征额	16				
	本期免税额	17				
	其中：小微企业免税额	18				
	未达起征点免税额	19				
	应纳税额合计	20=15-16				
	本期预缴税额	21			—	—
	本期应补（退）税额	22=20-21			—	—

纳税人或代理人声明：本纳税申报表是根据国家税收法律法规及相关规定填报的，我确定它是真实的、可靠的、完整的。	如纳税人填报，由纳税人填写以下各栏：	
	办税人员：　　　　　　　　财务负责人：	
	法定代表人：　　　　　　　联系电话：	
	如委托代理人填报，由代理人填写以下各栏：	
	代理人名称（公章）：　　　经办人：	
	联系电话：	

主管税务机关：　　　　　　　接收人：　　　　　　　　接收日期：

▢ 练习题

一、单项选择题

1. 某副食品商店为增值税小规模纳税人，2019年8月销售副食品取得含税销售额82 400元，销售自己使用过的固定资产取得含税销售额30 900元。该商店应缴纳的增值税为（ ）元。

   A. 3 300 　　　　B. 2 291.96

   C. 2 448 　　　　D. 2 477.88

2. 下列各项业务中，不属于增值税现代服务业的是（ ）。

   A. 医疗事故鉴定　　B. 工程勘探

   C. 邮政代理　　　　D. 广告代理

3. 某商场（中国人民银行批准的金银首饰经营单位）为增值税一般纳税人，2019年5月采取以旧换新方式销售金戒指20只，每只新金戒指的零售价格为12 500元，每只旧金戒指作价6 800元，每只金戒指取得差价款5 700元；取得首饰修理费16 570元（含税）。该商场上述业务应纳增值税税额（ ）元。

   A. 14 940.17　　　B. 15 270

   C. 15 021.33　　　D. 36 348.86

4. 下列各项业务中，属于增值税征收范围的是（ ）。

   A. 将委托加工的货物分配给股东

   B. 增值税纳税人收取会员费收入

   C. 转让企业全部产权涉及的应税货物的转让

   D. 融资性售后回租业务中承租方出售资产的行为

5. 下列业务中，属于营改增交通运输应税服务范围的是（ ）。

   A. 旅游景点内缆车运输

   B. 装卸搬运

   C. 航空运输企业的湿租业务

   D. 港口码头服务

6. 关于增值税纳税义务发生时间，下列说法错误的是（ ）。

   A. 自2009年1月1日起，先开具发票的，增值税纳税义务发生时间为开具发票的当天

   B. 采取预收款方式销售货物的，为货物发出的当天

   C. 采取赊销、分期付款结算方式的，为合同约定的收款日当天

   D. 将货物交付给他人代销，为发出代销货物的当天

7. 下列项目中，属于视同提供应税服务的是（ ）。

   A. 向希望工程小学无偿提供电影播映服务

   B. 向甲企业无偿提供交通运输服务

   C. 向举办减灾募捐活动的单位无偿提供交通运输服务

   D. 向红十字会无偿提供交通运输服务

8. 下列项目中，属于有形动产租赁行为的是（ ）。

   A. 房屋出租业务

   B. 远洋运输的程租业务

   C. 远洋运输的光租业务

   D. 航空运输的湿租业务

9. 下列各项中，适用增值税出口"免退税"办法的是（ ）。

   A. 收购货物出口的外贸企业

   B. 受托代理出口货物的外贸企业

   C. 自营出口自产货物的生产企业

   D. 委托出口自产货物的生产企业

10. 某卷烟厂2019年6月收购烟叶生产卷烟，收购凭证上注明价款50万元，并向烟叶生产者支付了价外补贴。该卷烟厂6月份收购烟叶可抵扣的进项税额为（ ）万元。

    A. 4.5 　　　　B. 5.15

    C. 5.94 　　　　D. 6.86

11. 甲公司为一家大型租赁公司，被认定为增值税一般纳税人。2019年5月15日，向乙企业出租一台有形动产设备，约定租赁期限2年，预收不含税租金50 000元，由运输企业负责运输，甲租赁公司支付不含税运费2 000元，并取得了运输企业开具的增值税专用发票，则该公司5月应

纳增值税税额为（　　）元。

 A. 178 280   B. 2 780

 C. 5 360   D. 6 320

12. 营改增试点企业一般纳税人与小规模纳税人应税服务年销售额的划分标准是（　　）万元。

 A. 50   B. 80

 C. 100   D. 500

13. 营改增试点的房地产小规模纳税人增值税征收率有（　　）。

 A. 6%   B. 5%

 C. 4%   D. 3%

14. 根据营改增的相关规定，以下属于研发和技术服务的是（　　）。

 A. 工程勘察勘探服务

 B. 软件服务

 C. 电路设计及测试服务

 D. 信息系统服务

15. 对于营改增的增值税一般纳税人企业，下列业务不得抵扣进项税额的是（　　）。

 A. 进口生产经营用料件

 B. 接受境外单位提供的增值税应税服务

 C. 购进的贷款服务

 D. 接受铁路运输服务

16. 下列业务中，营改增试点纳税人可以选择简易计税方法计算缴纳增值税的是（　　）。

 A. 一般纳税人提供的公共交通运输服务

 B. 一般纳税人提供的境外交通运输服务

 C. 一般纳税人提供的有形动产融资租赁服务

 D. 一般纳税人无偿提供的公益性航空运输服务

17. A 企业从事陆路运输服务，为小规模纳税人。2018 年 12 月提供货物运输服务取得收入 80 万元，该企业当月应纳增值税为（　　）万元。

 A. 8.8   B. 7.93

 C. 2.4   D. 2.33

18. 2018 年 10 月某境外广告公司为境内甲企业提供广告服务，合同价款 100 万美元，1 美元＝6.1 元人民币。该境外广告公司在境内未设立经营机构且没有代理人，则甲企业应当扣缴该境外公司应纳的增值税税额（　　）万元。

 A. 34.53   B. 36.6

 C. 103.7   D. 35.5

19. 对于营改增企业，下列选项中可以抵扣进项税额的是（　　）。

 A. 将外购的货物用于集体福利或个人消费的进项税额

 B. 既用于增值税应税项目也用于非增值税应税项目的固定资产

 C. 用于适用简易计税方法计税项目的进项税额

 D. 用于旅客运输服务的进项税额

20. 下列选项中，属于不得从销项税额中抵扣进项税额的是（　　）。

 A. 企业生产过程中正常损耗的原材料

 B. 企业购入生产用的水、电

 C. 企业购入准备对外投资的货物

 D. 企业为来料加工复出口业务从国内购入的辅料

二、多项选择题

1. 以下各项中，应计入增值税一般纳税人认定标准的"年应税销售额"的有（　　）。

 A. 免税销售额

 B. 稽查查补销售额

 C. 纳税评估调整销售额

 D. 税务机关代开发票销售额

2. 下列有关营改增应税服务的范围，表述正确的有（　　）。

 A. 出租车公司向使用本公司自有出租车的司机收取的管理费用，按陆路运输服务征收增值税

 B. 电影院和剧院，按现代服务业中的广播影视服务征收增值税

 C. 远洋运输的程租、期租业务，属于水路运输服务，征收增值税

 D. 邮政储蓄业务按照邮政业服务征收增值税

3. 按现行增值税制度规定，下列行为中应按"提供加工和修理修配劳务"征收增值税的有（　　）。

 A. 电梯制造厂为客户安装电梯

 B. 企业受托为另一企业加工服装

 C. 企业为另一企业修理机器设备

D. 为客户修缮房屋

4. 根据营改增相关规定，下列进项税额准予从销项税额中抵扣的有（　　）。

　　A. 2013年8月1日后，一般纳税人购买自用小轿车取得的税控机动车销售统一发票上注明的增值税额

　　B. 购买运输服务取得货运增值税专用发票注明的增值税额

　　C. 收购免税农产品，按照农产品销售发票上注明的农产品买价

　　D. 由于管理不善造成的存货霉烂变质所对应的增值税额

5. 按照增值税纳税义务发生时间的规定，下列说法正确的有（　　）。

　　A. 采取委托银行收款结算方式的，为货物发出并办妥托收手续的当天

　　B. 采用预收款方式提供有形动产租赁，为收到预收款当天

　　C. 采取分期付款结算方式的为合同约定的收款日期的当天

　　D. 将货物交付给他人代销，为向受托人发出货物的当天

6. 下列关于增值税的计税销售额规定说法正确的有（　　）。

　　A. 以物易物方式销售货物，由多交付货物的一方以价差计算缴纳增值税

　　B. 以旧换新方式销售货物，以实际收取的不含增值税的价款计算缴纳增值税（金银首饰除外）

　　C. 还本销售方式销售货物，以实际销售额计算缴纳增值税

　　D. 销售折扣方式销售货物，不得从计税销售额中扣减折扣额

7. 根据增值税法律制度的规定，下列行为中应视同销售货物征收增值税的有（　　）。

　　A. 将自产货物用于集体福利

　　B. 将外购货物用于个人消费

　　C. 将自产货物无偿赠送他人

　　D. 将外购货物分配给股东

8. 下列项目中，进项税额不得从纳税人销项税额中抵扣的有（　　）。

　　A. 生产了不合格产品的购进货物

　　B. 因管理不善发生意外事故的半成品所耗用的购进货物

　　C. 用于对外捐赠产品所耗用的购进货物

　　D. 用于集体福利的购进货物

9. 下列项目中，属于在中国境内提供应税服务的有（　　）。

　　A. 境外单位向境内单位提供完全在境外消费的应税服务

　　B. 境内单位向境外单位提供完全在境内消费的应税服务

　　C. 境外单位向境内单位出租完全在境外使用的有形动产

　　D. 境内单位向境外单位出租完全在境内使用的有形动产

10. 下列项目中，适用6%增值税税率的有（　　）。

　　A. 有形动产租赁　　　B. 文化创意服务

　　C. 装卸搬运服务　　　D. 基础电信服务

11. 下列各项业务中，不属于增值税征收范围的是（　　）。

　　A. 积分兑换赠送的电信服务

　　B. 药品生产企业销售自产创新药之后，提供给患者后续免费使用的相同创新药

　　C. 转让企业全部产权涉及的应税货物的转让

　　D. 将委托加工的货物分配给股东

12. 下列项目中，属于允许抵扣进项税额的有（　　）。

　　A. 一般纳税人接受的交通运输服务取得的增值税专用发票上注明的进项税额

　　B. 一般纳税人购置小汽车取得的增值税专用发票上注明的进项税额

　　C. 一般纳税人接受境外单位的应税服务取得的解缴税款的税收缴款凭证上注明的增值税额

　　D. 一般纳税人购进货物或者接受应税劳务用于应税服务项目发生的进项税额

13. 下列项目中，符合增值税免税政策的有（　　）。

　　A. 中国邮政集团公司提供的邮政普遍服务

　　B. 中国邮政集团公司提供的邮政特殊服务

C. 试点纳税人提供的技术转让服务

D. 残疾人个人提供应税服务

14. 除适用零税率的以外，境内的单位和个人提供的下列应税服务免征增值税的有（　　）。

A. 会议展览地点在境内的会议展览服务

B. 存储地点在境内的仓储服务

C. 在境外提供的广播影视节目（作品）的发行、播映服务

D. 标的物在境外使用的有形动产租赁服务

15. 下列营改增项目适用 9% 税率的有（　　）。

A. 广告业　　　　　B. 邮政业

C. 装卸搬运服务　　D. 交通运输业

16. 根据营改增相关规定，下列情形属于视同提供应税服务的有（　　）。

A. 某运输企业为地震灾区无偿提供公路运输服务

B. 某咨询公司为个人无偿提供技术咨询服务

C. 某运公司为其他单位无偿提供交通运输服务

D. 某单位为希望小学无偿提供《暖春》电影放映服务

17. 下列项目中属于营改增试点的现代服务业有（　　）。

A. 研发和技术服务　B. 信息技术服务

C. 家政便民服务　　D. 广告服务

18. 下列项目中营改增试点纳税人中必须视为增值税一般纳税人的有（　　）。

A. 年销售额满 50 万元，会计核算不健全的运输企业

B. 年销售额满 200 万元，会计核算不健全的仓储企业

C. 年销售额满 700 万元，会计核算健全的咨询公司

D. 年销售额满 800 万元，会计核算不健全的研发公司

19. 下列关于营改增纳税地点的说法，正确的是（　　）。

A. 总机构和分支机构不在同一县（市）的，应当向总机构所在地的主管税务机关申报纳税

B. 扣缴义务人应当向其机构所在地或者居住地主管税务机关申报缴纳其扣缴的税款

C. 固定业户应当向其机构所在地主管税务机关申报纳税

D. 非固定业户应当向居住地主管税务机关申报纳税

20. 向境外单位提供的下列应税服务适用免征增值税政策的有（　　）。

A. 技术转让服务

B. 电路设计及测试服务

C. 广告投放地在境外的广告服务

D. 合同标的物在境内的合同能源管理服务

三、计算题

1. 甲公司为增值税一般纳税人，主要提供餐饮、住宿服务。2019 年 6 月有关经营情况如下：

（1）提供餐饮、住宿服务取得含增值税收入 1 431 万元。

（2）出租餐饮设备取得含增值税收入 28.25 万元，出租房屋取得含增值税收入 5.45 万元。

（3）提供车辆停放服务取得含增值税收入 10.9 万元。

（4）支付技术咨询服务费，取得增值税专用发票注明税额 1.2 万元。

（5）购进卫生用具一批，取得增值税专用发票注明税额 1.7 万元。

（6）从农业合作社购进蔬菜，取得农产品销售发票买价 100 万元。

已知：有形动产租赁服务增值税税率为 13%，不动产租赁服务增值税税率为 9%，生活服务、现代服务（除有形动产租赁服务和不动产租赁服务外）增值税税率为 6%，交通运输服务业增值税税率为 9%；农产品扣除率为 9%，取得的扣税凭证均已通过税务机关认证。

（1）计算甲公司当月增值税额销项税额的下列算式中，正确的是（　　）。

A. 车辆停放收入的销项税额 = 10.9/(1 + 9%) × 9% = 0.9（万元）

B. 房屋出租收入的销项税额 = 5.45/(1 + 9%) × 9% = 0.45（万元）

C. 餐饮设备出租收入的销项税额 = 28.25/(1 + 13%) × 13% = 3.25（万元）

D. 餐饮、住宿收入的销项税额 = 1 431/(1 +

6%）$\times 6\% = 81$（万元）

（2）计算甲公司当月准予抵扣增值税进项税额的下列算式中，正确的是（　　）。

A. $1.2 + 1.7 = 2.9$（万元）

B. $1.2 + 1.7 + 100 \times 9\% = 11.9$（万元）

C. $100 \times 9\% + 1.2 = 10.2$（万元）

D. $1.7 + 100 \times 9\% = 10.7$（万元）

2. 甲货物运输企业为增值税一般纳税人，2019年5月发生如下业务：

（1）取得货运收入，并且开具了增值税专用发票，价税合计200万元；收取价外收入4万元，开具增值税普通发票。

（2）与乙货运企业共同承接一项联运业务，收取全程不含税货运收入75万元，并全额开具了增值税专用发票，同时支付给乙货运企业（一般纳税人）联运运费，并取得乙货运企业开具的增值税专用发票，发票注明价款30万元。

（3）当月购进5辆运输用的卡车，取得增值税专用发票注明的不含税金额55万元；购进一辆办公自用的小轿车，取得机动车统一销售发票上注明的加税合计金额22.6万元。

（4）将部分自有车辆对外出租，取得租金开具增值税专用发票注明不含税租金6万元。

（5）当月一辆运营货车需要修理，取得汽车修理厂开具的增值税专用发票上注明维修费1.8万元。

（6）因保管不善，上月从一般纳税人企业购进的一批零部件丢失，该批零部件账面成本2万元，其中运费成本0.3万元（当地一般纳税人运输企业提供运输服务），进项税额均已于上月抵扣。

要求：根据上述资料，回答问题，每问需计算出合计数：

（1）计算该企业本月销项税额。

（2）计算该企业本月应转出的进项税额。

（3）计算本月准予抵扣的进项税额。

（4）计算该企业本月应纳增值税。

3. 甲电子设备生产企业（甲企业）与乙商贸公司（乙公司）均为增值税一般纳税人，2019年6月有关经营业务如下：

（1）甲企业年初委托技术公司研发一个项目，支付含税研发费53万元，本月取得增值税专用发票。

（2）乙公司从甲企业购进电脑600台，每台不含税单价0.45万元，取得甲企业开具的增值税专用发票，注明货款270万元、增值税35.1万元。

（3）乙公司从农民手中购进免税农产品，收购发票上注明支付收购货款30万元，支付丁运输公司的不含税运费3万元，取得丁公司开具的货运增值税专用发票。入库后，将收购的农产品40%作为职工福利消费，60%零售给消费者并取得含税收入33.79万元。

（4）乙公司销售电脑和其他物品取得含税销售额288.15万元，均开具普通发票。

（5）甲企业从乙公司购进生产用原材料和零部件，取得乙公司开具的增值税专用发票，注明货款180万元、增值税23.4万元，货物已验收入库，货款和税款未付。

（6）甲企业为乙公司制作大型电子显示屏，开具了普通发票，取得含税销售额9.04万元、调试费收入2.26万元。制作过程中委托丙公司进行专业加工，支付加工费2万元、增值税0.26万元，取得丙公司增值税专用发票。

要求：根据上述资料，回答问题，每问需计算出合计数：

（1）计算甲企业6月应缴纳的增值税。

（2）计算乙公司6月应缴纳的增值税。

4. 某公司专门从事咨询服务（营改增后被认定为增值税小规模纳税人）。2019年9月15日，向某一般纳税人企业提供资讯信息服务，取得含增值税销售额8.24万元；9月20日，向某小规模纳税人提供注册信息服务，取得含增值税销售额3.09万元；9月25日，购进办公用品，支付价款1.06万元，并取得增值税普通发票。已知增值税征收率为3%，则该公司当月应纳增值税税额为多少万元？

5. 某房地产企业（一般纳税人）2019年5月取得房地产项目销售收入1 100万元（含税），对应支付的土地价款500万元，当月支付基础电信费用10万元（不含税金额，取得增值税专用发票上注明的增值税额为0.9万元），租入不动产租金100万元（不含税金额，取得增值税专用发票上注

明的增值税额为 9 万元）。该企业 5 月应纳增值税
税额为多少万元？

6. 2018 年 12 月，某试点纳税人销售自行开
发的房地产项目取得销售额（含税）105 万元，则
应纳增值税税额为多少万元？

7. 甲商店为增值税一般纳税人，主要从事副
食品批发、零售业务。当年 6 月销售烟酒商品取
得含增值税价款 3 955 000 元，另收取食品袋价款

2 260 元。已知增值税税率为 13%。

要求：计算甲商店销售烟酒商品应交的增值
税销项税额。

8. 2019 年 5 月，某房地产企业出租其 2016
年 4 月 30 日前取得的异地不动产，取得租金收入
109 万元（含税），当月取得进项税额 4 万元，已
知该房地产企业选择一般计税方法，则应纳增值
税税额为多少万元？

C 第4章
Chapter 4

增值税普通发票和专用发票

【引导案例】

2016年11月，天津市国税局组织查处天津盛川化工技术开发有限公司虚开增值税专用发票案。经查实，2015年4月至2016年2月，天津盛川化工技术开发有限公司通过非法手段，取得辽宁、山东和广东等地企业开具的增值税专用发票抵扣进项税额。

同时，在无真实业务的情况下，向广东、福建等10个省市的110户企业大肆虚开增值税专用发票1 411份，涉及金额10.04亿元，税额1.71亿元。天津市国税局已向下游受票企业所在地税务机关发出《已证实虚开通知单》，同时将该案移送公安机关处理。

4.1 增值税发票种类

2017年4月21日，国家税务总局专门编写了《增值税发票开具指南》，提供给纳税人参考。本章内容主要根据该指南编写。发票开具可参考图4-1。

通过增值税发票管理新系统开具的增值税发票，包括增值税专用发票、增值税普通发票、增值税电子普通发票和机动车销售统一发票。

🌐 特别提醒

自2018年1月1日起，纳税人通过增值税发票管理新系统开具增值税发票（包括增值税专用发票、增值税普通发票、增值税电子普通发票）时，商品和服务税收分类编码对应的简称会自动显示并打印在发票票面"货物或应税劳务、服务名称"或"项目"栏次中。

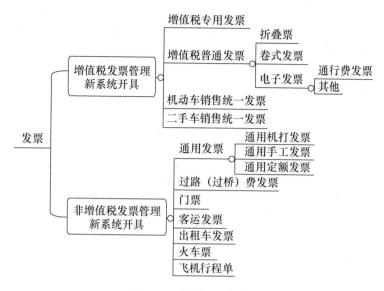

图 4 - 1　发票开具参考

4.1.1　增值税专用发票

增值税专用发票由基本联次或者基本联次附加其他联次构成，分为三联版和六联版两种。

基本联次为三联：第一联为记账联，是销售方记账凭证；第二联为抵扣联，是购买方扣税凭证；第三联为发票联，是购买方记账凭证。

其他联次用途，由纳税人自行确定。

🔘 **特别提醒**

> 自 2018 年 3 月 1 日起，所有成品油发票均须通过增值税发票管理新系统中成品油发票开具模块开具。

增值税专用发票票样见图 4 - 2。

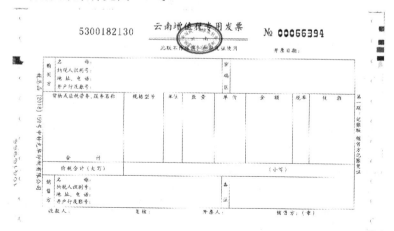

图 4 - 2　增值税专用发票

4.1.2　增值税普通发票

1. 增值税普通发票（折叠票）

增值税普通发票（折叠票）由基本联次或者基本联次附加其他联次构成，分为两联版和五联版两种。

增值税普通发票（折叠票）基本联次为两联：

（1）第一联为记账联（蓝色），是销售方记账凭证；

（2）第二联为发票联（棕色），是购买方记账凭证。

其他联次用途，由纳税人自行确定。第三联为绿色，第四联为紫色，第五联为粉红色。

 特别提醒

> 纳税人办理产权过户手续需要使用发票的，可以使用增值税普通发票第三联。

增值税普通发票（折叠票）票样见图4-3。

图4-3　增值税普通发票（折叠票）

2. 增值税普通发票（卷票）

增值税普通发票（卷票）分为两种规格：57mm×177.8mm，76mm×177.8mm，均为单联。

自2017年7月1日起，纳税人可书面向税务局要求使用印有本单位名称的增值税普通发票（卷票），税务局按规定确认印有该单位名称发票的种类和数量。纳税人则可以通过新系统开具印有本单位名称的增值税普通发票（卷票）。

 特别提醒

> 增值税普通发票（卷票）同样需要加印企业发票专用章。

增值税普通发票（卷票）票样见图 4 - 4。

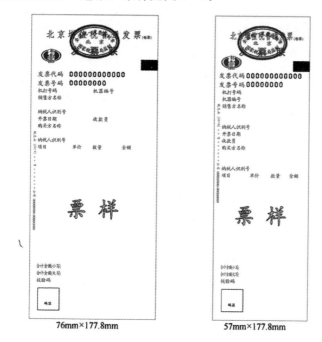

| 76mm×177.8mm | 57mm×177.8mm |

图 4 - 4 增值税普通发票（卷票）

3. 增值税电子普通发票

增值税电子普通发票的开票方和受票方需要纸质发票的，可以自行打印增值税电子普通发票的版式文件，其法律效力、基本用途、基本使用规定等与税务机关监制的增值税普通发票相同。

电子发票服务平台以纳税人自建为主，也可由第三方建设提供服务平台。电子发票服务平台应免费提供电子发票版式文件的生成、打印、查询和交付等基础服务。增值税电子普通发票票样见图 4 - 5。

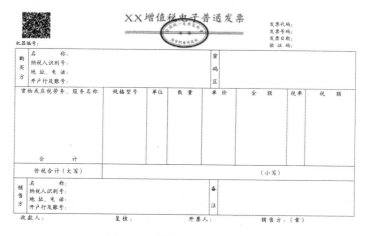

图 4 - 5 增值税电子普通发票

特别提醒

销售方开具增值税发票时，发票内容应按照实际销售情况如实开具，不得根据购买方要求填开与实际交易不符的内容。销售方开具发票时，通过销售平台系统与增值税发票税控系统后台对接，导入相关信息开票的，系统导入的开票数据内容应与实际交易相符，如不相符应及时修改完善销售平台系统。

4. 增值税专用发票与普通发票的主要区别

（1）使用的主体不同。增值税专用发票一般只能由增值税一般纳税人在增值税发票管理新系统开具，小规模纳税人一般情况下只能开具增值税普通发票。目前除了住宿业、鉴证咨询业和建筑业的小规模纳税人可以自行开具增值税专用发票外，其他小规模纳税人只能由当地的税务机关代开增值税专用发票。

（2）税款是否允许抵扣。增值税专用发票不仅是购销双方收付款的凭证，而且可用作购买方（增值税一般纳税人）扣除增值税的凭证，不仅具有商事凭证的作用，而且具备完税凭证的作用。而增值税普通发票除税法规定的免税农产品收购发票或者免税农产品销售发票可以计算抵扣进项税额外，其他不能抵扣进项税额。

5. 财政票据电子化

2018年1月1日起，税务系统（含税务干部进修学院）安装运行财政票据电子化管理系统，全面实施财政票据电子化管理，使用财政部制发的安全认证设备登录该系统开具机打财政票据，停用手工财政票据。

4.1.3　机动车销售统一发票

从事机动车零售业务的单位和个人，在销售机动车（不包括销售旧机动车）收取款项时，开具机动车销售统一发票。

机动车销售统一发票为电脑六联式发票：

（1）第一联为发票联，是购货单位付款凭证；

（2）第二联为抵扣联，是购货单位扣税凭证；

（3）第三联为报税联，车购税征收单位留存；

（4）第四联为注册登记联，车辆登记单位留存；

（5）第五联为记账联，是销货单位记账凭证；

（6）第六联为存根联，销货单位留存。

机动车销售统一发票票样见图4-6。

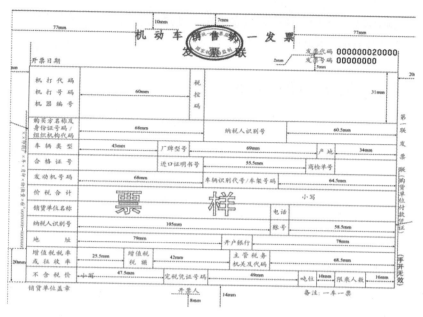

图 4-6 机动车销售统一发票

🔺 **特别提醒**

> 自 2018 年 4 月 1 日起，二手车交易市场、二手车经销企业、经纪机构和拍卖企业应当通过增值税发票管理新系统开具二手车销售统一发票。二手车销售统一发票"车价合计"栏次仅注明车辆价款。二手车交易市场、二手车经销企业、经纪机构和拍卖企业在办理过户手续过程中收取的其他费用，应当单独开具增值税发票。

4.2 纳税人开具发票基本规定

4.2.1 使用增值税发票管理新系统开具增值税发票

1. 使用增值税发票管理新系统开具增值税发票的基本规定

增值税一般纳税人销售货物、提供加工修理修配劳务和发生应税行为，使用增值税发票管理新系统（简称新系统）开具增值税专用发票、增值税普通发票、机动车销售统一发票、增值税电子普通发票。一般纳税人只能自行开具增值税专用发票或者普通发票，税务机关不再为其代开。

增值税小规模纳税人销售货物、提供加工修理修配劳务月销售额超过 10 万元（按季纳税 10 万元），或者销售服务、无形资产月销售额超过 10 万元（按季纳税 30 万元），使用新系统开具增值税普通发票、机动车销售统一发票、增值税电子普通发票，或自愿选择自行开具增值税专用发票。

纳税人应在互联网连接状态下在线使用新系统开具增值税发票，新系统可自动上传已开具的发票明细数据。

2. 规范使用编码开具增值税发票

国家税务总局编写了《商品和服务税收分类与编码（试行）》（简称编码），并在新系统中增加了编码相关功能，使用新系统开具增值税发票的纳税人应将增值税税控开票软件升级到最新版本，并规范使用新系统选择相应的编码开具增值税发票。

从2020年2月1日起，小规模纳税人自行开具增值税专用发票的注意事项：

（1）所有小规模纳税人（其他个人除外）均可以选择使用增值税发票管理系统自行开具增值税专用发票。

（2）自愿选择自行开具增值税专用发票的小规模纳税人，税务机关不再为其代开。

特别提醒

> 货物运输业小规模纳税人可以根据自愿原则选择自行开具增值税专用发票；未选择自行开具增值税专用发票的纳税人，按照《国家税务总局关于发布〈货物运输业小规模纳税人申请代开增值税专用发票管理办法〉的公告》（国家税务总局公告2017年第55号，国家税务总局公告2018年第31号修改并发布）相关规定，向税务机关申请代开。

（3）自愿选择自行开具增值税专用发票的小规模纳税人销售其取得的不动产，需要开具增值税专用发票的，税务机关不再为其代开。

3. 因网络故障等可以离线开票

纳税人因网络故障等无法在线开票的，在税务机关设定的离线开票时限和离线开具发票总金额范围内仍可开票，超限将无法开具发票。

解释　▶▶▶▶▶▶

> 纳税人已开具未上传的增值税发票为离线发票。离线开票时限是指自第一份离线发票开具时间起开始计算可离线开具的最长时限。离线开票总金额是指可开具离线发票的累计不含税总金额，离线开票总金额按不同票种分别计算。

纳税人离线开票时限和离线开票总金额的设定标准及方法由各省、自治区、直辖市和计划单列市税务局确定。不使用网络办税或不具备网络条件的特定纳税人，以离线方式开具发票，不受离线开票时限和离线开具发票总金额限制。

4. 纳税人首次申领增值税发票的快捷

自2018年8月1日起，同时满足下列条件的新办纳税人首次申领增值税发票，主管税务机关应当自受理申请之日起2个工作日内办结，有条件的主管税务机关当日办结：

（1）纳税人的办税人员、法定代表人已经进行实名信息采集和验证（需要采集、验证法定代表人实名信息的纳税人范围由各省税务机关确定）。

（2）纳税人有开具增值税发票需求，主动申领发票。

（3）纳税人按照规定办理税控设备发行等事项。

特别提醒

> 新办纳税人首次申领增值税发票主要包括发票票种核定、增值税专用发票（增值税税控系统）最高开票限额审批、增值税税控系统专用设备初始发行、发票领用等涉税事项。

4.2.2　一般情况下销售方开具发票

一般情况下，销售方开具发票的规定为：

（1）销售商品、提供服务以及从事其他经营活动的单位和个人，对外发生经营业务收取款项，收款方应当向付款方开具发票。

（2）特殊情况下，由付款方向收款方开具发票。比如，企业向金融机构支付借款利息和手续费支出时，企业应当向金融机构取得发票。

（3）所有单位和从事生产、经营活动的个人在购买商品、接受服务以及从事其他经营活动支付款项，应当向收款方取得发票。取得发票时，不得要求变更品名和金额。

特别提醒

> 没有财务隶属关系的事业单位等之间发生的往来资金，如科研院所之间、高校之间、科研院所与高校之间发生的科研课题经费等，涉及应税的资金，应使用税务发票；不涉及应税的资金，应凭银行结算凭证入账。如果企业收到政府补贴，相关政府部门应该以银行单据入账。企业收到政府发给的补贴，不属于销售商品、提供服务以及从事其他经营活动取得的增值税应税收入，不需要开具发票，单位只要出具加盖本单位公章的收款收据即可。

4.2.3　购进方索取发票需要提供的信息

1. 购进方索取增值税专用发票需要提供的信息

增值税纳税人购买货物、劳务、服务、无形资产或不动产，索取增值税专用发票时，需向销售方提供购买方名称（不得为自然人）、纳税人识别号或统一社会信用代码、地址电话、开户行及账号信息，不需要提供营业执照等相关证件以及《增值税一般纳税人资格登记表》等其他证明材料。

2. 购进方索取增值税普通发票需要提供的信息

企业购进方购买货物、劳务、服务、无形资产或不动产，索取增值税普通发票，需要提供单位名称和纳税人识别号，事业单位如果有纳税人识别号的，也需要提供纳税人识别号。

购买方索取增值税发票的相关信息示例如表4-1所示。

表4-1　　　　　　　　企业增值税发票上购买方的相关信息示例
（自2017年7月1日起）

			增值税专用发票	增值税普通发票
1	客户名称	昆明市龙泉路道路建设工程有限公司	必填	必填
2	纳税人识别号	53120000615573462P	必填	必填
3	地址	云南省昆明市龙泉路111号	必填	—
4	纳税人账户开户银行	建行昆明市龙泉路支行	必填	—
5	纳税人账户银行账号	53121331114052093291	必填	—
6	联系电话	0871-651111	必填	—

特别提醒

个人消费者索取增值税普通发票时，不需要向销售方提供纳税人识别号、地址电话、开户行及账号信息，也不需要提供相关证件或其他证明材料。

特别提醒

自2017年7月1日起，如果是企业需要取得普通发票，要注意：（1）请外单位开具普通发票时，需将本单位纳税人识别号或统一社会信用代码告知对方，机打到发票上，否则发票无效。（2）本单位为外单位开具普通发票时，需索要外单位纳税人识别号或统一社会信用代码，并机打到发票上。

4.2.4　增值税专用发票的勾选

全部一般纳税人均取消增值税发票的认证。一般纳税人取得增值税发票，包括增值税专用发票、机动车销售统一发票、收费公路通行费增值税电子普通发票后，可以自愿使用增值税发票选择确认平台查询、选择用于申报抵扣、出口退税或者代办退税的增值税发票信息。

登录"增值税发票选择确认平台"勾选认证增值税专用发票，企业只需本月申报上月增值税前，通过"勾选认证方式"在"确认平台"上认证所有未认证的增值税进项发票，勾选认证成功即可抵扣本月以前的增值税进项税额，本月勾选认证本月的增值税进项税额不能抵扣上月的销项税额。

特别提醒

> 　　增值税专用发票勾选认证时间在 2020 年 3 月 1 日后就不再有时间限制，勾选认证的增值税发票不仅包括增值税专用发票，而且包括机动车销售统一发票和收费公路通行费增值税电子普通发票的勾选认证。

4.2.5　取得增值税发票的单位和个人可登录全国增值税发票查验平台

　　自 2017 年 1 月 1 日起，取得增值税发票的单位和个人可登录全国增值税发票查验平台（https://inv-veri.chinatax.gov.cn/），对新系统开具的发票信息进行查验。

1. 可查验的增值税发票种类

在全国增值税发票查验平台上，可查验所有增值税发票，包括：

（1）增值税专用发票；

（2）机动车销售统一发票；

（3）增值税普通发票（含电子发票、卷票）。

单位和个人通过网页浏览器首次登录平台，可以下载安装根证书文件，查看平台提供的发票查验操作说明。

特别提醒

> 　　不符合规定的发票不得作为财务报销凭证，任何单位和个人有权拒收。付款方取得发票后应及时核对发票开具内容是否真实、项目填写是否齐全、加盖的发票专用章是否与收款方一致。对于违反发票管理法规的行为，任何单位和个人有权举报。

2. 发票查验的说明

（1）可以查验的时间范围：可查验最近 1 年内增值税发票管理新系统开具的发票，当日开具的发票最快可以在次日进行查验。

（2）每天每张发票可在线查询次数为 5 次，超过次数后于次日再进行查验操作。

4.2.6　不得使用增值税专用发票的情形

1. 一般纳税人有下列情形之一的，不得使用增值税专用发票

（1）会计核算不健全，不能向税务机关准确提供增值税销项税额、进项税额、应纳税额数据以及其他有关增值税税务资料的。上述其他有关增值税税务资料的内容，由省、自治区、直辖市和计划单列市税务局确定。

（2）应当办理一般纳税人资格登记而未办理的。

（3）有《中华人民共和国税收征收管理法》规定的税收违法行为，拒不接受税务机关处理的。

2. 有下列行为之一，不得使用增值税专用发票，不得抵扣增值税进项税额

（1）虚开增值税专用发票。

（2）不符合进项税额抵扣规定的异常专用发票。

（3）善意取得虚开专用发票但不能重新取得合法、有效的专用发票。

（4）借用他人增值税专用发票。

（5）非客观原因造成的逾期专用发票。

（6）购进货物或应税劳务，票款不一致的增值税专用发票。

（7）没有提供销售货物或提供应税劳务清单的汇总专用发票。

特别提醒

> 纳税人凭完税凭证抵扣进项税额的，应当具备书面合同、付款证明和境外单位的对账单或发票。资料不全的，其进项税额不得从销项税额中抵扣。

（8）失控发票不得抵扣进项税额，不得办理出口退税。

失控发票，指无法控制的发票，通常是防伪税控企业因金税卡被盗而丢失其中未开具的发票，或丢失空白专用发票，以及被列为非正常户（含走逃户）的防伪税控企业未向税务机关申报或未按规定缴纳税款的发票。按照有关规定，未按时抄报税的企业，经税务部门电话联系、实地查找而无下落的，其当月所开具和未开具的防伪税控专用发票将全部上报为失控发票，属于失控发票的不得抵扣进项税额或者不得办理出口退税。

特别提醒

> 失控发票不能用于办理退税，而失控发票往往是企业走逃或发票丢失而引起的。因此发票虽属于真票，但比假票更具隐蔽性，防范难度也更大。

4.2.7 不得开具增值税专用发票的情形

1. 不得开具增值税专用发票的综合项目

（1）向消费者个人销售货物，提供加工修理修配劳务，销售服务、无形资产或者不动产。

（2）适用免征增值税规定的应税行为、销售货物、提供加工修理修配劳务。

（3）实行增值税退（免）税办法的增值税零税率应税服务不得开具增值税专用发票。

（4）不征收增值税项目不得开具增值税专用发票。

2. 营改增特殊应税服务不得开具增值税专用发票

（1）金融商品转让，不得开具增值税专用发票。

（2）试点纳税人提供旅游服务，可以选择以取得的全部价款和价外费用，扣除向旅游服务购买方收取并支付给其他单位或者个人的住宿费、餐饮费、交通费、签证费、门票费和支付给其他接团旅游企业的旅游费用后的余额为销售额。选择上述办法计算销售额的试点纳税人，向旅游服务购买方收取并支付的上述费用，不得开具增值税专用发票，可以开具普通发票。

（3）提供劳务派遣服务选择差额纳税的纳税人，向用工单位收取用于支付给劳务派遣员工工资、福利和为其办理社会保险及住房公积金的费用，不得开具增值税专用发票，可以开具普通发票。

（4）纳税人提供人力资源外包服务，向委托方收取并代为发放的工资和代理缴纳的社会保险、住房公积金，不得开具增值税专用发票，可以开具普通发票。

3. 销售特殊货物不得开具增值税专用发票

（1）一般纳税人销售自己使用过的固定资产，适用简易办法依 3％ 征收率减按 2％ 征收增值税政策的，不得开具增值税专用发票。

（2）小规模纳税人销售自己使用过的固定资产，不得开具增值税专用发票。

（3）纳税人销售旧货，不得自行开具或者代开增值税专用发票。

（4）商业企业一般纳税人零售烟、酒、食品、服装、鞋帽（不包括劳保专用部分）、化妆品等消费品，不得开具增值税专用发票。

特别提醒

> 纳税人销售自己使用过的固定资产，适用简易办法依照 3％ 征收率减按 2％ 征收增值税政策的，可以放弃减税，按照简易办法依照 3％ 征收率缴纳增值税，并可以开具增值税专用发票。

4. 营改增试点前发生业务不得开具增值税专用发票

（1）纳税人在税务局已申报营业税未开具发票，2016 年 5 月 1 日后需要补开发票的，不得开具增值税专用发票。

（2）一般纳税人销售自行开发的房地产项目，其 2016 年 4 月 30 日前收取并已向主管税务局申报缴纳营业税的预收款，未开具营业税发票的，可以开具增值税普通发票，不得开具增值税专用发票。

5. 管理不规范不得开具增值税专用发票

（1）一般纳税人会计核算不健全，或者不能够提供准确税务资料的，不得开具增值税专用发票。

（2）应当办理一般纳税人资格登记而未办理的，按销售额依照增值税税率计算应纳税额，不得抵扣进项税额，也不得开具增值税专用发票。

4.2.8　开具增值税专用发票的要求

1. 在新系统上开具增值税专用发票的要求

（1）项目齐全，与实际交易相符。

（2）字迹清楚，不得压线、错格。

（3）发票联和抵扣联加盖发票专用章。

（4）按照增值税纳税义务的发生时间开具。

🔊 **特别提醒**

> 不符合要求的增值税专用发票，购买方有权拒收。

2. 汇总开具增值税专用发票的要求

一般纳税人销售货物、提供加工修理修配劳务和发生应税行为可汇总开具增值税专用发票。汇总开具增值税专用发票的，同时使用新系统开具销售货物或者提供应税劳务清单，并加盖发票专用章。

🔊 **特别提醒**

> 任何单位和个人不得有下列虚开发票行为：
> （1）为他人、为自己开具与实际经营业务情况不符的发票。
> （2）让他人为自己开具与实际经营业务情况不符的发票。
> （3）介绍他人开具与实际经营业务情况不符的发票。

4.2.9 纳税人丢失增值税专用发票的处理

购进方取得增值税专用发票丢失的，处理方法为：

1. 一般纳税人丢失已开具增值税专用发票的抵扣联

一般纳税人丢失已开具增值税专用发票的抵扣联，如果丢失前已认证相符的，可使用增值税专用发票的发票联复印件留存备查，如果丢失前未认证的，可使用增值税专用发票发票联认证，增值税专用发票的发票联复印件留存备查。

2. 一般纳税人丢失已开具增值税专用发票的发票联

一般纳税人丢失已开具增值税专用发票的发票联，可将增值税专用发票抵扣联作为记账凭证，增值税专用发票抵扣联复印件留存备查。

3. 一般纳税人丢失已开具增值税专用发票的发票联和抵扣联

一般纳税人丢失已开具增值税专用发票的发票联和抵扣联，分别有两种处理方法：

（1）如果丢失前已认证相符的，购买方可凭销售方提供的相应增值税专用发票记账联复印件及销售方主管税务机关出具的《丢失增值税专用发票已报税证明单》或《丢失货物运输业增值税专用发票已报税证明单》（统称《证明单》），作为增值税进项税额的抵扣凭证。

（2）如果丢失前未认证的，购买方凭销售方提供的相应增值税专用发票记账联复印件进行认证，认证相符的可凭增值税专用发票记账联复印件及销售方主管税务机关出具的《证明单》，作为增值税进项税额的抵扣凭证。

 特别提醒

> 增值税专用发票记账联复印件和《证明单》留存备查。

4.2.10 红字增值税发票的开具

红字增值税发票的开具，自 2016 年 8 月 1 日起施行。

1. 需要开具红字增值税专用发票的情况

（1）购买方认证相符后，发生销货退回、开票有误、应税服务终止等情形，但不符合发票作废条件，或者因销货部分退回及发生销售折让需要开具红字发票的。

（2）购买方取得专用发票未用于申报抵扣，但发票联或抵扣联无法退回的。

（3）销售方开具专用发票尚未交付购买方，以及购买方未用于申报抵扣并将发票联及抵扣联退回的。

 特别提醒

> 上述（1）和（2）由购买方申请红字信息表，（3）由销售方申请红字信息表。

2. 红字发票的申请流程

红字发票的申请流程分为四步：红字信息表填开、上传信息表至税务局端系统、下载生成编号的信息表、销售方开具负数发票。纳税人可以通过金税盘或税控盘两种开票系统进行申请操作。

（1）购买方取得增值税专用发票和尚未取得增值税专用发票时，具体分为：

1）购买方取得增值税专用发票时，已用于申报抵扣的，购买方可在新系统中填开并上传《开具红字增值税专用发票信息表》（以下简称《信息表》），见表 4 - 2。在填开《信息表》时不填写相对应的蓝字增值税专用发票信息，应暂根据《信息表》所列增值税税额从当期进项税额中转出，待取得销售方开具的红字增值税专用发票后，与《信息表》一并作为记账凭证。

2）购买方取得增值税专用发票时，未用于申报抵扣、但发票联或抵扣联无法退回的，购买方填开《信息表》时应填写相对应的蓝字增值税专用发票信息。

3）销售方开具增值税专用发票尚未交付购买方，以及购买方未用于申报抵扣并将发票联及抵扣联退回的，销售方可在新系统中填开并上传《信息表》。销售方填开《信息表》时应填写相对应的蓝字增值税专用发票信息。

（2）主管税务机关通过网络接收纳税人上传的《信息表》，系统自动校验通过后，生成带有"红字发票信息表编号"的《信息表》，并将信息同步至纳税人端系统中。

（3）销售方凭税务机关系统校验通过的《信息表》开具红字增值税专用发票，在新系统中以销项负数开具。红字增值税专用发票应与《信息表》一一对应。

（4）纳税人也可凭《信息表》电子信息或纸质资料到税务机关对《信息表》内容进行系统校验。

⚙ 特别提醒

（1）税务机关为小规模纳税人代开专用发票，需要开具红字专用发票的，按照一般纳税人开具红字专用发票的方法处理。

（2）一张增值税专用发票可以分多次填开对应的红字信息表，即一份蓝字专用发票可以分多次进行红冲。

（3）如果是去年开的增值税专用发票，今年要开红字发票，税控系统数据库中没有去年的发票信息，则在税控系统中输入信息表编号后，如果数据库中无对应蓝字发票，可以进入负数发票填开界面，手动填写发票各项信息。

表4-2　　　　　　　　　　**开具红字增值税专用发票信息表**

填开日期：　　年　月　日

销售方	名称		购买方	名称			
	纳税人识别号			纳税人识别号			
开具红字专用发票内容	货物（劳务服务）名称	数量	单价	金额		税率	税额
	合计	—	—	—		—	
	说明	一、购买方□ 对应蓝字专用发票抵扣增值税销项税额情况： 1. 已抵扣□ 2. 未抵扣□ 对应蓝字专用发票的代码：　　　号码：_____ 二、销售方□ 对应蓝字专用发票的代码：　　　号码：_____					
红字专用发票信息表编号							

3. 开具红字增值税普通发票的处理方法

不论一般纳税人还是小规模纳税人开具红字增值税普通发票，处理方法均为：

（1）纳税人需要开具红字增值税普通发票的，可以在所对应的蓝字发票金额范围内开具多份红字发票。

（2）红字机动车销售统一发票需与原蓝字机动车销售统一发票一一对应。

4.2.11　发票违章处理

1. 违反发票管理办法的处理

（1）发票的开具、使用、缴销、存放、保管的违章处理。违反《中华人民共和国发票管理办法》的规定，有下列情形之一的，由税务机关责令改正，可以处 1 万元以下的罚款；有违法所得的予以没收。

1）应当开具而未开具发票，或者未按照规定的时限、顺序、栏目，全部联次一次性开具发票，或者未加盖发票专用章的；

2）使用税控装置开具发票，未按期向主管税务机关报送开具发票的数据的；

3）扩大发票使用范围的；

4）以其他凭证代替发票使用的；

5）跨规定区域开具发票的；

6）未按照规定缴销发票的；

7）未按照规定存放和保管发票的。

（2）发票携带、邮寄、运输方法的违章处理。跨规定的使用区域携带、邮寄、运输空白发票，以及携带、邮寄或者运输空白发票出入境的，由税务机关责令改正，可以处 1 万元以下的罚款；情节严重的，处 1 万元以上 3 万元以下的罚款；有违法所得的予以没收。丢失发票或者擅自损毁发票的，依照前款规定处罚。

（3）虚开和非法代开发票的违章处理。违反《中华人民共和国发票管理办法》的规定虚开发票的，由税务机关没收违法所得；虚开金额在 1 万元以下的，可以并处 5 万元以下的罚款；虚开金额超过 1 万元的，并处 5 万元以上 50 万元以下的罚款；构成犯罪的，依法追究刑事责任。非法代开发票的，依照前款规定处罚。

（4）转让发票、发票监制章等的违章处理。有下列情形之一的，由税务机关处 1 万元以上 5 万元以下的罚款；情节严重的，处 5 万元以上 50 万元以下的罚款；有违法所得的予以没收：

1）转借、转让、介绍他人转让发票、发票监制章和发票防伪专用品的；

2）知道或者应当知道是私自印制、伪造、变造、非法取得或者废止的发票而受让、开具、存放、携带、邮寄、运输的。

 提示

　　对违反发票管理法规情节严重构成犯罪的，税务机关应当依法移送司法机关处理。

2. 修改违反发票管理法规的处理

（1）税务机关对违反发票管理法规的行为进行处罚，应当将行政处罚决定书面通知当事人；对违反发票管理法规的案件，应当立案查处。

（2）对违反发票管理法规的行政处罚，由县以上税务机关决定；罚款额在2 000 元以下的，可由税务所决定。

（3）税务机关应当在办税场所或者广播、电视、报纸、期刊、网络等新闻媒体上公告纳税人发票违法的情况。公告内容包括：纳税人名称、纳税人识别号、经营地点、违反发票管理法规的具体情况。

（4）对违反发票管理法规情节严重构成犯罪的，税务机关应当依法移送司法机关处理。

4.3 税务机关代开发票基本规定

从 2020 年 2 月 1 日起，代开发票的主要为不具备自开具增值税发票条件的小规模纳税人，未自愿选择自开增值税专用发票的小规模纳税人，出租二手房需要开具增值税普通发票或增值税专用发票的其他个人。

除了到各地的税务机关代开发票，主要有以下几种其他方式的代开发票情形。

有的城市采取手机代开增值税电子发票系统采用现代信息化技术手段，实现代开发票的无纸化、网络化、电子化管理。比如代开发票用户可通过"易办税"手机App、支付宝发票管家和微信城市服务三个入口申请代开发票。"易办税"手机代开发票 App 在移动支付缴税方式上可以同时支持微信及支付宝支付，实行"双通道"。

比如在柳州市等的税务系统推出个人房屋出租增值税发票代开全自助服务，利用"智能填单＋自助终端"实现全自助服务，纳税人只需在智能填单区通过电子预填单的形式完成《代开增值税发票缴纳税款申报单》填写，经系统自动预审后，便可在自助办税终端上通过刷身份证件调取预填信息自行进行划缴税款、打印完税凭证、开具增值税发票等步骤操作，改变以往办理该业务需要填纸质表单、预审资料、排队审核、取号等待、窗口办理的人工办税模式。

比如重庆市在自助办税区内设置了自助办税终端、自助办税电脑，纳税人可以自行办理发票领用、发票代开、专票认证、个人完税凭证开具和重庆市网上税务局等事项，将纳税人自助办税区打造成纳税人自主办税的"超市"。

4.4 增值税发票开具特殊规定

1. 建筑服务发票开具基本规定

（1）纳税人提供建筑服务适用一般计税办法，应以取得的全部价款和价外费用全额开具 10％专用发票，申报时扣除差额。

（2）一般纳税人包括小规模纳税人，提供建筑服务适用简易计税办法的，全额开具 3％的增值税专用发票或者增值税普通发票，申报时扣除差额。

2. 小规模纳税人提供建筑服务发票开具的规定

建筑业的一般纳税人是自行开具增值税发票，但建筑业的小规模纳税人的发票开具规定如下：

（1）小规模纳税人提供建筑服务，应以取得的全部价款和价外费用扣除支付的分包款后的余额为销售额，按照 3％的征收率计算应纳税额。

自 2017 年 6 月 1 日起，将建筑业纳入增值税小规模纳税人自行开具增值税专用发票试点范围。2019 年 1 月 1 日起，月销售额超过 10 万元（或季销售额超过 30 万元）的建筑业增值税小规模纳税人提供建筑服务、销售货物或发生其他增值税应税行为，需要开具增值税专用发票的，通过增值税发票管理新系统自行开具。

（2）同一地级市的跨县（市、区）提供建筑服务，无须再办理外经证、预缴增值税。例如，昆明市的企业在昆明市高新区施工，无须再办理外经证、预缴增值税，而是在主管税务机关统一申报。

特别提醒

（1）国家税务总局 2016 年第 69 号公告规定，纳税人提供建筑服务，被工程发包方从应支付的工程款中扣押的质押金、保证金，未开具发票的，以纳税人实际收到质押金、保证金的当天为纳税义务发生时间。

（2）国家税务总局 2017 年第 11 号公告规定，建筑企业与发包方签订建筑合同后，以内部授权或者三方协议等方式，授权集团内其他纳税人（以下称"第三方"）为发包方提供建筑服务，并由第三方直接与发包方结算工程款的，由第三方缴纳增值税并向发包方开具增值税发票，与发包方签订建筑合同的建筑企业不缴纳增值税。发包方可凭实际提供建筑服务的纳税人开具的增值税专用发票抵扣进项税额。

3. 销售不动产发票开具的规定

（1）企业销售不动产发票开具的基本规定。销售不动产，纳税人自行开具或者税务机关代开增值税发票时，应在发票"货物或应税劳务、服务名称"栏填写不动产名称及房屋产权证书号码（无房屋产权证书的可不填写），"单位"栏填写面积单位，备注栏注明不动产的详细地址。

（2）房地产开发企业销售自行开发的房地产项目发票开具的规定。

1）一般纳税人销售其自行开发的房地产项目发票开具的规定。房地产开发企业中的一般纳税人销售其自行开发的房地产项目（选择简易计税方法的房地产老项目除外），以取得的全部价款和价外费用，扣除受让土地时向政府部门支付的土地价款、在取得土地时向其他单位或个人支付的拆迁补偿费用后的余额为销售额。

一般纳税人销售自行开发的房地产项目，自行开具增值税发票。一般纳税人销售自行开发的房地产项目，其 2016 年 4 月 30 日前收取并已向主管税务局申报缴纳营业税的预收款，未开具营业税发票的，可以开具增值税普通发票，不得开具增值税专用发票，本条规定并无开具增值税普通发票的时间限制。一般纳税人向其他个人销售自行开发的房地产项目，不得开具增值税专用发票。

特别提醒

> 房地产开发企业中的一般纳税人销售自行开发的房地产老项目，可以选择适用简易计税方法，以取得的全部价款和价外费用为销售额，不得扣除对应的土地价款。

2）小规模纳税人销售其自行开发的房地产项目发票开具的规定。房地产开发企业中的小规模纳税人，销售自行开发的房地产项目，按照 5% 的征收率计税。

小规模纳税人销售自行开发的房地产项目，自行开具增值税普通发票和增值税专用发票。

4. 金融服务业发票开具的规定

（1）金融商品转让业务发票开具的规定。金融商品转让，按照卖出价扣除买入价后的余额为销售额，不得开具增值税专用发票。

（2）汇总纳税的金融机构发票开具的规定。采取汇总纳税的金融机构，省、自治区所辖地市以下分支机构可以使用地市级机构统一领取的增值税专用发票、增值税普通发票、增值税电子普通发票；直辖市、计划单列市所辖区县及以下分支机构可以使用直辖市、计划单列市机构统一领取的增值税专用发票、增值税普通发票、增值税电子普通发票。

（3）保险服务发票开具的规定。

1）保险机构作为车船税扣缴义务人，在代收车船税并开具增值税发票时，应在增值税发票备注栏中注明代收车船税税款信息。具体包括：保险单号、税款所属期（详细至月）、代收车船税金额、滞纳金金额、金额合计等。该增值税发票可作为纳税人缴纳车船税及滞纳金的会计核算原始凭证。

2）为自然人提供的保险服务不得开具增值税专用发票，可以开具增值税普通发票。

5. 生活服务业发票开具的规定

（1）住宿业发票开具的规定。月销售额超过 10 万元（或季销售额超过 30 万元）的住宿业增值税小规模纳税人，提供住宿服务、销售货物或发生其他应税行为，需要开具增值税专用发票的，通过新系统自行开具，主管税务局不再为其代开。

（2）旅游服务发票开具的规定。全面推开营业税改征增值税试点纳税人提供旅游服务，可以选择以取得的全部价款和价外费用，扣除向旅游服务购买方收取并支付给其他单位或者个人的住宿费、餐饮费、交通费、签证费、门票费和支付给其他接团旅游企业的旅游费用后的余额为销售额。

选择该办法计算销售额的试点纳税人，向旅游服务购买方收取并支付的相关费用，不得开具增值税专用发票，可以开具增值税普通发票。

（3）教育辅助服务发票开具的规定。境外单位通过教育部考试中心及其直属单位在境内开展考试，教育部考试中心及其直属单位应以取得的考试费收入扣除支付给境外单位考试费后的余额为销售额，按提供"教育辅助服务"缴纳增值税；就代为收取并支付给境外单位的考试费统一扣缴增值税。

教育部考试中心及其直属单位代为收取并支付给境外单位的考试费，不得开具增值税专用发票，可以开具增值税普通发票。

（4）餐饮行业发票开具的规定。餐饮行业增值税一般纳税人购进农业生产者自产农产品，可以使用税务局监制的农产品收购发票，按照现行规定计算抵扣进项税额。餐饮行业只能给企业或者个人开具增值税普通发票。

6. 部分现代服务业发票开具的规定

（1）不动产租赁业务发票开具的规定。个人出租住房，应按照5%的征收率减按1.5%计算应纳税额。

发票开具的规定：纳税人自行开具或者税务机关代开增值税发票时，通过新系统中征收率减按1.5%征收开票功能，录入含税销售额，系统自动计算税额和不含税金额。

（2）物业管理服务发票开具的规定。提供物业管理服务的纳税人，向服务接受方收取的自来水水费，以扣除其对外支付的自来水水费后的余额为销售额，按照简易计税办法依3%的征收率计算缴纳增值税。

发票开具的规定：纳税人可以按3%向服务接受方开具增值税专用发票或增值税普通发票。

（3）劳务派遣服务发票开具的规定。

1）一般纳税人提供劳务派遣服务，可以选择差额纳税，以取得的全部价款和价外费用，扣除代用工单位支付给劳务派遣员工的工资、福利和为其办理社会保险及住房公积金后的余额为销售额，按照简易计税方法依5%的征收率计算缴纳增值税。

2）小规模纳税人提供劳务派遣服务，可以选择差额纳税，以取得的全部价款和价外费用，扣除代用工单位支付给劳务派遣员工的工资、福利和为其办理社会保险及住房公积金后的余额为销售额，按照简易计税方法依5%的征收率计算缴纳增值税。

发票开具的规定：纳税人提供劳务派遣服务，选择差额纳税的，向用工单位收取用于支付给劳务派遣员工工资、福利和为其办理社会保险及住房公积金的费用，不得开具增值税专用发票，可以开具增值税普通发票。

特别提醒

国家税务总局规定经省税务局批准，互联网物流平台企业可以为符合条件的注册为该平台会员的货物运输业小规模纳税人代开专用发票，并代办相关涉税事项。

（4）人力资源外包服务发票开具的规定。纳税人提供人力资源外包服务，按照经纪代理服务缴纳增值税，其销售额不包括受客户单位委托代为向客户单位员工发放的工资和代理缴纳的社会保险、住房公积金。

发票开具的规定：纳税人提供人力资源外包服务，向委托方收取并代为发放的工资和代理缴纳的社会保险、住房公积金，不得开具增值税专用发票，可以开具增值税普通发票。

（5）经纪代理服务发票开具的规定。

1）经纪代理服务，以取得的全部价款和价外费用，扣除向委托方收取并代为支付的政府性基金或者行政事业性收费后的余额为销售额。

发票开具的规定：向委托方收取并代为支付的政府性基金或者行政事业性收费不得开具增值税专用发票，但可以开具增值税普通发票。

2）纳税人提供签证代理服务，以取得的全部价款和价外费用，扣除向服务接受方收取并代为支付给外交部和外国驻华使（领）馆的签证费、认证费后的余额为销售额。

发票开具的规定：纳税人向服务接受方收取并代为支付的签证费、认证费，不得开具增值税专用发票，可以开具增值税普通发票。

3）纳税人代理进口按规定免征进口增值税的货物，其销售额不包括向委托方收取并代为支付的货款。

发票开具的规定：向委托方收取并代为支付的款项，不得开具增值税专用发票，可以开具增值税普通发票。

（6）鉴证咨询业发票开具的规定。月销售额超过10万元（或季销售额超过30万元）的鉴证咨询业增值税小规模纳税人提供认证服务、鉴证服务、咨询服务、销售货物或发生其他增值税应税行为，需要开具增值税专用发票的，可以通过新系统自行开具，主管税务局不再为其代开。

7. 交通运输服务发票开具的规定

（1）货物运输服务发票开具的规定。纳税人提供货物运输服务，使用增值税专用发票和增值税普通发票，开具发票时应将起运地、到达地、车种车号以及运输货物信息等内容填写在发票备注栏中，如内容较多可另附清单。

（2）铁路运输企业发票开具的规定。铁路运输企业受托代征的印花税款信息，可填写在发票备注栏中。

8. 农产品购销业务发票开具的规定

（1）收购发票的领用管理。

1）纳税人向农业生产者个人（指自然人，下同）购买其自产农产品，可以向主管税务局领用收购发票。农业生产者个人，是指从事种植业、养殖业、林业、牧业、水产业生产的自然人。

2）纳税人向主管税务局首次领用收购发票时，需向主管税务局提供书面情况说明（书面情况说明一式两份，一份交主管税务局，一份由纳税人留存备查），说明内容包括：

①企业的类型（属于生产企业还是购销企业）、经营的主要产品（或商品）、经营场所（包括生产、加工、仓储等详细地址及占地面积，附带经营场所彩色照片）、经营场所权属证书或租赁协议的复印件、经营规模、相关的生产经营设备及仓储设施的情况说明。

②外购农产品生产加工企业的年设计生产能力、主要农产品原材料、产品品种、购销计划、收购及销售渠道等。

（2）收购发票的开具管理。

1）纳税人向农业生产者个人购买其自产农产品，开具收购发票；纳税人向农业生产者个人以外的单位和个人购买农产品，应当向对方索取增值税专用发票或普通发票，不得开具收购发票。

2）纳税人通过增值税发票管理新系统使用增值税普通发票开具收购发票，系统在发票左上角自动打印"收购"字样。

3）本年纳税信用等级评定为 A 级的增值税一般纳税人，收购发票可在本省范围内跨县（市、区）使用。其他纳税信用等级的纳税人，收购发票仅限于在纳税人所在县（市、区）范围内开具。

🔹 **特别提醒**

> 纳税人收购农产品可汇总开具收购发票。汇总开具收购发票时，需同时使用增值税发票管理新系统开具《销售货物或者提供应税劳务清单》，并加盖发票专用章。

（3）销售农产品的发票使用管理。

1）销售自产初级农产品。本省农业生产者销售自产农产品免征增值税，除农业生产者个人外，应通过增值税发票管理新系统开具增值税普通发票，并在发票上的具体农产品名称后注明"自产农产品"。本省农业生产者个人销售自产初级农产品，购买方属于非增值税纳税人的，可以由主管税务局代开免税增值税普通发票。

2）批发零售农产品。本省纳税人批发零售蔬菜、部分鲜活肉蛋产品、种子、种苗、边销茶、等享受免征增值税优惠政策的，应开具增值税普通发票。

> **特别提醒**
>
> 从2017年8月1日起，国家税务总局免费提供"发票助手"软件（分为PC版和手机版），消除购销双方提供、填写税号的不便。购买方使用该软件将税号、名称等信息提前生成二维码，保存在手机或打印出来，在购物时携带；销售方使用安装增值税发票税控系统的计算机连线手机或扫描枪，识读购买方提供的上述二维码，将购买方信息导入增值税发票税控系统开具发票。每个省税务局的门户网站、微信公众号、网上办税服务厅均已提供该软件下载服务。

练习题

一、单项选择题

1. 发票是指在购销商品、提供或者接受服务以及从事其他经营活动中开具、收取的（　　）。

A. 收款凭证　　　　B. 付款凭证

C. 电子凭证　　　　D. 收付款凭证

2. 新发票管理办法规定，对虚开、伪造、变造、转让发票违法行为，最高可罚款（　　）万元。

A. 3　　　　　　　B. 30

C. 5　　　　　　　D. 50

3. 领购发票的单位和个人凭（　　）核准的种类、数量及购票方式，向主管税务机关领购发票。

A. 税务登记证　　　B. 发票交验簿

C. 发票领购簿　　　D. 发票领购登记台账

4. 下列行为可以开具增值税专用发票的是（　　）。

A. 商业企业一般纳税人零售的烟、酒、食品

B. 纳税人（专门从事旧货销售的单位）销售旧货

C. 军工厂销售军用产品给某商业企业

D. 销售免税货物（另有规定的除外）

5. 增值税纳税人提供应税服务并收讫销售款项或取得索取销售款项凭据的当天，先开具发票的，为开具发票的当天。这里所称的收讫销售款项，是指纳税人（　　）。

A. 提供服务过程中收到款项

B. 提供服务完成后收到款项

C. 提供服务过程中或者完成后收到款项

D. 以上都不对

6. 增值税专用发票最高开票限额的审批机关是（　　）。

A. 国家税务总局　　B. 省级税务机关

C. 地市级税务机关　D. 区县级税务机关

7. 一般纳税人的下列销售行为中，应开具增值税专用发票的是（　　）。

A. 向消费者个人销售应税货物

B. 向小规模纳税人转让专利权

C. 向一般纳税人销售免税货物

D. 向一般纳税人销售应税货物

8. 自2017年7月1日起，增值税一般纳税人取得的2017年7月1日及以后开具的增值税专用发票和机动车销售统一发票，应自开具之日起（　　）日内登录增值税发票选择确认平台进行勾选认证，并在规定的纳税申报期内，向主管税务局申报抵扣进项税额。

A. 360　　　　　　B. 180

C. 120　　　　　　D. 90

9. 当主管税务机关确认购货方在真实交易中取得的供货方虚开的增值税专用发票属于善意取得时，符合规定的处理方法是（　　）。

A. 对购货方不以偷税论处，并依法准予抵扣进项税款

B. 对购货方不以偷税论处，但应按有关规定不予抵扣进项税款

C. 购货方不能重新从销售方取得合法、有效

专用发票的，以偷税论处

D. 购货方能够重新从销售方取得合法、有效专用发票的，以偷税论处

10. 下列关于增值税专用发票的表述错误的是（　　）。

A. 一般纳税人销售货物或者提供应税劳务可汇总开具专用发票

B. 增值税专用发票实行最高开票限额管理

C. 对于会计核算不健全的一般纳税人不得领购开具专用发票

D. 采取简易办法计算征收增值税的一般纳税人，不得领购并自行开具增值税发票

二、多项选择题

1. 发票领购保证人必须是在中国境内具有担保能力的（　　）。

A. 公民　　　　　　　B. 法人

C. 其他经济组织　　　D. 国家机关

2. 增值税专用发票的基本联次包括（　　）。

A. 存根联　　　　　　B. 发票联

C. 记账联　　　　　　D. 抵扣联

3. 下列项目中可以抵扣进项税额的增值税专用发票有（　　）。

A. 增值税专用发票

B. 农产品销售发票

C. 农产品收购凭证

D. 机动车销售统一发票

4. 自 2014 年 8 月 1 日起，纳税人通过虚增增值税进项税额偷逃税款，但对外开具增值税专用发票同时符合（　　）情形的，不属于对外虚开增值税专用发票。

A. 纳税人向受票方纳税人销售了货物，或者提供了增值税应税劳务、应税服务

B. 纳税人向受票方纳税人收取了所销售货物、所提供应税劳务或者应税服务的款项，或者取得了索取销售款项的凭据

C. 纳税人按规定向受票方纳税人开具的增值税专用发票相关内容，与所销售货物、所提供应税劳务或者应税服务相符，且该增值税专用发票是纳税人合法取得并

以自己名义开具的

D. 纳税人开具增值税专用发票数额偏高或偏低，但向税务机关说明其理由的

5. 商业企业一般纳税人零售下列货物，不可以开具增值税专用发票的有（　　）。

A. 烟酒　　　　　　　B. 食品

C. 化妆品　　　　　　D. 办公用品

6. 经认证，有下列情形之一的，不得作为增值税进项税额的抵扣凭证（　　）。

A. 无法认证

B. 购买方纳税人识别号认证有误

C. 专用发票代码、号码认证不符

D. 重复认证

7. 防伪税控系统是指经国务院同意推行的，使用专用设备和通用设备、运用数字密码和电子存储技术管理专用发票的计算机管理系统。专用设备是指（　　）。

A. 金税卡

B. IC 卡

C. 读卡器和其他设备

D. 扫描器具和其他设备

8. 纳税人销售货物时，下列情况中不能开具增值税专用发票的有（　　）。

A. 购货方购进免税药品要求开具专用发票

B. 消费者个人购进电脑要求开具专用发票

C. 商业企业零售化妆品

D. 境内易货贸易

9. 没有规定抵扣期限（180 天）的增值税扣税凭证有（　　）。

A. 购进农产品，代开的农产品收购发票

B. 购进农产品，取得的农产品销售发票

C. 货物运输业增值税专用发票

D. 机动车销售统一发票

10. 营改增纳税人提供应税服务，属于下列情形之一的，不得开具增值税专用发票（　　）。

A. 向消费者个人提供应税服务

B. 适用免征增值税规定的应税服务

C. 向政府机关提供应税服务

D. 向小规模纳税人提供应税服务

C 第5章
Chapter 5 消费税

【引导案例】 **特殊生产企业需缴纳增值税和消费税**

某市酿酒厂主要生产白酒、酒精及饮料，2015年10月，市税务局直属征收分局对其2015年1—9月的纳税情况进行了检查。通过检查主营业务收入的明细账，发现酒精的产品销售收入达2158万元，与上年同期相比，增长了38%。但通过库存食品账的检查，白酒产量比上年同期增长了11%，酒精产量比上年同期增长了13.8%，增长幅度不大。企业1—9月共结转酒精销售成本1098万元，与酒精销售收入明显不符。由此，检查人员推断，企业存在混淆酒类产品销售与酒精产品销售的问题。问：该酿酒厂逃避缴纳了哪类税金？

5.1 消费税概述

5.1.1 消费税的定义

消费税是指对在我国境内从事生产、委托加工和进口应税消费品的单位和个人，以及国务院确定的销售应税消费品的其他单位和个人征收的一种流转税。

2008年11月5日国务院第34次常务会议修订了《中华人民共和国消费税暂行条例》，2008年12月15日财政部和国家税务总局颁布了《中华人民共和国消费税暂行条例实施细则》，自2009年1月1日起施行。

消费税是价内税，主要在应税消费品的生产、委托加工和进口环节缴纳，商业零售业中只有从事金银首饰、铂金饰品、钻石饰品零售业务的单位和个人需要缴纳。

5.1.2 消费税的纳税义务人

消费税的纳税人包括在中华人民共和国境内生产、委托加工和进口应税消费品的单位和个人，以及国务院确定的销售应税消费品的其他单位和个人。

5.1.3 消费税的征税范围

（1）生产应税消费品。

1）纳税人生产的应税消费品，于销售时纳税。

2）纳税人自产自用的应税消费品，用于连续生产应税消费品的，不纳税；用于其他方面的，于移送使用时纳税。

（2）委托加工应税消费品。

1）委托加工的应税消费品，是指由委托方提供原料和主要材料，受托方只收取加工费和代垫部分辅助材料加工的应税消费品。

2）对于由受托方提供原材料生产的应税消费品，或者受托方先将原材料卖给委托方，然后再接受加工的应税消费品，以及由受托方以委托方名义购进原材料生产的应税消费品，不论在财务上是否做销售处理，都不得作为委托加工应税消费品，而应当按照销售自制应税消费品缴纳消费税。

3）委托加工的应税消费品，除受托方为个人外，由受托方在向委托方交货时代收代缴消费税。委托个人加工的应税消费品，由委托方收回后缴纳消费税。

4）委托加工的应税消费品，委托方用于连续生产应税消费品的，所纳税款准予按规定抵扣。

5）委托方将收回的应税消费品直接出售的，不再缴纳消费税。

（3）进口应税消费品。单位和个人进口应税消费品，于报关进口时缴纳消费税。

（4）零售金银首饰、铂金首饰、钻石及钻石饰品。

1）金银首饰在零售环节缴纳消费税，生产环节不再缴纳。

2）金银首饰仅限于金、银以及金基、银基合金首饰和金基、银基合金的镶嵌首饰。

特别提醒

不包括镀金首饰和包金首饰。

（5）批发销售卷烟。烟草批发企业将卷烟销售给零售单位的，再征一道消费税，税率为 11%，并按 0.005 元/支加征从量税。

烟草批发企业将卷烟销售给其他烟草批发企业的，不缴纳消费税。纳税人兼营卷烟批发和零售业务的应当分别核算，未分别核算的按照全部销售额、销售数量计征批发环节消费税。

5.1.4　消费税的纳税地点

　　（1）纳税人销售的应税消费品，以及自产自用的应税消费品，除国务院财政、税务主管部门另有规定外，应当向纳税人机构所在地或者居住地的主管税务局申报纳税。

　　（2）委托加工的应税消费品，由受托方在向委托方交货时代收代缴消费税。委托方收回后直接出售的，不再征收消费税。但对纳税人委托个体经营者加工的应税消费品，一律于委托方收回后在委托方所在地缴纳消费税。

　　（3）进口的应税消费品，应当向报关地海关申报纳税。

5.1.5　增值税与消费税的区别

　　（1）征收范围不同。增值税对所有货物（除无形资产和不动产）的生产企业和销售企业普遍征收，同时对所有的劳务征收。消费税只对14种列举的应税消费品征收。增值税的征收范围远大于消费税的征收范围。

　　（2）与价格的关系不同。增值税是价外税，消费税是价内税。同一货物计征增值税和消费税的价格一般是相同的，包含消费税但不包含增值税。

　　（3）纳税人的划分不同。增值税纳税人分为一般纳税人和小规模纳税人，对其分别采取不同的征收方式，前者准予抵扣进项税额，而后者不能抵扣进项税额；消费税则无此划分，不管是一般纳税人还是小规模纳税人，在计算消费税时都是相同的。

　　（4）纳税环节不同。消费税在出厂、委托加工和进口环节缴纳（金银首饰和批发卷烟除外），而且只缴纳一次（卷烟除外），属于单环节征收；增值税则每经过一个流转环节缴纳一次，属于多环节征收。

　　消费税与增值税征税环节的对比如表5-1所示。

表5-1　　　　　　　　　　消费税与增值税征税环节比较表

征税环节	增值税	消费税
进口应税消费品	缴纳	缴纳（金、银、钻石除外）
生产应税消费品出厂销售	缴纳	缴纳（金、银、钻石除外）
将自产应税消费品连续生产应税消费品	无	无
将自产应税消费品连续生产非应税货物	无	缴纳

续前表

征税环节	增值税	消费税
将自产应税消费品用于投资、分红、赠送、职工福利、个人消费、基建工程	缴纳	缴纳
批发应税消费品	缴纳	缴纳（2009 年 5 月起限于卷烟）

🔵 **特别提醒**

（1）消费税与增值税的关系是：消费税与增值税构成对流转额交叉征税（双层征收）的格局，即缴纳消费税的特殊企业同时需要缴纳增值税。不过消费税属于价内税，而增值税属于价外税。（2）消费税属于中央税，而增值税是除了进口环节海关征收的增值税全部属于中央外，其他环节税务机关征收的增值税收入由中央和地方共享。

 例 5 - 1

下列行为中，既缴纳增值税又缴纳消费税的有（　　）。

A. 酒厂将自产的白酒赠送给协作单位
B. 卷烟厂将自产的烟丝移送用于生产卷烟
C. 日化厂将自产的香水精移送用于生产护肤品
D. 汽车厂将自产的应税小汽车赞助给某艺术节组委会
E. 地板厂将生产的新型实木地板奖励给有突出贡献的职工

【解析】

答案：ADE。

5.2　消费税的税率

5.2.1　消费税税率的基本规定

基本形式：比例税率、定额税率。

特殊情况：定额税率和比例税率双重征收——复合计税。

消费税的税率有两种形式：一种是比例税率；另一种是定额税率，即单位税额。消费税税率形式的选择主要是根据课税对象情况来确定。对一些供求基本平衡、价格差异不大、计量单位规范的消费品，选择计税简单的定额税率，如黄酒、啤酒、成品油等；对一些供求矛盾突出、价格差异较大、计量单位不规范的消费品，选择税价联动的比例税率，如贵重首饰及珠宝玉石、摩托车、小汽车等。

一般情况下，对一种消费品只选择一种税率形式，但为了更好地保全消费税税基，对一些应税消费品如卷烟、白酒，则采用了定额税率和比例税率双重征收形式。

2017 年最新的消费税税目税率表见表 5 - 2。

表5-2　　　　　　　　　　　　　消费税税目税率表

税目	税率或单位税额
一、烟 　　1. 卷烟 　　（1）甲类卷烟（生产、进口环节） 　　（2）乙类卷烟（生产、进口环节） 　　（3）批发环节 　　2. 雪茄烟 　　3. 烟丝	 56％加0.003元/支 36％加0.003元/支 11％加0.005元/支 36％ 30％
二、酒 　　1. 白酒 　　2. 黄酒 　　3. 啤酒 　　（1）甲类啤酒 　　（2）乙类啤酒 　　4. 其他酒	 20％加0.5元/500克 （或500毫升） 240元/吨 250元/吨 220元/吨 10％
三、高档化妆品	15％
四、贵重首饰及珠宝玉石 　　1. 金银首饰、铂金首饰和钻石及钻石饰品 　　2. 其他贵重首饰和珠宝玉石	 5％ 10％
五、鞭炮、焰火	15％
六、成品油 　　1. 汽油、石脑油、溶剂油、润滑油 　　2. 柴油、航空油、燃料油	 1.52元/升 1.2元/升
七、摩托车 　　1. 气缸容量（排气量，下同）250毫升 　　2. 气缸容量250毫升以上的	 3％ 10％
八、小汽车 　　1. 乘用车 　　（1）气缸容量（排气量，下同）在1.0升（含1.0升）以下的 　　（2）气缸容量在1.0升以上至1.5升（含1.5升）的 　　（3）气缸容量在1.5升以上至2.0升（含2.0升）的 　　（4）气缸容量在2.0升以上至2.5升（含2.5升）的 　　（5）气缸容量在2.5升以上至3.0升（含3.0升）的 　　（6）气缸容量在3.0升以上至4.0升（含4.0升）的 　　（7）气缸容量在4.0升以上的 　　2. 中轻型商用客车 　　3. 超豪华小汽车（零售环节）	 1％ 3％ 5％ 9％ 12％ 25％ 40％ 5％ 10％
九、高尔夫球及球具	10％
十、高档手表	20％
十一、游艇	10％
十二、木制一次性筷子	5％
十三、实木地板	5％
十四、电池、涂料	4％

5.2.2 消费税适用税率的新特殊规定

1. 在"小汽车"税目下增设"超豪华小汽车"子税目

自 2016 年 12 月 1 日起，对我国驻外使领馆工作人员、外国驻华机构及人员、非居民常住人员、政府间协议规定等应税（消费税）进口自用，且完税价格 130 万元及以上的超豪华小汽车消费税，按照生产（进口）环节税率和零售环节税率（10%）加总计算，由海关代征。

2. 将"化妆品"税目名称更名为"高档化妆品"。

自 2016 年 10 月 1 日起，取消对普通美容、修饰类化妆品征收消费税，征收范围包括高档美容、修饰类化妆品，高档护肤类化妆品和成套化妆品。高档美容、修饰类化妆品和高档护肤类化妆品是指生产（进口）环节销售（完税）价格（不含增值税）在 10 元/毫升（克）或 15 元/片（张）及以上的美容、修饰类化妆品和护肤类化妆品。消费税税率调整为 15%。

5.3 消费税的计税依据

5.3.1 消费税销售额的确定

1. 应税销售行为的确定

纳税人的销售行为分为销售和视同销售两类。下列情况均应确定为销售或视同销售行为，确定销售额（也包括销售数量），并按规定缴纳消费税。

（1）有偿转让应税消费品所有权的行为。

（2）纳税人自产自用的应税消费品用于其他方面。

（3）委托加工应税消费品。

对于委托加工收回的应税消费品直接出售的，可不计算销售额，不再征收消费税。

2. 销售额的确定

（1）销售额的基本内容。销售额是纳税人销售应税消费品向购买方收取的全部价款和价外费用，包括消费税但不包括增值税。如果纳税人应税消费品的销售额中未扣除增值税税款或者因不得开具增值税专用发票而发生价款和增值税税款合并收取的情况，则需要进行换算，其换算公式为：

$$应税消费品的销售额 = \frac{含增值税销售额}{1 + 增值税税率（或征收率）}$$

价外费用是指价外向购买方收取的手续费、补贴、基金、集资费、返还利润、奖励费、违约金、滞纳金、延期付款利息、赔偿金、代收款项、代垫款项、包装费、包装物租金、储备费、优质费、运输装卸费以及其他各种性质的价外收费。但下列项目不包括在内：

1）同时符合以下条件的代垫运输费用：①承运部门的运输费用发票开具给购买方的；②纳税人将该项发票转交给购买方的。

2）同时符合以下条件的代为收取的政府性基金或者行政事业性收费：①由国务院或者财政部批准设立的政府性基金，由国务院或者省级人民政府及其财政、价格主管部门批准设立的行政事业性收费；②收取时开具省级以上财政部门印制的财政票据；③所收取的款项全额上缴财政。此外，白酒生产企业向商业销售单位收取的"品牌使用费"是随着应税白酒的销售而向购买方收取的，属于应税白酒销售价款的组成部分，因此，不论企业采取何种方式，以何种名义收取价款，均应并入白酒的销售额中缴纳消费税。

价外费用一般也是含税价款，需要进行换算，其换算公式为：

$$应税消费品的价外费用 = \frac{价外费用}{1 + 增值税税率（或征收率）}$$

例 5-2

甲酒厂为增值税一般纳税人，5 月销售果木酒，取得不含增值税销售额 10 万元，同时收取包装物租金 0.565 万元、优质费 2.26 万元。已知果木酒消费税税率为 10%，增值税税率为 13%，甲酒厂当月销售果木酒应缴纳的消费税税额是多少？

【解析】

销售果木酒的同时收取的包装物租金和优质费属于消费税的价外费用，应价税分离后并入销售额征收消费税。

$$应纳消费税 = \left(10 + \frac{0.565 + 2.26}{1 + 13\%}\right) \times 10\% = 1.25（万元）$$

特别提醒

消费税的销售额一般与增值税的销售额一致，包括向购买方收取的全部价款和价外费用，但下列情况除外：

（1）委托加工应税消费品，征收增值税的销售额为受托方收取的加工费，纳税人为受托方；而征收消费税的销售额为受托方同类货物的售价或组成计税价格，委托方为纳税人，受托方为代收代缴义务人。

（2）将自产的应税消费品用于投资、抵债、易物时，消费税按同期同类应税消费品的最高售价征收，而增值税仍按当期平均售价征收。

（3）销售从量定额征收消费税的应税消费品（包括啤酒、黄酒和成品油）收取的包装物押金逾期未退还的，应当征收增值税，不征收消费税。

（2）纳税人以外购、进口、委托加工收回的应税消费品（简称外购应税消费品）为原料连续生产应税消费品，准予按现行政策规定抵扣外购应税消费品已纳消费税税款。

国家税务总局专门发文规定，自 2016 年 10 月 1 日起，高档化妆品消费税纳税人以外购、进口和委托加工收回的高档化妆品为原料继续生产高档化妆品，准予从应纳税额中扣除外购、进口和委托加工收回的高档化妆品已纳消费税税款。

🔵 **特别提醒**

下列行为中，注意增值税和消费税的区别。

行为	增值税	消费税
将自产应税消费品连续生产应税消费品，如自产烟丝连续加工卷烟	不计	不计
将自产应税消费品连续生产非应税消费品，如自产香水精连续生产普通护肤护发品	不计	按同类加权平均售价计收入征税
将自产应税消费品用于馈赠、赞助、集资、广告、样品、职工福利、奖励等	按同类加权平均售价计收入征税	按同类加权平均售价计收入征税
将自产应税消费品以物易物、用于投资入股、抵偿债务	按同类加权平均售价计收入征税	按同类最高价计收入征税

🔵 **特别提醒**

只有从工业企业购进并取得增值税专用发票的上述已税消费品才存在扣税问题；从商业企业购进的不能扣税。

 例 5 - 3

某化妆品生产企业为增值税一般纳税人，4 月生产香水精 5 吨，成本 16 万元，将 0.7 吨移送投入车间连续生产护手霜；2 吨移送用于连续生产调制香水；1 吨对外销售，取得不含税收入 14 万元。企业当期销售护手霜取得不含税收入 20 万元，销售香水取得不含税收入 30 万元，当期发生可抵扣增值税进项税额 6 万元。高档化妆品适用的消费税税率为 15%。请计算该企业应缴纳的增值税和消费税。

【解析】

当期应纳增值税 $= (20 + 14 + 30) \times 13\% - 6 = 2.32$（万元）

当期应纳消费税 $= [14 \times (1 + 0.7) + 30] \times 15\% = 8.07$（万元）

（3）包装物的消费税。

1）直接并入销售额计税。具体规定为：①应税消费品连同包装物销售的，不论包装物是否单独计价，也不论在会计上如何核算，均应并入应税消费品的销售额中征收消费税。②对酒类（除啤酒、黄酒）产品生产企业销售酒类产品而收取的包装物押金，无论押金是否返还及会计上如何核算，均应并入酒类产品销售额中征收消费税。

2）逾期并入销售额计税。对收取押金（酒类以外）的包装物，未到期押金不计税。但对逾期未收回的包装物不再退还的和已收取 12 个月以上的押金，应并入应税消费品的销售额的，按照应税消费品的适用税率征收消费税。

5.3.2 消费税计税依据的若干特殊政策

1. 计税价格的核定

应税消费品计税价格明显偏低且无正当理由的，税务机关有权核定其计税价格。应税消费品计税价格的核定权限规定如下：

（1）卷烟和粮食白酒的计税价格由国家税务总局核定，送财政部备案。其消费税计税价格的核定公式为：

$$\text{某牌号规格卷烟消费税计税价格} = \text{该牌号卷烟市场零售价格} \div (1 + 45\%)$$

不进入烟草交易会，没有调拨价格的卷烟，其消费税计税价格由省级税务局按照下列公式核定：

$$\text{某牌号规格卷烟计税价格} = \text{该牌号卷烟市场零售价格} \div (1 + 35\%)$$

（2）其他应税消费品的计税价格由各省、自治区、直辖市税务局核定。

（3）进口的应税消费品的计税价格由海关核定。

（4）按照实际销售价格与计税价格和核定价格孰高的原则征税。

2. 自设非独立核算门市部计税的规定

纳税人通过非独立核算门市部销售的自产应税消费品，应按门市部对外销售额或者销售数量计算征收消费税。

例 5-4

某高尔夫球具厂为增值税一般纳税人，下设一非独立核算的门市部，某年 8 月该厂将生产的一批成本价 70 万元的高尔夫球具移送门市部，门市部将其中 80% 零售，取得含税销售额 74.58 万元。高尔夫球具的消费税税率为 10%，成本利润率为 10%。问：该项业务应缴纳的消费税税额是多少？

【解析】

计税时要按非独立核算门市的销售额计算消费税税额。

$$\text{应纳消费税税额} = \frac{74.58}{1 + 13\%} \times 10\% = 6.6(\text{万元})$$

3. 以同类最高销售价格作为计税依据的规定

纳税人自产的应税消费品用于换取生产资料和消费资料、投资入股和抵偿债务等方面的，应当以纳税人同类应税消费品的最高销售价格作为计税依据。

5.4　消费税的计算

5.4.1　销售应税消费品的应纳税额计算

1. 销售数量的确定

（1）销售应税消费品的，为应税消费品的销售数量。

（2）自产自用应税消费品的，为应税消费品的移送使用数量。

（3）委托加工应税消费品的，为纳税人收回的应税消费品数量。

（4）进口的应税消费品，为海关核定的应税消费品进口征税数量。

2. 一般计税依据的确定

我国消费税实行从价定率、从量定额，或者从价定率和从量定额复合计税（以下简称复合计税）的办法计算应纳税额。

（1）实行从价定率计税办法的，计税依据是销售额，适用范围是除列举项目之外的应税消费品。

（2）实行从量定额计税办法的，计税依据是销售数量，适用范围是啤酒、黄酒和成品油。

（3）实行复合计税办法的，计税依据是销售额和销售数量，适用范围是粮食白酒、薯类白酒和卷烟。

3. 应纳税额的计算

按消费税实行的不同计税办法计算应纳税额的公式是：

实行从价定率办法计算的应纳税额＝销售额×比例税率

实行从量定额办法计算的应纳税额＝销售数量×定额税率

实行复合计税办法计算的应纳税额＝销售额×比例税率＋销售数量×定额税率

 特别提醒

> 消费税是价内税，实行从价定率征收的应税消费品，其计税依据是含消费税而不含增值税的销售额。

5.4.2　自产自用应税消费品的应纳税额计算

纳税人将自产或委托加工的货物用于非增值税应税项目、集体福利或个人消费、对外投资、分配给投资者、无偿赠送的，按照下列顺序计算纳税：

（1）按照纳税人生产的同类消费品的销售价格计算纳税；

（2）没有同类消费品销售价格的，按照组成计税价格计算纳税，组成计税价格的计算公式如下：

1）实行从价定率办法计算纳税的组成计税价格计算公式为：

$$组成计税价格=\frac{成本＋利润}{1－消费税税率}$$

2）实行复合计税办法计算纳税的组成计税价格计算公式为：

$$组成计税价格=\frac{成本＋利润＋自产自用数量×定额税率}{1－消费税税率}$$

◇ **特别提醒**

增值税与消费税组成计税价格计算公式的对比如下：

	消费税组成计税价格	增值税组成计税价格	成本利润率
从价计税	$\frac{成本＋利润}{1－消费税税率}$	成本×(1＋成本利润率)＋消费税 或 $\frac{成本＋利润}{1－消费税税率}$	消费税规定的成本利润率
从量计税	不组成计税价格	成本×(1＋成本利润率)＋消费税	统一规定的成本利润率10％
复合计税	$\frac{成本＋利润＋自产自用数量×定额税率}{1－消费税税率}$	成本×(1＋成本利润率)＋消费税	消费税规定的成本利润率
不缴纳消费税货物	不计税	成本×(1＋成本利润率)	统一规定的成本利润率10％

 例5-5

某酒厂6月份生产一种新的粮食白酒，广告样品使用0.4吨，已知该种白酒无同类产品出厂价格，生产成本每吨42 000元，成本利润率为10％，粮食白酒定额税率为每500克0.5元，比例税率为20％。

【解析】

本题中，吨与克需要进行换算：

1吨＝1 000千克＝1 000 000克

白酒从量计征的消费税＝0.4×1 000 000÷500×0.5＝400(元)

白酒从价计征的消费税＝[0.4×42 000×(1＋10％)＋400]÷(1－20％)×20％
＝4 720(元)

该厂当月应纳消费税＝400＋4 720＝5 120(元)

5.4.3　委托加工应税消费品的应纳税额计算

委托加工的应税消费品是指由委托方提供原料和主要材料，受托方只收取加工费和代垫部分辅助材料加工的应税消费品。对于由受托方提供原材料生产的应税消费品，或者受托方先将原材料卖给委托方，然后再接受加工的应税消费品，以及由受托方以委托方名义购进原材料生产的应税消费品，不论纳税人在财务上是否做销售处理，都不得作为委托加工应税消费品，而应当按照销售自制应税消费品缴纳消费税。

具体规定如下：

（1）委托加工的应税消费品收回后直接出售的，不再缴纳消费税。

（2）受托方加工完毕向委托方交货时，由受托方代收代缴消费税。如果受托方是个体经营者，委托方须在收回加工应税消费品后向所在地主管税务机关缴纳消费税。

（3）委托加工的应税消费品，按照受托方的同类消费品的销售价格计算纳税；没有同类消费品销售价格的，按照组成计税价格计算纳税。

1）实行从价定率办法计算纳税的组成计税价格计算公式如下：

$$组成计税价格＝\frac{材料成本＋加工费}{1－消费税税率}$$

2）实行复合计税办法计算纳税的组成计税价格计算公式如下：

$$组成计税价格＝\frac{材料成本＋加工费＋委托加工数量×定额税率}{1－消费税税率}$$

 特别提醒

> 委托加工应税消费品要缴纳消费税（委托方收回后直接出售的除外），但不缴纳增值税；委托加工应税消费品的委托方是消费税的纳税人，不是增值税的纳税人；受托方提供了加工劳务，要缴纳增值税。

 例 5-6

某鞭炮企业某年 10 月受托为某单位加工鞭炮，原材料金额为 30 万元，收取委托单位不含增值税的加工费 4 万元，鞭炮企业当地无加工鞭炮的同类产品市场价格。鞭炮的消费税税率为 15%。问：该鞭炮企业应代收代缴消费税是多少？

【解析】

$$应代收代缴消费税＝\frac{30＋4}{1－15\%}×15\%＝6(万元)$$

 例 5-7

甲企业为增值税一般纳税人，4 月接受某烟厂委托加工烟丝，甲企业自行提供烟叶的成本为 35 000 元，代垫辅助材料 2 000 元（不含税），发生加工支出 4 000 元（不含税）；甲企业当月允许抵扣的进项税额为 340 元。烟丝的成本利润率为 5%。计算该企业应缴纳的增值税和消费税。

【解析】

$$组成计税价格=(35\,000+2\,000+4\,000)\times(1+5\%)\div(1-30\%)$$
$$=61\,500(元)$$
$$应纳增值税=61\,500\times13\%-340=7\,655(元)$$
$$应纳消费税=61\,500\times30\%=18\,450(元)$$

5.4.4 进口应税消费品的应纳税额计算

实行从价定率办法计算纳税的组成计税价格计算公式如下：

$$组成计税价格=\frac{关税完税价格+关税}{1-消费税税率}$$

实行复合计税办法计算纳税的组成计税价格计算公式如下：

$$组成计税价格=\frac{关税完税价格+关税+进口数量\times消费税定额税率}{1-消费税税率}$$

$$应纳消费税=组成计税价格\times消费税税率$$

 例 5-8

6月3日，某进出口公司从国外进口卷烟 1 000 标准箱（每箱 250 条，每条 200 支），支付买价 1 650 万元，支付到达我国海关前的运输费用 15 万元、保险费用 12 万元。进口卷烟关税税率为 20%。请计算该公司进口卷烟应纳的增值税和消费税。

【解析】

进口环节的卷烟有特殊规定，进口卷烟要二次组价，第一次组价用来确定税率，第二次组价用来计算税款。第一次组价时固定使用 36% 的低税率，用组出来的价格与 70 元比较，从而确定最终税率，再按确定好的税率，二次组价计算消费税款。

$$关税=(1\,650+15+12)\times20\%=335.40(万元)$$

每标准条进口卷烟（200 支）确定消费税适用比例税率的价格
$$=[10\,000\times(1\,650+15+12+335.40)\div(1\,000\times250)+0.003\times200]$$
$$\div(1-36\%)$$
$$=126.71(元)$$

由于 126.71 元>70 元，所以进口卷烟消费税适用税率为 56%。

$$\begin{aligned}进口卷烟\\消费税\end{aligned}=(1\,650+15+12+335.40+1\,000\times0.003\times200\times250\div10\,000)$$

$$\div(1-56\%)\times56\%+1\,000\times0.003\times200\times250\div10\,000$$

$$= 2\,595.33(万元)$$

$$\begin{aligned}进口卷烟\\增值税\end{aligned} = (1\,650+15+12+335.40+1\,000\times0.003\times200\times250\div10\,000)$$

$$\div(1-56\%)\times13\%$$

$$=599(万元)$$

进口环节缴纳税金合计 $=335.40+2\,595.33+599=3\,529.73(万元)$

5.4.5 已纳消费税扣除的计算

1. 外购应税消费品已纳消费税的扣除

外购已税消费品连续生产应税消费品销售时，可按当期生产领用数量计算准予扣除外购应税消费品已纳的消费税税款。

当期准予扣除的外购应税消费品已纳消费税税款的计算公式为：

$$\begin{aligned}当期准予扣除的外购\\应税消费品已纳税款\end{aligned} = \begin{aligned}当期准予扣除的外购\\应税消费品买价\end{aligned} \times \begin{aligned}外购应税消费品\\适用税率\end{aligned}$$

式中：
$$\begin{aligned}当期准予扣除的外购\\应税消费品买价\end{aligned} = \begin{aligned}期初库存外购\\应税消费品买价\end{aligned} + \begin{aligned}当期购进外购\\应税消费品买价\end{aligned} - \begin{aligned}期末库存外购\\应税消费品买价\end{aligned}$$

 例 5-9

某烟厂某年 10 月外购烟丝，取得增值税专用发票上注明税款为 6.5 万元，本月生产领用 80%，期初尚有库存外购烟丝 2 万元，期末库存烟丝 12 万元。问：该企业本月准予扣除的消费税是多少？

【解析】

$$本月外购烟丝的买价 = \frac{6.5}{13\%} = 50(万元)$$

$$生产领用部分的买价 = 50\times80\% = 40(万元)$$

或

$$本月准予扣除的消费税 = 40\times30\% = 12(万元)$$

2. 委托加工收回的应税消费品已纳税款的扣除

对委托加工收回的消费品已纳的消费税，可按当期生产领用数量从当期应纳消费税税额中扣除，这种扣税方法与外购已税消费品连续生产应税消费品的扣税范围和扣税计算相同。当期准予扣除的委托加工应税消费品已纳税款的计算公式为：

$$\begin{aligned}当期准予扣除的\\委托加工应税\\消费品已纳税款\end{aligned} = \begin{aligned}期初库存委托\\加工应税消费品\\已纳税款\end{aligned} + \begin{aligned}当期收回委托\\加工应税消费品\\已纳税款\end{aligned} - \begin{aligned}期末库存委托\\加工应税消费品\\已纳税款\end{aligned}$$

特别提醒

（1）纳税人用外购的已税珠宝玉石生产的改在零售环节征收消费税的金银首饰（镶嵌首饰），在计税时一律不得扣除外购珠宝玉石的已纳消费税税款。

（2）纳税人用委托加工收回的已税珠宝玉石生产的改在零售环节征收消费税的金银首饰，在计税时一律不得扣除委托加工收回的珠宝玉石的已纳消费税税款。

例 5-10

甲企业为增值税一般纳税人，主要从事小汽车的制造和销售业务。2019 年 7 月有关业务如下：

（1）销售一辆定制小汽车取得含增值税价款 226 000 元，另收取手续费 33 900 元。

（2）将 20 辆小汽车对外投资，小汽车生产成本 10 万元/辆，甲企业同类小汽车不含增值税最高销售价格 16 万元/辆，平均销售价格 15 万元/辆，最低销售价格 14 万元/辆。

（3）采取预收款方式销售给 4S 店一批小汽车，当月 5 日签订合同，当月 10 日收到预收款，当月 15 日发出小汽车，当月 20 日开具发票。

（4）生产中轻型商用客车 500 辆，其中 480 辆用于销售，10 辆用于广告，8 辆用于企业管理部门，2 辆用于赞助。

已知小汽车增值税税率为 13%，消费税税率为 5%。

要求：根据上述资料，分析回答下列小题。

（1）甲企业销售定制小汽车应缴纳的消费税税额的下列计算中，正确的是（　　）。

　　A. 226 000×5%＝11 300(元)

　　B. (226 000＋33 900)÷(1＋13%)×5%＝11 500(元)

　　C. 226 000÷(1＋13%)×5%＝10 000(元)

　　D. (226 000＋33 900)×5%＝12 995(元)

【解析】

答案：B。销售小汽车同时收取的手续费应作为价外收入，价税分离后计入销售额征收消费税。因此

$$\text{甲企业销售定制小汽车应缴纳消费税}=(226\,000+33\,900)÷(1+13\%)×5\%$$
$$=11\,500(\text{元})$$

（2）甲企业以小汽车投资应缴纳消费税税额的下列计算中，正确的是（　　）。

　　A. 20×16×5%＝16(万元)

　　B. 20×15×5%＝15(万元)

　　C. 20×10×5%＝10(万元)

D.　$20 \times 14 \times 5\% = 14$（万元）

【解析】

答案：A。纳税人用于换取生产资料和消费资料、投资入股和抵偿债务等方面的应税消费品，应当以纳税人同类应税消费品的最高销售价格作为计税依据计算消费税。

（3）甲企业采用预收款方式销售小汽车，消费税的纳税义务发生时间是（　　）。

A.　7 月 5 日

B.　7 月 10 日

C.　7 月 15 日

D.　7 月 20 日

【解析】

答案：C。采取预收货款结算方式的，消费税纳税义务发生时间为发出应税消费品的当天。

（4）下列行为应缴纳消费税的是（　　）。

A.　480 辆用于销售

B.　10 辆用于广告

C.　8 辆用于企业管理部门

D.　2 辆用于赞助

【解析】

答案：ABCD。纳税人将自产自用的应税消费品用于生产非应税消费品、在建工程、管理部门、非生产机构、提供劳务、馈赠、赞助、集资、广告、样品、职工福利、奖励等方面，视同销售应税消费品，于移送使用时纳税。

消费税的纳税申报表略。

练习题

一、单项选择题

1. 下列行为涉及的货物，属于消费税征税范围的是（　　）。

A.　批发商批发销售的雪茄烟

B.　汽车修理厂修车时更换的轮胎

C.　鞭炮加工厂销售田径比赛用的发令纸

D.　出国人员免税商店销售的金银首饰

2. 下列各项中，符合消费税纳税义务发生时间规定的是（　　）。

A.　进口的应税消费品，为取得进口货物的当天

B.　自产自用的应税消费品，为移送使用的当天

C.　采取赊销结算方式的，为收到货款的当天

D.　采取预收货款结算方式的，为收到预收款

的当天

3. 《消费税暂行条例》关于消费税纳税义务人的表述中所提到的"中华人民共和国境内"，是指生产、委托加工和进口应税消费品的（　　）在境内。

A.　生产地

B.　销售地

C.　起运地或所在地

D.　消费地

4. 金银首饰连同包装物销售的，对其包装物税务处理正确的是（　　）。

A.　凡单独计价的，不并入销售额征税

B.　凡在会计上单独核算的，不并入销售额征税

C.　单独计价并在会计上单独核算的，不并入销售额征税

D.　无论是否单独计价，也无论在会计上如何

核算，均应并入销售额征税

5. 实行复合计税征税办法的产品是（　　）。

A. 石脑油
B. 啤酒
C. 粮食白酒
D. 黄酒

6. 纳税人进口应税消费品，应当自海关填发海关进口消费税专用缴款书之日起（　　）日内缴纳消费税税款。

A. 15
B. 30
C. 60
D. 90

7. 关于消费税的征税范围，下列表述正确的是（　　）。

A. 实木复合地板不征消费税
B. 单位和个人外购润滑油大包装经简单加工改成小包装，视同应税消费品的生产行为
C. 电动汽车属于"小汽车"税目征收范围
D. 未经打磨、倒角的木制一次性筷子不征消费税

8. 下列各项业务中，在收回委托加工应税消费品后仍应征收消费税的是（　　）。

A. 商业批发企业收回委托加工的卷烟直接销售
B. 工业企业收回委托加工的汽车轮胎直接销售
C. 某酒厂收回委托加工的葡萄酒贴上商标后出售
D. 某酒厂收回委托某外商投资企业加工的已税白酒直接销售

9. 某珠宝首饰生产企业（一般纳税人）2019年5月向消费者个人销售自产的铂金戒指取得含税收入58 950元，销售钻石取得不含税收入235 794元，销售金银镶嵌项链取得含税收入35 780元；向某经营金银首饰的商业企业销售自产镀金镶嵌手镯取得不含税收入12 378元；取得铂金项链修理、清洗收入780元。该企业上述业务应纳消费税为（　　）元。

A. 12 048.29
B. 15 983.16
C. 16 081.62
D. 17 219.09

10. 某卷烟批发企业为增值税一般纳税人，2018年2月销售给乙卷烟批发企业A牌卷烟100标准箱，开具的增值税专用发票上注明销售额200万元；向烟酒零售单位批发销售A牌卷烟5 000标准条，开具增值税专用发票上注明销售额为250万元；同时批发销售雪茄烟100条，开具普通发票，取得含税收入为24.57万元。该卷烟批发企业当月应缴纳消费税（　　）万元。

A. 28
B. 140.2
C. 147.76
D. 13.55

11. 下列各项中，符合消费税有关规定的是（　　）。

A. 带料加工的金银首饰，其纳税义务发生时间为受托方交货的当天
B. 纳税人销售的应税消费品，一律应向纳税人核算地税务机关申报纳税
C. 纳税人委托加工应税消费品，其纳税义务发生时间为纳税人支付加工费的当天
D. 纳税人销售的卷烟因放开销售价格而经常发生价格上下浮动的，应以该牌号规格卷烟销售当月的最高价格确定征税类别和适用税率

12. 甲企业委托乙企业生产木制一次性筷子。甲企业提供的主要原材料实际成本为12万元，支付的不含税加工费为1万元。乙企业代垫辅料的不含税金额为0.87万元。木制一次性筷子的消费税税率为5%，乙企业代收代缴消费税的组成计税价格为（　　）万元。

A. 12.63
B. 13.55
C. 13.68
D. 14.6

13. 根据现行税法规定，下列消费品既征收增值税又征收消费税的是（　　）。

A. 外贸公司进口的啤酒
B. 日化厂将自产的香水精用于生产护肤品
C. 烟酒经销商店销售外购的已税白酒
D. 珠宝批发公司批发外购的金银镶嵌首饰

14. 下列各项中，符合消费税纳税义务发生时间规定的是（　　）。

A. 采取分期收款方式销售的应税消费品，纳税义务发生时间为实际收到销售款的当天
B. 采取预收货款结算方式的，为收到预收款的当天
C. 采取赊销方式销售化妆品，合同规定收款日为10月2日，实际收到货款为11月2日，其纳税义务发生时间为11月2日

D. 进口的应税消费品，纳税义务发生时间为报关进口的当天

15. 下列关于批发环节消费税的规定中不正确的是（　　）。

A. 从事卷烟批发业务的单位和个人，批发销售的所有牌号规格的卷烟，均按统一税率计算消费税

B. 纳税人应将卷烟销售额与其他商品销售额分开核算，未分开核算的，一并征收消费税

C. 从事卷烟批发业务的单位和个人之间销售卷烟，不缴纳消费税

D. 批发企业在计算纳税时，可以扣除已含的生产环节的消费税税款

二、多项选择题

1. 下列各项中，应当征收消费税的有（　　）。

A. 化妆品厂作为样品赠送给客户的香水

B. 用于产品质量检验耗费的高尔夫球杆

C. 白酒生产企业向百货公司销售的试制药酒

D. 轮胎厂移送非独立核算门市部待销售的汽车轮胎

2. 下列情形中，应按照受托方销售自制应税消费品征收消费税的有（　　）。

A. 由受托方提供原材料生产的应税消费品

B. 受托方先将原材料卖给委托方，然后再加工的应税消费品

C. 受托方以委托方名义购进原材料生产的应税消费品

D. 受托方以委托方名义购进原材料生产，并贴上委托方的商标的应税消费品

3. 下列关于消费税纳税环节的说法正确的是（　　）。

A. 进口化妆品在进口环节缴纳消费税

B. 委托个体经营者加工的应税消费品，收回后由委托方缴纳消费税

C. 首饰厂销售给经销单位红光商场的金银首饰不缴纳消费税

D. 珠宝厂家销售钻石饰品不征收消费税

4. （2016 年初级会计实务职称考试试题）根据消费税法律制度的规定，下列各项中，属于消费税纳税人的是（　　）。

A. 金首饰零售商

B. 高档化妆品进口商

C. 涂料生产商

D. 鞭炮生产商

5. 下列情形中，属于出口免税但不退消费税的有（　　）。

A. 有出口经营权的外贸企业受其他外贸企业委托代理出口的应税消费品

B. 有出口经营权的生产型企业自营出口的应税消费品

C. 有出口经营权的外贸企业购进应税消费品直接出口

D. 生产企业委托外贸企业代理出口自产的应税消费品

6. 下列产品中，属于在零售环节征收消费税的金银首饰有（　　）。

A. 金基合金首饰

B. 包金首饰

C. 银基合金首饰

D. 金银首饰与非金银首饰组成的成套首饰

7. 下列各项中，符合消费税有关规定的有（　　）。

A. 纳税人的总、分支机构不在同一县（市）的，一律在总机构所在地缴纳消费税

B. 纳税人销售的应税消费品，除另有规定外，应向纳税人核算地税务机关申报纳税

C. 纳税人委托加工应税消费品，其纳税义务发生时间，为纳税人支付加工费的当天

D. 生产企业将自产或外购葡萄酒直接销售给生产企业以外的单位和个人的，应按规定申报缴纳消费税

8. 下列有关纳税人销售应税消费品而发生纳税义务的时间表述，正确的是（　　）。

A. 采取赊销结算方式，为实际收取货款的当天

B. 采取预收货款结算方式的，为发出应税消费品的当天

C. 采取托收承付方式的，为发出应税消费品的当天

D. 采取分期收款结算方式的，为销售合同规定的收款日期当天

9. 下列关于酒类产品生产企业随同酒类产品销售收取的包装物押金的税务处理中，正确的是（　　）。

A. 随同产品销售收取的包装物押金，单独核算又未过期的，此项押金不应并入应税消费品的销售额中征税。但对因逾期未收回的包装物不再退还的和已收取一年以上押金的，应并入应税消费品的销售额，按照应税消费品的适用税率征收消费税

B. 销售非酒类货物时另外收取的包装物押金，有合同约定的，在不超过合同约定的时间内计入货物销售额征收增值税

C. 对酒类产品生产企业销售啤酒、黄酒而收取的包装物押金，单独记账核算的，不并入销售额计税，增值税和消费税均不用缴纳。逾期未收回并不再退还的押金，应换算为不含税的价格计算增值税，但不用缴纳消费税

D. 对酒类产品生产企业销售啤酒、黄酒以外的其他酒类产品而收取的包装物押金，无论是否逾期以及在会计上如何核算，均应换算为不含税价格并入销售额，计算增值税和消费税

10. 红星化妆品公司（一般纳税人）2018 年 11 月将购进的香粉（不含税价 7 万元）全部和自家生产的化妆品搭配组成成套高档化妆品 5 000 套，11 月对外销售成套化妆品 3 000 套，不含税价 14 万元；销售自产高档化妆品 A，取得不含税价 9 万元。关于该企业上述业务的表述，正确的是（　　）。

A. 本期高档化妆品 A 应纳消费税 1.35 万元

B. 本期化妆品应纳消费税 3.45 万元

C. 本期高档化妆品 A 应纳消费税 2.70 万元

D. 本期化妆品应纳消费税 4.8 万元

三、计算题

1. 某礼花厂 2018 年 6 月发生以下业务：

（1）月初库存外购已税鞭炮的金额为 12 000 元，当月购进已税鞭炮 300 箱，增值税专用发票上注明的每箱购进金额为 300 元。月末库存外购已税鞭炮的金额为 8 000 元。其余为当月生产领用。

（2）当月生产甲鞭炮 120 箱，销售给 A 商贸公司 100 箱，每箱不含税销售价格为 800 元；其余 20 箱通过该企业自设非独立核算门市部销售，每箱不含税价格 850 元。

（3）当月生产乙鞭炮 500 箱，销售给 B 商贸公司 250 箱，每箱销售价格为 1 100 元；将 200 箱换取火药厂的火药，双方按易货价格开具了增值税专用发票；剩余的 50 箱作为福利发给职工。（上述增值税专用发票的抵扣联均已认证；鞭炮的消费税税率为 15%。）

要求：根据上述资料回答问题，每问需计算出合计数。

（1）计算礼花厂销售给 A 商贸公司鞭炮应缴纳的消费税。

（2）计算礼花厂销售给 B 商贸公司鞭炮应缴纳的消费税。

（3）计算礼花厂门市部销售鞭炮应缴纳的消费税。

（4）计算礼花厂用鞭炮换取原材料应缴纳的消费税。

（5）计算礼花厂将鞭炮作为福利发放应缴纳的消费税。

（6）计算礼花厂当月允许扣除的已纳消费税。

（7）计算礼花厂当月实际应缴纳的消费税。

2. 某酒厂为增值税一般纳税人，2019 年 6 月发生以下业务：

（1）将上月委托加工收回的 5 吨葡萄酒，4 吨加工成药酒对外销售，取得不含税价款 25 万元；剩余 1 吨本企业招待客户使用，按同类葡萄酒的不含税销售价折合为 6 万元。

（2）向某商贸企业销售白酒 80 吨，取得不含税销售额 400 万元，并同时收取白酒品牌使用费 36.16 万元。

（3）销售干红酒 15 吨，取得不含税销售额 150 万元。将 10 吨不同度数的粮食白酒组成礼品盒销售，取得不含税销售额 120 万元。

（4）采用分期收款方式向乙企业销售白酒 16 吨，合同规定不含税销售额共计 80 万元，本月收取 60% 的货款，其余货款于下月 10 日收取，由于本月资金紧张，经协商，本月收取不含税货款 30 万元，甲企业按收到的货款开具防伪税控增值税专用发票。

（5）接受乙企业提供的价值 10 万元的原材

料，委托加工散装药酒 1 000 千克，交货时向乙企业收取不含增值税的加工费 1 万元，并代收代缴乙企业消费税。

要求：根据上述资料，回答问题，每问需计算出合计数。

（1）计算该企业当月应纳消费税。

（2）计算该企业当月应纳增值税。

（3）计算代收代缴乙企业消费税。

3. 甲烟丝厂为增值税一般纳税人，2018 年 10 月发生如下业务：10 月 5 日销售 200 箱自产烟丝，每箱不含税价格为 1.8 万元；10 月 20 日销售 300 箱自产烟丝，每箱不含税价格为 1.6 万元；10 月 25 日用自产烟丝 100 箱抵偿债务。已知烟丝适用的消费税税率为 30%，计算甲烟丝厂当月应缴纳的消费税。

C 第6章
Chapter 6 关 税

【引导案例】 　　　　个人携带进出口的物品是否也要缴纳关税

应征关税的货物不仅有企业进出口贸易的货物，还有个人携带进出口的物品。应征关税的个人物品中包括入境旅客的行李，但不含邮递进出境的物品。国内外企业间赠送的货物不征关税，国内外个人间赠送的物品应征关税。进出口货物的收货人和发货人都要缴纳关税。请问：这样的表述正确吗？

6.1 关税概述

以 2000 年 7 月全国人民代表大会修正颁布的《中华人民共和国海关法》（以下简称《海关法》）为法律依据，2003 年 11 月国务院发布了《中华人民共和国进出口关税条例》（以下简称《进出口关税条例》）。

6.1.1 关税的概念及特点

1. 关税的概念

关税是海关依法对进出境的贸易性货物和非贸易性物品征收的一种税。

国境和关境、货物和物品是两组不同的概念。关税中的境是指关境，又称海关境域或关税领域，是一国海关法全面实施的领域，关境与国境有时一致，有时不一致。海关在征收进出口关税的同时，还代征进出口增值税和消费税。

2. 我国关税政策的调整

关税政策的调整一般分为两种方式：一是自主性的调整；二是具有外部约束性的调整。我国从 2001 年 12 月 11 日起正式成为世界贸易组织（WTO）成员后，关税政策的调整明显地表现出非自主性，即关税政策不仅需要根据本国实际情况做调整，而且要根据 WTO 的相关规则和要求做调整。

自 2017 年 7 月 1 日起实施第二次降关税；自 2017 年 1 月 1 日起对 822 项进口商品实施暂定税率；自 2017 年 7 月 1 日起，将实施进口商品暂定税率的商品范围调减至 805 项，对铬铁等 213 项出口商品征收出口关税，其中有 50 项暂定税率为零。

6.1.2　关税的征税对象及纳税人

1. 关税的征税对象

关税的征税对象是准允进出境的货物和物品。货物是指贸易性商品物资；物品是指入境旅客随身携带的行李物品、个人邮递物品、各种运输工具上的服务人员携带进口的自用物品、馈赠物品以及以其他方式入境的个人物品。货物和物品在计征关税时有不同的计税规则。

2. 关税的纳税人

关税的纳税人为进口货物收货人、出口货物发货人、进出境物品的所有人和推定所有人（持有人、收件人等）。

> **解释** ▶ ▶ ▶ ▶ ▶ ▶ ▶
>
> 我国目前针对行李和邮递物品征收的进口税又称行邮税。行邮税是海关对入境旅客行李物品和个人邮递物品（非贸易性进口物品）征收的进口税。行邮税的纳税人是携带应税个人自用物品入境的旅客及运输工具服务人员、进口邮递物品的收件人以及以其他方式进口应税个人自用物品的收件人。现行行邮税税率分为 50%、20%、10% 三个档次。行邮税是关税、增值税、消费税三个税种的混合体，从价计征，完税价格由海关参照该物品境外正常零售平均价格确定。行邮税的纳税人应在海关放行该物品前缴清税款。

6.2　关税的税率

进出口货物，应当依照关税税则规定的归类原则归入合适的税号，并按照适用的税率计算关税税负。由于关税分类和计税方法不同，关税税率的表现形式也各不相同。

1. 进口关税税率

进口关税是进口国海关对进口货物和物品征收的关税。它是最主要的关税种类，一般是在外国商品（包括从自由港、自由贸易区或海关保税仓库等地提出，运往进口国国内市场的外国商品）进入关境、办理海关手续时征收。进口关税可以常规性地按海关税则征收，也有临时加征的附加税。

无论是在发达国家还是在发展中国家，进口关税都是最主要、最关键的一种关税，它在政府的财政收入和宏观经济运行中都占有十分重要的地位。进口关税是各国政府限制进口、保护本国市场、筹集财政收入的重要方式，也是国家执行保护性关税政策最重要的手段。关税按照不同的标准可以有不同的分类。

（1）按照征收目的分类。

1）财政关税。是指以筹集或增加国家财政收入为目的而征收的关税。财政关税的基本特征是对进口产品与本国同类产品征收同样的税，或者征收的关税既不引导本国生产该种产品，也不引导本国生产能转移该种产品需求的代用品。财政关税的税率一般比较低，有助于外国大宗商品的输入，而大量输入外国商品正是增加关税收入的主要途径。

2）保护关税。是指以保护本国经济发展为目的而征收的关税。由于关税构成进口货物的成本，对进口商品征收关税会提高进口商品的价格，削弱它与国内生产的同类商品的竞争力，从而有利于保护国内企业的生产。随着世界经济的发展，保护关税成为各国推行贸易保护主义的重要手段。

（2）按照征收标准和方法分类。

1）从价税。是指以货物价格为计征标准而征收的关税，是最常用的关税计税标准。

2）从量税。是指以货物的计量单位（重量、数量、体积、长度）作为计征标准而计算征收的一种关税。

3）复合税。是指对同一税目的货物同时采用从价税和从量税两种标准而课征的一种关税。

4）选择税。是指在海关税则中对同一税目的商品规定有从价标准和从量标准征收税款的两种税率，在征收时可由海关选择其中一种计征。一般是选择税额较高的一种。基本原则是在物价上涨时使用从价税，在物价下跌时使用从量税。

5）滑准税。是指对同一税目的商品按其价格的高低，设定不同的税率，进口货物按其价格水平所适用的税率课税。这一概念在下文中再详细分析。

6）差价税。又称差额税，是指其税率按照进口货物价格低于国内同类货物价格的差额来确定的一种进口关税。

（3）按照货物来源的国别（地区）不同分类。

1）普通关税。也称一般关税，是指对与本国没有签署贸易或经济优惠等友好协定的国家原产的货物征收的非优惠性关税，其税率通常较高。普通关税还适用于未签订最惠国待遇贸易协定的国家和地区的关税。

2）最惠国关税。适用于原产于我国共同适用最惠国待遇条款的 WTO 成员方的进口货物，或原产于我国与我国签订有相互给予最惠国待遇条款的双边贸易协定的国家或地区的进口货物。其税率通常比普通关税税率要低，但高于特惠关税税率。这说明最惠国关税不是最优惠的关税，而只是一种非歧视性的关税待遇。最惠国税率比普通税率要低，税率差幅往往很大。例如，美国对绸缎进口的最惠国税率为 11%，普通税率为 60%。

3）协定关税。指两个或两个以上国家（地区）用缔结条约或贸易协定的方式相互给予某种优惠待遇的关税制度。享受最惠国待遇的国家中非协定的缔约方，不能要求根据最惠国待遇享受贸易协定缔约方享受的待遇。各个不同协定的缔约方也不得享受其他协定缔约方享受的优惠待遇。

⊘ **特别提醒**

> 2015 年 5 月 1 日以后出口的货物，出口企业申报出口退（免）税及相关业务时，免予提供纸质报关单。但申报适用启运港退税政策的货物除外。免予提供纸质报关单后，出口企业申报办理货物出口退（免）税及相关业务时，原规定根据纸质报关单项目填写的申报内容，改按海关出口报关单电子信息对应项目填写，其申报的内容，视同申报海关出口报关单对应电子信息。主管税务机关在审批免予提供纸质报关单的出口退（免）税申报时，必须在企业的申报数据与对应的海关出口货物报关单电子数据核对无误后，方可办理。

4）特定优惠关税。又称特惠关税，是给予来自特定国家（地区）进口货物的排他性的优惠关税，其他国家（地区）不得根据最惠国待遇条款要求享受这种优惠关税。特惠关税税率一般低于最惠国税率和协定税率。中国对来自世界最不发达国家（地区）的一些商品实行特定优惠关税。

5）普通优惠关税。简称普惠制，是指发达国家（地区）对从发展中国家（地区）输入的商品，特别是制成品或半制成品，给予普遍的、非歧视的和非互惠的优惠关税。

 例 6-1

关于关税税率的适用，下列表述不正确的是（　　）。

A. 进出口货物应按纳税人申报进口或出口之日实施的税率征税

B. 加工贸易进口料件等属于保税性质的进口货物如经批准转为内销，应按向海关申报转为内销之日实施的税率征税

C. 暂时进口货物转为正式进口需予补税时，应按其申报暂时进口之日实施的税率征税

D. 进出口货物到达前，经海关核准先行申报的，应当按照装载此货物的运输工具申报进境之日实施的税率征税

【解析】

答案：C。暂时进口货物转为正式进口需予补税时，应按其申报正式进口之日实施的税率征收。

2. 出口关税税率

由于中国和其他国家一样实行奖出限入的政策，因此出口关税税率只有一栏比例税率（20%～40%），税率比较低。按现行税则计征出口关税的商品主要是鳗鱼苗、部分有色金属矿砂及其精矿、生锑、磷、氟钽酸钾、苯、山羊板皮、部分铁合金、钢铁废碎料、铜和铝原料及其制品、镍锭、锌锭、锑锭等。但对部分征税商品实行 0～20% 的暂定税率，其中部分商品为零关税，部分商品税率为 10% 及以下，出口暂定税率优先适用出口税则中规定的出口税率。

3. 特别关税

在正常的进出口关税之外，我国还实行一些特别关税，主要包括报复性关税、反倾销税与反补贴税以及保障性关税等。征收特别关税的货物、适用国别、税率、期限和征收办法，由国务院关税税则委员会决定，海关总署负责实施。特别关税具体包括：

（1）报复性关税。报复性关税是指为报复他国对本国出口货物的关税歧视，而对相关国家的进口货物征收的一种进口附加税。

（2）反倾销税与反补贴税。反倾销税与反补贴税是指进口国海关对外国的倾销商品，在征收关税的同时附加征收的一种特别关税，其目的在于抵消他国补贴。

（3）保障性关税。保障性关税是指当某类商品进口量剧增，对我国相关产业带来巨大威胁或损害时，按照 WTO 的有关规则，可以在与有实质利益关系的国家或地区进行磋商后，在一定时期内提高该项商品的进口关税或采取数量限制措施，以保护国内相关产业不受损害。

进出口货物，应按纳税人申报进口或者出口之日实施的税率征税。进出口货物的补税和退税，除特殊情况外，适用该进出口货物原申报进口或出口之日所实施的税率。

6.3 关税的计算

6.3.1 关税的计税方法

（1）从价定率。从价定率以进（出）口应税货物的关税完税价格为计税依据，是世界上大多数国家最常见的关税计税方法，其计算公式为：

$$关税税额 = 应税进（出）口货物数量 \times 单位完税价格 \times 适用税率$$

（2）从量定额。从量定额以进（出）口商品的重量、长度、容量、面积等计量单位为计税依据，其计算公式为：

$$关税税额 = 应税进（出）口货物数量 \times 单位货物税额$$

（3）复合计税。复合计税是对某种进口商品同时使用从价定率和从量定额计征的方法，其计算公式为：

$$关税税额=\begin{matrix}应税进(出)口\\货物数量\end{matrix}\times\begin{matrix}单位货物\\税额\end{matrix}+\begin{matrix}应税进(出)口\\货物数量\end{matrix}\times\begin{matrix}单位完税\\价格\end{matrix}\times\begin{matrix}适用\\税率\end{matrix}$$

（4）滑准计税。滑准计税是一种关税税率随进（出）口商品价格由高到低而由低到高设置计征关税的方法，其计算公式为：

$$关税税额=应税进(出)口货物数量\times单位完税价格\times滑准税税率$$

特别提醒

> 我国现行关税中最重要的是进口关税，而进口商品绝大部分采用从价定率的征税方法，所以计算关税的关键就在于确定关税完税价格。

6.3.2　关税完税价格的确定

关税完税价格是海关以进出口货物的实际成交价格为基础，经调整确定的计征关税的价格。无论纳税人以何种方法确定关税完税价格，最终都应由海关审定其真实性和准确性。

1. 进口货物完税价格的确定

（1）以成交价格为基础确定进口货物完税价格。包括货物的货价、货物运抵我国境内输入地点起卸前的运输及其相关费用、保险费。

当以一般的海、陆、空运方式进口货物而无法确定实际运保费时，按照同期同行业运费率计算运费，按照（货价＋运费）×3‰计算保险费，将计算出的运保费并入完税价格。进口货物完税价格的计算公式为：

$$进口货物完税价格=货价+采购费用$$

式中，采购费用包括货物运抵中国海关境内输入地起卸前的运输、保险和其他劳务等费用。

进口货物的完税价格不应包括下列费用或者价值：1）厂房、机械、设备等货物进口后的基建、安装、装配、维修和技术服务的费用；2）货物运抵境内输入地点之后的运输费用、保险费和其他相关费用；3）进口关税及其他国内税收。

 例 6-2

（2013 年初级会计职称考试试题）下列各项中应计入关税完税价格的有（　　）。

A. 货物运抵我国海关境内输入地点起卸前的包装费

B. 货物运抵我国海关境内输入地点起卸前的运费

C. 货物运抵我国海关境内输入地点起卸前的保险费

D. 向境外支付的与该进口货物有关的专利权费用

【解析】

答案：ABCD。一般贸易下进口的货物以海关审定的成交价格为基础的到岸价格作为完税价格。到岸价格是指包括货价以及货物运抵我国关境内输入地点起卸前的包装费、运费、保险费和其他劳务费等费用的一种价格。

例6-3

坐落在市区的某日化厂为增值税一般纳税人，2019年8月进口一批香水精，出口地离岸价格85万元，境外运费及保险费共计5万元，海关于8月15日开具了完税凭证，日化厂缴纳进口环节税金后海关放行；日化厂将进口的香水精的80%用于生产高档化妆品。8月从国内购进材料取得增值税专用发票，注明价款120万元，增值税15.6万元，销售高档化妆品取得不含税销售额500万元。假定本月取得的增值税抵扣凭证在本月认证并抵扣，关税税率为50%。请计算该企业8月应缴纳的各种税金。

【解析】

进口关税 $=(85+5)\times50\%=90\times50\%=45($ 万元 $)$

进口消费税 $=\dfrac{90+45}{1-30\%}\times30\%=57.86($ 万元 $)$

进口增值税 $=\dfrac{90+45}{1-30\%}\times13\%=25.07($ 万元 $)$

销售环节增值税 $=500\times13\%-25.07-15.6=24.33($ 万元 $)$

销售环节消费税 $=500\times30\%-57.86\times80\%=103.71($ 万元 $)$

城市维护建设税和教育费附加 $=(24.33+103.71)\times(7\%+3\%)=12.804($ 万元 $)$

本月销售应纳税金及附加 $=24.33+103.71+12.804=140.844($ 万元 $)$

（2）以海关估价为基础估定进口货物完税价格。对于价格不符合成交条件或成交价格不能确定的进口货物，以海关估价为基础估定进口货物完税价格。

2. 出口货物完税价格的确定

（1）以成交价格为基础确定出口货物完税价格。出口货物的完税价格由海关以该货物向境外销售的成交价格为基础审查确定，并应包括货物运至我国境内输出地点装载前的运输及其相关费用、保险费，但其中包含的出口关税税额应当扣除。出口货物成交价格中含有支付给境外的佣金，如果与货物的离岸价格（FOB）分列，应予扣除；未分列则不予扣除。售价中所含离境口岸至境外口岸之间的运费、保险费可以扣除。其计算公式为：

$$完税价格=\frac{FOB-单独列明的支付给境外的佣金}{1+出口税率}$$

（2）以海关估价为基础估定出口货物完税价格。当出口货物的成交价格不能确定时，完税价格由海关依次参照下列价格估定：1）同时或大致同时向同一国家或地区出口相同或类似货物的成交价格；2）根据境内生产相同或类似货物的成本、利润和一般费用、境内发生的运输及其相关费用、保险费计算所得的价格；3）按照其他合理方法估定的价格。

3. 进（出）口货物完税价格中运输及相关费用、保险费的计算

（1）以一般海、陆、空运方式进口货物。以一般运输方式进口的货物运杂费计算规则如下：1）海运进口的算至运抵境内的卸货口岸；2）陆运进口的算至运抵境内的第一口岸或目的口岸；3）空运进口的算至运抵境内的第一口岸或目的口岸。

无法确定实际运保费的，按照同期同行业运费率计算运费，按照货价加运费两者总额的3‰计算保险费，将计算出的运保费并入完税价格。

 例 6 - 4

某公司从境外进口小轿车30辆，每辆小轿车货价15万元，运抵我国海关前发生的运输费用、保险费用无法确定，经海关查实，其他运输公司相同业务的运输费用占货价的比例为2%。关税税率为60%，消费税税率为9%。请分别计算进口环节应缴纳的各项税金。

【解析】

小轿车在进口环节应缴纳关税、消费税和增值税。

进口小轿车的货价＝15×30＝450(万元)

进口小轿车的运输费＝450×2%＝9(万元)

进口小轿车的保险费＝(450＋9)×3‰＝1.38(万元)

进口小轿车应缴纳关税的计算：

关税的完税价格＝450＋9＋1.38＝460.38(万元)

应纳关税＝460.38×60%＝276.23(万元)

进口环节小轿车应缴纳消费税的计算：

$$消费税组成计税价格＝\frac{460.38＋276.23}{1－9\%}＝809.46(万元)$$

应纳消费税＝809.46×9%＝72.85(万元)

进口环节小轿车应缴纳增值税的计算：

应缴纳增值税＝809.46×13%＝105.23(万元)

（2）以其他方式进口货物。邮运进口货物，以邮费作为运输、保险等相关费用；以境外边境口岸价格条件成交的铁路或公路运输进口货物，按货价的1%计算运输及相关费用、保险费；作为进口货物的自驾进口的运输工具，海关在审定完税价格时，可以不另行计入运费。

（3）出口货物。出口货物的销售价格如果包括离境口岸到境外口岸之间的运费、保险费，该运费、保险费应当扣除。

🔖 解释　　▶ ▶ ▶ ▶ ▶ ▶ ▶

　　进出口货物常用的价格条款：（1）FOB成交价格：FOB为free on board的缩写，是"船上交货"的价格术语简称，又称"离岸价格"。如"FOB中国口岸"意为以中国口岸离岸价为成交价。（2）CFR成交价格：CFR为cost and freight的缩写，是"成本加运费"的价格术语简称。如"CFR香港"，意为以香港口岸的到岸价为成交价。（3）CIF成交价格：CIF为cost, insurance and freight的缩写，是"成本加运费、保险费"的价格术语简称，又称"到岸价格"。如"CIF天津新港"意为以天津新港到岸价格为成交价。

6.4　关税的纳税申报

6.4.1　关税的纳税申报资料

　　进（出）口货物通关的一般程序包括申报、查验、征税、放行。

　　进口货物应自运输工具申报进境之日起14日内，出口货物应自货物运抵海关监管区后装货的24小时以内，由进（出）口货物的纳税义务人向货物进（出）境地海关申报。根据《海关法》的规定，企业在进（出）口货物申报时，应当向海关提供有关单证。进（出）口货物申报单证一般包括进（出）口货物报关单、相关的进（出）口许可证及其有关单证（如发票、提单等）。报关应备单证除进（出）口货物报关单外，还包括基本单证、特殊单证和预备单证。

6.4.2　进（出）口货物报关单

　　我国现行进（出）口关税纳税申报表，即海关进（出）口货物报关单的格式参考表6-1、表6-2。

表6-1　　　　　　　　　　中华人民共和国海关进口货物报关单

预录入编号：　　　　　　　　　　　　　　　　　海关编号：

进口口岸		备案号		进口日期	申报日期	
经营单位		运输方式	运输工具名称		提运单号	
收货单位		贸易方式		征免性质	征税比例	
许可证号		起运国（地区）		装货港	境内目的地	
批准文号		成交方式	运费	保费	杂费	
合同协议号		件数	包装种类	毛重（千克）	净重（千克）	

集装箱号	随附单据		用途					
标记唛码及备注								
项号	商品编号	商品名称、规格型号	数量及单位	原产国（地区）	单价	总价	币制	征免
税费征收情况								
录入员　录入单位		兹声明以上申报无讹并承担法律责任		海关审单批注及放行日期（盖章）				
报关员				审单　　　审价				
单位地址		申报单位（签章）		征税　　　统计				
邮编　　电话		填制日期		查验　　　放行				

表 6-2　　　　　　　　　　中华人民共和国海关出口货物报关单

预录入编号：　　　　　　　　　　　　　　　　　　　　海关编号：

出口口岸		备案号		出口日期		申报日期	
经营单位		运输方式		运输工具名称		提运单号	
发货单位		贸易方式		征免性质		结汇方式	
许可证号		运抵国（地区）		指运港		境内货源地	
批准文号		成交方式		运费		保费	杂费
合同协议号		件数		包装种类	毛重（千克）		净重（千克）
集装箱号		随附单据				生产厂家	
标记唛码及备注							
项号	商品编号	商品名称、规格型号	数量及单位	原产国（地区）	单价	总价	币种	征免
税费征收情况								
录入员　录入单位		兹声明以上申报无讹并承担法律责任		海关审单批注及放行日期（盖章）				
报关员				审单　　　审价				
单位地址		申报单位（签章）		征税　　　统计				
邮编　　电话		填制日期		查验　　　放行				

6.4.3　关税专用缴款书

　　纳税人完成关税的纳税申报后，应自海关填发税款缴款书之日起 15 日内向指定银行缴纳税款。海关进（出）口关税专用缴款书的格式参见表 6-3。

表 6-3　　　　　　　　　海关进（出）口关税专用缴款书

收入系统：　　　　　　　　　　　　　　　　　　　填发日期：　年　月　日

收款单位	收入机关	中央金库		缴款单位（人）	名称	
	科目	预算级次			账号	
	收款国库				开户银行	

税号	货物名称	数量	单位	完税价格（￥）	税率%	税款金额（￥）

金额人民币（大写）	万 仟 佰 拾 元 角 分	合计（￥）	
申请单位编号		报关单编号	填制单位	收款国库（银行）
合同（批文）号		运输工具（号）	制单人	
缴款期限		提/装货单号	复核人	业务公章
备注	一般征税 国际代码		

练习题

一、单项选择题

1. 依据关税征收管理规定，进口货物关税申报时间为（　　）。

A. 进口货物自运输工具申报进境 7 日内

B. 进口货物自运输工具申报进境 14 日内

C. 进口货物自运输工具申报进境 15 日内

D. 出口货物自运抵海关监管区装货后 14 小时内

2. 以下关于关税税率的表述，不正确的是（　　）。

A. 一般情形下，进口货物的补税和退税，适用该进口货物原申报进口之日所实施的税率

B. 暂时进口货物转为正式进口需补税时，应按申报正式进口之日实施的税率征税

C. 按照特定减免税办法批准予以减免税的进口货物，后因情况改变经海关批准转让或出售或移作他用需补税的，应当适用海关接受申报办理纳税手续之日实施的税率征税

D. 进口货物到达前，经海关核准先行申报的，应该按照先行申报进境之日实施的税率征税

3. 对原产于与我国共同适用最惠国待遇条款的 WTO 成员的进口货物，或原产于与我国签订有相互给予最惠国待遇条款的双边贸易协定的国家或地区进口的货物，以及原产于我国境内的进口货物，采用的税率称为（　　）。

A. 最惠国税率　　　　B. 协定税率

C. 定额税率　　　　　D. 优惠税率

4. 下列各项中，符合关税对特殊进口货物完税价格规定的是（　　）。

A. 运往境外加工的货物，应以加工后货物进境时的到岸价格为完税价格

B. 准予暂时进口的施工机械，应当按照一般进口货物估价办法的规定估定完税价格

C. 转让进口的免税旧货物，以原入境的到岸价格为完税价格

D. 留购的进口货样，以进口价格作为完税价格

5. 加工贸易进口料件及其制成品需征税的，海关按照一般进口货物的规定审定完税价格。下列各项中，符合审定完税价格规定的是（　　）。

A. 进口时需征税的进料加工进口料件，以该料件原申报进口时的价格估定

B. 内销的进料加工进口料件或其制成品，以该料件申报时的价格估定

C. 内销的来料加工进口料件或其制成品，以该料件申报进口时的价格估定

D. 出口加工区内的加工企业内销的制成品，

以该料件申报进口时的价格估定

6. 差别关税实际上是保护主义政策的产物，是保护一国产业所采取的特别手段。下列不属于差别关税的是（　　）。

A. 加重关税
B. 优惠关税
C. 反倾销关税
D. 报复关税

7. 以成交价格为基础审查确定进口货物的关税完税价格时，下列由买方负担的费用，不应当计入完税价格的是（　　）。

A. 购货佣金
B. 购货佣金以外的其他佣金
C. 与该货物视为一体的容器费用
D. 包装材料费用

8. 下列进口货物中，可以同时免征进口关税、增值税的是（　　）。

A. 科研机构不以营利为目的、直接用于科学研究的进口货物
B. 进口的残疾人个人专用品
C. 境外捐赠人无偿捐赠给我国各级政府，直接用于扶贫事业的进口物资
D. 康复机构直接进口的残疾人专用品

二、多项选择题

1. 下列关于特殊进口货物关税完税价格确定的表述中，符合我国关税规定的有（　　）。

A. 某高校转让 2 年前免税进口的检测设备，以原入境到岸价作为完税价格
B. 某外商在境内参展时直接出售给顾客的参展化妆品，以海关审定留购价作为完税价格
C. 某医院接受香港赛马会无偿捐赠的救护车辆，以一般进口货物估价办法估定完税价格
D. 某石油企业以支付租金方式从境外承租的海上钻井平台，以海关审定的租金作为完税价格

2. 在法定减免税之外，国家按照国际通行规则和我国实际情况，制定发布的有关进出口货物减免关税的政策，称为特定或政策性减免。下列货物中，属于特定减免税的有（　　）。

A. 残疾人专用品
B. 境外捐赠用于扶贫、慈善性捐赠物资

C. 出口加工区进出口货物
D. 科教用品

3. 下列费用中，如能与该货物实付或者应付价格区分，不得计入关税完税价格的有（　　）。

A. 厂房、机械、设备等货物进口后的基建、安装、装配、维修和技术服务的费用
B. 货物运抵境内输入地点之后的运输费用、保险费和其他相关费用
C. 进口关税及其他国内税收
D. 进口前的境外考察费

4. 关于关税税率的陈述，正确的有（　　）。

A. 进出口税则就是指根据国家关税政策和经济政策，通过一定的立法程序制定公布实施的关税税率表
B. 进出口税则以税率表为主体，通常还包括实施税则的法令、使用税则的有关说明和附录等
C. 税率表作为税则主体，包括税则商品分类目录和税率栏两大部分
D. 自 2004 年 1 月 1 日起，我国进口税则设有最惠国税率、协定税率、特惠税率、普通税率、关税配额税率等税率形式

5. 进口货物的完税价格由海关以符合条件的成交价格为基础审查确定，下列项目中，进口货物完税价格中应包括的费用有（　　）。

A. 进口人支付的与进口货物有关的计算机软件等费用
B. 进口人负担的与该货物视为一体的容器费用
C. 进口人在货物成交过程中向自己的采购代理人支付的劳务费用
D. 卖方直接从买方处置该货物时取得的收益

6. 根据关税的有关规定，以下表述中正确的是（　　）。

A. 加工贸易内销货物的完税价格按照有关规定仍不能确定的，可以由海关按合理的方法审查确定
B. 出口完税价中如果含离境口岸至境外口岸之间的运费、保险费，该运费、保险费应扣除
C. 海关凭经国家税务总局认可的台湾地区水

果产地证明文件，办理享受零关税水果的征税验放手续

D. 进口货物以成交价格为基础确定完税价格，成交价格是指买方为购买该货物按有关规定调整后的实付或应付价格

7. 下列有关进口货物原产地的确定，符合我国关税相关规定的有（　　）。

A. 从俄罗斯船只上卸下的海洋捕捞物，其原产地为俄罗斯

B. 在澳大利亚开采并经新西兰转运的铁矿石，其原产地为澳大利亚

C. 由中国台湾提供棉纱，在越南加工成衣，经中国澳门包装转运的西服，其原产地为越南

D. 在南非开采并经中国香港加工的钻石，加工增值部分占该钻石总值的比例为 20%，其原产地为中国香港

三、计算题

1. 某电子通信产品生产企业为增值一般纳税人（广州），并具备建设行政部门批准的建筑安装资质。2019 年电子通信产品销售收入占其销售总收入的 70%，8 月主要经营业务如下：从境外某公司引进楼宇电子通信产品自动生产线，境外成交价格（FOB）1 600 万元。该生产线运抵我国输入地点起卸前的运费和保险费 120 万元，境内运输费用 12 万元。另支付购货佣金 10 万元，买方负担的包装材料和包装劳务费 20 万元，与生产线有关的境外开发设计费用 50 万元，生产线进口后的现场培训指导费用 200 万元。取得海关开具的完税凭证及国内运输部门开具的合法运输发票。

要求：根据上述材料，计算：

（1）该企业 8 月应纳关税。

（2）该企业 8 月进口环节应纳增值税。

2. 有进出口经营权的某外贸公司，2019 年 6 月经有关部门批准从境外进口小轿车 30 辆，每辆小轿车货价 15 万元，运抵我国海关前发生的运输费用、保险费用无法确定，经海关查实其他运输公司相同业务的运输费用占货价的比例为 2%。该公司向海关缴纳了相关税款，并取得了完税凭证。（提示：小轿车关税税率 60%、增值税税率 13%、消费税税率 9%。）

要求：根据上述资料，计算：

（1）该公司应当缴纳的关税。

（2）该公司进口环节应缴纳的税金。

C 第7章
Chapter 7 资源税

【引导案例】

　　从 2017 年 1 月 24 日起，对符合条件的充填开采和衰竭期矿山减征资源税，实行备案管理制度。对依法在建筑物下、铁路下、水体下通过充填开采方式采出的矿产资源，资源税减征 50%。优惠性政策的决定权进行了下放，其具体范围由省税务机关商同级国土资源主管部门确定。

7.1 资源税概述

7.1.1 资源税的概念

1. 资源税的计税依据

　　《中华人民共和国资源税法》由第十三届全国人民代表大会常务委员会第十二次会议于 2019 年 8 月 26 日通过，自 2020 年 9 月 1 日起施行。

　　资源税的计税依据为应税产品的销售额或销售量，各税目的征税对象包括原矿、精矿（或原矿加工品）、金锭、氯化钠初级产品。对未列举名称的其他矿产品，省级人民政府可对本地区主要矿产品按矿种设定税目，对其余矿产品按类别设定税目，并按其销售的主要形态（如原矿、精矿）确定征税对象。

2. 销售额

销售额是指纳税人销售应税产品向购买方收取的全部价款和价外费用，不包括增值税销项税额和运杂费用。运杂费用是指应税产品从坑口或洗选（加工）地到车站、码头或购买方指定地点的运输费用、建设基金以及随运销产生的装卸、仓储、港杂费用。

运杂费用应与销售额分别核算，凡未取得相应凭据或不能与销售额分别核算的，应当一并计征资源税。

3. 原矿销售额与精矿销售额的换算或折算

对同一种应税产品，征税对象为精矿的，纳税人销售原矿时，应将原矿销售额换算为精矿销售额缴纳资源税；征税对象为原矿的，纳税人销售自采原矿加工的精矿，应将精矿销售额折算为原矿销售额缴纳资源税。换算比或折算率原则上应通过原矿售价、精矿售价和选矿比计算，也可通过原矿销售额、加工环节平均成本和利润计算。

7.1.2 资源税的纳税环节和纳税地点

1. 资源税的纳税环节

资源税在应税产品的销售或自用环节计算缴纳。以自采原矿加工精矿产品的，在原矿移送使用时不缴纳资源税，在精矿销售或自用时缴纳资源税。

纳税人以自采原矿加工金锭的，在金锭销售或自用时缴纳资源税。纳税人销售自采原矿或者自采原矿加工的金精矿、粗金，在原矿或者金精矿、粗金销售时缴纳资源税，在移送使用时不缴纳资源税。

以应税产品投资、分配、抵债、赠与、以物易物等，视同销售，依照本通知有关规定计算缴纳资源税。

2. 资源税的纳税地点

纳税人应向矿产品的开采地或盐的生产地缴纳资源税。纳税人在本省、自治区、直辖市范围开采或者生产应税产品，其纳税地点需要调整的，由省税务机关决定。

 特别提醒

纳税人用已纳资源税的应税产品进一步加工应税产品销售的，不再缴纳资源税。纳税人以未税产品和已税产品混合销售或者混合加工为应税产品销售的，应当准确核算已税产品的购进金额，在计算加工后的应税产品销售额时，准予扣减已税产品的购进金额；未分别核算的，一并计算缴纳资源税。

7.2　资源税的税率

我国对《资源税税目税率幅度表》中列举名称的 21 种资源品目和未列举名称的其他金属矿实行从价计征。

对经营分散、多为现金交易且难以管控的粘土、砂石，按照便利征管原则，仍实行从量定额计征。

《资源税税目税率幅度表》见表 7 - 1。

表 7 - 1　　　　　　　　　　资源税税目税率幅度表

（从 2016 年 7 月 1 日起执行）

序号	税目		征税对象	税率幅度
1	金属矿	铁矿	精矿	1%～6%
2		金矿	金锭	1%～4%
3		铜矿	精矿	2%～8%
4		铝土矿	原矿	3%～9%
5		铅锌矿	精矿	2%～6%
6		镍矿	精矿	2%～6%
7		锡矿	精矿	2%～6%
8		未列举名称的其他金属矿产品	原矿或精矿	税率不超过 20%
9	非金属矿	石墨	精矿	3%～10%
10		硅藻土	精矿	1%～6%
11		高岭土	原矿	1%～6%
12		萤石	精矿	1%～6%
13		石灰石	原矿	1%～6%
14		硫铁矿	精矿	1%～6%
15		磷矿	原矿	3%～8%
16		氯化钾	精矿	3%～8%
17		硫酸钾	精矿	6%～12%
18		井矿盐	氯化钠初级产品	1%～6%
19		湖盐	氯化钠初级产品	1%～6%
20		提取地下卤水晒制的盐	氯化钠初级产品	3%～15%
21		煤层（成）气	原矿	1%～2%
22		粘土、砂石	原矿	每吨或立方米 0.1 元～5 元
23		未列举名称的其他非金属矿产品	原矿或精矿	从量税率每吨或立方米不超过 30 元；从价税率不超过 20%
24		海盐	氯化钠初级产品	1%～5%

例 7 - 1

下列各项中，应征资源税的有（　　）。

A. 开采的大理石　　　　　　B. 进口的原油

C. 开采的煤矿瓦斯　　　　　D. 生产用于出口的卤水

【解析】

答案：AD。资源税进口不征、出口不退；开采的煤矿瓦斯免征资源税。

7.3　资源税的税收优惠

2017 年 1 月 24 日起对符合条件的充填开采和衰竭期矿山减征资源税，实行备案管理制度。

（1）对依法在建筑物下、铁路下、水体下通过充填开采方式采出的矿产资源，资源税减征 50%。其具体范围由省税务机关商同级国土资源主管部门确定。

（2）对实际开采年限在 15 年（含）以上的衰竭期矿山开采的矿产资源，资源税减征 30%。

（3）纳税人初次申报减税，应当区分充填开采减税和衰竭期矿山减税，需要向主管税务机关提供备案需要的资料。

（4）纳税人应当单独核算不同减税项目的销售额或销售量，未单独核算的，不享受减税优惠。

（5）纳税人开采销售的应税矿产资源（同一笔销售业务）同时符合两项（含）以上资源税备案类减免税政策的，纳税人可选择享受其中一项优惠政策，不得叠加适用。

● **特别提醒**

　　由省、自治区、直辖市人民政府根据本地区实际情况，以及宏观调控需要确定，对增值税小规模纳税人可以在 50% 的税额幅度内减征资源税、城市维护建设税、房产税、城镇土地使用税、印花税（不含证券交易印花税）、耕地占用税和教育费附加、地方教育附加。

7.4　资源税的计算

7.4.1　资源税的计税方法

资源税的应纳税额，按照从价定率或者从量定额的办法计算。

1. 从价定率的计算

$$应纳税额＝应税产品的销售额×比例税率$$

（1）销售额。销售额为纳税人销售应税产品向购买方收取的全部价款和价外费用，但不包括收取的增值税销项税额。

（2）价外费用。价外费用包括价外向购买方收取的手续费、补贴、基金、集资费、返还利润、奖励费、违约金、滞纳金、延期付款利息、赔偿金、代收款项、代垫款项、包装费、包装物租金、储备费、优质费、运输装卸费以及其他各种性质的价外收费。

下列项目不包括在价外费用中：1）同时符合以下条件的代垫运输费用：承运部门的运输费用发票开具给购买方；纳税人将该发票转交给购买方。2）同时符合以下条件的代为收取的政府性基金或者行政事业性收费：由国务院或者财政部批准设立的政府性基金，由国务院或者省级人民政府及其财政、价格主管部门批准设立的行政事业性收费；收取时开具省级以上财政部门印制的财政票据；所收款项全额上缴财政。

（3）视同销售。纳税人申报的应税产品销售额明显偏低并且无正当理由的、有视同销售应税产品行为而无销售额的，除财政部、国家税务总局另有规定外，按下列顺序确定销售额：

1）按纳税人最近时期同类产品的平均销售价格确定；

2）按其他纳税人最近时期同类产品的平均销售价格确定；

3）按组成计税价格确定。其计算公式为：

$$组成计税价格＝成本×\frac{1＋成本利润率}{1－增值税税率}$$

2. 从量定额的计算

$$应纳税额＝应税产品的销售数量×定额税率$$

式中，应税产品的销售数量，包括纳税人开采或者生产应税产品的实际销售数量和视同销售的自用数量。

 特别提醒

> 纳税人不能准确提供应税产品销售数量的，以应税产品的产量或者主管税务机关确定的折算比换算的数量作为计征资源税应税产品的销售数量。

3. 煤炭资源税的计算

煤炭资源税实行从价定率计征，其税率幅度为 $2\%\sim10\%$。煤炭应税产品（以下简称应税煤炭）包括原煤和以未税原煤加工的洗选煤（以下简称洗选煤）。应纳税额的计算公式如下：

$$应纳税额＝应税煤炭销售额×适用税率$$

具体规定如下：

（1）纳税人开采原煤直接对外销售的，以原煤销售额作为应税煤炭销售额计算缴纳资源税。

$$原煤应纳税额＝原煤销售额×适用税率$$

原煤销售额不含从坑口到车站、码头等的运输费用。

（2）纳税人将其开采的原煤，自用于连续生产洗选煤的，在原煤移送使用环节不缴纳资源税；自用于其他方面的，视同销售原煤确定销售额，计算缴纳资源税。

（3）纳税人将其开采的原煤加工为洗选煤销售的，以洗选煤销售额乘以折算率作为应税煤炭销售额计算缴纳资源税。

$$洗选煤应纳税额＝洗选煤销售额×折算率×适用税率$$

洗选煤销售额包括洗选副产品的销售额，不包括洗选煤从洗选煤厂到车站、码头等的运输费用。

折算率可通过洗选煤销售额扣除洗选环节成本、利润计算，也可通过洗选煤市场价格与其所用同类原煤市场价格的差额及综合回收率计算。折算率由省、自治区、直辖市财税部门或其授权地市级财税部门确定。

（4）纳税人将其开采的原煤加工为洗选煤自用的，视同销售洗选煤确定销售额，计算缴纳资源税。

7.4.2 资源税课税数量的确定

一般情况的资源税课税数量是销售数量或者自用数量。具体规定如下：

（1）纳税人开采或生产应税产品销售的，以销售数量为课税数量。

（2）纳税人开采或生产应税产品自用的，以自用（非生产用）数量为课税数量。

 例7-2

某油田3月份生产原油5 000吨，当月销售3 000吨，加热、修井自用100吨。已知该油田原油适用的资源税单位税额为8元/吨。该油田3月份应缴纳的资源税税额为多少？

【解析】

根据规定，开采原油过程中用于加热、修井的原油，免征资源税。纳税人开采或者生产资源税应税产品销售的，以销售数量为课税数量。

$$应纳资源税＝3 000×8＝24 000（元）$$

例 7 - 3

某煤矿企业（增值税一般纳税人）4 月向某电厂销售优质原煤 3 000 吨，开具增值税专用发票注明不含税价款 36 万元，支付从坑口到车站的运输费用 2 万元；向某煤场销售洗选煤，开具增值税普通发票列明销售额 7.6 万元。该煤矿资源税税率为 5%，选煤折算率为 92%。

【解析】

$$应纳资源税 = 36 \times 5\% + 7.6 \div (1 + 16\%) \times 92\% \times 5\% = 2.1（万元）$$

2016 年 6 月 22 日，国家税务总局对原资源税纳税申报表进行了修订，自 2016 年 7 月 1 日起施行。资源税纳税申报表略。

练习题

一、单项选择题

1. 自 2016 年 7 月 1 日起，我国全面推进资源税改革。改革后，资源税的计税依据为销售额或（　　）。

A. 开采量　　　　B. 加工数量

C. 销售量　　　　D. 进口量

2. 考虑到目前部分省份超采地下水问题突出，为了确保涉及国计民生的重要水资源的可持续利用，本次改革率先将水资源纳入资源税征收范围，并首先在（　　）进行水资源费改税试点。

A. 北京市　　　　B. 浙江省

C. 河北省　　　　D. 四川省

3. 资源税全面改革的核心是（　　）。

A. 全面构建从价计征机制

B. 全面构建从量计征机制

C. 全面实施清费立税

D. 逐步扩大资源税征税范围

4. 《资源税税目税率幅度表》适当调低了大多数矿种的税率幅度上限，其中，铁矿石资源税（费）负担率调整为（　　）。

A. 1%～5%　　　B. 1%～6%

C. 1.23%～7.55%　D. 3%～9%

5. 衰竭期矿山是指剩余可采储量下降到原设计可采储量的（　　）（含）以下或剩余服务年限不超过（　　）的矿山，以开采企业下属的单个矿山为单位确定。

A. 20%，2 年　　B. 50%，2 年

C. 50%，5 年　　D. 20%，5 年

6. 对以销售精矿为主的大部分黑色金属矿、有色金属矿和非金属矿，将其计税依据确定为（　　）。

A. 精矿的销售额　B. 原矿的销售额

C. 精矿的销售量　D. 原矿的销售量

7. 金矿计税依据是（　　）。

A. 金原矿的销售额　B. 金精矿的销售额

C. 金锭的销售额　　D. 金制品的销售额

8. 对于连续加工前无法正确计算原煤移送使用量的，可按加工产品的（　　），将加工产品实际销量和自用量折算成的原煤数量作为课税数量。

A. 产量　　　　　B. 综合回收率

C. 移送使用量　　D. 选矿比

二、多项选择题

1. 我国从 2015 年 5 月 1 日实施（　　）资源税从价计征改革。

A. 煤炭　　　　　B. 稀土

C. 钨　　　　　　D. 钼

2. 全面推开资源税从价计征改革中，对铁矿、金矿、石墨、海盐等 21 个税目由从量定额改为从价定率计征，计税依据由原矿销售量调整为（　　）的销售额。

A. 原矿

B. 精矿（或原矿加工品）

C. 氯化钠初级产品

D. 金锭

3. 在全面推开资源税从价计征改革的同时，对经营分散、多为现金交易且难以取得计税价格的（　　），按照便利征管原则，仍实行从量定额计征。

A. 铁矿　　　　　　　B. 石墨

C. 粘土　　　　　　　D. 砂石

4. 全面推开资源税从价计征改革中具体规定的税收优惠政策包括（　　）。

A. 对依法在建筑物下、铁路下、水体下通过充填开采方式采出的矿产资源，资源税减征30%

B. 对依法在建筑物下、铁路下、水体下通过充填开采方式采出的矿产资源，资源税减征50%

C. 对实际开采年限在15年以上的衰竭期矿山开采的矿产资源，资源税减征30%

D. 对实际开采年限在15年以上的衰竭期矿山开采的矿产资源，资源税减征50%

5. 为促进共伴生矿的综合利用，改革规定对共伴生矿暂不计征资源税。目前，不适用上述共伴生矿政策的情形主要有（　　）。

A. 金矿

B. 铅锌矿

C. 铜矿

D. 与铁共伴生的稀土矿

6. 以应税产品包括原矿、精矿或原矿加工品、金原矿、金精矿、粗金、金锭、氯化钠初级产品等用于（　　），属于视同销售，依照有关规定计算缴纳资源税。

A. 投资　　　　　　　B. 分配

C. 抵债　　　　　　　D. 赠与

7. 改革后，铁矿需要缴纳资源税的生产经营环节包括（　　）。

A. 将自采铁原矿对外销售

B. 以自采铁原矿移送加工铁精矿

C. 自采原矿加工精矿后对外销售

D. 以自采原矿移送自用于冶炼钢铁

8. 新的资源税纳税申报表中，各资源品目的计量单位表述正确的是（　　）。

A. 原油的销售量，按吨填报

B. 天然气的销售量，按千立方米填报

C. 标准金锭按克填报

D. 金精矿、金原矿按吨填报

三、计算题

1. 某铅锌矿山2016年8月销售铅锌矿精矿取得收入1 340 000元；在开采铅锌矿的过程中还开采销售了铝土原矿16 800吨，取得销售收入336 000元。计算该矿山8月份应纳的资源税。（该矿山资源税税率为：铅锌矿5%，铝土矿8%。）

2. 某煤矿2016年3月开采原煤20万吨，当月将其中4万吨对外销售，取得不含增值税销售额400万元；将其中3万吨原煤用于职工宿舍；将其中的5万吨原煤自用于连续生产洗选煤，生产出来的洗选煤当月全部销售，取得不含增值税销售额900万元（含矿区至车站的运费100万元，取得运输方开具的凭证）。已知煤炭资源税税率为6%，当地省财税部门确定的洗选煤折算率为70%，计算该煤矿当月应缴纳的资源税。

C
第 8 章
Chapter 8 土地增值税

【引导案例】 "不上不下、不尴不尬"的土地增值税

有的税务研究者将土地增值税描述为"不上不下、不尴不尬"的税种。"不上不下"体现在征税环节,既不像增值税那样在第一环节征收,也不像所得税那样在算出损益环节征收;"不尴不尬"是指收入,土地增值税在税收收入中排在第 7 名之后,在全国税收收入中仅占 2.3% 左右。

8.1 土地增值税概述

8.1.1 土地增值税的纳税义务人

土地增值税是对有偿转让国有土地使用权及地上建筑物和其他附着物产权,取得增值收入的单位和个人征收的一种税。1993 年 12 月 13 日,国务院颁布了《中华人民共和国土地增值税暂行条例》。

土地增值税的纳税义务人是转让国有土地使用权、地上建筑物及其附着物并取得收入的单位和个人。其中,单位包括内外资企业、事业单位、国家机关和社会团体及其他组织;个人包括个体经营者、中国公民与外籍个人等。

8.1.2 土地增值税的征税范围

1. 土地增值税的征税范围

土地增值税的征税范围包括：（1）转让国有土地使用权。（2）地上建筑物及其附着物连同国有土地使用权一并转让。

特别提醒

土地使用权的转让和出让的概念不同。出让体现的是土地所有者与使用者之间的交易，而转让体现的则是土地使用者和使用者之间的交易。土地使用权的出让不属于土地增值税的征税范围。

2. 判定土地增值税征税范围的标准

土地增值税的征税范围具有"国有""转让""取得收入"三个关键特征，常以下列三个标准来判定：

（1）转让的土地使用权是否属于国家。按照《中华人民共和国宪法》和《中华人民共和国土地管理法》的规定，城市的土地属于国家所有。农村和城市郊区的土地除由法律规定属于国家所有的以外，属于集体所有。国家为了公共利益，可以依照法律规定对集体土地实行征用，依法被征用后的土地属于国家所有。集体土地只有根据有关法律规定，由国家征用以后变为国家所有，才能进行转让。

（2）土地使用权、地上建筑物及其附着物是否发生产权转让。1）土地增值税的征税范围不包括国有土地使用权出让所取得的收入。2）土地增值税的征税范围不包括未转让土地使用权、房产产权的行为，如出租。

（3）转让房地产是否取得收入。土地增值税的征税范围不包括房地产的权属虽已转让但未取得收入的行为。

3. 土地增值税的具体征税规定

（1）出售的征收土地增值税。具体是：1）出售国有土地使用权；2）取得国有土地使用权并进行房屋开发建造后出售；3）存量房地产买卖。

（2）继承的不征土地增值税。赠与中属于公益性赠与、赠与直系亲属或承担直接赡养义务人的不征土地增值税，而非公益性赠与的征收土地增值税。

（3）出租的不征土地增值税。

（4）房地产抵押中属于抵押期的不征土地增值税。抵押期满偿还债务本息的，不征土地增值税；抵押期满不能偿还债务本息，而以房地产抵债的，征收土地增值税。

（5）房地产交换中属于单位之间换房并产生收入的，征收土地增值税。个人之间互换自有住房，免征土地增值税。

（6）房地产转让到投资联营企业的，暂免征土地增值税；将投资联营房地产再转让的征收土地增值税。

（7）合作建房，建成后按比例分房自用的，暂免征土地增值税；建成后转让的征收土地增值税。

（8）企业兼并转让房地产的暂免征土地增值税。

（9）代建房的不征土地增值税。

（10）房地产重新评估的不征土地增值税。

8.1.3　土地增值税的纳税地点和申报时间

1. 土地增值税的纳税地点

土地增值税的纳税人应向房地产所在地主管税务机关办理纳税申报，并在税务机关核定的期限内缴纳土地增值税。其中，房地产所在地是指房地产的坐落地。纳税人转让的房地产坐落在两个或两个以上地区的，应按房地产所在地分别申报。具体规定如下：

（1）纳税人是法人的。当转让的房地产坐落地与其机构所在地或经营所在地一致时，在办理税务登记的原管辖税务机关申报纳税即可；如果转让的房地产坐落地与其机构所在地或经营所在地不一致，应在房地产坐落地的税务机关申报纳税。

（2）纳税人是自然人的。当转让的房地产坐落地与其居住所在地一致时，在住所所在地税务机关申报纳税；当转让的房地产坐落地与其居住所在地不一致时，在办理过户手续所在地的税务机关申报纳税。

2. 土地增值税的纳税申报时间

土地增值税的纳税人应在转让房地产合同签订后 7 日内，到房地产所在地主管税务机关办理纳税申报，并向税务机关提交房屋及建筑物产权、土地使用权证书，土地转让、房产买卖合同，房地产评估报告及其他与转让房地产有关的资料。纳税人因经常发生房地产转让而难以在每次转让后申报的，经税务机关审核同意后，可以定期进行纳税申报，具体期限由税务机关根据实际情况确定。

8.2　土地增值税的税率

土地增值税采用四级超率累进税率。与超额累进税率不同的是，超率累进税率的累进依据为相对数，而超额累进税率的累进依据为绝对数。土地增值税的累进依据为增值额与扣除项目金额之间的比率。土地增值税的税率表见表 8-1。

表8-1 土地增值税的税率表

级次	增值额占扣除项目金额比例	税率	速算扣除系数
1	50%以下（含50%）	30%	0
2	超过50%～100%（含100%）	40%	5%
3	超过100%～200%（含200%）	50%	15%
4	200%以上	60%	35%

 例8-1

某房地产公司转让商品楼收入5 000万元，计算土地增值额准允扣除项目金额4 200万元。问：该公司土地增值税的适用税率为多少？

【解析】

$$增值额占扣除项目金额比例 = \frac{5\ 000 - 4\ 200}{4\ 200} \times 100\% = 19\%$$

适用第一级税率，即30%。

8.3 土地增值税的税收优惠

土地增值税的税收优惠主要包括：

（1）建造普通标准住宅的税收优惠。纳税人建造普通标准住宅出售，增值额未超过扣除项目金额20%的，免征土地增值税；超过20%的，应就其全部增值额按规定计税。

 特别提醒

增值额占扣除项目金额20%是起征点，占19.99%不纳税，占21%则应就其全部增值额按规定计税。

（2）国家征用收回房地产的税收优惠。因城市实施规划、国家建设的需要而搬迁，由纳税人自行转让原房地产的，比照有关规定免征土地增值税。

（3）个人转让房地产的税收优惠。个人因工作调动或改善居住条件而转让原自用住房，经向税务机关申报核准，土地增值税减免税优惠如下：1）居住满5年或5年以上的，免征土地增值税；2）居住满3年未满5年的，减半征收土地增值税；3）居住未满3年的，按规定计征土地增值税。

8.4 土地增值税的计算

8.4.1 土地增值税应税收入的确定

纳税人转让房地产取得的收入，包括转让房地产取得的全部价款及有关的经济利益。从形式上看包括货币收入、实物收入和其他收入。非货币收入要折合成金额计入收入总额。

1. 货币收入

货币收入是指纳税人转让房地产而取得的现金、银行存款、支票、银行本票、汇票等各种信用票据和国库券、金融债券、企业债券、股票等有价证券。这些类型的收入，其实质都是转让方因转让土地使用权、房屋产权而向取得方收取的价款。货币收入一般比较容易确定。

2. 实物收入

实物收入是指纳税人转让房地产而取得的各种实物形态的收入，如钢材、水泥等建材，房屋、土地等不动产等。实物收入的价值不容易确定，一般要对这些实物形态的财产进行估价。

3. 其他收入

其他收入是指纳税人转让房地产而取得的无形资产收入或具有财产价值的权利，如专利权、商标权、著作权、专有技术使用权、土地使用权、商誉权等。这种类型的收入比较少见，其价值需要进行专门的评估。

8.4.2 土地增值税扣除项目金额的确定

1. 新建房地产转让可扣除的项目

（1）取得土地使用权所支付的金额。取得土地使用权所支付的金额包括：1）纳税人为取得土地使用权所支付的地价款。2）纳税人在取得土地使用权时按国家统一规定缴纳的有关费用。

（2）房地产开发成本。主要包括土地征用及拆迁补偿费、前期工程费、建筑安装工程费、基础设施费、公共配套设施费、开发间接费用等。

（3）房地产开发费用。主要是企业的期间费用，包括销售费用、管理费用、财务费用。

1）纳税人能够按转让房地产项目计算分摊利息支出，并能提供金融机构贷款证明的，其允许扣除的房地产开发费用的计算公式为：

$$\text{允许扣除的房地产开发费用} = \text{利息} + \left(\text{取得土地使用权所支付的金额} + \text{房地产开发成本} \right) \times 5\%$$

式中，利息不能超过按商业银行同类同期银行贷款利率计算的金额，同时不包括加息、罚息。

2）纳税人不能按转让房地产项目计算分摊利息支出，或不能提供金融机构贷款证明的，其允许扣除的房地产开发费用的计算公式为：

$$允许扣除的房地产开发费用=\left(\begin{array}{c}取得土地使用权\\所支付的金额\end{array}+\begin{array}{c}房地产\\开发成本\end{array}\right)\times10\%$$

3）与转让房地产有关的税金。主要包括城市维护建设税、教育费附加等价内税。

4）财政部规定的其他扣除项目。从事房地产开发的纳税人可加计20%扣除，其计算公式为：

$$加计扣除费用=\left(\begin{array}{c}取得土地使用权\\支付的金额\end{array}+\begin{array}{c}房地产\\开发成本\end{array}\right)\times20\%$$

2. 存量房地产转让可扣除的项目

（1）旧房及建筑物的评估价格。旧房及建筑物的评估价格是指在转让已使用的房屋及建筑物时，由政府批准设立的房地产评估机构评定的重置成本价乘以成新度折扣率后的价格。其中，重置成本是指对旧房及建筑物按转让时的建材价格及人工费用，计算建造同样面积、同样层数、同样结构、同样建设标准的新房及建筑物所需花费的成本费用。

（2）取得土地使用权所支付的地价款和按国家统一规定缴纳的有关费用。对取得土地使用权时未支付地价款或不能提供已支付地价款凭据的，在计征土地增值税时不允许扣除。

（3）转让环节缴纳的税金。

8.4.3　土地增值税应纳税额的计算

1. 土地增值税的计算步骤

（1）计算收入总额，其应税收入不含增值税。

（2）计算扣除项目金额。

（3）计算增值额。

$$增值额=转让房地产收入-规定扣除项目金额$$

（4）计算增值额与扣除项目之间的比例，以确定使用税率的档次和速算扣除系数。

（5）计算税额。

$$应纳税额=增值额\times税率-扣除项目金额\times速算扣除系数$$

1）增值额未超过扣除项目金额50%的。

$$土地增值税税额=增值额\times30\%$$

2）增值额超过扣除项目金额50%，未超过100%的。

$$土地增值税税额=增值额\times40\%-扣除项目金额\times5\%$$

3）增值额超过扣除项目金额 100％，未超过 200％的。

　　土地增值税税额＝增值额×50％－扣除项目金额×15％

4）增值额超过扣除项目金额 200％的。

　　土地增值税税额＝增值额×60％－扣除项目金额×35％

 例 8-2

（2015 年初级会计职称考试试题）某企业销售房产取得不含税售价 5 000 万元，扣除项目金额合计为 3 000 万元，已知适用的土地增值税税率为 40％，速算扣除系数为 5％。

【解析】

$$\begin{array}{l}\text{该企业应纳}\\\text{土地增值税}\end{array}=\text{增值额}\times\begin{array}{l}\text{适用的土地}\\\text{增值税税率}\end{array}-\begin{array}{l}\text{扣除项目}\\\text{金额}\end{array}\times\begin{array}{l}\text{适用的速算}\\\text{扣除系数}\end{array}$$

$$=(5\,000-3\,000)\times40\%-3\,000\times5\%=650(\text{万元})$$

 例 8-3

A 房地产开发公司出售一幢写字楼，收入总额为 10 000 万元。开发该写字楼的有关支出如下：支付地价款及有关费用 1 000 万元；房地产开发成本 3 000 万元；财务费用中的利息支出为 500 万元（可按转让项目计算分摊并提供金融机构证明），但其中有 50 万元属加罚的利息；转让环节缴纳的有关税费共计 555 万元；该单位所在地政府规定的其他房地产开发费用计算扣除比例为 5％。计算该房地产开发公司应纳的土地增值税。

【解析】

（1）取得土地使用权支付的地价款及有关费用＝1 000（万元）

（2）房地产开发成本＝3 000（万元）

（3）房地产开发费用＝500－50＋（1 000＋3 000）×5％＝650（万元）

（4）允许扣除的税费＝555（万元）

（5）从事房地产开发的纳税人加计扣除 20％：

　　加计扣除额＝（1 000＋3 000）×20％＝800（万元）

（6）允许扣除的项目金额合计＝1 000＋3 000＋650＋555＋800＝6 005（万元）

（7）增值额＝10 000－6 005＝3 995（万元）

（8）增值率＝3 995/6 005×100％＝66.53％

（9）应纳税额＝3 995×40％－6 005×5％＝1 297.75（万元）

2. 按房地产评估价格计算土地增值税

在实际的房地产交易过程中，纳税人有下列情形之一的，按照房地产评估价格计算征收土地增值税：

（1）隐瞒、虚报房地产成交价格的；

（2）提供扣除项目金额不实的；

（3）转让房地产的成交价格低于房地产评估价格，又无正当理由的；

（4）旧房及建筑物的转让。

8.5 土地增值税清算管理

2010年5月19日，国家税务总局专门针对土地增值税的清算做出规定。

1. 土地增值税清算时收入的确认

土地增值税清算时，已全额开具商品房销售发票的，按照发票所载金额确认收入；未开具发票或未全额开具发票的，以交易双方签订的销售合同所载的售房金额及其他收益确认收入。销售合同所载商品房面积与有关部门实际测量面积不一致，在清算前已发生补、退房款的，应在计算土地增值税时予以调整。

2. 房地产开发企业未支付的质量保证金的确定

房地产开发企业在工程竣工验收后，根据合同约定，扣留建筑安装施工企业一定比例的工程款作为开发项目的质量保证金。在计算土地增值税时，建筑安装施工企业就质量保证金对房地产开发企业开具发票的，按发票所载金额予以扣除；未开具发票的，扣留的质量保证金不得计算扣除。

3. 房地产开发清算时费用的扣除

（1）财务费用中的利息支出，凡能够按转让房地产项目计算分摊并提供金融机构证明的，允许据实扣除，但最高不能超过按商业银行同类同期贷款利率计算的金额。其他房地产开发费用，在按"取得土地使用权所支付的金额"与"房地产开发成本金额"之和的5%以内计算扣除。

（2）凡不能按转让房地产项目计算分摊利息支出，或不能提供金融机构证明的，房地产开发费用在按"取得土地使用权所支付的金额"与"房地产开发成本金额"之和的10%以内计算扣除。全部使用自有资金，没有利息支出的，按照该方法扣除。

（3）房地产开发企业既向金融机构借款，又有其他借款的，其房地产开发费用计算扣除时不能同时适用上述（1）、（2）两种办法。

（4）土地增值税清算时，已经计入房地产开发成本的利息支出，应调整至财务费用中计算扣除。

4. 房地产企业逾期开发缴纳的土地闲置费的扣除

房地产开发企业逾期开发缴纳的土地闲置费不得扣除。

5. 房地产开发企业取得土地使用权时支付的契税的扣除

房地产开发企业为取得土地使用权所支付的契税，应视同按国家统一规定缴纳的有关费用，计入取得土地使用权所支付的金额中扣除。

6. 拆迁安置土地增值税的计算

（1）房地产开发企业用建造的本项目房地产安置回迁户的，安置用房视同销售处理，确认收入，同时将其确认为房地产开发项目的拆迁补偿费。房地产开发企业支付给回迁户的补差价款，计入拆迁补偿费；回迁户支付给房地产开发企业的补差价款，应抵减本项目拆迁补偿费。

（2）房地产开发企业异地安置拆迁户，异地安置的房屋属于自行开发建造的，房屋价值计入本项目的拆迁补偿费；异地安置的房屋属于购入的，以实际支付的购房支出计入拆迁补偿费。

（3）房地产开发企业采用货币补偿方式安置拆迁户，凭合法有效凭证计入拆迁补偿费。

 特别提醒

从 2016 年 12 月 9 日起，企业按规定对开发项目进行土地增值税清算后，当年企业所得税汇算清缴出现亏损且有其他后续开发项目的，该亏损应按照税法规定向以后年度结转，用以后年度所得弥补。后续开发项目是指正在开发以及中标的项目。

 例 8-4

下列情形中，主管税务机关可要求纳税人进行土地增值税清算的有（　　）。

A. 已竣工验收的房地产开发项目，已转让的房地产建筑面积占整个项目可售建筑面积的比例在 80% 以上

B. 已竣工验收的房地产开发项目，已转让的房地产建筑面积占整个项目可售建筑面积的比例虽未超过 85%，但剩余的可售建筑面积已经出租或自用的

C. 取得销售（预售）许可证满 3 年仍未销售完毕的

D. 纳税人申请注销税务登记但未办理土地增值税清算手续的

E. 直接转让土地使用权的

【解析】

答案：BCD。已竣工验收的房地产开发项目，已转让的房地产建筑面积占整个项目可售建筑面积的比例在 85% 以上，或该比例虽未超过 85%，但剩余的可售建筑面积已经出租或自用的，主管税务机关可要求纳税人进行土地增值税清算；选项 E 属于纳税人应进行土地增值税清算的情形。

8.6　土地增值税的纳税申报

土地增值税纳税申报需提交相关纳税申报表。从事房地产开发的纳税人提交

《土地增值税项目登记表》和《土地增值税纳税申报表（一）》；非从事房地产开发的纳税人提交《土地增值税纳税申报表（二）》。此外，清算时从事房地产开发的纳税人需提交《土地增值税清算纳税申报表》。相关表从略。

练习题

一、单项选择题

1. 下列项目中，免征土地增值税的是（　）。
   A. 个人继承的房产
   B. 国有土地使用权的出让
   C. 因国家建设被征用的房地产
   D. 合作建房建成后转让的房地产

2. 下列各项中，不属于土地增值税纳税人的是（　）。
   A. 与国有企业换房的外资企业
   B. 合作建房后出售房产的合作企业
   C. 转让国有土地使用权的企业
   D. 将办公楼用于抵押且处于抵押期间的企业

3. 土地增值税的纳税人应在转让房地产合同签订后的（　）日内，到税务机关办理纳税申报。
   A. 7
   B. 10
   C. 15
   D. 30

4. 按照土地增值税有关规定，纳税人提供扣除项目金额不实的，在计算土地增值额时，应按照（　）扣除。
   A. 税务部门估定的价格
   B. 房地产评估价格
   C. 税务部门与纳税人协商的价格
   D. 房地产原值减除20%后的余值

5. 2016年9月张某因改善居住条件，转让已居住两年的非普通住宅一套，取得转让房款28万元。经批准的有关评估机构评估，该住房的重置成本价为25万元，成新度为60%。住房转让时，张某按国家统一规定缴纳有关手续费0.2万元、评估费0.5万元和税金1.5万元，则张某应缴纳土地增值税（　）万元。
   A. 2.85
   B. 3.46
   C. 3.5
   D. 1.73

6. 根据土地增值税的有关规定，下列各项中，不在房地产开发成本中扣除的是（　）。
   A. 以出包方式支付给承包单位的建筑安装工程费
   B. 开发小区内绿化工程发生的支出
   C. 房屋建造期间的借款利息
   D. 发生的装修费用

7. 以下属于主管税务机关要求纳税人进行土地增值税清算，而不是纳税人应进行土地增值税清算的是（　）。
   A. 房地产开发项目全部竣工、完成销售的
   B. 纳税人申请注销税务登记但未办理土地增值税清算手续的
   C. 直接转让土地使用权的
   D. 整体转让未竣工决算房地产开发项目的

8. 某单位转让一幢位于城区的旧办公楼，原造价400万元，经房地产评估机构评定其重置成本为1200万元，成新度折扣率为七成，转让价格2000万元，支付有关税费500万元，转让项目应纳土地增值税为（　）万元。
   A. 90
   B. 198
   C. 415
   D. 441

9. 土地增值税的纳税人转让的房地产坐落在两个或两个以上地区的，应（　）主管税务机关申报纳税。
   A. 分别向房地产坐落地各方的
   B. 向事先选择房地产坐落地某一方的
   C. 向房地产坐落地的上一级
   D. 先向机构所在地人民政府缴纳，再向房地产坐落地的上一级

10. 根据房地产开发企业土地增值税清算的有关规定，以下说法正确的是（　）。
    A. 房地产开发企业开发项目中同时包含普通住宅和非普通住宅的，应分别计算增值额
    B. 房地产开发企业提供的开发间接费用资料

不实的，不得扣除

C. 房地产开发企业提供的前期工程费的凭证不符合清算要求的，不得扣除

D. 土地使用者转让土地，如果转让时未取得土地使用权属证书，也没有与受让人办理权属变更登记手续，不缴纳土地增值税

11. 某房地产开发公司转让一幢写字楼取得收入 1 000 万元。已知该公司为取得土地使用权所支付的金额为 50 万元，房地产开发成本为 200 万元，房地产开发费用为 40 万元，与转让房地产有关的税金为 60 万元。该公司应缴纳的土地增值税为（　　）万元。

A. 180　　　　　　　B. 240

C. 300　　　　　　　D. 360

12. 下列情形中，可以享受免征土地增值税税收优惠政策的是（　　）。

A. 企业间互换办公用房

B. 企业转让一栋房产给政府机关用于办公

C. 房地产开发企业将建造的商品房作价入股某酒店

D. 居民因省政府批准的文化园项目建设需要而自行转让房地产

13. 下列各项中，属于土地增值税征收范围的是（　　）。

A. 房地产的出租行为

B. 房地产的抵押行为

C. 房地产的重新评估行为

D. 个人互换自有住房的行为

14. 下列房地产项目对外投资时，不需要缴纳土地增值税的是（　　）。

A. 非房地产开发企业以其土地使用权对房地产企业投资

B. 非房地产开发企业以其现有的厂房对某物流企业投资

C. 房地产开发企业以其建造的商品房对外投资

D. 房地产开发企业以其土地使用权对非房地产企业投资

15. 2016 年 3 月某房地产开发公司转让 5 年前购入的一块土地，取得转让收入 1 800 万元，该土地购进价 1 200 万元，取得土地使用权时缴纳相关税费 40 万元，转让该土地时缴纳相关税费 35 万元。该房地产开发公司转让土地应缴纳土地增值税（　　）万元。

A. 73.5　　　　　　　B. 150

C. 157.5　　　　　　　D. 300

二、多项选择题

1. 房地产企业销售开发的商品房，在计算土地增值税增值额时，准予扣除的项目包括（　　）。

A. 取得土地使用权所支付的金额

B. 房地产开发成本

C. 房地产开发费用

D. 按房地产开发成本和房地产开发费用之和乘以 20% 计算的加计扣除数

2. 下列情形中应采取预征方法征收土地增值税后清算税款的征税办法的有（　　）。

A. 开发小区先行转让部分房地产的

B. 预售商品房的

C. 赊销旧房地产的

D. 合作建房分别出售的

3. 下列行为中，不征收或免征土地增值税的有（　　）。

A. 转让集体土地的行为

B. 土地使用权所有人将土地使用权赠与直系亲属的行为

C. 转让国有土地使用权的行为

D. 土地使用权所有人通过国家机关将土地使用权赠与公益事业的行为

4. 下列项目中，在计算土地增值税增值额时，允许扣除的有（　　）。

A. 旧房转让中，与转让旧房及建筑物相关的税金及附加

B. 纳税人因虚报房地产成交价格而发生的评估费用

C. 已支付地价款，但不能提供已支付地价款凭据的

D. 旧房转让中，由政府批准设立的房地产评估机构评定的重置成本价乘以成新度折扣率后的价格

5. 符合下列（　　）情形之一的，主管税务机关可要求纳税人进行土地增值税清算。

A. 整体转让未竣工决算房地产开发项目的

B. 纳税人申请注销税务登记但未办理土地增值税清算手续的

C. 取得销售（预售）许可证满三年仍未销售完毕的

D. 已竣工验收的房地产开发项目，已转让的房地产建筑面积占整个项目可售建筑面积的比例在85%以上的

6. 《土地增值税暂行条例》规定，纳税人在转让房地产时有下列（　　）情形之一的，按照房地产评估价格计算征收土地增值税。

A. 提供的扣除项目金额不实的

B. 隐瞒、虚报房地产成交价格的

C. 转让房地产的成交价格低于房地产评估价格，又无正当理由的

D. 出售旧房和建筑物的

7. 某房地产开发企业有下列（　　）情形之一的，税务机关可以参照与其开发规模和收入水平相近的当地企业的土地增值税税负情况，按不低于预征率的征收率核定征收土地增值税。

A. 依照法律、行政法规的规定应当设置但未设置账簿的

B. 擅自销毁账簿或者拒不提供纳税资料的

C. 申报的计税依据明显偏低，又无正当理由的

D. 虽设置账簿，但账目混乱或者成本资料、收入凭证、费用凭证残缺不全，难以确定转让收入或扣除项目金额的

8. 某工业企业转让自用的房产，计算土地增值税的增值额时，可以直接扣除的税费有（　　）。

A. 购买房产时缴纳的契税

B. 转让房产时缴纳的教育费附加

C. 转让房产时缴纳的地方教育费附加

D. 转让房产时缴纳的印花税

9. 按照土地增值税征收管理的有关规定，下列项目中属于房地产评估机构的责任和义务的有（　　）。

A. 向税务机关无偿提供与房地产评估有关的评估资料

B. 对评估结果的真实性、合法性负法律责任

C. 严格按税法规定的办法进行应纳税房地产的价格评估

D. 在执业过程中，必须遵守职业道德

10. 下列项目中，属于土地增值税免税范围的有（　　）。

A. 事业单位转让自有的旧房产

B. 因国家建设需要被政府征用、收回的房地产

C. 居民个人居住达5年，因改善居住条件而转让的普通住宅

D. 建造普通标准住宅出售，增值额未超过扣除项目金额20%的

三、计算题

某市房地产开发公司与某单位于2016年11月正式签署一份写字楼转让合同，取得转让收入15 000万元，公司按税法规定缴纳了与转让房地产有关的税金及附加825万元（不含印花税）。已知房地产开发公司为取得该写字楼的土地使用权而支付的地价款和按国家统一规定缴纳的有关费用共计3 000万元；投入房地产开发成本4 000万元；房地产开发费用中的利息支出为1 200万元（不能按转让房地产项目计算分摊利息支出，也不能提供金融机构证明），当地省人民政府规定的房地产开发费用的扣除比例为10%。

要求：根据上述资料，回答下列问题：

（1）该房地产开发公司在计算土地增值税时，可以扣除的房地产开发费用是多少？

（2）该房地产开发公司在计算土地增值税时，可以扣除的其他扣除项目金额是多少？

（3）该房地产开发公司应缴纳的土地增值税是多少？

第9章

城市维护建设税与教育费附加

【引导案例】   附加税与流转税相伴而缴纳

城市维护建设税是 1985 年为扩大和稳定城市维护建设资金来源而开征的一个税种，它在筹集城市维护建设资金方面发挥了一定的作用。

教育费附加是 1984 年国务院颁布《关于筹措农村学校办学经费的通知》开征的。1985 年，中共中央做出了《关于教育体制改革的决定》，指出国家增拨教育经费的同时，开辟多种渠道筹措经费。为此，国务院于 1986 年 4 月 28 日颁布《征收教育费附加的暂行规定》，并于同年 7 月 1 日开征。

按月纳税的月销售额或营业额不超过 10 万元（按季度纳税的季度销售额或营业额不超过 30 万元）的缴纳义务人，免征教育费附加和地方教育附加。这两种免征收的附加税在会计处理中记入"营业外收入——减免税额"科目，意味着减免税额需要计算企业所得税。

9.1 城市维护建设税概述

城市维护建设税是对缴纳增值税、消费税的单位和个人征收的一种附加税。以纳税人实际缴纳的增值税、消费税的税额为计税依据，随"两税"同时征收，其本身没有特定的、独立的征税对象，只要缴纳了"两税"就必须依法缴纳城市维护建设税。城市维护建设税专门用于城市的公用事业和公共设施的维护建设。

1. 城市维护建设税的纳税义务人

城市维护建设税的纳税义务人是在征税范围内从事工商经营，并缴纳增值税、消费税的单位和个人。

个体商贩及个人在集市上出售商品，对其征收的临时经营的增值税，是否同时按其实缴税额征收城市维护建设税，由各省级人民政府根据实际情况确定。

特别提醒

> 为了进一步统一税制、公平税负，创造平等竞争的外部环境，自2010年12月1日起，我国对境内的外商投资企业、外国企业及外籍个人也征收城市维护建设税和教育费附加。

2. 城市维护建设税的征税范围

城市维护建设税的征税范围主要包括城市、县城、建制镇，以及税法规定征收"两税"的其他地区。

3. 城市维护建设税的税收优惠

（1）海关对进口产品代征增值税、消费税的，不征收城市维护建设税。

（2）对出口产品退还增值税、消费税的，不退还已缴纳的城市维护建设税；经税务局正式审核批准的当期免抵的增值税税额应纳入城市维护建设税和教育费附加的计征范围，分别按规定的税（费）率征收城市维护建设税和教育费附加。

（3）对于因减免税而需要进行"两税"退还的，可同时退还城市维护建设税。

特别提醒

> 城市维护建设税一般不单独减免，只有主税减免，城市维护建设税才减免；主税退库，城市维护建设税也同时退库。城市维护建设税进口不征，出口不退。
>
> 城市维护建设税与教育费附加的征免规定一般情况下是一致的。

4. 城市维护建设税的纳税地点

纳税人直接缴纳"两税"的，在缴纳"两税"地缴纳城市维护建设税。代征、代扣、代缴增值税和消费税的企业单位，同时也要代征、代扣、代缴城市维护建设税。如果没有代扣城市维护建设税，应由纳税单位或个人回到其所在地申报纳税。

9.2　城市维护建设税的税率

城市维护建设税的税率是指纳税人应缴纳的城市维护建设税税额与纳税人实际缴纳的"两税"税额之间的比率。城市维护建设税税率表见表 9 - 1。

表 9 - 1　　　　　　　　　城市维护建设税税率表

	税率	范围	说明
城市维护建设税	7%	市区	计税依据是纳税人实际缴纳增值税、消费税的税额
	5%	县城、建制镇	
	1%	其他地区	

9.3　城市维护建设税的计算

1. 计税依据

城市维护建设税的计税依据是纳税人实际缴纳的消费税、增值税的税额，不包括加收的滞纳金和罚款。

2. 计算公式

应纳税额＝（实际缴纳的增值税＋消费税)×适用税率

 例 9 - 1

某生产企业为增值税一般纳税人（位于市区），主要经营内销和出口业务，某年 4 月实际缴纳增值税 40 万元，出口货物免抵税额 4 万元。另外，进口货物缴纳增值税 17 万元，缴纳消费税 30 万元。计算该企业当月应纳城市维护建设税。

【解析】

城市维护建设税进口不征，出口不退，出口免抵的增值税应计征城市维护建设税。

应纳城市维护建设税＝(40＋4)×7%＝3.08(万元)

9.4　教育费附加的规定

9.4.1　教育费附加的基本内容

教育费附加是对缴纳增值税、消费税的单位和个人，就其实缴税额为计算依据征收的一种附加费。

1. 教育费附加的计税依据

教育费附加以其实际缴纳的增值税、消费税的税额为计征依据，分别与增值税和消费税同时缴纳。其目的是加快发展地方教育事业，扩大地方教育经费的资金来源。

教育费附加的特殊规定为：（1）对海关进口的产品征收的增值税、消费税，不征收教育费附加。（2）对由于减免增值税和消费税而发生退税的，可同时退还已征收的教育费附加。（3）对出口产品退还增值税和消费税的，不退还已征收的教育费附加。

2. 教育费附加的征收比率

教育费附加的征收比率为 3%，生产卷烟和烟叶的单位减半征收。

9.4.2 教育费附加的计算

1. 一般单位和个人的教育费附加的计算

应纳教育费附加＝（实际缴纳的增值税＋消费税)×征收比率

2. 卷烟和烟叶生产单位的教育费附加的计算

应纳教育费附加＝（实际缴纳的增值税＋消费税)×征收比率×50%

 例9-2

某企业地处市区，某年5月被税务机关查补增值税 45 000 元、消费税 25 000 元、所得税 30 000 元；还被加收滞纳金 20 000 元、被处罚款 50 000 元。问：该企业应补缴城市维护建设税和教育费附加多少元？

【解析】

应纳城市维护建设税和教育费附加＝（45 000＋25 000)×(7%＋3%)

＝7 000(元)

9.4.3 教育费附加的减免规定

一般来说，城市维护建设税减免，教育费附加也会同时减免。

□ 练习题

一、单项选择题

1. 下列各项中，不符合城市维护建设税有关规定的有（　　）。

A. 城市维护建设税的计税依据是纳税人实际缴纳增值税、消费税的税额

B. 因减免税而发生增值税、消费税退库的，城市维护建设税也同时退库

C. 城市维护建设税以"两税"为计税依据，不包括加收的滞纳金和罚款

D. 纳税人偷漏"两税"而加收的滞纳金、罚

款，一并计入城市维护建设税的计税依据

2. 位于市区的某公司 12 月应缴纳增值税 170 万元，实际缴纳增值税 210 万元（包括缴纳以前年度欠缴的增值税 40 万元）。当月因享受增值税先征后退政策，获得增值税退税 60 万元。则该公司当月应缴纳的城市维护建设税和教育费附加合计为（　　）万元。

A. 15　　　　　　　B. 17

C. 21　　　　　　　D. 53

3. 设在县城的 B 企业按税法规定代收代缴设在市区的 A 企业的消费税，则下列处理正确的是（　　）。

A. 由 B 企业按 5% 的税率代收代扣城建税

B. 由 A 企业按 5% 的税率回所在地缴纳

C. 由 B 企业按 7% 的税率代收代扣城建税

D. 由 A 企业按 7% 的税率自行缴纳城建税

4. 下列经营者中，不需缴纳城市维护建设税的是（　　）。

A. 加工、修理、修配的私营企业

B. 生产化妆品的集体企业

C. 生产、销售货物的国有企业

D. 外贸企业进口时由海关代征的增值税、消费税

5. 某市一居民企业 5 月被查补增值税 50 000 元、消费税 20 000 元、所得税 30 000 元，被加收滞纳金 2 000 元，被处罚款 8 000 元。该企业应补缴城市维护建设税和教育费附加（　　）元。

A. 5 000　　　　　　B. 7 000

C. 8 000　　　　　　D. 10 000

6. 某城市甲企业 1 月份缴纳增值税 17 万元，消费税 30 万元，所得税 13 万元。该企业应缴纳的城市维护建设税是（　　）万元。

A. 3.29　　　　　　B. 4.2

C. 2.1　　　　　　　D. 3.01

7. 某生产企业为增值税一般纳税人（位于县城），主要经营内销和出口业务，2016 年 4 月实际缴纳增值税 40 万元，出口货物免抵税额 4 万元。另外，进口货物缴纳增值税 17 万元，缴纳消费税 30 万元。该企业 2016 年 4 月应纳城市维护建设税（　　）万元。

A. 2.2　　　　　　B. 3.08

C. 2.52　　　　　　D. 5.81

二、多项选择题

1. 下列各项中符合城建税规定的有（　　）。

A. 只要缴纳"两税"，就要缴纳城建税

B. 因减免"两税"而退库的，相应的城建税可以同时退还

C. 对出口产品退还增值税、消费税的，不退还城建税

D. 海关对进口货物征收增值税、消费税的，不征收城建税

2. 城建税的纳税地点就是"两税"的纳税地点，但下列特殊情况，城建税纳税地点为（　　）。

A. 委托代销商品，规定为受托方代缴"两税"的，城建税在受托方所在地缴纳

B. 跨省开采石油，下属开采单位与核算单位不在一个省的，城建税在油井所在地缴纳

C. 管道输油收入，城建税在管道局所在地缴纳

D. 航空公司的运营业务，在核算盈亏的机构所在地申报缴纳

3. 下列各项中，符合城市维护建设税征收管理规定的有（　　）。

A. 海关对进口产品代征增值税时，应同时代征城市维护建设税

B. 对增值税实行先征后返的，应同时返还附征的城市维护建设税

C. 对出口产品退还增值税的，不退还已经缴纳的城市维护建设税

D. 纳税人延迟缴纳增值税而加收的滞纳金，不作为城市维护建设税的计税依据

4. 下列关于城市维护建设税的纳税地点的说法中，正确的有（　　）。

A. 流动经营的单位和个人，随同"两税"在经营地按适用税率缴纳

B. 代扣代缴增值税、消费税的，在委托方所在地缴纳

C. 对管道局输油部分的收入，其应纳城建税由取得收入的各管道局于所在地缴纳增值税时一并缴纳

D. 跨省开采的油田，下属生产单位与核算单位不在一个省的，各油井应纳的城建税，

由核算单位计算一并缴纳

5. 下列各项中，关于教育费附加和地方教育费附加的表述正确的有（　　）。

A. 教育费附加和地方教育费附加征收比率按照地区差别设定

B. 对海关进口的产品征收增值税、消费税，但不征收教育费附加

C. 出口产品退还增值税、消费税的，同时退还已征收的教育费附加

D. 外商投资企业和外国企业也要缴纳

6. 下列关于城市维护建设税纳税地点的表述中，正确的有（　　）。

A. 无固定纳税地点的个人，为户籍所在地

B. 代收代缴"两税"的单位，为税款代收地

C. 代扣代缴"两税"的个人，为税款代扣地

D. 取得房地产收入的单位，为房地产机构所在地

7. 下列各项中，符合城市维护建设税计税依据的规定的是（　　）。

A. 偷逃增值税查补的税额

B. 出口免抵的增值税税额

C. 出口产品征收的消费税

D. 出口产品征收的增值税

C 第 10 章

Chapter 10 企业所得税

【引导案例】

所得税创始于英国。英国在18世纪末以前实行的是以消费税为主体的间接税制度，税收占财政收入的比重不大。18世纪末期，英法战争爆发，英国政府急需大笔经费以满足战争需要，仅靠消费税等筹集战争经费已缓不济急，于是英国首相皮特在1798年创设了一种名为"三部合成捐"，实为所得税雏形的新税。但由于办法欠佳，漏税甚多，翌年遂废除而采用新的所得税，这奠定了英国所得税的基础。

中国所得税制度的创建受欧美国家和日本的影响，始于20世纪初。清末宣统年间（大约为1910年）曾起草过《所得税章程》，其中既包括对企业所得征税的内容，也包括对个人所得征税的内容，但是未能公布施行。

10.1 企业所得税概述

2007年3月16日第十届全国人民代表大会第五次会议通过了《中华人民共和国企业所得税法》（以下简称《企业所得税法》），2007年12月6日国务院发布了《中华人民共和国企业所得税法实施条例》（以下简称《企业所得税法实施条例》），于2008年1月1日起正式施行。世界上共有159个国家实行企业所得税，按照税率由高到低排序，我国原税法中33%的税率排第52位，新税法中25%的税率排第103位。

与增值税一样，企业所得税是国家财政收入的重要来源，是我国两大主体税种之一。

10.1.1　企业所得税的纳税义务人

企业所得税是指对企业和其他取得收入的组织（以下统称企业）的所得和其他所得征收的一种税。企业分为居民企业和非居民企业。

▶ **特别提醒**

> 企业所得税是对企业的应纳税所得额征收的一种税，通俗的理解是对收入减去为取得收入付出的各项支出以后的剩余部分征税。所得税与流转税的主要区别在于：企业所得税政策不仅对收入，同时对与取得收入相关的各类扣除项目（成本、费用、损失等内容）进行确认，涉及收入、费用、成本、所有者权益等多项内容，比较复杂。

1. 居民企业

居民企业是指依法在中国境内成立，或者依照外国（地区）法律成立但实际管理机构在中国境内的企业。征税范围是来源于中国境内、境外的所得。具体包括：

（1）依照中国法律、法规在中国境内成立的企业。这里的企业是指国有、集体、私营、联营、股份制企业，外商投资企业，外国企业，以及有生产经营所得和其他所得的其他组织。

（2）依照外国（地区）法律成立但实际管理机构在中国境内的企业。这里的企业是指在其他国家和地区注册，但实际管理机构在我国境内的企业。

2. 非居民企业

非居民企业是指有来源于中国境内、境外所得的非居民企业，即在我国设立代表处及其他分支机构的外国企业。征税范围是来源于中国境内的所得。具体包括：

（1）依照外国（地区）法律、法规成立且实际管理机构不在中国境内，但在中国境内设立机构、场所的企业。例如，德国大众公司在中国境内设立的分支机构，既要向中国政府缴纳所得税，同时也要向德国政府缴纳所得税。

（2）在中国境内未设立机构、场所，但有来源于中国境内所得的企业。具体包括：

1）管理机构、营业机构、办事机构。

2）工厂、农场、开采自然资源的场所。

3）提供劳务的场所。

4）从事建筑、安装、装配、修理、勘探等工程作业的场所。

5）其他从事生产经营活动的机构、场所。

3. 非居民企业扣缴义务人

自 2017 年 12 月 1 日起，非居民企业扣缴义务人所在地主管税务机关为扣缴义务人所得税主管税务机关。所得发生地主管税务机关按以下原则确定：

（1）不动产转让所得，为不动产所在地税务局。

（2）权益性投资资产转让所得，为被投资企业的所得税主管税务机关。

（3）股息、红利等权益性投资所得，为分配所得企业的所得税主管税务机关。

（4）利息所得、租金所得、特许权使用费所得，为负担、支付所得的单位或个人的所得税主管税务机关。

10.1.2 企业所得税的扣缴义务人

（1）非居民企业的所得税，以支付人为扣缴义务人。

（2）对非居民企业在中国境内取得工程作业和劳务所得应缴纳的所得税，税务机关可以指定工程价款或者劳务费的支付人为扣缴义务人。

扣缴义务人每次代扣的税款，应当自代扣之日起 7 日内缴入国库，并向所在地的税务机关报送《扣缴企业所得税报告表》。

10.1.3 企业所得税的缴纳办法

按年计算，按月或季预缴，年终汇算清缴，多退少补。

1. 纳税期限

预缴是指企业在还不能准确核算一个纳税年度应交所得税时，为了保证税款及时入库，采取先对一个月或一个季度内应纳税所得额的实际发生数计算缴纳税款，或以上一年度应纳税所得额按月或按季的平均数计算缴纳税款。

汇算清缴是指在年度终了后，对全年应纳税所得额进行结算，全年应纳税款如果小于预缴总数，多缴的应予以退还；如果大于预缴总数，少缴的则予以补缴。

（1）企业所得税分月或者分季预缴。企业应当自月份或者季度终了之日起 15 日内，向税务机关报送预缴企业所得税纳税申报表，预缴税款。

（2）企业应当自年度终了之日起 5 个月内，向税务机关报送《年度企业所得税纳税申报表》，并汇算清缴，结清应缴应退税款。

2. 企业所得税的纳税地点

一般情况下向其所在地主管税务机关缴纳，特殊情况除外。

10.2 企业所得税的税率

企业所得税的税率表如表 10-1 所示。

表 10-1　　　　　　　　　　　　　　企业所得税的税率表

种类	税率	前提	适用范围
基本税率	25%	不存在特别规定的情况下适用的税率	(1) 居民企业 (2) 非居民企业在中国境内设立机构、场所的
低税率	20%（非居民企业取得的适用低税率的所得减按10%）	低于基本税率但不是优惠税率和协定税率的税率	(1) 在中国境内未设立机构、场所的非居民企业 (2) 虽设立机构、场所但取得的所得与其所设机构、场所没有实际联系的非居民企业
优惠税率	20%	国家对部分重点扶持和鼓励发展的产业和项目，给予企业所得税优惠时适用的税率	符合条件的小型微利企业
	15%	国家对部分重点扶持和鼓励发展的产业和项目，给予企业所得税优惠时适用的税率	(1) 高新技术企业。即国家需要重点扶持的高新技术企业 (2) 设在西部地区的鼓励类产业企业。自2011年1月1日至2020年12月31日，对设在西部地区的鼓励类产业企业适用 (3) 技术先进型服务企业。自2010年7月1日起至2013年12月31日止，在示范城市对经认定的技术先进型服务企业适用

1. 小微企业的划分标准

小微企业的条件为：企业资产总额 5 000 万元以下，从业人数 300 人以下，应纳税所得额 300 万元以下。

⊙ 特别提醒

　　(1) 不超过 100 万元部分，减按 25% 计入应纳税所得额，即税负为 5%，低于标准税率 20 个百分点。

　　(2) 100 万元至 300 万元的部分，减按 50% 计入应纳税所得额，即税负是 10%，低于标准税率 15 个百分点。

其中，从业人数包括与企业建立劳动关系的职工人数和企业接受的劳务派遣用工人数。从业人数和资产总额指标应按企业全年的季度平均值确定。具体计算公式如下：

$$季度平均值＝\frac{季初值＋季末值}{2}$$

$$全年季度平均值＝\frac{全年各季度平均值之和}{4}$$

比如某小微企业 2019 年应纳税所得额为 240 万元，则其应纳税额的计算为：

（1）不超过 100 万元的部分，减按 25％计入应纳税所得额。

应纳税所得额＝100×25％×20％＝5（万元）

（2）100 万元至 300 万元的部分，减按 50％计入应纳税所得额。

应纳税所得额＝140×50％×20％＝14（万元）

（3）该企业 2019 年应纳企业所得税额＝5＋14＝19（万元）

2. 国家重点扶持的高新技术企业的认定标准

高新技术企业是指在《国家重点支持的高新技术领域》内，持续进行研究开发与技术成果转化，形成企业核心自主知识产权，并以此为基础开展经营活动，在中国境内（不包括港、澳、台地区）注册的居民企业。国家重点扶持的高新技术企业，减按 15％的税率征收企业所得税。

企业对照规定进行自我评价，认为符合认定条件的，可在"高新技术企业认定管理工作网"注册登记，向认定机构提出认定申请。申请时提交下列材料：

（1）高新技术企业认定申请书；

（2）证明企业依法成立的相关注册登记证件；

（3）知识产权相关材料、科研项目立项证明、科技成果转化、研究开发的组织管理等相关材料；

（4）企业高新技术产品（服务）的关键技术和技术指标、生产批文、认证认可和相关资质证书、产品质量检验报告等相关材料；

（5）企业职工和科技人员情况说明材料；

（6）经具有资质的中介机构出具的企业近三个会计年度研究开发费用和近一个会计年度高新技术产品（服务）收入专项审计或鉴证报告，并附研究开发活动说明材料；

（7）经具有资质的中介机构鉴证的企业近三个会计年度的财务会计报告（包括会计报表、会计报表附注和财务情况说明书，专项审计报告必须是指定的会计师事务所中的一家）；

（8）近三个会计年度企业所得税年度纳税申报表。

10.3　企业所得税税收优惠的备案管理事项

2018 年 4 月 25 日，国家税务总局发布《企业所得税优惠事项管理目录（2017年版）》（以下简称《目录》）。企业所得税法规定的优惠事项以及国务院和民族自治地方根据企业所得税法授权制定的企业所得税优惠事项，包括免税收入、减计收入、加计扣除、加速折旧、所得减免、抵扣应纳税所得额、减低税率、税额抵免等。

企业享受优惠事项采取"自行判别、申报享受、相关资料留存备查"的办理方式。企业应当根据经营情况以及相关税收规定自行判断是否符合优惠事项规定的条件，符合条件的可以按照《目录》列示的时间自行计算减免税额，并通过填报企业所得税纳税申报表享受税收优惠。同时，按照规定归集和留存相关资料备查。留存备查资料是指与企业享受优惠事项有关的合同、协议、凭证、证书、文件、账册、说明等资料。留存备查资料分为主要留存备查资料和其他留存备查资料两类。主要留存备查资料由企业按照《目录》列示的资料清单准备，其他留存备查资料由企业根据享受优惠事项情况自行补充准备。企业所得税优惠事项管理部分目录（2017年版）见表 10 - 2。

🌐 特别提醒

> 企业享受优惠事项的，应当在完成年度汇算清缴后，将留存备查资料归集齐全并整理完成，以备税务机关核查。企业留存备查资料应从企业享受优惠事项当年的企业所得税汇算清缴期结束次日起保留 10 年。

表 10 - 2　　　　　企业所得税优惠事项管理部分目录（2017 年版）

序号	优惠事项名称	主要留存备查资料	享受优惠时间	后续管理要求
1	国债利息收入免征企业所得税	1. 国债净价交易交割单 2. 购买、转让国债的证明，包括持有时间、票面金额、利率等相关材料 3. 应收利息（投资收益）科目明细账或按月汇总表 4. 减免税计算过程的说明	预缴享受	由省税务机关（含计划单列市税务机关）规定
2	取得的地方政府债券利息收入免征企业所得税	1. 购买地方政府债券证明，包括持有时间、票面金额、利率等相关材料 2. 应收利息（投资收益）科目明细账或按月汇总表 3. 减免税计算过程的说明	预缴享受	由省税务机关（含计划单列市税务机关）规定
3	符合条件的居民企业之间的股息、红利等权益性投资收益免征企业所得税	1. 被投资企业的最新公司章程（企业在证券交易市场购买上市公司股票获得股权的，提供相关记账凭证、本公司持股比例以及持股时间超过 12 个月情况说明） 2. 被投资企业股东会（或股东大会）利润分配决议或公告、分配表 3. 被投资企业进行清算所得税处理的，留存被投资企业填报的加盖主管税务机关受理章的《中华人民共和国清算所得税申报表》及附表三《剩余财产计算和分配明细表》复印件 4. 投资收益、应收股利科目明细账或按月汇总表	预缴享受	由省税务机关（含计划单列市税务机关）规定

续前表

序号	优惠事项名称	主要留存备查资料	享受优惠时间	后续管理要求
4	符合条件的非营利组织的收入免征企业所得税	1. 非营利组织免税资格有效认定文件或其他相关证明 2. 非营利组织认定资料 3. 当年资金来源及使用情况、公益活动和非营利活动的明细情况 4. 当年工资薪金情况专项报告，包括薪酬制度、工作人员整体平均工资薪金水平、工资福利占总支出比例、重要人员工资薪金信息（至少包括工资薪金水平排名前10的人员） 5. 当年财务报表 6. 登记管理机关出具的事业单位、社会团体、基金会、社会服务机构、宗教活动场所、宗教院校当年符合相关法律法规和国家政策的事业发展情况或非营利活动的材料 7. 应纳税收入及其有关的成本、费用、损失，与免税收入及其有关的成本、费用、损失分别核算的情况说明 8. 取得各类免税收入的情况说明 9. 各类免税收入的凭证	预缴享受	由省税务机关（含计划单列市税务机关）规定

10.4 资产的税务处理

10.4.1 固定资产的税务处理

1. 固定资产的计税基础

（1）外购的固定资产，以购买价款和支付的相关税费以及直接归属于使该资产达到预定用途发生的其他支出为计税基础。

（2）自行建造的固定资产，以竣工结算前发生的支出为计税基础。

（3）融资租入的固定资产，以租赁合同约定的付款总额和承租人在签订租赁合同过程中发生的相关费用为计税基础；租赁合同未约定付款总额的，以该资产的公允价值和承租人在签订租赁合同过程中发生的相关费用为计税基础。

（4）盘盈的固定资产，以同类固定资产的重置完全价值为计税基础。

（5）通过捐赠、投资、非货币性资产交换、债务重组等方式取得的固定资产，以该资产的公允价值和支付的相关税费为计税基础。

（6）改建的固定资产，除已足额提取折旧的固定资产和租入的固定资产以外的其他固定资产，以改建过程中发生的改建支出增加计税基础。

2. 固定资产折旧的计算方法

《企业会计准则》中规定的折旧计算方法有年限平均法（又称直线法）、工作量法，以及加速折旧法中的年数总和法和双倍余额递减法，但是企业所得税法规定原则上采用直线法计提折旧，其计算公式为：

$$月折旧额＝原值×\frac{1-净残值率}{使用年限×12}$$

3. 固定资产折旧的范围

在计算应纳税所得额时，企业按照规定计算的固定资产折旧，准予扣除。下列固定资产不得计算折旧扣除：

（1）房屋、建筑物以外未投入使用的固定资产；

（2）以经营租赁方式租入的固定资产；

（3）以融资租赁方式租出的固定资产；

（4）已足额提取折旧仍继续使用的固定资产；

（5）与经营活动无关的固定资产；

（6）单独估价作为固定资产入账的土地；

（7）其他不得计算折旧扣除的固定资产。

4. 固定资产折旧的计提年限

除国务院财政、税务主管部门另有规定外，固定资产计算折旧的最低年限如下：

（1）房屋、建筑物，为 20 年；

（2）飞机、火车、轮船、机器、机械和其他生产设备，为 10 年；

（3）与生产经营活动有关的器具、工具、家具等，为 5 年；

（4）飞机、火车、轮船以外的运输工具，为 4 年；

（5）电子设备，为 3 年。

5. 缩短固定资产折旧年限和加速折旧法的选择

（1）企业在 2018 年 1 月 1 日至 2020 年 12 月 31 日期间新购进的设备、器具，单位价值不超过 500 万元的，允许一次性计入当期成本费用在计算应纳税所得额时扣除，不再分年度计算折旧。

（2）对所有行业企业持有的单位价值不超过 5 000 元的固定资产，允许一次性计入当期成本费用，在计算应纳税所得额时扣除，不再分年度计算折旧。

▶ **特别提醒**

　　企业根据自身生产经营核算需要，可自行选择享受一次性税前扣除政策。未选择享受一次性税前扣除政策的，以后年度不得再变更。自 2019 年 1 月 1 日起，固定资产加速折旧优惠的行业范围，扩大至全部制造业领域。制造业企业未享受固定资产加速折旧优惠的，可在月（季）度预缴申报时享受优惠或在 2019 年度汇算清缴时享受优惠。

10.4.2　无形资产的税务处理

无形资产的摊销费用，准予在计算应纳税所得额时扣除。

1．不得计算摊销费用扣除的无形资产

（1）自行开发的支出已在计算应纳税所得额时扣除的无形资产。

（2）自创商誉。

（3）与经营活动无关的无形资产。

（4）其他不得计算摊销费用扣除的无形资产。

2．无形资产的摊销

无形资产按照直线法计算的摊销费用，准予扣除。具体规定如下：

（1）无形资产的摊销年限不得低于 10 年。

（2）作为投资或者受让的无形资产，有关法律规定或者合同约定了使用年限的，可以按照规定或者约定的使用年限分期摊销。

（3）外购商誉的支出，在企业整体转让或者清算时，准予扣除。

10.4.3　其他资产或费用的税务处理

1．生物资产的税务处理

（1）生物资产分为消耗性生物资产、生产性生物资产和公益性生物资产。其中，生产性生物资产是指为产出农产品、提供劳务或出租等目的而持有的生物资产，包括经济林、薪炭林、产畜和役畜等。

（2）只有生产性生物资产按照直线法计算的折旧准予扣除。企业应当自生产性生物资产投入使用月份的次月起计算折旧。

（3）生产性生物资产计算折旧的最低年限如下：1）林木类生产性生物资产为 10 年；2）畜类生产性生物资产为 3 年。

2．长期待摊费用的税务处理

企业发生的下列支出作为长期待摊费用，按照年限不得低于 3 年进行摊销，准予扣除：

（1）已足额提取折旧的固定资产的改建支出。

（2）租入固定资产的改建支出。

（3）固定资产的大修理支出。具体是指：1）修理支出达到取得固定资产时的计税基础 50％以上；2）修理后固定资产的使用年限延长 2 年以上。

（4）其他应当作为长期待摊费用的支出。其他应当作为长期待摊费用的支出，自支出发生月份的次月起分期摊销，摊销年限不得低于 3 年。

特别提醒

如果是日常性修理支出，可在发生当期直接扣除。由于在《企业会计准则》中取消了"预提费用"科目，不采取预提固定资产大修理费用的方式，因此只能在实际发生时列支，若已经支付，则分期摊销，摊销年限不得低于3年。

3. 存货的税务处理

（1）存货的成本计算方法，可以在先进先出法、加权平均法、个别计价法中选用一种（新《企业会计准则》取消了后进先出法）。计价方法一经选用，不得随意变更。确实需要改变计价方法的，应当在下一纳税年度开始前报当地税务机关批准。

（2）除国务院财政、税务主管部门另有规定外，企业在重组过程中，应当在交易发生时确认有关资产的转让所得或者损失，相关资产应当按照交易价格重新确定计税基础。

4. 投资资产的税务处理

（1）企业对外投资期间，投资资产的成本在计算应纳税所得额时不得扣除。

（2）企业在转让或者处置投资资产时，投资资产的成本准予扣除。

10.5 企业所得税的计算

10.5.1 居民企业应纳税额的计算

应纳税额的计算公式为：

应纳税额＝应纳税所得额×适用税率－减免税额－抵免税额

公式中的减免税额和抵免税额是指依照《企业所得税法》和国务院的税收优惠的规定减征、免征和抵免的应纳税额。

在实际工作中，应纳税所得额的计算一般有两种方法。

（1）直接计算法。

应纳税 ＝ 收入 － 不征税 － 免税 － 各项扣除 － 允许弥补的
所得额　　总额　　收入　　收入　　项目金额　　以前年度亏损

企业所得税应纳税所得额的计算以权责发生制为原则。属于当期的收入和费用，不论款项是否收付，均作为当期的收入和费用；不属于当期的收入和费用，即使款项已经在当期收付，也不作为当期的收入和费用。

（2）间接计算法。

应纳税所得额＝会计利润总额±纳税调整项目金额

纳税调整增加额是指超范围、超标准、未计少计的项目金额，而纳税调整减少额是指不纳税、免税、弥补以前年度亏损的项目金额。

 特别提醒

在实际工作中，采用间接计算法计算企业所得税的情况偏多。

10.5.2　收入的确认

1. 收入总额的确认

企业的收入总额是指以货币形式和非货币形式从各种来源取得的收入。具体包括：

（1）销售货物收入。销售货物收入是指企业销售库存商品、产成品、半成品、原材料、包装物、低值易耗品以及其他货物取得的收入。企业销售收入的确认必须遵循权责发生制原则和实质重于形式原则。

（2）提供劳务收入。提供劳务收入是指企业从事建筑安装、交通运输、仓储、邮政、信息传输、计算机服务、住宿、餐饮、金融、商务服务、科学研究、技术服务、地质勘查、水利管理、环境管理、公共设施管理、居民服务、教育、卫生、文化、体育、娱乐和其他劳务服务活动取得的收入。

（3）转让财产收入。转让财产收入是指企业转让固定资产、无形资产、股权、债权等取得的收入。

（4）股息、红利等权益性投资收益。股息、红利等权益性投资收益是指企业凭借权益性投资从被投资方分配取得的收入，包括股息、红利、联营分利等。

（5）利息收入。利息收入是指企业将资金提供给他人使用或他人占用本企业资金所取得的利息收入，包括存款利息、贷款利息、债券利息、欠款利息等收入。

（6）租金收入。租金收入是指企业提供固定资产、包装物和其他资产的使用权取得的收入。

（7）特许权使用费收入。特许权使用费收入是指企业提供专利权、非专利技术、商标权、著作权以及其他特许权的使用权而取得的收入。

（8）接受捐赠收入。接受捐赠收入是指企业接受捐赠的货币性和非货币性资产。1）企业接受捐赠的货币性和非货币性资产，均并入当期的应纳税所得。2）企业接受捐赠的非货币性资产，按接受捐赠时资产的入账价值确认捐赠收入，并入当期应纳税所得。受赠非货币性资产计入应纳税所得额的内容包括受赠资产价值和由捐赠企业代为支付的增值税，不包括由受赠企业另外支付或应付的相关税费。

（9）其他收入。其他收入包括企业资产盘盈或溢余收入、罚款收入、逾期未返还的包装物押金、因债权人确实无法支付的应付款项、债务重组收入、非货币性资产交换实现的收入、政府补助（财政拨款、税收返还等）、视同销售收入、依法收取并纳入财政管理的行政事业性收费和政府性基金、已作坏账损失处理后又收回的应收账款以及国务院规定的其他收入等。

2. 不征税收入的确认

（1）财政拨款。财政拨款是指财政部门根据法律法规等有关规定，经过预算程序对国家机关和事业单位、社会团体、企业直接拨付的经费。

特别提醒

> 企业实际收到的财政拨款中的财政补贴和税收返还等，按照《企业会计准则》的规定，属于政府补助的范畴，记入"营业外收入"科目，除企业取得的所得税返还（退税）和出口退税的增值税进项税额外，一般作为应税收入征收企业所得税。

（2）行政事业性收费和政府性基金。行政事业性收费是指国家机关、事业单位、代行政府职能的社会团体及其他组织根据法律法规等有关规定，依照国务院规定程序批准，在实施社会公共管理，以及向公民、法人和其他组织提供特定公共服务的过程中，向特定对象收取的费用。政府性基金是各级人民政府及其所属部门根据法律、国家行政法规和中共中央、国务院有关文件的规定，为支持某项事业发展，按照国家规定程序批准，向公民、法人和其他组织征收的具有专项用途的资金，包括各种基金、资金、附加以及专项收费等。

（3）其他不征税收入。为了适应社会发展的需要，承担公共管理职能的非营利组织可能会取得一些新的不征税收入。其他不征税收入的界定权属于国务院。

3. 免税收入的确认

免税收入主要包括：

（1）国债利息收入。

（2）符合条件的居民企业之间的股息、红利等权益性投资收益。

（3）在中国境内设立机构、场所的非居民企业从居民企业取得的与该机构、场所有实际联系的股息、红利等权益性投资收益。

（4）符合条件的非营利组织的收入。

特别提醒

> 注意严格区分"不征税收入"和"免税收入"，不征税收入本身不构成应税收入，如财政拨款，纳入财政管理的行政事业性收费、政府性基金等；免税收入本身已构成应税收入但对税收予以免除，如国债利息收入，符合条件的居民企业之间的股息、红利收入等。

10.5.3　准予扣除的项目

企业实际发生的与取得收入有关的、合理的支出，包括成本、费用、税金、损失和其他支出，准予在计算应纳税所得额时扣除。准予扣除的具体项目包括：

（1）成本。成本是指企业在生产经营活动中发生的销售成本、销货成本、业务支出以及其他耗费。

（2）费用。费用是指企业在生产经营活动中发生的三大期间费用，即销售费用、管理费用和财务费用（已经计入成本的有关费用除外，如制造费用）。具体规定如下：

1）销售费用只允许按照标准扣除广告费、运输费、销售佣金等费用。

2）管理费用只允许按照标准扣除业务招待费、职工福利费、工会经费、职工教育经费、为管理组织经营活动提供各项支援性服务而发生的费用等。

3）财务费用只允许按照标准扣除利息支出、借款费用等。

（3）税金。税金是指记入"税金及附加"科目的税费，即已缴纳的消费税、城市维护建设税、资源税、土地增值税、出口关税和教育费附加等。

🔘 **特别提醒**

> 房产税、车船税、土地使用税、印花税在会计核算中记入"税金及附加"科目。增值税为价外税，不包含在销售收入中，计算应纳税所得额时不得扣除。企业所得税也不包含在"税金及附加"项目中。

 例 10 - 1

某企业当期销售货物实际缴纳增值税 20 万元、消费税 10 万元、城市维护建设税 2.1 万元、教育费附加 0.9 万元，还缴纳房产税 1 万元、城镇土地使用税 0.5 万元、印花税 0.2 万元。问：企业当期可在所得税前扣除的税金及附加是多少？

【解析】

$$允许在所得税前扣除的税金及附加 = 10 + 2.1 + 0.9 + 1 + 0.5 + 0.2$$
$$= 14.7（万元）$$

（4）损失。损失是指企业在生产经营活动中的损失和其他损失，具体包括：固定资产和存货的盘亏、毁损、报废损失，转让财产损失，呆账损失，坏账损失，自然灾害等不可抗力因素造成的损失以及其他损失。企业已经作为损失处理的资产，在以后纳税年度又全部收回或者部分收回时，应当计入当期收入。税前可以扣除的损失为净损失，即企业的损失减除责任人赔偿和保险赔款后的余额。

（5）其他支出。其他支出是指除成本、费用、税金、损失外，企业在生产经营活动中发生的与生产经营活动有关的、合理的支出。

🔘 **特别提醒**

> 企业所得税税前扣除的凭证必须合法、有效，发票是企业所得税税前扣除的基本凭证，除发票以外，企业真实发生的各项费用（如折旧、工资等费用）不需要取得发票的，可以凭自制凭证扣除。企业无法取得发票的，需要提供能够证明和企业生产经营有关的费用真实发生的有效证明。

10.5.4　具体扣除项目和标准

准予按规定范围和标准扣除的项目包括：

（1）工资薪金支出。

1）企业发生的合理的工资薪金支出准予扣除。其中，"合理的工资薪金"是指企业按照股东大会、董事会、薪酬委员会或相关管理机构制定的工资薪金制度的规定实际发放给员工的工资薪金。

2）税务机关在对工资薪金进行合理性确认时，可按以下原则判断：①企业制定了较为规范的员工工资薪金制度；②企业制定的工资薪金制度符合行业及地区水平；③企业在一定时期所发放的工资薪金是相对固定的，工资薪金的调整是有序进行的；④企业对实际发放的工资薪金，已依法履行了代扣代缴个人所得税义务；⑤有关工资薪金的安排，不以减少或逃避缴纳税款为目的。

（2）职工福利费、职工工会经费、职工教育经费（三费）。

1）企业发生的职工福利费支出，不超过工资薪金总额14％的部分，准予扣除。企业发生的职工福利费，应该单独设置会计账册进行核算，没有单独设置账册进行核算的，税务机关应责令企业在规定的期限内进行改正，逾期仍未改正的，税务机关可对企业发生的职工福利费进行合理的核定。《企业会计准则》规定，职工福利费不允许采用计提方法，应首先将原来计提的应付职工薪酬中职工福利费的贷方余额抵减完，然后连同实际支付的工资费用一起计入成本费用中。

2）企业拨缴的工会经费，不超过工资薪金总额2％的部分，准予扣除。

3）除国务院财政、税务主管部门另有规定外，企业发生的职工教育经费支出，不超过工资薪金总额8％的部分，准予扣除；超过部分，准予在以后纳税年度结转扣除。

▶ **特别提醒**

> 自2010年7月1日起，企业拨缴的职工工会经费，不超过工资薪金总额2％的部分，凭工会组织开具的《工会经费收入专用收据》（财政部统一印制并套印财政部票据监制章）在企业所得税税前扣除。

企业雇用季节工、临时工、实习生，返聘离退休人员以及接受外部劳务派遣用工，也属于企业任职或者受雇员工范畴，企业支付给上述人员的相关费用，可以区分工资薪金支出和职工福利费支出的，准予按税法的规定进行税前扣除。其中属于工资薪金支出的，准予计入企业工资薪金总额的基数，作为计算其他各项相关费用扣除的依据。

▶ **特别提醒**

> 工资薪金总额是指企业实际发放的工资薪金总和，不包括企业的职工福利费、职工教育经费、工会经费以及养老保险费、医疗保险费、失业保险费、工伤保险费、生育保险费等社会保险费和住房公积金。

例 10 - 2

某企业为居民企业，某年实际发生的工资薪金支出为 100 万元，核算计提三项经费 18.5 万元，其中福利费本期发生 12 万元，拨缴的工会经费为 2 万元，已经取得工会拨缴收据，实际发生职工教育经费 3 万元。问：该企业该年计算应纳税所得额时，应调增的应纳税所得额是多少？

【解析】

福利费扣除限额＝100×14％＝14(万元)

实际发生 12 万元，可据实扣除。

工会经费扣除限额＝100×2％＝2(万元)

实际发生 2 万元，可据实扣除。

职工教育经费扣除限额＝100×8％＝8(万元)

实际发生 3 万元，可扣除 3 万元。

应调增应纳税所得额＝18.5－(12＋2＋3)＝1.5(万元)

（3）社会保险费。

1）按照国务院有关主管部门或省级人民政府规定的范围和标准为职工缴纳的基本养老保险、基本医疗保险、失业保险、工伤保险、生育保险（五险）以及住房公积金（一金）准予扣除。

2）为特殊工种职工缴纳的人身安全保险费准予扣除。

3）自 2008 年 1 月 1 日起，企业根据国家有关政策规定，为在本企业任职或者受雇的全体员工支付的补充养老保险费、补充医疗保险费，分别在不超过职工工资总额 5％标准内的部分，在计算应纳税所得额时准予扣除；超过的部分，不予扣除。

▶ **特别提醒**

自 2017 年 7 月 1 日起，对个人购买符合规定的商业健康保险产品的支出，允许在当年（月）计算应纳税所得额时予以税前扣除，扣除限额为 2 400 元/年（200 元/月）。单位统一为员工购买符合规定的商业健康保险产品的支出，应分别计入员工个人工资薪金，视同个人购买，按上述限额予以扣除。

（4）业务招待费。企业发生的与生产经营活动有关的业务招待费支出，按照实际发生额的 60％扣除，但最高不得超过当年销售收入的 5‰。

销售收入净额是指年销售收入扣除销货退回、销售折让和销项税额等各项支出后的收入。销售收入应当包括主营业务收入和其他业务收入，不包括营业外收入、税收上应确认的其他收入（因债权人原因确实无法支付的应付款项、债务重组收益、接受捐赠的资产、资产评估增值）。这比《企业会计准则》中规定的主营业务收入的口径大。

企业筹办期发生的业务招待费按实际发生额的 60％，广告费和业务宣传费按实际发生额，分别计入筹办费进行税前扣除。

 特别提醒

> 业务招待费采取两者结合的办法，即遵循最高扣除限额与实际发生数额的60%孰低原则进行税前扣除。

例 10-3

某居民企业某年向其主管税务机关申报的应纳税所得额与利润总额相等，均为10万元，其主营业务收入为2 000万元。假设不存在其他纳税调整事项，计算该公司该年税前可扣除的金额。

【解析】

销售收入的扣除标准＝2 000×5‰＝10(万元)

1) 如记入"管理费用——业务招待费"科目40万元，则招待费的扣除标准＝40×60%＝24万元；由于销售收入的扣除标准10万元小于招待费的扣除标准24万元，因此税前可扣除10万元。

2) 如记入"管理费用——业务招待费"科目15万元，则招待费的扣除标准＝15×60%＝9万元；由于销售收入的扣除标准10万元大于招待费的扣除标准9万元，因此税前实际可扣除9万元。

(5) 广告费和业务宣传费支出。

1) 企业发生的符合条件的广告费和业务宣传费支出，除国务院财政、税务主管部门另有规定外，不超过当年销售收入15%的部分，准予扣除；超过部分，准予在以后纳税年度结转扣除。

2) 对化妆品制造、医药制造和饮料制造（不含酒类制造）企业发生的广告费和业务宣传费支出，不超过当年销售收入30%的部分，准予扣除；超过部分，准予在以后纳税年度结转扣除。

3) 烟草企业的烟草广告费和业务宣传费支出，一律不得在计算应纳税所得额时扣除。

广告费应具备的条件是：1) 广告是通过工商部门批准的专门机构制作的；2) 已实际支付费用，并取得相应发票；3) 通过一定的媒体传播。

 特别提醒

> (1) 企业申报扣除的广告费支出应与赞助支出严格区分。(2) 销售收入包括销售货物收入、劳务收入、出租财产收入、特许权使用费收入、视同销售收入等，即包括主营业务收入和其他业务收入。(3) 广告费和业务宣传费支出，超过扣除标准的部分，准予结转以后纳税年度扣除。这与职工教育经费处理方式一致。(4) 广告费不再按行业确定扣除标准，而是执行统一比例。

广告费和业务宣传费及职工教育经费结转扣除明细表如表 10 - 3 所示。

表 10 - 3　　　　　广告费和业务宣传费及职工教育经费结转扣除明细表　　　　　单位：元

年度	本年实际发生额	扣除限额	以前年度累计结转	实扣以前年度结转	可结转下一年度扣除额	已结转扣除额				
						各年超限额部分在以后年度结转扣除				
						第 2 年	第 3 年	第 4 年	…	合计

说明：如果合计一栏的金额＝本年实际发生额－扣除限额，表示该年度超过限额部分已经结转扣除完。

例 10 - 4

某企业年销售收入 3 000 万元，转让技术使用权收入 200 万元，广告费支出 600 万元，业务宣传费 40 万元。问：计算应纳税所得额时，应调整的应纳税所得额是多少？

【解析】

广告费和业务宣传费实际发生额＝600＋40＝640（万元）

扣除标准＝（3 000＋200）×15％＝480（万元）

由于实际发生额 640 万元超过扣除标准 480 万元，因此计算应纳税所得额时，应调增的应纳税所得额计算如下：

应调增应纳税所得额＝640－480＝160（万元）

如果实际发生额小于扣除标准，则据实扣除。

（6）捐赠支出。捐赠支出包括公益性捐赠支出和非公益性捐赠支出。其中，公益性捐赠是指企业通过公益性社会团体或者县级以上人民政府及其部门，对《中华人民共和国公益事业捐赠法》规定的公益事业的捐赠，并且需要有相应的政府机关认可的票据。从 2019 年 4 月 23 日开始，企业当年发生以及以前年度结转的公益性捐赠支出，不超过年度利润总额 12％的部分，准予扣除。年度利润总额是指企业依照国家统一会计制度的规定计算的年度会计利润。非公益性捐赠包括纳税人向受赠人的直接捐赠，不允许扣除。

自 2019 年 1 月 1 日至 2022 年 12 月 31 日，企业通过公益性社会组织或者县级（含县级）以上人民政府及其组成部门和直属机构，用于目标脱贫地区的扶贫捐赠支出，准予在计算企业所得税应纳税所得额时据实扣除。在政策执行期限内，目标脱贫地区实现脱贫的，可继续适用相关政策。

例 10 - 5

某企业年度会计利润总额 200 万元，经过计算调整后的应纳税所得额为 210 万元，其中对希望工程小学的捐赠 37 万元记入"营业外支出"科目。请计算该企业应缴纳的企业所得税。

【解析】

公益救济性捐赠扣除限额＝200×12％＝24（万元）

实际发生 37 万元，所以可以扣除 24 万元。

应纳企业所得税＝(200＋37－24)×25％＝53.25(万元)

(7) 手续费及佣金支出。

1) 企业发生与生产经营有关的手续费及佣金支出，不超过计算限额的部分，准予扣除；超过部分，不得扣除。具体规定为：①保险企业中的财产保险企业的手续费及佣金支出按当年全部保费收入扣除退保金等后余额的 15％计算限额；②人身保险企业按当年全部保费收入扣除退保金等后余额的 10％计算限额；③其他企业中的手续费及佣金支出按与具有合法经营资格的中介服务机构或个人（不含交易双方及其雇员、代理人和代表人等）所签订的服务协议或合同确认的收入金额的 5％计算限额。

2) 企业应与具有合法经营资格的中介服务企业或个人签订代办协议或合同，并按国家有关规定支付手续费及佣金。除委托个人代理外，企业以现金等非转账方式支付的手续费及佣金不得在税前扣除。企业为发行权益性证券支付给有关证券承销机构的手续费及佣金不得在税前扣除。

3) 企业不得将手续费及佣金支出计入回扣、业务提成、返利、进场费等费用。

4) 企业已计入固定资产、无形资产等相关资产的手续费及佣金支出，应当通过折旧、摊销等方式分期扣除，不得在发生当期直接扣除。

5) 企业支付的手续费及佣金不得直接冲减服务协议或合同金额，应当如实入账。

6) 企业应当如实向当地主管税务机关提供当年手续费及佣金计算分配表和其他相关资料，并依法取得合法真实的凭证。

(8) 利息费用。

1) 向金融机构借款的利息支出、金融机构的各项存款利息支出和同业拆借利息支出，准予扣除。

2) 向非金融机构借款的利息支出，不超过按照金融企业同期同类贷款基准利率计算的数额部分，准予扣除；超过部分不允许扣除。

3) 企业向内部职工或其他人员借款的利息支出，其借款情况同时符合以下条件的，其利息支出不超过按照金融企业同期同类贷款利率计算的数额部分，准予扣除。具体规定为：①企业与个人之间的借贷是真实、合法、有效的，并且不具有非法集资目的或其他违反法律、法规的行为；②企业与个人之间签订了借款合同。

 例 10-6

某公司年度会计利润总额为 40 万元。记入"财务费用"科目的有向银行借入的生产用资金 200 万元，借用期限 6 个月，支付借款利息 5 万元，银行的贷款利率为 5％；经批准向本企业职工借入生产用资金 60 万元，借用期限 10 个月，支付借款利息 3.5 万元。请计算该企业应纳所得税额。

【解析】

$$可税前扣除职工借款利息＝60×5\%×\frac{10}{12}＝2.5(万元)$$

$$应纳所得税＝[40＋(3.5-2.5)]×25\%＝10.25(万元)$$

（9）借款费用。

1）在生产经营中发生的合理的不需要资本化的借款费用，准予扣除。

2）企业为购置、建造固定资产、无形资产和经过 12 个月以上的建造才能达到预定可销售状态的存货发生借款的，在有关资产购置、建造期间发生的合理的借款费用，应予以资本化，作为资本性支出计入有关资产的成本。有关资产交付使用后发生的借款利息，可在发生当期扣除。

3）企业通过发行债券、取得贷款、吸收保户储金等方式融资而发生的合理的费用支出，符合资本化条件的，应计入相关资产成本；不符合资本化条件的，应作为财务费用（包括手续费及佣金支出），准予在税前据实扣除。

（10）汇兑损失。企业在货币交易中，以及纳税年度终了将人民币以外的货币性资产、负债按照期末即期人民币汇率中间价折算为人民币时产生的汇兑损失，除已经计入资产成本以与向所有者进行利润分配相关的部分外，准予扣除。

（11）总机构分摊的费用。非居民企业在中国境内设立的机构、场所，就其中国境外总机构发生的与该机构、场所生产经营有关的费用，能够提供总机构出具的费用汇集范围、定额、分配依据和方法等证明文件，并合理分摊的，准予扣除。

（12）资产损失。

1）企业当期发生的固定资产和流动资产盘亏、毁损净损失，由其提供清查盘存资料，留存备查。

2）企业因存货盘亏、毁损、报废等原因不得从销项税额中抵扣的进项税额，即进项税额转出，应视同企业财产损失，准予与存货损失一起在所得税前按规定扣除。

（13）研发费加计扣除。

2018 年 9 月 20 日，财政部、税务总局和科技部规定，将企业研发费用加计扣除比例提高到 75% 的政策由科技型中小企业扩大至所有企业。企业开展研发活动中实际发生的研发费用，未形成无形资产计入当期损益的，在按规定据实扣除的基础上，在 2018 年 1 月 1 日至 2020 年 12 月 31 日期间，再按照实际发生额的 75% 在税前加计扣除；形成无形资产的，在上述期间按照无形资产成本的 175% 在税前摊销。

（14）其他项目。依照有关法律、行政法规和税法有关规定准予扣除的其他项目，如会员费、合理的会议费、差旅费、违约金、诉讼费等。

现将有扣除标准的项目的扣除标准和超标准处理方式归纳如表 10-4 所示。

表 10-4　　　　　　　　　　　　　　有扣除标准的项目表

项目	扣除标准	超标准处理
职工福利费	不超过工资薪金总额 14% 的部分，据实扣除	当年不得扣除
工会经费	不超过工资薪金总额 2% 的部分，据实扣除	当年不得扣除
职工教育经费	不超过工资薪金总额 8% 的部分，据实扣除	当年不得扣除；但超过部分准予结转以后纳税年度扣除
利息费用	不超过金融企业同期同类贷款利率计算的利息，据实扣除	当年不得扣除
业务招待费	按照发生额的 60% 和当年销售收入的 5‰孰低扣除	当年不得扣除
广告费和业务宣传费	不超过当年销售收入 15% 的部分，据实扣除	当年不得扣除；但超过部分准予结转以后纳税年度扣除
公益性捐赠支出	不超过年度利润总额 12% 的部分，据实扣除	当年不得扣除，但超过部分准予在以后年度（次年起计算最长不得超过三年）结转扣除

10.5.5　不得扣除的项目

（1）向投资者支付的股息、红利等权益性投资收益款项。股息、红利不能混入工资薪金支出，向投资者支付的股息、红利等权益性投资收益款项不得在税前扣除。对于诸如分红、借款利息支出等与受雇无关，不具有合理性的项目，不得作为工资薪金支出列支。

（2）企业所得税。企业所得税不得在计算企业所得税时作扣减。

（3）税收滞纳金。税务部门等收取的滞纳金不得扣除。

（4）罚金、罚款和被没收财物的损失。罚金、罚款和被没收财物的损失是指纳税人违反国家有关法律、法规规定，被有关部门处以的罚款以及被司法机关处以的罚金和被没收财物。

解释

　　罚款分为经营性罚款和行政性罚款两类。经营性罚款是指企业在经营活动中被收取的罚款，如合同违约金，逾期归还银行贷款的罚款、罚息，在计算应纳税所得额时准予扣除；行政性罚款是指因纳税人违反相关法规被政府处以的罚款，如税收罚款、交通违章罚款等，在计算应纳税所得额时不得扣除。

（5）超过规定标准的捐赠支出。2018 年 2 月 11 日，财政部和国家税务总局规定自 2017 年 1 月 1 日起，企业当年发生及以前年度结转的公益性捐赠支出，准予在当年税前扣除的部分，不能超过企业当年年度利润总额的 12%。企业发生的公益性捐赠支出未在当年税前扣除的部分，准予向以后年度结转扣除，但结转年限自捐赠发生年度的次年起计算最长不得超过三年。企业在对公益性捐赠支出计算扣除时，应先扣除以前年度结转的捐赠支出，再扣除当年发生的捐赠支出。

（6）非广告性质的赞助支出。非广告性质的赞助支出是指企业发生的与生产经营活动无关的各种赞助支出。不论是否自愿，一律不得扣除。这里所说的赞助并不等于公益性捐赠。

（7）超过规定标准的广告费和业务宣传费。企业发生的与生产经营活动有关的广告费和业务宣传费在当年销售收入 15% 以内的部分，允许扣除；超过部分，允许在以后纳税年度结转扣除。

（8）未经核定的准备金支出。未经核定的准备金支出是指不符合国务院财政、税务主管部门规定的各项资产减值准备、风险准备等准备金支出，不包括计提的环境保护和生态恢复方面的准备金。未经核定的准备金不得在税前扣除。

除企业依照法律、行政法规有关规定提取的用于环境保护、生态恢复等方面的专项资金准予扣除外，企业计提的其他准备金不得扣除。会计上计提的坏账准备（金融企业的坏账准备除外）、存货跌价准备、短期投资跌价准备、长期投资减值准备、固定资产减值准备、在建工程减值准备和无形资产减值准备共七项资产减值准备不得扣除。在会计处理中，七项资产减值准备的计提属于会计政策的典型运用。企业提取的存货跌价准备或资产减值准备，尽管在提取年度的税前不允许扣除，但当企业资产损失实际发生时，在实际发生年度允许扣除，体现了企业所得税据实扣除和确定性的原则。

（9）企业之间支付的管理费用。能够提供总机构出具的费用汇集范围、定额、分配依据和方法等证明文件的非居民企业向总机构支付的合理费用可以扣除，而关联企业之间支付的管理费用不得扣除。

（10）企业内营业机构之间支付的租金和特许权使用费。

（11）非银行企业内营业机构之间支付的利息。

（12）与取得收入无关的其他支出。如为取得不征税收入而支付的管理费用等。

（13）企业对外投资期间的投资成本不允许税前扣除。

（14）房屋、建筑物以外未投入使用的固定资产折旧不得在税前扣除。

例 10－7

（2015 年初级会计职称考试试题）甲公司为居民企业。2014 年有关收支情况如下：

（1）产品销售收入 2 500 万元，营业外收入 70 万元。

（2）发生合理的工资薪金支出 150 万元、职工供暖费补贴 23 万元、防暑降温费 20 万元。

（3）发生广告费 300 万元、税收滞纳金 6 万元、环保部门罚款 5 万元、非广告性赞助 16 万元，直接向某希望小学捐赠 10 万元。

（4）缴纳增值税 125 万元、消费税 75 万元、城市维护建设税 14 万元和教育费附加 6 万元。

已知：在计算企业所得税应纳税所得额时，职工福利费支出不超过工资薪金总额的14%；广告费不超过当年销售收入的15%。

要求：根据上述资料，分析回答下列小题。

(1) 甲公司在计算2014年度企业所得税应纳税所得额时，准予扣除的广告费是（　　）万元。

　A. 375　　　　　　　　　　　　B. 385.5

　C. 300　　　　　　　　　　　　D. 10.5

【解析】

答案：C。1）销售收入＝2 500万元（不包括营业外收入）；2）广告费税前扣除限额＝2 500×15%＝375万元，实际发生广告费300万元，未超过扣除限额，可以据实扣除。

(2) 甲公司下列支出中，在计算2014年度企业所得税应纳税所得额时，不得扣除的是（　　）。

　A. 环保部门罚款5万元

　B. 税收滞纳金6万元

　C. 直接向某希望小学捐赠10万元

　D. 非广告性赞助16万元

【解析】

答案：ABCD。1）选项AB：税收滞纳金、罚金、罚款和被没收财物的损失，不得在计算企业所得税时扣除。2）选项C：直接向某希望小学捐赠，不属于公益性捐赠支出，不得在计算企业所得税时扣除。3）选项D：非广告性质的赞助支出，不得在计算企业所得税时扣除。

(3) 甲公司在计算2014年度企业所得税应纳税所得额时，准予扣除的职工福利费是（　　）万元。

　A. 22.5　　　　　　　　　　　　B. 23

　C. 43　　　　　　　　　　　　　D. 21

【解析】

答案：D。1）职工供暖费补贴和防暑降温费属于职工福利费，职工福利费实际发生额＝23＋20＝43万元；2）职工福利费税前扣除限额＝150×14%＝21万元，实际发生额超过了扣除限额，应按照限额扣除，准予扣除的职工福利费是21万元。

(4) 甲公司发生的下列税费中，在计算2014年度企业所得税应纳税所得额时，准予扣除的是（　　）。

　A. 消费税75万元　　　　　　　　B. 城市维护建设税14万元

　C. 教育费附加6万元　　　　　　　D. 增值税125万元

【解析】

答案：ABC。选项D：企业缴纳的增值税属于价外税，不得在企业所得税前扣除。

10.5.6　居民企业核定征收应纳税额的计算

1. 核定征收企业所得税的范围

（1）依照法律、行政法规的规定可以不设置账簿的；

（2）依照法律、行政法规的规定应当设置但未设置账簿的；

（3）擅自销毁账簿或者拒不提供纳税资料的；

（4）虽设置账簿，但账目混乱或者成本资料、收入凭证、费用凭证残缺不全，难以查账的；

（5）发生纳税义务，未按照规定的期限办理纳税申报，经税务机关责令限期申报，逾期仍不申报的；

（6）申报的计税依据明显偏低，又无正当理由的。

2. 核定征收的办法

核定征收的办法分为核定应税所得率和核定应纳所得税额。

（1）具有下列情形之一的，核定其应税所得率：1）能正确核算（查实）收入总额，但不能正确核算（查实）成本费用总额；2）能正确核算（查实）成本费用总额，但不能正确核算（查实）收入总额；3）通过合理方法，能计算和推定纳税人收入总额或成本费用总额。

（2）纳税人不属于以上情形的，核定其应纳所得税额。税务机关采用下列方法核定征收企业所得税：1）参照当地同类行业或者类似行业中经营规模和收入水平相近的纳税人的税负水平核定；2）按照应税收入额或成本费用支出额定率核定；3）按照耗用的原材料、燃料、动力等推算或测算核定；4）按照其他合理方法核定。

3. 核定应税所得率征收计算

核定应税所得率计算应纳税所得额和应纳所得税额的公式为：

$$应纳税所得额＝收入总额×应税所得率$$

或

$$＝\frac{成本（费用）支出额}{1-应税所得率}×应税所得率$$

$$应纳所得税额＝应纳税所得额×适用税率$$

　例 10-8

某小型企业某年向其主管税务机关申报收入 150 万元，成本、费用及销售税金共计 160 万元，全年亏损 10 万元。经审核成本、费用真实，收入无法核准。当地税务机关确定的应税所得率为 20%。请计算该企业应纳所得税额。

【解析】

$$应纳所得税额＝\frac{160}{1-20\%}×20\%×25\%＝10（万元）$$

10.5.7　境外所得抵扣税额的计算

1. 可以从其当期应纳税额中抵免的在境外缴纳的所得税税额

企业取得下列所得已在境外缴纳的所得税税额，可以从其当期应纳税额中抵免，抵免限额为该项所得依照企业所得税法规定计算的应纳税额；超过抵免限额的部分，可以在以后5个纳税年度内，用每年度抵免限额抵免当年应抵税额后的余额进行抵补。

（1）限额抵免的范围。1）居民企业来源于中国境外的应税所得；2）非居民企业在中国境内设立机构、场所，取得发生在中国境外但与该机构、场所有实际联系的应税所得。

（2）来源于中国境外的股息、红利等权益性投资收益。居民企业从其直接或者间接控制的外国企业分得的来源于中国境外的股息、红利等权益性投资收益，外国企业在境外实际缴纳的所得税税额中属于该项所得负担的部分，可以作为该居民企业的可抵免境外所得税税额，在企业所得税法规定的抵免限额内抵免。其中直接或间接控制是指持有20%以上的股份。

2. 抵免限额的计算

$$抵免限额 = \frac{境内、境外所得按税法}{计算的应纳税总额} \times \frac{来源于某国的应纳税所得额}{境内、境外应纳税所得总额}$$

式中，计算应纳税所得总额的税率均为法定税率25%。应纳税所得额是税前利润，若从国外分回的是税后利润，需换算为税前利润，换算公式为：

$$应纳税所得额 = 分回利润 + 国外已纳税款$$

或

$$= 分回利润 \div (1 - 某国所得税税率)$$

$$抵免限额 = 来源于某国（地区）的应纳税所得额 \times 25\%$$

抵免限额的计算方法是分国不分项。判断标准是：（1）应缴纳税额小于实际缴纳税额，则扣除全部应纳税额；（2）应缴纳税额大于实际缴纳税额，将国外已经缴纳的税额全部扣除。

例 10-9

某企业某年度境内应纳税所得额为100万元，企业所得税税率为25%。该企业分别在A、B两国设有分支机构（我国与A、B两国已经缔结避免双重征税协定），在A国分支机构的应纳税所得额为50万元，税率为20%；在B国分支机构的应纳税所得额为30万元，税率为30%。假设该企业在A、B两国所得按我国税法计算的应纳税所得额和按A、B两国税法计算的应纳税所得额一致，两个分支机构在A、B两国分别缴纳了10万元和9万元的企业所得税。请计算该企业汇总在我国应缴纳的企业所得税税额。

【解析】

（1）该企业按我国税法计算的境内、境外所得的应纳税额。

应纳税额＝（100＋50＋30）×25％＝45（万元）

（2）A、B 两国的扣除限额。

$$A 国扣除限额＝45×\frac{50}{100＋50＋30}＝12.5（万元）$$

或
$$＝50×25％＝12.5（万元）$$

$$B 国扣除限额＝45×\frac{30}{100＋50＋30}＝7.5（万元）$$

或
$$＝30×25％＝7.5（万元）$$

由于在 A 国缴纳的所得税 10 万元小于扣除限额 12.5 万元，因此可全额扣除。

由于在 B 国缴纳的所得税 9 万元大于扣除限额 7.5 万元，因此其超过扣除限额的部分 1.5 万元当年不能扣除。

（3）汇总在我国应缴纳的企业所得税＝45－10－7.5＝27.5（万元）

10.5.8　非居民企业应纳税额的计算

按照国际通行做法，我国目前与其他国家签订的税收协定也遵循了国际惯例。对于在中国境内未设立机构、场所的，或者虽设立机构、场所但取得所得与其所设机构、场所没有实际联系的非居民企业的所得，按照下列方法计算应纳税所得额。

（1）股息、红利等权益性投资收益和利息、租金、特许权使用费所得。

应纳税所得额＝收入全额

在计算应纳税额时，一般不扣除任何成本费用，而是按收入全额征税。

（2）转让财产所得。

应纳税所得额＝收入全额－财产净值

式中，财产净值是指财产的计税基础减去已经按照规定扣除的折旧、折耗、摊销、准备金等后的余额。

（3）其他所得。非居民企业可能因向中国境内的企业或个人提供咨询而从中国境内取得咨询费收入，以及因向中国境内企业或个人提供境外保险而从中国境内取得保险费收入等，这些收入也按收入全额征收所得税。

10.5.9　预缴企业所得税

从事房地产开发经营业务的居民纳税人实行预缴企业所得税（自 2008 年 1 月 1

日起执行）。

1. 对于采取预售方式销售取得的预售收入的相关处理

采取预售方式销售取得的预售收入，按照规定的预计利润率分季（或月）计算出预计利润总额，预缴所得税，开发产品完工、结算计税成本后按照实际利润再行调整。

2. 预计利润率的确定

（1）非经济适用房开发项目的预计利润率按地区分别不得低于20%、15%、10%。

（2）经济适用房开发项目的预计利润率不得低于3%。

10.5.10　亏损弥补

亏损是指按规定将每一纳税年度的收入总额减除免税收入、不征税收入和各项扣除项目金额后数额小于零的情形。

1. 亏损弥补的规定

（1）企业纳税年度发生的亏损，准予向以后年度结转，用以后年度的所得弥补，但结转年限最长不得超过5年。

（2）弥补期从亏损年度后第一年算起，连续5年内不论是盈利还是亏损，都作为实际弥补年限计算。先亏先补，按顺序连续计算弥补期。

（3）可弥补的亏损额并不是企业利润表中的亏损额，而是企业利润表中的亏损额经税务机关按税法规定核实、调整后的金额。

（4）企业在汇总计算缴纳企业所得税时，其境外营业机构的亏损不得抵减境内营业机构的盈利。

2. 亏损弥补计算的注意事项

（1）企业发生年度亏损，下一年度实现的利润应首先弥补以前年度的亏损。

（2）若下一年度实现的利润大于以往年度的亏损，应一次性将以往年度出现的亏损全部弥补。

（3）企业如果连续发生亏损，以后年度实现利润后，应首先弥补第一个亏损年度的亏损额，然后弥补第二个亏损年度的亏损额，以此类推，按顺序弥补，不能随意选择。

3. 弥补亏损的方式

（1）税前利润的弥补。企业发生的亏损可以用次年度的税前利润弥补，次年度税前利润不足以弥补的，可以在5年内连续弥补。这时不需要做专门的会计处理，通过本年利润的期末结转进行弥补即可。

（2）税后利润的弥补。企业发生的亏损，5年内的税前利润不足弥补时，用税后利润弥补，即盈余公积补亏。这种方式不确认递延所得税。税法规定在计算应纳税所得额时不能扣除亏损余额。

 特别提醒

高新技术企业和科技型中小企业亏损结转年限由 5 年延长至 10 年。

 例 10 - 10

假设某企业 10 年的盈利情况如表 10 - 5 所示，分步说明弥补亏损并计算 10 年内应纳所得税额，所得税税率为 25%。

表 10 - 5　　　　　　　　　　　　　　　　　　　　　　　　　　　　　单位：万元

年度	2007	2008	2009	2010	2011	2012	2013	2014	2015	2016
获利情况	90	−60	−80	−30	50	10	30	30	80	120

【解析】

（1）2008 年亏损 60 万元，其弥补期为 2009—2013 年（即 5 年）。

　　　补亏后余额＝−60＋50＋10＋30＝30(万元)

至 2013 年弥补亏损后，余 30 万元。

（2）2009 年亏损 80 万元，其弥补期为 2010—2014 年（即 5 年）。

　　　补亏后余额＝−80＋30＋30＝−20(万元)

至 2014 年仍未弥补完亏损，亏损的 20 万元需待以后的盈余公积来弥补。

（3）2010 年亏损 30 万元，其弥补期为 2011—2015 年（即 5 年）。

　　　补亏后余额＝−30＋80＝50(万元)

至 2015 年弥补亏损后，余 50 万元。

（4）2011 年以后是盈利的，没有亏损需要弥补。

（5）需要缴纳所得税的年份是 2007 年、2015 年和 2016 年。

　　　2007 年应纳所得税税额＝90×25%＝22.5(万元)
　　　2015 年应纳所得税税额＝50×25%＝12.5(万元)
　　　2016 年应纳所得税税额＝120×25%＝30(万元)

（6）10 年内应纳所得税税额＝22.5＋12.5＋30＝65(万元)

10.6　企业所得税的汇算清缴

10.6.1　企业所得税汇算清缴的基本内容

企业所得税汇算清缴是指纳税人在纳税年度终了后 5 个月内，依照税收法律、法规、规章及其他有关企业所得税的规定，自行计算全年应纳税所得额和应纳所得税额，根据月度或季度预缴所得税的数额，确定该年度应补或者应退税额，并填写《年度企业所得税纳税申报表》，向主管税务机关办理年度企业所得税纳税申报，根据税务机关要求提供有关资料，结清全年企业所得税税款的行为。

1. 企业所得税汇算清缴范围

凡在纳税年度内从事生产、经营（包括试生产、试经营）活动的纳税人，无论是否在减免税期间，也无论盈利或亏损，均应进行企业所得税汇算清缴。包括查账征收和实行核定应税所得率征收企业所得税的纳税人。

在汇算清缴期限内，由总机构汇总计算企业年度应纳所得税额，扣除总机构和各分支机构已预缴的税款，计算出应缴应退税款，按照规定的税款分摊方法计算总机构和各分支机构的企业所得税应缴应退税款，分别由总机构和各分支机构就地办理税款缴库或退库。

实行核定定额征收企业所得税的纳税人不进行汇算清缴。

特别提醒

> 凡在纳税年度内从事生产、经营（包括试生产、试经营），或在纳税年度中间终止经营活动的纳税人，无论是否在减免税期间，也无论盈利或亏损，均应按照《企业所得税法》及其实施条例和《企业所得税汇算清缴管理办法》的有关规定进行年度企业所得税汇算清缴。

2. 汇算清缴时间

企业所得税年度汇算清缴期为当年 5 月 31 日前。

10.6.2　汇算清缴内容

纳税人依照企业所得税法律、法规、规章及其他有关企业所得税规定，自行计算本纳税年度应纳税所得额和应纳所得税额，根据季度预缴企业所得税的数额，确定该纳税年度应补或者应退税额，并填写企业所得税年度纳税申报表，向主管税务机关办理企业所得税年度纳税申报，提供税务机关要求提供的有关资料，结清全年企业所得税税款。纳税人对纳税申报的真实性、准确性和完整性负法律责任。

纳税人需向税务机关备案的事项，应按照规定的程序、时限和要求，在办理企业所得税年度纳税申报前及时办理。

特别提醒

> 凡享受企业所得税税收优惠的，应当按照规定向税务机关履行备案手续，妥善保管留存备查资料。企业应当不迟于年度汇算清缴纳税申报时备案。

10.6.3　汇算清缴申报方式

年度企业所得税汇算清缴提供网上申报、前台申报等申报方式，企业所得税纳税人应尽可能使用网上申报方式申报。

（1）网上申报。已在主管税务机关办妥开通网上申报手续的纳税人，进入各省税务局或者税务局网上办税大厅进行申报。

（2）前台申报。纳税人携带电子申报数据和纸质申报资料直接到主管税务机关的办税服务厅办理纳税申报。纳税人在汇算清缴期内发现当年企业所得税申报有误的，可在汇算清缴期内按照规定程序到主管税务机关重新填报纳税申报表并进行更正申报。

10.6.4　查账征收企业所得税的纳税人汇算清缴报送的资料

纳税人办理企业所得税年度纳税申报时，应如实填写和报送下列有关资料：

（1）企业所得税年度纳税申报表及其附表；

（2）财务报表；

（3）备案事项相关资料；

（4）总机构及分支机构基本情况、分支机构征税方式、分支机构的预缴税情况（分支机构不进行汇算清缴，应将分支机构的营业收支等情况在报总机构统一汇算清缴前报送分支机构所在地主管税务机关）；

（5）委托中介机构代理纳税申报的，应出具双方签订的代理合同，并附送中介机构出具的包括纳税调整的项目、原因、依据、计算过程、调整金额等内容的报告；

（6）涉及关联方业务往来的，同时报送《中华人民共和国企业年度关联业务往来报告表》；

（7）主管税务机关要求报送的其他有关资料。

🔵 **特别提醒**

> 纳税人采用电子方式办理企业所得税年度纳税申报的，应按照有关规定保存有关资料或附报纸质纳税申报资料。纳税人在汇算清缴期内发现当年企业所得税申报有误的，可在汇算清缴期内重新办理企业所得税年度纳税申报。

10.6.5　核定应税所得率征收企业所得税的纳税人汇算清缴报送的资料

核定应税所得率征收企业所得税的纳税人汇算清缴报送的资料如下：

（1）《中华人民共和国企业所得税月（季）度和年度纳税申报表（B类）》。

（2）财务会计报告。

（3）主管税务机关要求报送的其他资料。

● 特别提醒

> 企业所得税汇算清缴时，需要注意应付未付款项及应收坏账的涉税处理。
>
> （1）长期挂账的应付款项。企业确实无法支付的应付款项应作为营业外收入计入应纳税所得额，征收企业所得税。同时，上述款项在以后年度实际支付时准予税前扣除。
>
> （2）无法收回的长期应收款项。债务人逾期3年以上未清偿，且有确凿证据证明已无力清偿债务的，可以作为坏账损失在计算应纳税所得额时扣除，但应说明情况，并出具专项报告。

10.6.6　企业所得税税前扣除凭证

国家税务总局发布《企业所得税税前扣除凭证管理办法》，自2018年7月1日起实施。

1. 税前扣除的基本规定

企业发生支出，应取得税前扣除凭证，作为计算企业所得税应纳税所得额时扣除相关支出的依据。企业应将与税前扣除凭证相关的资料，包括合同协议、支出依据、付款凭证等留存备查，以证实税前扣除凭证的真实性。

● 特别提醒

> 企业应在当年度企业所得税法规定的汇算清缴期结束前取得税前扣除凭证。

● 解释　▶ ▶ ▶ ▶ ▶ ▶ ▶

> 税前扣除凭证，是指企业在计算企业所得税应纳税所得额时，证明与取得收入有关的、合理的支出实际发生，并据以税前扣除的各类凭证。

2. 税前扣除凭证的分类

税前扣除凭证按照来源分为内部凭证和外部凭证。

（1）内部凭证是指企业自制用于成本、费用、损失和其他支出核算的会计原始凭证。内部凭证的填制和使用应当符合国家会计法律、法规等相关规定。

（2）外部凭证是指企业发生经营活动和其他事项时，从其他单位、个人取得的用于证明其支出发生的凭证，包括但不限于发票（包括纸质发票和电子发票）、财政票据、完税凭证、收款凭证、分割单等。

3. 税前扣除凭证的具体规定

（1）企业在境内发生的支出项目属于增值税应税项目的，对方为已办理税务登记的增值税纳税人，其支出以发票（包括按照规定由税务机关代开的发票）作为税前扣除凭证。

（2）对方为依法无须办理税务登记的单位或者从事小额零星经营业务的个人，其支出以税务机关代开的发票或者收款凭证及内部凭证作为税前扣除凭证，收款凭证应载明收款单位名称、个人姓名及身份证号、支出项目、收款金额等相关信息。小额零星经营业务的判断标准是个人从事应税项目经营业务的销售额不超过增值税相关政策规定的起征点。

（3）税务总局对应税项目开具发票另有规定的，以规定的发票或者票据作为税前扣除凭证。

（4）企业在境内发生的支出项目不属于应税项目的，对方为单位的，以对方开具的发票以外的其他外部凭证作为税前扣除凭证；对方为个人的，以内部凭证作为税前扣除凭证。

🌀 **特别提醒**

> 企业在境内发生的支出项目虽不属于应税项目，但按税务总局规定可以开具发票的，可以发票作为税前扣除凭证。

（5）企业从境外购进货物或者劳务发生的支出，以对方开具的发票或者具有发票性质的收款凭证、相关税费缴纳凭证作为税前扣除凭证。

4. 不得作为税前扣除凭证的发票

企业取得私自印制、伪造、变造、作废、开票方非法取得、虚开、填写不规范等不符合规定的发票（简称"不合规发票"），以及取得不符合国家法律、法规等相关规定的其他外部凭证（简称"不合规其他外部凭证"），不得作为税前扣除凭证。

5. 应该补开和换开发票的规定

企业应当取得而未取得发票、其他外部凭证或者取得不合规发票、不合规其他外部凭证的，若支出真实且已实际发生，应当在当年度汇算清缴期结束前，要求对方补开、换开发票、其他外部凭证。补开、换开后的发票、其他外部凭证符合规定的，可以作为税前扣除凭证。

企业在补开、换开发票、其他外部凭证过程中，因对方注销、撤销、依法被吊销营业执照、被税务机关认定为非正常户等特殊原因无法补开、换开发票、其他外部凭证的，可凭以下资料证实支出真实性后，其支出允许税前扣除：

（1）必备资料：无法补开、换开发票、其他外部凭证原因的证明资料（包括工商注销、机构撤销、列入非正常经营户、破产公告等证明资料）。

（2）必备资料：相关业务活动的合同或者协议。

（3）必备资料：采用非现金方式支付的付款凭证。

（4）货物运输的证明资料。

（5）货物入库、出库内部凭证。

（6）企业会计核算记录以及其他资料。

汇算清缴期结束后，税务机关发现企业应当取得而未取得发票、其他外部凭证或者取得不合规发票、不合规其他外部凭证并且告知企业的，企业应当自被告知之日起 60 日内补开、换开符合规定的发票、其他外部凭证。其中，因对方特殊原因无法补开、换开发票、其他外部凭证的，企业应当按照《企业所得税税前扣除凭证管理办法》第十四条的规定，自被告知之日起 60 日内提供可以证实其支出真实性的相关资料。

特别提醒

> 企业以前年度应当取得而未取得发票、其他外部凭证，且相应支出在该年度没有税前扣除的，在以后年度取得符合规定的发票、其他外部凭证或者按照规定提供可以证实其支出真实性的相关资料，相应支出可以追补至该支出发生年度税前扣除，但追补年限不得超过 5 年。

6. 分摊相关费用的规定

（1）企业与其他企业（包括关联企业）、个人在境内共同接受应纳增值税劳务（简称"应税劳务"）发生的支出，采取分摊方式的，应当按照独立交易原则进行分摊，企业以发票和分割单作为税前扣除凭证，共同接受应税劳务的其他企业以企业开具的分割单作为税前扣除凭证。

企业与其他企业、个人在境内共同接受非应税劳务发生的支出，采取分摊方式的，企业以发票外的其他外部凭证和分割单作为税前扣除凭证，共同接受非应税劳务的其他企业以企业开具的分割单作为税前扣除凭证。

特别提醒

> 企业与其他企业（包括关联企业）、个人在境内共同接受应纳增值税劳务，企业以发票和分割单作为税前扣除凭证，是可以满足企业所得税的扣除凭证需要的，但是，对于增值税的进项税额的扣除，则需要取得发票的甲方根据分割单开具增值税专用发票（作为增值税的销项税额）给参与分摊的乙方（作为增值税的进项税额）作为扣税凭证。

（2）企业租用（包括企业作为单一承租方租用）办公、生产用房等资产发生的水、电、燃气、冷气、暖气、通信线路、有线电视、网络等费用，出租方作为应税项目开具发票的，企业以发票作为税前扣除凭证；出租方采取分摊方式的，企业以出租方开具的其他外部凭证作为税前扣除凭证。

特别提醒

　　预提的费用指企业从成本费用中预先列支但尚未实际支付的各项费用，如预提借款利息、预提保险费、预提租金、预提修理费用、预提产品销售业务费等。除另有规定的允许税前扣除的六种特殊情形外，提取准备金或其他预提方式发生的费用均不得在税前扣除。允许税前扣除的六种情形包括：计提的银行贷款利息；计提的弃置费用；后付跨期租赁费；未取得全额发票的固定资产可暂按合同全额计入固定资产计税基础计提折旧；房地产企业特定的预提费用；核定批准的准备金支出。

　　2018 年 4 月 10 日，国家税务总局规定 2017 年度及以后年度企业所得税汇算清缴，企业向税务机关申报扣除资产损失，仅需填报企业所得税年度纳税申报表中的附表《资产损失税前扣除及纳税调整明细表》，不再报送资产损失相关资料。相关资料由企业留存备查。企业应当完整保存资产损失相关资料，保证资料的真实性、合法性。

　　《资产损失税前扣除及纳税调整明细表》见表 10 - 6。

表 10 - 6　　　　　　　　　　　　资产损失税前扣除及纳税调整明细表

行次	项目	资产损失的账载金额	资产处置收入	赔偿收入	资产计税基础	资产损失的税收金额	纳税调整金额
		1	2	3	4	5 (4-2-3)	6 (1-5)
1	一、清单申报资产损失（2+3+4+5+6+7+8）						
2	（一）正常经营管理活动中，按照公允价格销售、转让、变卖非货币资产的损失						
3	（二）存货发生的正常损耗						
4	（三）固定资产达到或超过使用年限而正常报废清理的损失						
5	（四）生产性生物资产达到或超过使用年限而正常死亡发生的资产损失						
6	（五）按照市场公平交易原则，通过各种交易场所、市场等买卖债券、股票、期货、基金以及金融衍生产品等发生的损失						
7	（六）分支机构上报的资产损失						
8	（七）其他						
9	二、专项申报资产损失（10+11+12+13）						

续前表

行次	项目	资产损失的账载金额	资产处置收入	赔偿收入	资产计税基础	资产损失的税收金额	纳税调整金额
		1	2	3	4	5（4-2-3）	6（1-5）
10	（一）货币资产损失						
11	（二）非货币资产损失						
12	（三）投资损失						
13	（四）其他						
14	合计（1+9）						

例 10-11

某自行车厂为增值税一般纳税人，主要生产和谐牌自行车，2018 年度实现会计利润 600 万元，全年已累计预缴企业所得税税款 150 万元。2019 年年初，该厂财务人员对 2018 年度企业所得税进行汇算清缴，相关财务资料和汇算清缴企业所得税计算情况如下：

1. 相关财务资料。

（1）销售自行车取得不含增值税销售收入 5 950 万元，同时收取不含增值税送货运费收入 58.5 万元。取得到期国债利息收入 25 万元、企业债券利息收入 12 万元。

（2）财务费用 125 万元，其中支付银行借款利息 54 万元，支付因向某商场借款 1 000 万元而发生的利息 71 万元。

（3）销售费用 1 400 万元，其中广告费 750 万元，业务宣传费 186 万元。

（4）管理费用 320 万元，其中业务招待费 55 万元，补充养老保险费 62 万元。

（5）营业外支出 91 万元，其中通过当地市政府捐赠 85 万元，用于该市所属某边远山区饮用水工程建设。当年因拖欠应缴税款，被税务机关加收滞纳金 6 万元。

已知：企业所得税税率为 25%，同期银行贷款年利率为 6.1%，当年实际发放工资总额 560 万元。

2. 汇算清缴企业所得税计算情况。

（1）国债利息收入和企业债券利息收入调减应纳税所得额 $=25+12=37$（万元）

（2）业务招待费调增应纳税所得额 $=55-55\times60\%=22$（万元）

（3）补充养老保险费支出调增应纳税所得额 $=62-560\times10\%=6$（万元）

（4）全年应纳税所得额 $=600-37+22+6=591$（万元）

（5）全年应纳企业所得税额 $=591\times25\%=147.75$（万元）

（6）当年应退企业所得税税额 $=150-147.75=2.25$（万元）

要求：根据上述资料和相关税收法律制度的规定，回答下列问题：

（1）分析指出该自行车厂财务人员在汇算清缴企业所得税时存在的不合法之处，并说明理由。

（2）计算 2018 年度汇算清缴企业所得税时应补缴或退回的税款。（列出计算过程，结果保留两位小数。）

【解析】

（1）该自行车厂财务人员在汇算清缴企业所得税时存在的不合法之处主要有：

1）自行车厂将国债利息收入和企业债券利息收入均从应纳税所得额中调减的做法不符合规定。国债利息收入属于企业所得税规定的免税收入，按规定应从应纳税所得额中调减；企业债券利息收入属于企业所得税应税收入，不得从应纳税所得额中调减。应调减应纳税所得额 25 万元。

2）向某商场借款 1 000 万元而发生的利息 71 万元，超过按照金融企业同期同类贷款利率计算的数额部分不得扣除，该自行车厂财务人员未做调增应纳税所得额处理。

$$应调增应纳税所得额＝71－1\,000×6.1\%＝10(万元)$$

3）广告费和业务宣传费超过扣除标准部分的数额不得扣除，该自行车厂财务人员未做调增应纳税所得额处理。根据规定，企业发生的符合条件的广告费和业务宣传费支出，除国务院财政、税务主管部门另有规定外，不超过当年销售收入 15%的部分，准予扣除；超过部分，准予在以后纳税年度结转扣除。

$$应调增应纳税所得额＝750＋186－6\,008.5×15\%＝34.725(万元)$$

4）业务招待费调增应纳税所得额 22 万元不符合规定。企业发生的与生产经营活动有关的业务招待费支出，按照发生额的 60%扣除，但最高不得超过当年销售收入的 5‰。

$$营业收入＝5\,950＋58.5＝6\,008.5(万元)$$

扣除标准一为：

$$6\,008.5×5‰＝30.042\,5(万元)$$

扣除标准二为：

$$55×60\%＝33(万元)$$

所以可以扣除的业务招待费为 30.042 5 万元。

$$应调增应纳税所得额＝55－30.0425＝24.957\,5(万元)$$

5）补充养老保险调增应纳税所得额 6 万元不符合规定。自 2008 年 1 月 1 日起，企业为在本企业任职或者受雇的全体员工支付的补充养老保险费、补充医疗保险费，分别在不超过职工工资总额 5% 标准内的部分，在计算应纳税所得额时准予扣除；超过的部分，不予扣除。

扣除标准为：

可扣除的补充养老保险＝560×5％＝28（万元）

应调增应纳税所得额＝62－28＝34（万元）

6）捐赠支出超过可扣除限额部分，该自行车厂财务人员未予调增应纳税所得额。根据规定，企业发生的公益性捐赠支出，在年度利润总额12％以内的部分，准予在计算应纳税所得额时扣除；超过扣除标准的部分，结转以后三年内在计算应纳税所得额时扣除。

会计利润为600万元，扣除标准为72万元（600×12％），而实际捐赠额为85万元。

应调增应纳税所得额＝85－72＝13（万元）

7）被税务机关加收滞纳金6万元未调增应纳税所得额。税收滞纳金属于企业所得税税前不得扣除的项目。

8）全年应纳税所得额、全年应纳企业所得税额以及当年应退企业所得税额的计算均有误。

（2）2018年度汇算清缴企业所得税的计算如下：

$$\begin{aligned}\text{全年应纳税} &= \text{会计} - \text{国债利息} + \text{利息} + \text{广告费和业务}\\ \text{所得额} &\quad \text{利润} \quad \text{收入} \quad \text{支出} \quad \text{宣传费超标}\\ &+ \text{业务招待费} + \text{补充养老} + \text{捐赠} + \text{滞纳金}\\ &\quad \text{超标} \qquad \text{保险费} \quad \text{支出}\end{aligned}$$

$$= 600 - 25 + 10 + 34.725 + 25 + 34 + 13 + 6 = 697.725（万元）$$

全年应纳企业所得税额＝697.725×25％＝174.43（万元）

当年应补缴企业所得税额＝174.43－150＝24.43（万元）

10.7　企业所得税的纳税申报

10.7.1　企业所得税纳税申报表的基本内容

企业所得税纳税申报表是根据企业所得税征收与管理工作规程的要求，纳税人与税务机关为处理企业所得税征管事宜所使用的具有固定格式的报表。它既是纳税人或纳税代理人履行纳税义务以规范格式申报纳税的书面报告，也是税务机关据以征收、分析、评估、检查企业所得税所使用的重要资料。

1. 居民企业所得税纳税申报表

（1）《中华人民共和国企业所得税年度纳税申报表（A类）》及其附表，适用于实行查账征收的居民企业纳税人的年度申报，由主表和附表（分为通用附表和行业附表）组成。

（2）《中华人民共和国企业所得税年度纳税申报表（B 类）》，适用于实行核定应税所得率方式核定征收的纳税人的年度申报。

（3）《中华人民共和国企业所得税月（季）度预缴纳税申报表（A 类）》，适用于实行查账征收方式的居民企业纳税人进行预缴申报。

（4）《中华人民共和国企业所得税月（季）度预缴纳税申报表（B 类）》，适用于实行核定应税所得率或核定税额方式核定征收的纳税人进行预缴申报。

（5）《中华人民共和国企业所得税汇总纳税分支机构分配表》，适用于在中国境内跨省（自治区、直辖市）设立不具有法人资格的营业机构，并实行统一计算、分级管理、就地预缴、汇总清算、财政调库汇总纳税办法的居民企业填报。本表分别在预缴申报、年度申报时随同纳税申报表报送。

2. 纳税申报表的申报时间

（1）预缴纳税申报表的申报时间。纳税人应当在月份或者季度终了后 15 日内，向其所在地主管税务机关报送会计报表和预缴所得税申报表。

（2）年度纳税申报表的申报时间。年度终了后，纳税人应在 45 日内进行纳税申报；就地纳税企业和汇总纳税的总机构应在次年 5 月底前进行纳税申报。

特别提醒

纳税人在纳税年度内无论盈利或亏损，都应当按照规定的期限，向当地主管税务机关报送所得税纳税申报表和年度会计报表。

10.7.2 企业所得税预缴纳税申报表

1.《中华人民共和国企业所得税月（季）度预缴纳税申报表（A 类，2018 年版）》

自 2018 年 7 月 1 日起，《中华人民共和国企业所得税月（季）度预缴纳税申报表（A 类，2018 年版）》（见表 10 - 7）适用于实行查账征收企业所得税的居民企业月度、季度预缴申报时填报。

表 10 - 7　中华人民共和国企业所得税月（季）度预缴纳税申报表（A 类，2018 年版）

税款所属期间：　　年　　月　　日至　　年　　月　　日

纳税人识别号（统一社会信用代码）：

纳税人名称：　　　　　　　　　　　　　　　　金额单位：人民币元（列至角分）

预缴方式	□ 按照实际利润额预缴	□ 按照上一纳税年度应纳税所得额平均额预缴	□ 按照税务机关确定的其他方法预缴
企业类型	□ 一般企业	□ 跨地区经营汇总纳税企业总机构	□ 跨地区经营汇总纳税企业分支机构

预缴税款计算		
行次	项　目	本年累计金额
1	营业收入	
2	营业成本	
3	利润总额	
4	加：特定业务计算的应纳税所得额	
5	减：不征税收入	
6	减：免税收入、减计收入、所得减免等优惠金额（填写 A201010）	
7	减：固定资产加速折旧（扣除）调减额（填写 A201020）	
8	减：弥补以前年度亏损	
9	实际利润额（3＋4－5－6－7－8）＼按照上一纳税年度应纳税所得额平均额确定的应纳税所得额	
10	税率（25%）	
11	应纳所得税额（9×10）	
12	减：减免所得税额（填写 A201030）	
13	减：实际已缴纳所得税额	
14	减：特定业务预缴（征）所得税额	
15	本期应补（退）所得税额（11－12－13－14）＼税务机关确定的本期应纳所得税额	

汇总纳税企业总分机构税款计算			
16	总机构填报	总机构本期分摊应补（退）所得税额（17＋18＋19）	
17		其中：总机构分摊应补（退）所得税额（15×总机构分摊比例 _ %）	
18		财政集中分配应补（退）所得税额（15×财政集中分配比例 _ %）	
19		总机构具有主体生产经营职能的部门分摊所得税额（15×全部分支机构分摊比例 _ %×总机构具有主体生产经营职能部门分摊比例 _ %）	
20	分支机构填报	分支机构本期分摊比例	
21		分支机构本期分摊应补（退）所得税额	

附报信息			
小型微利企业	□ 是　　□ 否	科技型中小企业	□ 是　　□ 否
高新技术企业	□ 是　　□ 否	技术入股递延纳税事项	□ 是　　□ 否
期末从业人数			

　　谨声明：此纳税申报表是根据《中华人民共和国企业所得税法》《中华人民共和国企业所得税法实施条例》以及有关税收政策和国家统一会计制度的规定填报的，是真实的、可靠的、完整的。

　　　　　　　　　　　　法定代表人（签章）：　　　　　　　年　　月　　日

纳税人公章：	代理申报中介机构公章：	主管税务机关受理专用章：
会计主管：	经办人：	受理人：
	经办人执业证件号码：	
填表日期　　年　月　日	代理申报日期：　年　月　日	受理日期　　年　月　日

国家税务总局监制

2.《中华人民共和国企业所得税月（季）度预缴和年度纳税申报表（B 类，2018 年版）》

《中华人民共和国企业所得税月（季）度预缴和年度纳税申报表（B 类，2018 年版）》（见表 10-8）适用于实行核定征收企业所得税的居民企业月度、季度预缴申报和年度汇算清缴申报时填报。

表 10-8　　中华人民共和国企业所得税月（季）度预缴和年度纳税申报表
（B 类，2018 年版）

税款所属期间：　　年　月　日至　　年　月　日

纳税人识别号（统一社会信用代码）：

纳税人名称：　　　　　　　　　　　　　　　　金额单位：人民币元（列至角分）

核定征收方式	□ 核定应税所得率（能核算收入总额的） □ 核定应税所得率（能核算成本费用总额的） □ 核定应纳所得税额

行次	项　　目	本年累计 金额
1	收入总额	
2	减：不征税收入	
3	减：免税收入（4+5+8+9）	
4	国债利息收入免征企业所得税	
5	符合条件的居民企业之间的股息、红利等权益性投资收益免征企业 　所得税	
6	其中：通过沪港通投资且连续持有 H 股满 12 个月取得的股息红利所 　　　　　得免征企业所得税	
7	通过深港通投资且连续持有 H 股满 12 个月取得的股息红利所 　　　　得免征企业所得税	
8	投资者从证券投资基金分配中取得的收入免征企业所得税	
9	取得的地方政府债券利息收入免征企业所得税	
10	应税收入额（1-2-3）\ 成本费用总额	
11	税务机关核定的应税所得率（%）	
12	应纳税所得额（第 10×11 行）\［第 10 行÷（1-第 11 行）×第 11 行］	
13	税率（25%）	
14	应纳所得税额（12×13）	
15	减：符合条件的小型微利企业减免企业所得税	
16	减：实际已缴纳所得税额	

17	本期应补（退）所得税额（14—15—16）\税务机关核定本期应纳所得税额			
月（季）度申报填报	小型微利企业	□ 是 □ 否	期末从业人数	
年度申报填报	所属行业明细代码		国家限制或禁止行业	□ 是 □ 否
	从业人数		资产总额（万元）	

　　谨声明：此纳税申报表是根据《中华人民共和国企业所得税法》《中华人民共和国企业所得税法实施条例》以及有关税收政策和国家统一会计制度的规定填报的，是真实的、可靠的、完整的。

法定代表人（签章）：　　年　　月　　日

纳税人公章： 会计主管： 填表日期：　年　月　日	代理申报中介机构公章： 经办人： 经办人执业证件号码： 代理申报日期：　年　月　日	主管税务机关受理专用章： 受理人： 受理日期：　年　月　日

国家税务总局监制

10.7.3　企业所得税年度纳税申报表

　　2017年12月29日，国家税务总局发布《中华人民共和国企业所得税年度纳税申报表（A类，2017年版)》，适用于2017年度及以后年度企业所得税汇算清缴纳税申报。该申报表适用于实行查账征收企业所得税的居民企业纳税人填报。把相关需要填报的内容归入上一级的二级附表，申报表数量从2014年的41张降到了2017年的37张，具体结构见图10-1。

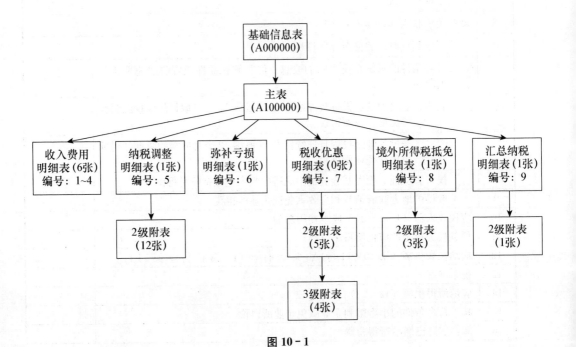

图 10-1

2020 年 6 月 29 日，国家税务总局修订了 2018 年版的企业所得税申报表，自 2020 年 7 月 1 日起施行。

(1)《中华人民共和国企业所得税月（季）度预缴纳税申报表（A 类，2018 年版）》见表 10-9。

(2)《中华人民共和国企业所得税月（季）度预缴和年度纳税申报表（B 类，2018 年版）》，见表 10-10。

表 10-9　　A200000 中华人民共和国企业所得税月（季）度预缴纳税申报表
（A 类，2018 年版）

税款所属期间：　　年　月　日至　年　月　日

纳税人识别号（统一社会信用代码）：□□□□□□□□□□□□□□□□□□□□

纳税人名称：　　　　　　　　　　　　　　金额单位：人民币元（列至角分）

预缴方式	□ 按照实际利润额预缴		□ 按照上一纳税年度应纳税所得额平均额预缴		□ 按照税务机关确定的其他方法预缴	
企业类型	□ 一般企业		□ 跨地区经营汇总纳税企业总机构		□ 跨地区经营汇总纳税企业分支机构	
按季度填报信息						
项目	一季度		二季度		三季度		四季度		季度平均值
	季初	季末	季初	季末	季初	季末	季初	季末	
从业人数									
资产总额（万元）									
国家限制或禁止行业	□是　□否			小型微利企业				□是　□否	
预缴税款计算									

行次	项目	本年累计金额
1	营业收入	
2	营业成本	
3	利润总额	
4	加：特定业务计算的应纳税所得额	
5	减：不征税收入	
6	减：免税收入、减计收入、所得减免等优惠金额（填写 A201010）	
7	减：资产加速折旧、摊销（扣除）调减额（填写 A201020）	
8	减：弥补以前年度亏损	
9	实际利润额（3+4-5-6-7-8）\按照上一纳税年度应纳税所得额平均额确定的应纳税所得额	
10	税率（25%）	
11	应纳所得税额（9×10）	
12	减：减免所得税额（填写 A201030）	
13	减：实际已缴纳所得税额	
14	减：特定业务预缴（征）所得税额	

L15	减：符合条件的小型微利企业延缓缴纳所得税额（是否延缓缴纳所得税　□ 是 □ 否）	
15	本期应补（退）所得税额（11－12－13－14－L15）\税务机关确定的本期应纳所得税额	
汇总纳税企业总分机构税款计算		
16	总机构填报	总机构本期分摊应补（退）所得税额（17＋18＋19）	
17		其中：总机构分摊应补（退）所得税额（15×总机构分摊比例__％）	
18		财政集中分配应补（退）所得税额（15×财政集中分配比例__％）	
19		总机构具有主体生产经营职能的部门分摊所得税额（15×全部分支机构分摊比例__％×总机构具有主体生产经营职能部门分摊比例__％）	
20	分支机构填报	分支机构本期分摊比例	
21		分支机构本期分摊应补（退）所得税额	
附报信息		
高新技术企业	□是　□否	科技型中小企业　□是 □否
技术入股递延纳税事项	□是　□否	
谨声明：本纳税申报表是根据国家税收法律法规及相关规定填报的，是真实的、可靠的、完整的。 纳税人（签章）：　　　　　　年　月　日		
经办人： 经办人身份证号： 代理机构签章： 代理机构统一社会信用代码：	受理人： 受理税务机关（章）： 受理日期：　年　月　日	

国家税务总局监制

表 10－10　　B100000 中华人民共和国企业所得税月（季）度预缴和年度纳税申报表

（B 类，2018 年版）

税款所属期间：　　年　月　日至　　　年　月　日

纳税人识别号（统一社会信用代码）：□□□□□□□□□□□□□□□□□□

纳税人名称：　　　　　　　　　　　　　　　　　　金额单位：人民币元（列至角分）

核定征收方式	□核定应税所得率（能核算收入总额的）　　□核定应税所得率（能核算成本费用总额的） □核定应纳所得税额								
按季度填报信息									
项目	一季度		二季度		三季度		四季度		季度平均值
	季初	季末	季初	季末	季初	季末	季初	季末	
从业人数									
资产总额（万元）									
国家限制或禁止行业	□是　□否				小型微利企业			□是 □否	
按年度填报信息									
从业人数（填写平均值）					资产总额（填写平均值，单位：万元）				
国家限制或禁止行业	□是　□否				小型微利企业			□是 □否	

行次	项目	本年累计金额
1	收入总额	
2	减：不征税收入	
3	减：免税收入（4＋5＋10＋11）	
4	国债利息收入免征企业所得税	
5	符合条件的居民企业之间的股息、红利等权益性投资收益免征企业所得税（6＋7）1＋7）2＋8＋9）	
6	其中：一般股息红利等权益性投资收益免征企业所得税	
7）1	通过沪港通投资且连续持有 H 股满 12 个月取得的股息红利所得免征企业所得税	
7）2	通过深港通投资且连续持有 H 股满 12 个月取得的股息红利所得免征企业所得税	
8	居民企业持有创新企业 CDR 取得的股息红利所得免征企业所得税	
9	符合条件的居民企业之间属于股息、红利性质的永续债利息收入免征企业所得税	
10	投资者从证券投资基金分配中取得的收入免征企业所得税	
11	取得的地方政府债券利息收入免征企业所得税	
12	应税收入额（1－2－3）\成本费用总额	
13	税务机关核定的应税所得率（%）	
14	应纳税所得额（第 12×13 行）\［第 12 行÷（1－第 13 行）×第 13 行］	
15	税率（25%）	
16	应纳所得税额（14×15）	
17	减：符合条件的小型微利企业减免企业所得税	
18	减：实际已缴纳所得税额	
L19	减：符合条件的小型微利企业延缓缴纳所得税额（是否延缓缴纳所得税　□ 是 □ 否）	
19	本期应补（退）所得税额（16－17－18－L19）\税务机关核定本期应纳所得税额	
20	民族自治地方的自治机关对本民族自治地方的企业应缴纳的企业所得税中属于地方分享的部分减征或免征（□免征　□减征：减征幅度__%）	
21	本期实际应补（退）所得税额	

谨声明：本纳税申报表是根据国家税收法律法规及相关规定填报的，是真实的、可靠的、完整的。

纳税人（签章）：　　　　年　　月　　日

经办人： 经办人身份证号： 代理机构签章： 代理机构统一社会信用代码：	受理人： 受理税务机关（章）： 受理日期：　　年　　月　　日

🔘 **特别提醒**

　　企业在计算应纳税所得额及应纳所得税时，企业会计处理与税收规定不一致的，应当按照税收规定计算。税收规定不明确的，在没有明确规定之前，暂按国家统一会计制度计算。

练习题[①]

一、单项选择题

1. 根据企业所得税法的规定，下列收入不属于企业其他收入的是（　　）。

A. 转让生物资产的收入

B. 已做坏账损失处理后又收回的应收款项

C. 经营过程中的违约金收入

D. 汇兑收益

2. 下列属于企业所得税视同销售收入的是（　　）。

A. 房地产企业将开发的房产转作办公使用

B. 钢材企业将自产的钢材用于本企业的在建工程

C. 化妆品生产企业将生产的化妆品对外捐赠

D. 工业企业将产品用于分支机构的移送

3. 下列支出中，准予在企业所得税税前扣除的是（　　）。

A. 企业所得税税款

B. 诉讼费

C. 行政机关罚款

D. 赞助支出

4. 某企业 2016 年取得产品销售收入 1 000 万元，处置固定资产净收入 50 万元，另外取得厂房租赁收入 200 万元。当年发生业务招待费 15 万元，发生广告费 200 万元。则当年计算企业所得税应纳税所得额时，准予扣除的业务招待费和广告费分别为（　　）万元。

A. 6.25 和 187.5

B. 6.25 和 200

C. 9 和 180

D. 6 和 180

5. 企业在各个纳税期末，提供劳务交易的结果能够可靠估计的，应采用完工进度（完工百分比）法确认提供劳务收入，以下方法不属于企业所得税按劳务完工进度确定的是（　　）。

A. 已完工作的测量

B. 已提供劳务占劳务总量的比例

C. 发生成本占总成本的比例

D. 合同约定的劳务量

6. 某大型工业企业 2016 年 3 月 1 日以经营租赁方式租入固定资产使用，租期 1 年，支付租金 12 万元；6 月 1 日以融资租赁方式租入机器设备一台，租期 2 年，当年支付租金 15 万元。公司计算当年企业应纳税所得额时应扣除的租赁费用为（　　）万元。

A. 10

B. 12

C. 15

D. 27

7. 依据《关于进一步完善固定资产加速折旧企业所得税政策有关问题的公告》（国家税务总局公告 2015 年第 68 号）的规定，企业按规定缩短折旧年限的，对其购置的已使用过的固定资产，最低折旧年限不得低于（　　）。

A. 已使用年限的 60%

B. 实施条例规定的最低折旧年限减去已使用年限后剩余年限的 60%

C. 实施条例规定的最低折旧年限的 60%

D. 实施条例规定的最低折旧年限的 40%

8. 企业从事下列项目取得的所得中，减半征收企业所得税的是（　　）。

A. 饲养家禽

B. 远洋捕捞

C. 海水养殖

D. 种植中药材

9. 下列税金中，可以于发生当期在企业所得税税前扣除的有（　　）。

A. 消费税、城建税和教育费附加、契税、资源税、印花税

B. 增值税、城建税和教育费附加、关税、土地增值税、房产税

---

① 除特殊说明外，不考虑营改增政策。

C. 消费税、城建税和教育费附加、土地使用税、土地增值税、印花税

D. 消费税、城建税和教育费附加、契税、土地增值税、车船税

10. 企业所得税中关于非居民纳税人的应纳税所得额的确定，下列说法中不正确的是（　　）。

A. 转让财产所得，以收入全额减除财产净值后的余额为应纳税所得额

B. 股息、红利等权益性投资收益，以收入全额为应纳税所得额

C. 特许权使用费所得，以收入全额为应纳税所得额

D. 租金，以收入减去出租过程发生的合理费用后的余额为应纳税所得额

11. 下列关于小型微利企业说法不正确的是（　　）。

A. 查账征收企业上一纳税年度符合小型微利企业条件的，按照实际利润预缴企业所得税的，预缴时累计实际利润不超过 30 万元（含）的，可以享受减半征税政策

B. 本年度新成立小型微利企业，预缴时累计实际利润或应纳税所得额不超过 30 万元的，可以享受减半征税政策

C. 自 2017 年 1 月 1 日至 2019 年 12 月 31 日，小微企业年应纳税所得额的上限为 50 万元

D. 上一纳税年度不符合小型微利企业条件的企业，预缴时不可以享受减半征税政策

12. 根据企业所得税法的规定，下列项目中享受税额抵免政策的是（　　）。

A. 企业综合利用资源，生产符合国家产业政策规定的产品所取得的收入

B. 创业投资企业从事国家需重点扶持和鼓励的创业投资的投资额

C. 安置残疾人员及国家鼓励安置的其他就业人员所支付的工资

D. 企业购置用于环境保护的投资额

13. 根据企业所得税法的规定，下列收入中可以免征企业所得税的是（　　）。

A. 债务重组收入

B. 确定无法支付的应付款项

C. 接受捐赠收入

D. 国债利息收入

14. （2009 年初级会计职称考试试题）根据企业所得税法的规定，纳税人应当自年度终了后一定期限内向税务机关报送年度企业所得税纳税申报表，并汇算清缴，结清应缴应退税款。该期限是（　　）。

A. 自年度终了之日起 15 日内

B. 自年度终了之日起 45 日内

C. 自年度终了之日起 4 个月内

D. 自年度终了之日起 5 个月内

15. 下列关于所得来源地的表述中正确的是（　　）。

A. 销售货物所得，按经营机构所在地确定

B. 提供劳务所得，按劳务发生地确定

C. 动产转让所得，按交易活动发生地确定

D. 股息红利等权益性投资所得，按投资企业所在地确定

二、多项选择题

1. 以下属于企业所得税中不征税收入的有（　　）。

A. 企业根据法律、行政法规等有关规定，代政府收取的具有专项用途的财政资金

B. 居民企业直接投资于其他居民企业取得的投资收益

C. 企业取得的经国务院批准的财政、税务主管部门规定专项用途的财政性资金

D. 国债利息收入

2. 根据企业所得税法的有关规定，下列有关扣除项目的表述中，正确的有（　　）。

A. 企业发生的合理的工资薪金支出，准予据实扣除

B. 企业按规定为投资者或职工支付的商业保险费，准予扣除

C. 企业发生的与生产经营有关的业务招待费，在不超过当年销售收入 0.5％的限额内据实扣除

D. 企业参加财产保险按规定缴纳的保险费，准予扣除

3. 下列各项中，属于企业所得税征税范围的

有（　　）。

 A. 居民企业来源于境内的所得

 B. 非居民企业来源于中国境内的所得

 C. 在中国设立机构、场所的非居民企业取得的境内所得与其所设机构、场所有实际联系的所得

 D. 居民企业来源于境外的所得

4. 下列企业中符合企业所得税法所称居民企业的有（　　）。

 A. 依照中国法律设立的合伙企业

 B. 依照中国法律在中国境内成立的外商投资企业

 C. 依照日本法律成立但实际管理机构在中国境内的企业

 D. 依照日本法律成立且实际管理机构在日本的企业

5. 下列关于企业所得税的收入，表述正确的是（　　）。

 A. 收入总额包括不征税收入和免税收入

 B. 收入包括以货币形式和非货币形式从各种来源取得的收入

 C. 企业以非货币形式取得的收入，应当按照公允价值确定收入额

 D. 债权人债务的豁免，也是债务人取得的收入

6. 根据企业所得税法的规定，下列关于境外所得抵免限额的表述中正确的有（　　）。

 A. 超过抵免限额的部分，可以在次年起连续5个年度内抵免

 B. 居民企业来源于中国境外的应税所得，已缴纳的所得税税额，可以从应纳税额中抵免

 C. 抵免企业所得税税额时，应当提供中国境外税务机关出具的税款所属年度的有关纳税凭证

 D. 抵免限额应按实际缴纳的所得税税额抵免

7. 居民企业纳税人具有下列情形之一的，核定征收企业所得税（　　）。

 A. 依照法律、法规规定可以不设置账簿的

 B. 依照法律、法规规定应当设置账簿但未设置的

 C. 擅自销毁账簿或拒不提供纳税资料的

 D. 申报的计税依据明显偏低又无正当理由的

8. 企业发生下列资产处置的情形中，属于内部处置资产，不视同销售确认收入的有（　　）。

 A. 将资产用于市场推广

 B. 将资产用于股息分配

 C. 将资产用于生产另一产品

 D. 改变资产用途

9. 根据企业所得税法的规定，固定资产的大修理支出作为长期待摊费用摊销扣除，以下属于判断大修理支出标准的是（　　）。

 A. 修理支出达到取得固定资产时的计税基础20%以上

 B. 修理支出达到取得固定资产时的计税基础50%以上

 C. 修理后固定资产的使用年限延长2年以上

 D. 修理后固定资产的使用年限延长3年以上

10. 境内某居民企业2014年共发生两笔技术转让业务，第一笔取得技术转让所得350万元，第二笔取得技术转让所得550万元，则下列表述中正确的有（　　）（适用税率为25%）。

 A. 居民企业一个纳税年度内转让技术所有权所得不超过500万元的，免征企业所得税；超过500万元的，全额减半征收企业所得税

 B. 居民企业一个纳税年度内转让技术所有权所得不超过500万元的部分，免征企业所得税；超过500万元的部分，减半征收企业所得税

 C. 第一笔技术转让业务取得的所得小于500万元，所以免征企业所得税

 D. 该企业当年应纳企业所得税＝(350＋550－500)×25%×50%＝50(万元)

11. 下列有关亏损弥补的表述中，正确的有（　　）。

 A. 可弥补的亏损是指企业提供的会计报表上注明的亏损额

 B. 企业某一纳税年度发生的亏损，经税务机关批准后，方可弥补

C. 企业某一纳税年度发生的亏损可用下一年度的所得弥补，下一年度的所得不足弥补的，可逐年延续弥补，但最长不得超过5年

D. 企业境内营业机构的亏损，可以抵减境外营业机构的盈利

12. 企业不提供与其关联方之间业务往来资料，或者提供虚假、不完整资料，未能真实反映其关联业务往来情况的，税务机关有权依法核定其应纳税所得额。核定方法有（　　）。

A. 参照同类企业的利润率水平核定

B. 参照类似企业的利润率水平核定

C. 按照企业成本加合理的费用和利润的方法核定

D. 按照关联企业集团整体利润的合理比例核定

13. 根据企业所得税法的规定，下列固定资产不得计算折旧扣除的是（　　）。

A. 单独估价作为固定资产入账的土地

B. 未投入使用的房屋、建筑物

C. 未投入使用的机器、设备

D. 租入的固定资产

14. 下列说法中符合企业所得税法规定的是（　　）。

A. 企业发生的资本性支出不得在发生当期直接扣除

B. 企业的不征税收入用于支出形成的费用不得扣除

C. 企业实际发生的成本、费用、税金、损失和其他支出一般不得重复扣除

D. 企业发生的收益性支出和资本性支出均可在发生当期直接扣除

15. 根据企业所得税法的规定，下列有关收入的表述中正确的有（　　）。

A. 以分期收款方式销售货物的，按合同约定的收款日期确认收入的实现

B. 采取产品分成方式取得收入的，其收入按产品的公允价值确定

C. 企业将自产的产品用于在建工程的，应视同销售计征企业所得税

D. 采取产品分成方式取得收入的，按企业将分得的产品对外销售的日期确认收入的实现

三、计算题

1. 某电子产品制造公司，2018 年度实现销售收入 7 400 万元、投资收益 180 万元，应扣除的成本、费用及税金等共计 7 330 万元，营业外支出 80 万元，全年实现会计利润 170 万元，已预缴企业所得税 42.5 万元。后经聘请的会计师事务所审核，发现以下问题，公司据此按税法规定予以补税。

（1）"投资收益"账户中记载的 180 万元分别为：

1）取得境内从被投资企业的撤回投资，分配支付额超过投资成本部分的金额 116 万元（其中含累计未分配利润和累计盈余 86 万元）；

2）取得境外分支机构税后收益 49 万元，已在国外缴纳了 15% 的企业所得税；

3）取得国债利息收入 15 万元。

（2）2018 年 5 月 20 日购进一台机械设备，购入成本 90 万元，当月投入使用。按税法规定该设备按直线法计提折旧，期限为 10 年，残值率 5%，企业将设备购入成本一次性在税前作了扣除。

（3）12 月 10 日接受某单位捐赠小汽车一辆，取得增值税专用发票，注明价款 53.125 万元，增值税 8.5 万元，企业未列入会计核算。

（4）"营业外支出"账户中列支的通过非营利社会团体向贫困山区捐款 80 万元，已全额扣除。

要求：按下列顺序回答该公司予以补税所涉及的内容。

（1）计算投资收益中属于财产转让的应纳税所得额；

（2）计算机械设备应调整的应纳税所得额；

（3）计算接受捐赠应调整的应纳税所得额；

（4）计算对外捐赠应调整的应纳税所得额；

（5）计算该公司 2018 年应补缴的企业所得税。

2. 2017 年度某企业会计报表上的利润总额为 100 万元，已累计预缴企业所得税 25 万元。该企业 2017 年度其他有关情况如下：

（1）发生的公益性捐赠支出 18 万元。

（2）开发新技术的研究开发费用 20 万元（已

计入管理费用），假定税法规定研究开发费用可实行175％加计扣除政策。

（3）支付在建办公楼工程款20万元，已列入当期费用。

（4）直接向某足球队捐款15万元，已列入当期费用。

（5）支付诉讼费2.3万元，已列入当期费用。

（6）支付违反交通法规罚款0.8万元，已列入当期费用。

已知：该企业适用所得税税率为25％。（答案中的金额单位用万元表示。）

要求：

（1）计算该企业公益性捐赠支出所得税前纳税调整额；

（2）计算该企业研究开发费用所得税前扣除数额；

（3）计算该企业2017年度应纳税所得额；

（4）计算该企业2017年度应纳所得税；

（5）计算该企业2017年度应汇算清缴的所得税。

四、综合题

某生产化工产品的公司，2015年全年主营业务收入2 500万元，其他业务收入1 300万元，营业外收入240万元，主营业务成本600万元，其他业务成本460万元，营业外支出210万元，税金及附加240万元，销售费用120万元，管理费用130万元，财务费用105万元；取得投资收益282万元，其中来自境内非上市居民企业分得的股息收入100万元。

当年发生的部分业务如下：

（1）签订一份委托贷款合同，约定两年后合同到期时一次收取利息。2011年已将其中40万元利息收入计入其他业务收入。

年初签订一项商标使用权合同，合同约定商标使用期限为4年，使用费总额为240万元，每两年收费一次，2011年第一次收取使用费，实际收取120万元，已将60万元计入其他业务收入。

（2）将自发行者购进的一笔三年期国债售出，取得收入117万元。售出时持有该国债恰满两年，该笔国债的买入价为100万元，年利率5％，利息

到期一次支付。该公司已将17万元计入投资收益。

（3）将100％持股的某子公司股权全部转让，取得股权对价238.5万元，取得现金对价26.5万元。该笔股权的历史成本为180万元，转让时的公允价值为265万元。该子公司的留存收益为50万元。此项重组业务已办理了特殊重组备案手续。

（4）撤回对某公司的股权投资取得85万元，其中含原投资成本50万元，另含相当于被投资公司累计未分配利润和累计盈余公积按减少实收资本比例计算的部分15万元。

（5）当年发生广告费支出480万元，以前年度累计结转广告费扣除额65万元。当年发生业务招待费30万元，其中20万元未取得合法票据。当年实际发放职工工资300万元，其中含福利部门人员工资20万元；除福利部门人员工资外的职工福利费总额为44.7万元，拨缴工会经费5万元，职工教育经费支出9万元。

（6）当年自境内关联企业借款1 500万元，年利率7％（金融企业同期同类贷款利率为5％），支付利息105万元。关联企业在该公司的权益性投资金额为500万元。该公司不能证明此笔交易符合独立交易原则，也不能证明实际税负不高于关联企业。

（7）当年转让一项账面价值为300万元的专利技术，转让收入为1 200万元，该项转让已经省科技部门认定登记。

（8）该公司是当地污水排放大户，为治理排放，当年购置500万元的污水处理设备投入使用，同时为其他排污企业处理污水，当年取得收入30万元，相应的成本为13万元。该设备属于《环境保护专用设备企业所得税优惠目录》所列设备，为其他企业处理污水属于公共污水处理。

（其他相关资料：该公司注册资本为800万元。除非特别说明，各扣除项目均已取得有效凭证，相关优惠已办理必要手续。）

要求：根据上述资料回答问题，如有计算，需计算出合计数。

（1）计算业务（1）应调整的应纳税所得额并

简要说明理由。

（2）计算业务（2）应调整的应纳税所得额。

（3）计算业务（3）应调整的应纳税所得额。

（4）计算业务（4）应调整的应纳税所得额。

（5）计算业务（5）应调整的应纳税所得额。

（6）计算业务（6）应调整的应纳税所得额。

（7）计算业务（7）应调整的应纳税所得额。

（8）计算业务（8）应调整的应纳税所得额和应纳税额。

（9）计算该公司 2015 年应纳企业所得税。

C 第 11 章
Chapter 11 个人所得税

【引导案例】

从 2019 年 1 月 1 日起，我国的纳税人在计算个税应纳税所得额时，将可享受子女教育、继续教育、大病医疗、住房贷款利息或住房租金，以及赡养老人六项专项附加

扣除。月工薪收入 2 万元以下的纳税人，税负降幅超过 50%，有相当多的纳税人因此不需要再缴纳个人所得税。企业或个人通过公益性社会组织、县级以上人民政府及其部门等国家机关，用于符合法律规定的公益慈善事业捐赠支出，准予按税法规定在计算应纳税所得额时扣除。

11.1 个人所得税概述

11.1.1 纳税人和纳税范围

1. 纳税人

在中国境内有住所，或者无住所而一个纳税年度内在中国境内居住累计满 183 天的个人，为居民个人。居民个人从中国境内和境外取得的所得，依照规定缴纳个人所得税。

在中国境内无住所又不居住，或者无住所而一个纳税年度内在中国境内居住累计不满 183 天的个人，为非居民个人。非居民个人从中国境内取得的所得，依照规定缴纳个人所得税。

2019 年 3 月 14 日，财政部和国家税务总局规定，从 2019 年 1 月 1 日起，无住所个人一个纳税年度在中国境内累计居住满 183 天的，如果此前六年在中国境内每年累计居住天数都满 183 天而且没有任何一年单次离境超过 30 天，该纳税年度来源于中国境内、境外所得应当缴纳个人所得税；如果此前六年的任一年在中国境内累计居住天数不满 183 天或者单次离境超过 30 天，该纳税年度来源于中国境外且由境外单位或者个人支付的所得，免予缴纳个人所得税。其中，此前六年，是指该纳税年度的前一年至前六年的连续六个年度，此前六年的起始年度自 2019 年（含）以后年度开始计算。

　　无住所个人一个纳税年度内在中国境内累计居住天数，按照个人在中国境内累计停留的天数计算。在中国境内停留的当天满 24 小时的，计入中国境内居住天数，在中国境内停留的当天不足 24 小时的，不计入中国境内居住天数。

　　个人所得税以所得人为纳税人，以支付所得的单位或者个人为扣缴义务人。纳税人有中国公民身份号码的，以中国公民身份号码为纳税人识别号；纳税人没有中国公民身份号码的，由税务机关赋予其纳税人识别号。扣缴义务人扣缴税款时，纳税人应当向扣缴义务人提供纳税人识别号。

2. 纳税范围

　　下列各项个人所得，应当缴纳个人所得税：

　　（1）综合所得。包括工资、薪金所得，劳务报酬所得，稿酬所得，特许权使用费所得。具体内容为：

　　1）工资、薪金所得，是指个人因任职或者受雇取得的工资、薪金、奖金、年终加薪、劳动分红、津贴、补贴以及与任职或者受雇有关的其他所得。

　　2）劳务报酬所得，是指个人从事劳务取得的所得，包括从事设计、装潢、安装、制图、化验、测试、医疗、法律、会计、咨询、讲学、翻译、审稿、书画、雕刻、影视、录音、录像、演出、表演、广告、展览、技术服务、介绍服务、经纪服务、代办服务以及其他劳务取得的所得。

　　3）稿酬所得，是指个人因其作品以图书、报刊等形式出版、发表而取得的所得。

　　4）特许权使用费所得，是指个人提供专利权、商标权、著作权、非专利技术以及其他特许权的使用权取得的所得；提供著作权的使用权取得的所得，不包括稿酬所得。

　　（2）经营所得。具体内容为：

　　1）个体工商户从事生产、经营活动取得的所得，个人独资企业投资人、合伙企业的个人合伙人来源于境内注册的个人独资企业、合伙企业生产、经营的所得；

　　2）个人依法从事办学、医疗、咨询以及其他有偿服务活动取得的所得；

　　3）个人对企业、事业单位承包经营、承租经营以及转包、转租取得的所得；

　　4）个人从事其他生产、经营活动取得的所得。

（3）利息、股息、红利所得，是指个人拥有债权、股权等而取得的利息、股息、红利所得。

（4）财产租赁所得，是指个人出租不动产、机器设备、车船以及其他财产取得的所得。

（5）财产转让所得，是指个人转让有价证券、股权、合伙企业中的财产份额、不动产、机器设备、车船以及其他财产取得的所得。

（6）偶然所得，是指个人得奖、中奖、中彩以及其他偶然性质的所得。

◎ 特别提醒

> 个人取得的所得，难以界定应纳税所得项目的，由国务院税务主管部门确定。居民个人取得综合所得，按纳税年度合并计算个人所得税；非居民个人取得综合所得，按月或者按次分项计算个人所得税。

11.1.2　优惠范围

1. 免征个人所得税范围

下列各项个人所得，免征个人所得税：

（1）省级人民政府、国务院部委和中国人民解放军军以上单位，以及外国组织、国际组织颁发的科学、教育、技术、文化、卫生、体育、环境保护等方面的奖金。

（2）国债和国家发行的金融债券利息。

（3）按照国家统一规定发给的补贴、津贴。

（4）福利费、抚恤金、救济金。

（5）保险赔款。

（6）军人的转业费、复员费、退役金。

（7）按照国家统一规定发给干部、职工的安家费、退职费、基本养老金或者退休费、离休费、离休生活补助费。

（8）依照有关法律规定应予免税的各国驻华使馆、领事馆的外交代表、领事官员和其他人员的所得。

（9）中国政府参加的国际公约、签订的协议中规定免税的所得。

（10）国务院规定的其他免税所得，这项由国务院报全国人民代表大会常务委员会备案。

2. 减征个人所得税范围

有下列情形之一的，可以减征个人所得税，具体幅度和期限，由省、自治区、直辖市人民政府规定，并报同级人民代表大会常务委员会备案：

（1）残疾、孤老人员和烈属的所得；

（2）因自然灾害遭受重大损失的。

国务院可以规定其他减税情形，报全国人民代表大会常务委员会备案。

3. 个人捐赠的优惠范围

个人将其所得对教育、扶贫、济困等公益慈善事业进行捐赠，捐赠额未超过纳税人申报的应纳税所得额30%的部分，可以从其应纳税所得额中扣除；国务院规定对公益慈善事业捐赠实行全额税前扣除的，从其规定。

11.1.3　纳税人和扣缴义务人的纳税申报时间

1. 纳税人的纳税申报时间

（1）纳税人取得经营所得，按年计算个人所得税，由纳税人在月度或者季度终了后15日内向税务机关报送纳税申报表，并预缴税款；在取得所得的次年3月31日前办理汇算清缴。

（2）纳税人取得利息、股息、红利所得，财产租赁所得，财产转让所得和偶然所得，按月或者按次计算个人所得税，有扣缴义务人的，由扣缴义务人按月或者按次代扣代缴税款。

（3）纳税人取得应税所得没有扣缴义务人的，应当在取得所得的次月15日内向税务机关报送纳税申报表，并缴纳税款。

（4）纳税人取得应税所得，扣缴义务人未扣缴税款的，纳税人应当在取得所得的次年6月30日前缴纳税款；税务机关通知限期缴纳的，纳税人应当按照期限缴纳税款。

（5）居民个人从中国境外取得所得的，应当在取得所得的次年3月1日至6月30日内申报纳税。非居民个人在中国境内从两处以上取得工资、薪金所得的，应当在取得所得的次月15日内申报纳税。

（6）纳税人因移居境外注销中国户籍的，应当在注销中国户籍前办理税款清算。

🔷 **特别提醒**

（1）居民个人的工资、薪金所得个人所得税，日常采取累计预扣法进行预扣预缴；劳务报酬所得、稿酬所得、特许权使用费所得个人所得税，采取基本平移现行规定的做法预扣预缴。

（2）纳税人取得综合所得需要办理汇算清缴的，应当在取得所得的次年3月1日至6月30日内办理汇算清缴。

2. 扣缴义务人的纳税申报时间

扣缴义务人每月或者每次预扣、代扣的税款，应当在次月15日内缴入国库，并向税务机关报送扣缴个人所得税申报表。税务机关对扣缴义务人按照所扣缴的税款，付给2%的手续费。

纳税人办理汇算清缴退税或者扣缴义务人为纳税人办理汇算清缴退税的，税务机关审核后，按照国库管理的有关规定办理退税。

11.1.4 专项附加扣除的具体内容

为了让纳税人办税零往返，除了传统的税务局大厅实体办税，国家税务总局建立了扣缴客户端、网页 Web 端、手机 App 端三个远程办税端口，扣缴客户端主要面向代扣代缴的企事业行政单位，网页 Web 端和手机 App 端主要面向自然人个人，三个端口从 2019 年 1 月 1 日正式开放。

特别提醒

> 纳税人享受六项专项附加扣除，无论是选择在扣缴单位发工资时享受扣除，还是选择次年自行向税务机关办理汇算清缴申报时扣除，都仅需填写并报送专项附加扣除相关信息。

1. 子女教育专项附加扣除

（1）扣除标准。纳税人的子女接受全日制学历教育的相关支出，按照每个子女每月 1 000 元的标准定额扣除。包括年满 3 岁至小学入学前教育、义务教育（小学、初中教育）、高中阶段教育（普通高中、中等职业、技工教育）、高等教育（大学专科、大学本科、硕士研究生、博士研究生教育）。

（2）扣除办法。父母可以选择由其中一方按扣除标准的 100% 扣除，也可以选择由双方分别按扣除标准的 50% 扣除，具体扣除方式在一个纳税年度内不能变更。子女，是指婚生子女、非婚生子女（私生子女）、继子女（是指丈夫与前妻或妻子与前夫所生的子女）、养子女。

特别提醒

> （1）子女年满 3 周岁当月至小学入学前一个月之间的寒暑假期间和子女接受学历教育结束前之间的寒暑假期间继续可以享受每个子女每月 1 000 元的标准定额扣除。例如，子女大学毕业后参加工作 1 年后又考上硕士研究生，在子女大学毕业的下个月到硕士录取通知书上注明的入学当月的上一个月之间，不可以享受每月 1 000 元的标准定额扣除。
>
> （2）子女接受学历和学前教育期间的寒暑假期间，父母继续享受每个子女每月 1 000 元的标准定额扣除。
>
> （3）子女因病或其他非主观原因休学但学籍继续保留的休学期间，父母继续享受每个子女每月 1 000 元的标准定额扣除。
>
> （4）无论子女在国外还是国内接受学历教育，父母均享受每个子女每月 1 000 元的标准定额扣除。

（3）需要提供的涉税资料或专项附加扣除项目支出凭证。

1）纳税人子女在中国境外接受教育的，纳税人应当留存境外学校录取通知书、留学签证等相关教育的证明资料备查。

2）填报配偶及子女的姓名、身份证件类型及号码、子女当前受教育阶段及起止时间、子女就读学校以及本人与配偶之间扣除分配比例等信息。

 特别提醒

> 纳税人需要留存的备查资料包括：子女在境外接受教育的，应当留存境外学校录取通知书、留学签证等境外教育佐证资料。

2. 继续教育专项附加扣除

（1）扣除标准。纳税人在中国境内接受学历（学位）继续教育的支出，在学历（学位）教育期间按照每月 400 元定额扣除。同一学历（学位）继续教育的扣除期限不能超过 48 个月。纳税人接受技能人员职业资格继续教育、专业技术人员职业资格继续教育的支出，在取得相关证书的当年，按照 3 600 元定额扣除。

（2）扣除办法。个人接受本科及以下学历（学位）继续教育，符合规定扣除条件的，可选择由其父母扣除，也可选择由本人扣除。

（3）首次享受继续教育专项附加扣除的起止时间。学历（学位）继续教育，为在中国境内接受学历（学位）继续教育入学的当月至学历（学位）继续教育结束的当月，同一学历（学位）继续教育的扣除期限最长不得超过 48 个月。技能人员职业资格继续教育、专业技术人员职业资格继续教育，为取得相关证书的当年。

（4）需要提供的涉税资料或专项附加扣除项目支出凭证。

1）纳税人享受继续教育专项附加扣除，接受学历（学位）继续教育的，应当填报教育起止时间、教育阶段等信息；接受技能人员或者专业技术人员职业资格继续教育的，应当填报证书名称、证书编号、发证机关、发证（批准）时间等信息。

2）接受本科及以下学历（学位）继续教育的，在学历（学位）教育期间按月扣除，可以选择由本人按照继续教育支出扣除（每月 400 元），也可以选择由父母按照子女教育支出扣除（每月 1 000 元），但不得同时扣除。

技能人员职业资格继续教育和专业技术人员职业资格继续教育，只能在取得相关证书的年度，按照每年 3 600 元定额扣除。

 特别提醒

> 纳税人需要留存的备查资料包括：纳税人接受技能人员职业资格继续教育、专业技术人员职业资格继续教育的，应当留存职业资格相关证书等资料。

3. 大病医疗专项附加扣除

（1）大病医疗的界定。一个纳税年度内，在社会医疗保险管理信息系统记录的

（包括医保目录范围内的自付部分和医保目录范围外的自费部分）由个人负担超过1.5万元的医药费用支出部分，为大病医疗支出。

（2）大病医疗专项附加扣除标准。在一个纳税年度内，纳税人发生的与基本医保相关的医药费用支出，扣除医保报销后个人负担（指医保目录范围内的自付部分）累计超过1.5万元的部分，由纳税人在办理年度汇算清缴时，在8万元限额内据实扣除。

（3）大病医疗专项附加扣除的起止时间。

1）大病医疗专项附加扣除由纳税人办理汇算清缴时扣除。

2）大病医疗为医疗保障信息系统记录的医药费用实际支出的当年。

3）享受大病医疗专项附加扣除的纳税人，由其在次年3月1日至6月30日内，自行向汇缴地主管税务机关办理汇算清缴申报时扣除。

（4）大病医疗专项附加扣除扣除办法。纳税人发生的医药费用支出可以选择由本人或者其配偶扣除；未成年子女发生的医药费用支出可以选择由其父母一方扣除。纳税人及其配偶、未成年子女发生的医药费用支出，分别计算扣除额。

（5）需要提供的涉税资料或专项附加扣除项目支出凭证。

1）纳税人应当留存医药服务收费及医保报销相关票据原件（或者复印件）等资料备查。医疗保障部门应当向患者提供在医疗保障信息系统记录的本人年度医药费用信息查询服务。

2）填报患者姓名、身份证件类型及号码、与纳税人关系、与基本医保相关的医药费用总金额、医保目录范围内个人负担的自付金额等信息。

3）个人负担的该支出未超过1.5万元的，不能扣除。个人负担的该支出超过1.5万元的，超过的部分据实列支（必须凭借发票扣除），但最多不超过8万元。

4）该项支出不能按月扣，只能由纳税人办理汇算清缴时由纳税人本人或者其配偶扣除，未成年子女发生的医药费用支出由父母在办理汇算清缴时扣除，而不是由扣缴义务人履行该项义务。

💿 特别提醒

纳税人需要留存的备查资料包括：大病患者医药服务收费及医保报销相关票据原件或复印件，或者医疗保障部门出具的纳税年度医药费用清单等资料。

4. 住房贷款利息专项附加扣除

（1）扣除标准。纳税人本人或者配偶单独或者共同使用商业银行或者住房公积金个人住房贷款为本人或者其配偶购买中国境内住房，发生的首套住房贷款利息支出，在实际发生贷款利息的年度，按照每月1 000元的标准定额扣除，扣除期限最长不超过240个月。纳税人只能享受一次首套住房贷款的利息扣除。首套住房贷款是指购买住房享受首套住房贷款利率的住房贷款。

（2）扣除办法。

1）经夫妻双方约定，可以选择由其中一方扣除，具体扣除方式在一个纳税年度内不能变更。

2）夫妻双方婚前分别购买住房发生的首套住房贷款，其贷款利息支出，婚后可以选择其中一套购买的住房，由购买方按扣除标准的100%扣除，也可以由夫妻双方对各自购买的住房分别按扣除标准的50%扣除，具体扣除方式在一个纳税年度内不能变更。

（3）需要提供的涉税资料或专项附加扣除项目支出凭证。

1）纳税人享受住房贷款利息专项附加扣除，应当填报住房权属信息、住房坐落地址、贷款方式、贷款银行、贷款合同编号、贷款期限、首次还款日期等信息；纳税人有配偶的，填写配偶姓名、身份证件类型及号码。

2）纳税人为自己的父母、岳父母、公婆、爷爷奶奶、姥姥姥爷、兄弟姐妹等亲属购买住房，即便是首套住房，该住房贷款利息也不得扣除。

3）纳税人本人或者配偶为本人或者其配偶购买公寓或商铺使用银行商业贷款，然后纳税人本人或者配偶单独或者共同使用商业银行或者住房公积金个人住房贷款为本人或者其配偶购买中国境内的首套住房，发生的贷款利息，按照每月1 000元的标准定额扣除，扣除期限最长不超过240个月。

4）夫妻结婚后全额付款购买了一套房，没有使用商业银行或者住房公积金个人住房贷款，然后夫妻购买第二套住房时，第一次使用商业银行或者住房公积金个人住房贷款，发生的贷款利息，按照每月1 000元的标准定额扣除，扣除期限最长不超过240个月。

5）夫妻结婚后使用商业银行或者住房公积金个人住房贷款，买了一套房，后来将该套房卖掉了，重新买了另外一套面积更大的住房，使用商业银行或者住房公积金个人住房贷款，发生的贷款利息，仍然可以按照每月1 000元的标准定额扣除，扣除期限最长不超过240个月。

6）纳税人本人在结婚前与其父亲或母亲共同持有一套房产，且没有使用贷款，结婚后使用商业银行或者住房公积金个人住房贷款，发生的贷款利息，按照每月1 000元的标准定额扣除，扣除期限最长不超过240个月。

◉ **特别提醒**

纳税人应当留存住房贷款合同、贷款还款支出凭证备查。

5. 住房租金专项附加扣除

（1）扣除条件。纳税人本人及配偶在纳税人的主要工作城市（主要工作城市是指纳税人任职受雇的直辖市、计划单列市、副省级城市、地级市（地区、州、盟）全部行政区域范围；纳税人无任职受雇单位的，为受理其综合所得汇算清缴的税务机关所在城市）没有住房，而在主要工作城市租赁住房发生的租金支出，可以按照住房租金专项附加扣除标准定额扣除（不要发票）。

（2）扣除标准。纳税人在主要工作城市没有自有住房而发生的住房租金支出，可以按照以下标准定额扣除：1）直辖市、省会（首府）城市、计划单列市以及国务院确定的其他城市，扣除标准为每月1500元；2）除第一项所列城市以外，市辖区户籍人口超过100万的城市，扣除标准为每月1100元；3）市辖区户籍人口不超过100万的城市，扣除标准为每月800元。

纳税人的配偶在纳税人的主要工作城市有自有住房的，视同纳税人在主要工作城市有自有住房。

（3）扣除办法。

1）夫妻双方主要工作城市相同的，只能由一方扣除住房租金支出。

2）住房租金支出由签订租赁住房合同的承租人扣除。

3）纳税人及其配偶在一个纳税年度内不能同时分别享受住房贷款利息和住房租金专项附加扣除。

4）填报主要工作城市、租赁住房坐落地址、出租人姓名及身份证件类型和号码或者出租方单位名称及纳税人识别号（社会统一信用代码）、租赁起止时间等信息；纳税人有配偶的，填写配偶姓名、身份证件类型及号码。

5）夫妻双方主要工作城市相同的，没有住房，而在主要工作城市租赁住房发生的租金支出只能由一方按规定标准扣除住房租金支出。

6）夫妻双方主要工作城市不相同的，且各自在其主要工作城市都没有住房的，可以分别扣除住房租金支出。

7）纳税人有首套房的购房贷款利息，同时也有租房支出，在专项附加扣除时，只能选择其一扣除。

🔘 特别提醒

> 需要提供的涉税资料：纳税人应当留存住房租赁合同、协议等有关资料备查。

6. 赡养老人专项附加扣除

（1）赡养老人的年龄标准。赡养老人的年龄标准是指纳税人赡养60岁（含）以上父母以及其他法定被赡养人（被赡养人是指年满60岁的父母，以及子女均已去世的年满60岁的祖父母、外祖父母）。

（2）扣除标准。纳税人赡养一位及以上（不论是一个还是两个以上）被赡养人的赡养支出，统一按照以下标准定额扣除：

1）纳税人为独生子女的，按照每月2000元的标准定额扣除。

2）纳税人为非独生子女的，由其与兄弟姐妹分摊每月2000元的扣除额度，每人分摊的额度不能超过每月1000元。可以由赡养人均摊或者约定分摊，也可以由被赡养人指定分摊。约定或者指定分摊的须签订书面分摊协议，指定分摊优先于约定分摊。具体分摊方式和额度在一个纳税年度内不能变更。

（3）扣除办法。采取指定分摊或约定分摊方式的，每一纳税人分摊的扣除额最高不得超过每年12000元（每月1000元），并签订书面分摊协议。指定分摊与约定分摊不一致的，以指定分摊为准。

1）填报纳税人是否为独生子女、月扣除金额、被赡养人姓名及身份证件类型和号码、与纳税人关系；有共同赡养人的，需填报分摊方式、共同赡养人姓名及身份证件类型和号码等信息。

2）纳税人赡养一个老人和赡养多个老人，扣除标准一样。

3）多个子女约定分摊标准或被赡养人指定分摊的，每个人分摊的金额每月不超过 1 000 元。如父母有三个子女，三个子女可以约定一人扣除标准为 0 元，另外两人每月扣除标准各 1 000 元。

◑ 特别提醒

> 赡养老人不论是否有离退休收入。需要提供的涉税资料：约定或指定分摊的书面分摊协议等资料。

六项专项附加扣除的归纳见表 11-1。

表 11-1　　　　　　　　　　　　**专项附加扣除归纳表**

（2019 年 1 月 1 日执行）

专项扣除	适用范围	扣除条件	扣除标准	扣除时间	扣除方式	备查资料
1. 子女教育	全日制学历教育的相关支出	学前教育；义务教育；高中阶段教育；高等教育	1 000 元/月	按月	夫妻双方各 50%；或者一方 100%；建议由收入高的一方扣除	学位（学历）证书、学校录取通知书、留学签证等
2. 继续教育	在境内接受学历（学位）继续教育支出	学历（学位）继续教育	400 元/月	按月（不超过 48 个月）	本科及以下本人或父母	学位（学历）证书
		技能人员/技术人员职业资格继续教育	3 600 元/年	按年（取得证书当年）	本人	相关证书
3. 大病医疗	与医保相关的基本医疗支出	个人负担累计超过 1.5 万元的部分	8 万元限额内据实扣除	年度汇算清缴时	本人或配偶；未成年子女由父母一方扣除	医保报销相关票据原件或复印件等
4. 住房贷款利息	境内首套住房贷款利息	本人或配偶首套住房贷款利息（商贷/公积金）	1 000 元/月	按月扣除（不超过 240 个月）	夫妻择一	住房合同贷款、贷款还款支出证明等
5. 住房租金	住房租金支出（无自有住房）	直辖市、省会城市、计划单列市和国务院规定的城市	1 500 元/月	按月扣除	同城，夫妻择一；不同城，分别扣除	住房租赁合同、协议等
		市辖区户籍人口超过 100 万	1 100 元/月			
		市辖区户籍人口不超过 100 万	800 元/月			

续前表

专项扣除	适用范围	扣除条件	扣除标准	扣除时间	扣除方式	备查资料
6. 赡养老人	60 岁（含）以上父母或法定被赡养人（多位老人不能多扣）	独生子女	2 000 元/月	按月	本人扣除	
		非独生子女	不超过 1 000 元/月	按月分摊	均摊/指定/约定	书面分摊协议

7. 专项附加扣除政策两种主要办理途径

（1）由单位按月发工资预扣税款时办理。除大病医疗以外，对其他五项扣除，纳税人可以选择在单位发放工资薪金时，按月享受专项附加扣除政策。首次享受时，需要填写《个人所得税专项附加扣除信息表》并报送给任职受雇单位，单位在每个月发放工资时，与"三险一金"的代扣一样，为纳税人办理专项附加扣除。

（2）自行在年度综合所得汇算清缴申报时办理。一般来讲，有以下情形之一的，纳税人可以选择在次年 3 月 1 日至 6 月 30 日内，自行向汇缴地主管税务机关办理汇算清缴申报时进行专项附加扣除，税款多退少补；个人所得税专项附加扣除信息随纳税申报表一并报送：1）不愿意通过单位办理扣除，未将相关专项附加扣除信息报送给任职受雇单位的；2）没有工资、薪金所得，但有劳务报酬所得、稿酬所得、特许权使用费所得的；3）有大病医疗支出项目的；4）纳税年度内未享受或未足额享受专项附加扣除等情形。

 特别提醒

　　如果同时有两个以上发工资的单位，那么对同一个专项附加扣除项目，在一个纳税年度内，纳税人只能选择从其中的一个单位办理扣除。

8. 填写《个人所得税专项附加扣除信息表》的相关事项

（1）基本信息。

1）填报日期：纳税人填写本表时的日期。

2）扣除年度：填写纳税人享受专项附加扣除的所属年度。

3）纳税人姓名：填写自然人纳税人姓名。

4）纳税人识别号：纳税人有中国居民身份证的，填写公民身份号码；没有公民身份号码的，填写税务机关赋予的纳税人识别号。

5）纳税人信息：填写纳税人有效的手机号码、电子邮箱、联系地址。其中，手机号码为必填项。

6）纳税人配偶信息：纳税人有配偶的填写本栏，没有配偶的则不填。具体填写纳税人配偶的姓名、有效身份证件名称及号码。

（2）子女教育专项附加扣除信息的填写事项。

1）子女姓名、身份证件类型及号码：填写纳税人子女的姓名、有效身份证件名称及号码。

2）出生日期：填写纳税人子女的出生日期，具体到年月日。

3）当前受教育阶段：选择纳税人子女当前的受教育阶段。区分学前教育阶段、义务教育、高中阶段教育、高等教育四种情形。

4）当前受教育阶段起始时间：填写纳税人子女处于当前受教育阶段的起始时间，具体到年月。

5）当前受教育阶段结束时间：纳税人子女当前受教育阶段的结束时间或预计结束的时间，具体到年月。

6）子女教育终止时间：填写纳税人子女不再接受符合子女教育专项附加扣除条件的学历教育的时间，具体到年月。

7）就读国家（或地区）、就读学校：填写纳税人子女就读的国家或地区名称、学校名称。

8）本人扣除比例：选择可扣除额度的分摊比例，由本人全额扣除的，选择“100％”；分摊扣除的，选“50％”。

（3）继续教育。

1）当前继续教育起始时间：填写接受当前学历（学位）继续教育的起始时间，具体到年月。

2）当前继续教育结束时间：填写接受当前学历（学位）继续教育的结束时间，或预计结束的时间，具体到年月。

3）学历（学位）继续教育阶段：区分大学专科、大学本科、硕士研究生、博士研究生、其他几种情形。

4）职业资格继续教育类型：区分技能人员、专业技术人员两种类型。证书名称、证书编号、发证机关、发证（批准）日期：填写纳税人取得的继续教育职业资格证书上注明的证书名称、证书编号、发证机关及发证（批准）日期。

（4）住房贷款利息。

1）住房坐落地址：填写首套贷款房屋的详细地址，具体到楼门号。

2）产权证号/不动产登记号/商品房买卖合同号/预售合同号：填写首套贷款房屋的产权证、不动产登记证、商品房买卖合同或预售合同中的相应号码。如所购买住房已取得房屋产权证的，填写产权证号或不动产登记号；所购住房尚未取得房屋产权证的，填写商品房买卖合同号或预售合同号。

3）本人是否借款人：按实际情况选择“是”或“否”。本人是借款人的情形，包括本人独立贷款、与配偶共同贷款的情形。如果选择“否”，则表头位置须填写配偶信息。

4）是否婚前各自首套贷款，且婚后分别扣除 50％：按实际情况选择“是”或“否”。该情形是指夫妻双方在婚前各有一套首套贷款住房，婚后选择按夫妻双方各50％份额扣除的情况。不填默认为“否”。

5）公积金贷款｜贷款合同编号：填写公积金贷款的贷款合同编号。

6）商业贷款｜贷款合同编号：填写与金融机构签订的住房商业贷款的贷款合同编号。

7）贷款期限（月）：填写住房贷款合同上注明的贷款期限，按月填写。

8）首次还款日期：填写住房贷款合同上注明的首次还款日期。

9）贷款银行：填写商业贷款的银行总行名称。

（5）住房租金。

1）住房坐落地址：填写纳税人租赁房屋的详细地址，具体到楼门号。

2）出租方（个人）姓名、身份证件类型及号码：租赁房屋为个人的，填写本栏。具体填写住房租赁合同中的出租方姓名、有效身份证件名称及号码。

3）出租方（单位）名称、纳税人识别号（统一社会信用代码）：租赁房屋为单位所有的，填写单位法定名称全称及纳税人识别号（统一社会信用代码）。

4）主要工作城市：填写纳税人任职受雇的直辖市、计划单列市、副省级城市、地级市（地区、州、盟）。无任职受雇单位的，填写其办理汇算清缴地所在城市。

5）住房租赁合同编号（非必填）：填写签订的住房租赁合同编号。

6）租赁期起、租赁期止：填写纳税人住房租赁合同上注明的租赁起、止日期，具体到年月。提前终止合同（协议）的，以实际租赁期限为准。

（6）赡养老人。

1）纳税人身份：区分独生子女、非独生子女两种情形。

2）被赡养人姓名、身份证件类型及号码：填写被赡养人的姓名、有效身份证件名称及号码。

3）被赡养人出生日期：填写被赡养人的出生日期，具体到年月。

4）与纳税人关系：按被赡养人与纳税人的关系填报，区分父亲、母亲、其他三种情形。

5）共同赡养人：纳税人为非独生子女时填写本栏，独生子女无须填写。填写与纳税人实际承担共同赡养义务的人员信息，包括姓名、身份证件类型及号码。

6）分摊方式：纳税人为非独生子女时填写本栏，独生子女无须填写。区分平均分摊、赡养人约定分摊、被赡养人指定分摊三种情形。

7）本年度月扣除金额：填写扣除年度内，按政策规定计算的纳税人每月可以享受的赡养老人专项附加扣除的金额。

（7）大病医疗。

1）患者姓名、身份证件类型及号码：填写享受大病医疗专项附加扣除的患者姓名、有效身份证件名称及号码。

2）医药费用总金额：填写社会医疗保险管理信息系统记录的与基本医保相关的医药费用总金额。

3）个人负担金额：填写社会医疗保险管理信息系统记录的基本医保目录范围内扣除医保报销后的个人自付部分。

4）与纳税人关系：按患者与纳税人的关系填报，区分本人、配偶或未成年子女三种情形。

（8）其他选项。

1）扣缴义务人信息。①纳税人选择由任职受雇单位办理专项附加扣除的填写本栏。②扣缴义务人名称、纳税人识别号（统一社会信用代码）：纳税人由扣缴义务人在工资、薪金所得预扣预缴个人所得税时办理专项附加扣除的，填写扣缴义务人名称全称及纳税人识别号或统一社会信用代码。

2）签字（章）栏次。①"声明"栏：需由纳税人签字。②"扣缴义务人签章"栏：扣缴单位向税务机关申报的，应由扣缴单位签章，办理申报的经办人签字，并填写接收专项附加扣除信息的日期。③"代理机构签章"栏：代理机构代为办理纳税申报的，应填写代理机构统一社会信用代码，加盖代理机构印章，代理申报的经办人签字，并填写经办人身份证件号码。④纳税人或扣缴义务人委托专业机构代为办理专项附加扣除的，需代理机构签章。

3）"受理机关"栏：由受理机关填写。

9. 取得综合所得需要办理汇算清缴的情形

取得综合所得需要办理汇算清缴的情形包括：

（1）从两处以上取得综合所得，且综合所得年收入额减除专项扣除的余额超过 6 万元。

（2）取得劳务报酬所得、稿酬所得、特许权使用费所得中一项或者多项所得，且综合所得年收入额减除专项扣除的余额超过 6 万元。

（3）纳税年度内预缴税额低于应纳税额。

（4）纳税人申请退税。

纳税人申请退税，应当提供其在中国境内开设的银行账户，并在汇算清缴地就地办理税款退库。

特别提醒

（1）在员工愿意将专项附加扣除相关信息提供给单位，单位按月预扣预缴后，由于平时已经履行完了所有纳税义务，在没有其他综合所得，如劳务费、特许权使用费、稿酬所得时，由于综合所得等于全年工资、薪金所得，并且不存在补税退税时，可以不参与汇算清缴。

（2）非居民个人取得工资、薪金所得，劳务报酬所得，稿酬所得和特许权使用费所得，有扣缴义务人的，由扣缴义务人按月或者按次代扣代缴税款，不办理汇算清缴。

10. 税务机关的纳税调整规定

有下列情形之一的，税务机关有权按照合理方法进行纳税调整：

（1）个人与其关联方之间的业务往来不符合独立交易原则而减少本人或者其关

联方应纳税额，且无正当理由。

（2）居民个人控制的，或者居民个人和居民企业共同控制的设立在实际税负明显偏低的国家（地区）的企业，无合理经营需要，对应当归属于居民个人的利润不作分配或者减少分配。

（3）个人实施其他不具有合理商业目的的安排而获取不当税收利益。税务机关依照规定做出纳税调整，需要补征税款的，应当补征税款，并依法加收利息。

特别提醒

> 纳税人2019年1月1日以后取得应税所得并由扣缴义务人向税务机关办理了全员全额扣缴申报，或根据税法规定自行向税务机关办理纳税申报的，不论是否实际缴纳税款，均可以申请开具《纳税记录》。纳税人可以通过电子税务局、手机App申请开具本人的个人所得税《纳税记录》，也可到办税服务厅申请开具。

11.2　个人所得税的计算

11.2.1　居民个人综合所得个人所得税年终汇算清缴的计算

1. 居民个人年综合所得额的概念和计算公式

年综合所得额是指居民个人的工资、薪金所得，劳务报酬所得，稿酬所得和特许权使用费所得。从2019年1月1日开始，按照全年应纳税所得额进行计算，即是指居民个人取得综合所得以每一纳税年度收入额减除费用6万元以及专项扣除、专项附加扣除和依法确定的其他扣除后的余额。

2019年1月1日起，扣缴义务人向居民个人支付综合所得中的工资、薪金所得，劳务报酬所得，稿酬所得和特许权使用费所得时，按居民个人预扣预缴方法预扣预缴个人所得税，并向主管税务机关报送《个人所得税扣缴申报表》。

特别提醒

> 对个人所得税综合所得采取预扣预缴法，其中对工资、薪金采取累计预扣预缴，对劳动报酬、稿酬及特许权使用费采取按月或者按次的预扣预缴。年终对照《个人所得税税率表一（综合所得适用）》进行汇算清缴，多退少补。

年应纳税额计算公式为：

$$年应纳税额＝（年综合所得额－60\,000元－专项扣除额－专项附加扣除额$$
$$－其他扣除额）×个人所得税税率－速算扣除数$$

公式中的各项目为：

（1）综合所得额。其计算公式为：

$$综合所得额＝工资、薪金收入＋劳务报酬所得×（1－20\%）＋稿酬所得 \\ ×（1－20\%）×70\%＋特许权使用费所得×（1－20\%）$$

（2）专项扣除额。其计算公式为：

$$专项扣除额＝基本养老保险＋基本医疗保险＋失业保险＋住房公积金 \\ ＝三险一金$$

（3）专项附加扣除额。其计算公式为：

$$专项附加扣除额＝子女教育支出＋继续教育支出＋大病医疗支出 \\ ＋住房贷款利息（或住房租金）支出＋赡养老人支出$$

（4）其他扣除额。包括个人缴付符合国家规定的企业年金、职业年金，个人购买符合国家规定的商业健康保险、税收递延型商业养老保险的支出，以及国务院规定可以扣除的其他项目。

2. 年综合所得的个人所得税税率

适用 3%～45% 的超额累进税率，见表 11 - 2。

表 11 - 2 　　　　　　　　　 个人所得税税率表一（综合所得适用）

级数	全年应纳税所得额	税率	速算扣除数
1	不超过 36 000 元	3%	0
2	超过 36 000 元～144 000 元的部分	10%	210
3	超过 144 000 元～300 000 元的部分	20%	1 410
4	超过 300 000 元～420 000 元的部分	25%	2 660
5	超过 420 000 元～660 000 元的部分	30%	4 410
6	超过 660 000 元～960 000 元的部分	35%	7 160
7	超过 960 000 元的部分	45%	15 160

11.2.2 居民个人综合所得个人所得税的平时预扣预缴计算

扣缴义务人向居民个人支付工资、薪金所得，劳务报酬所得，稿酬所得和特许权使用费所得时，按规定的方法预扣预缴个人所得税，并向主管税务机关报送《个人所得税扣缴申报表》。累计预扣法的计算思路见图 11 - 1。

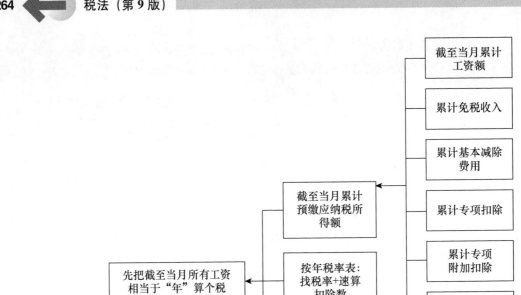

图 11 - 1　累计预扣法的计算思路

1. 居民个人工资薪金所得的累计预扣法

扣缴义务人向居民个人支付工资、薪金所得时，应当按照累计预扣法计算预扣税款，并按月办理全员全额扣缴申报。

计算公式为：

$$\text{本期应预扣预缴税额} = （累计预扣预缴应纳税所得额 \times 预扣率 - 速算扣除数）$$
$$- 累计减免税额 - 累计已预扣预缴税额$$

$$\text{累计预扣预缴应纳税所得额} = 累计收入 - 累计免税收入 - 累计基本减除费用 - 累计专项扣除$$
$$- 累计专项附加扣除 - 累计依法确定的其他扣除$$

其中：累计基本减除费用，按照 5 000 元/月乘以纳税人当年截至本月在本单位的任职受雇月份数计算。

计算居民个人的工资、薪金所得预扣预缴率适用 3%～45% 的超额累进税率，见表 11 - 3。

表 11 - 3　　　　　　　　　　　个人所得税预扣率表一
（居民个人工资、薪金所得预扣预缴适用）

级数	累计预扣预缴应纳税所得额	预扣率（％）	速算扣除数
1	不超过 36 000 元的部分	3	0
2	超过 36 000 元至 144 000 元的部分	10	2 520
3	超过 144 000 元至 300 000 元的部分	20	16 920
4	超过 300 000 元至 420 000 元的部分	25	31 920
5	超过 420 000 元至 660 000 元的部分	30	52 920
6	超过 660 000 元至 960 000 元的部分	35	85 920
7	超过 960 000 元的部分	45	181 920

 特别提醒

　　年度预扣预缴税额与年度应纳税额不一致的，由居民个人于次年 3 月 1 日至 6 月 30 日向主管税务机关办理综合所得年度汇算清缴，税款多退少补。

 例 11 - 1

　　在互联网公司工作的李某 2019 年每月应发工资均为 30 000 元，每月减除费用 5 000 元，"三险一金"等专项扣除为 4 500 元，享受子女教育、赡养老人两项专项附加扣除共计 2 000 元，假设没有减免收入及减免税额等情况。

【解析】

以前三个月为例，应当按照以下方法计算各月应预扣预缴税额：

1 月应预扣预缴税额＝(30 000－5 000－4 500－2 000)×3％ ＝ 555(元)

2 月应预扣预缴税额＝ (30 000×2－5 000×2－4 500×2－2 000×2)
　　　　　　　　　　×10％－2 520－555
　　　　　　　　　＝625(元)

3 月应预扣预缴税额＝(30 000×3－5 000×3－4 500×3－2 000×3)×10％
　　　　　　　　　　－2 520－555－625
　　　　　　　　　＝1 850(元)

上述计算结果表明，由于 2 月份累计预扣预缴应纳税所得额为 37 000 元，已适用 10％的税率，因此每月应预扣预缴税款有所不同。

2. 劳务报酬所得的预扣预缴法

扣缴义务人向居民个人支付劳务报酬所得、稿酬所得、特许权使用费所得，按次或者按月预扣预缴个人所得税。计算公式为：

劳务报酬所得
预扣预缴税额　＝预扣预缴应纳税所得额×超额累进预扣率－速算扣除数

其中，劳务报酬所得应预扣预缴税额分为：

（1）每次收入不超过 4 000 元的劳务报酬所得。

$$\begin{aligned}劳务报酬所得\\应预扣预缴税额\end{aligned}=预扣预缴应纳税所得额×超额累进预扣率－速算扣除数$$

$$=（每次收入－800）×超额累进预扣率－速算扣除数$$

（2）每次收入 4 000 元以上的劳务报酬所得。

$$\begin{aligned}劳务报酬所得\\应预扣预缴税额\end{aligned}=预扣预缴应纳税所得额×超额累进预扣率－速算扣除数$$

$$=每次收入×（1－20\%）×超额累进预扣率－速算扣除数$$

居民个人的劳务报酬所得预扣预缴率适用 20%～40% 的超额累进税率，见表 11-4。

表 11-4　　　　　　　　　个人所得税预扣率表二

（居民个人劳务报酬所得预扣预缴适用）

级数	预扣预缴应纳税所得额	预扣率（%）	速算扣除数
1	不超过 20 000 元的	20	0
2	超过 20 000 元至 50 000 元的部分	30	2 000
3	超过 50 000 元的部分	40	7 000

例 11-2

李某在 2019 年取得设计费劳务报酬 70 000 元。

【解析】

　　　预扣预缴税额＝70 000×（1－20%）×40%－7 000＝15 400（元）

3. 稿酬所得的预扣预缴法

　　　预扣预缴税额＝预扣预缴应纳税所得额×比例预扣率 20%

其中，稿酬所得应预扣预缴税额分为：

（1）每次收入不超过 4 000 元的稿酬所得。

$$\begin{aligned}稿酬所得应预扣预缴税额&=预扣预缴应纳税所得额×比例预扣率 20\%\\&=（每次收入－800）×70\%×比例预扣率 20\%\end{aligned}$$

（2）每次收入 4 000 元以上的稿酬所得。

$$\begin{aligned}稿酬所得应预扣预缴税额&=预扣预缴应纳税所得额×比例预扣率 20\%\\&=每次收入×（1－20\%）×70\%×比例预扣率 20\%\end{aligned}$$

例 11-3

张某取得稿酬所得 40 000 元。

【解析】

　　　预扣预缴税额＝40 000×（1－20%）×70%×20%＝4 480（元）

4. 特许权使用费所得的预扣预缴法

$$预扣预缴税额＝预扣预缴应纳税所得额×比例预扣率20\%$$

其中，特许权使用费所得应预扣预缴税额分为：

（1）每次收入不超过 4 000 元的特许权使用费所得。

$$\begin{aligned}特许权使用费所得\atop应预扣预缴税额 &＝预扣预缴应纳税所得额×比例预扣率20\% \\ &＝（每次收入－800）×比例预扣率20\%\end{aligned}$$

（2）每次收入 4 000 元以上的特许权使用费所得。

$$\begin{aligned}特许权使用费所得\atop应预扣预缴税额 &＝预扣预缴应纳税所得额×比例预扣率20\% \\ &＝每次收入×（1－20\%）×比例预扣率20\%\end{aligned}$$

 例 11－4

张某取得特许权使用费所得 50 000 元。

【解析】

$$预扣预缴税额＝50\,000×（1－20\%）×20\%＝8\,000（元）$$

11.2.3 非居民个人综合所得的个人所得税计算

1. 非居民个人综合所得的个人所得税的计算公式

非居民个人支付综合所得中的工资、薪金所得，劳务报酬所得，稿酬所得和特许权使用费所得时，不需要预扣预缴，直接进行个人所得税的计算。

扣缴义务人向非居民个人支付工资、薪金所得，劳务报酬所得，稿酬所得和特许权使用费所得时，按月或者按次代扣代缴个人所得税。

（1）非居民个人的工资薪金所得的个人所得税计算。

以每月收入额减除费用 5 000 元后的余额为应纳税所得额，其计算公式为：

$$月应纳税额＝（每月收入额－费用5\,000元）×税率－速算扣除数$$

（2）非居民个人的稿酬所得的个人所得税计算。

$$\begin{aligned}每次应纳税额 &＝应纳税所得额×税率－速算扣除数 \\ &＝每次收入×（1－20\%）×70\%×超额累进预扣率－速算扣除数\end{aligned}$$

（3）非居民个人的劳务报酬所得和特许权使用费所得的个人所得税计算。

$$\begin{aligned}每次应纳税额 &＝应纳税所得额×税率－速算扣除数 \\ &＝每次收入×（1－20\%）×超额累进预扣率－速算扣除数\end{aligned}$$

2. 非居民个人综合所得个人所得税的税率

非居民个人综合所得个人所得税适用 3%～45% 的超额累进税率，见表 11-5。

表 11-5   **个人所得税税率表三**

（非居民个人工资、薪金所得，劳务报酬所得，稿酬所得，特许权使用费所得适用）

级数	应纳税所得额	税率（％）	速算扣除数
1	不超过 3 000 元的	3	0
2	超过 3 000 元至 12 000 元的部分	10	210
3	超过 12 000 元至 25 000 元的部分	20	1 410
4	超过 25 000 元至 35 000 元的部分	25	2 660
5	超过 35 000 元至 55 000 元的部分	30	4 410
6	超过 55 000 元至 80 000 元的部分	35	7 160
7	超过 80 000 元的部分	45	15 160

 例 11-5

某非居民个人取得劳务报酬所得 20 000 元。

【解析】

$$预扣预缴税额 =（20\ 000 - 20\ 000 \times 20\%）\times 20\% - 1\ 410 = 1\ 790（元）$$

 例 11-6

某非居民个人取得稿酬所得 10 000 元。

【解析】

$$预扣预缴税额 =（10\ 000 - 10\ 000 \times 20\%）\times 70\% \times 10\% - 210 = 350（元）$$

11.2.4 经营所得的个人所得税计算

经营所得的个人所得税计算实行按年计算年应纳税额。其计算公式为：

$$年应纳税额 =（每一纳税年度的收入总额 - 成本 - 费用 - 损失）$$
$$\times 税率 - 速算扣除数$$

经营所得的个人所得税适用 5%～35% 的超额累进税率，见表 11-6。

表 11-6   **个人所得税税率表四（经营所得适用）**

级数	全年应纳税所得额	税率（％）	速算扣除数
1	不超过 30 000 元的	5	0
2	超过 30 000 元至 90 000 元的部分	10	1 500
3	超过 90 000 元至 300 000 元的部分	20	10 500
4	超过 300 000 元至 500 000 元的部分	30	40 500
5	超过 500 000 元的部分	35	65 500

注：本表所称全年应纳税所得额是指依照规定，以每一纳税年度的收入总额减除成本、费用以及损失后的余额。

11.2.5　利息、股息、红利所得，财产租赁所得，财产转让所得和偶然所得的个人所得税计算

1. 财产租赁所得的个人所得税计算

（1）每次收入不超过 4 000 元的，其计算公式为：

次应纳税额＝（每次收入－费用 800 元）×比例税率 20％

（2）每次收入在 4 000 元以上的，其计算公式为：

次应纳税额＝每次收入×（1－20％）×比例税率 20％

2. 财产转让所得的个人所得税计算

其计算公式为：

次应纳税额＝（收入总额－财产原值－合理税费）×比例税率 20％

🔵 **特别提醒**

> 个人转让不动产的，税务机关应当根据不动产登记等相关信息核验应缴的个人所得税，登记机关办理转移登记时，应当查验与该不动产转让相关的个人所得税的完税凭证。个人转让股权办理变更登记的，市场主体登记机关应当查验与该股权交易相关的个人所得税的完税凭证。

3. 利息、股息、红利所得的个人所得税计算

其计算公式为：

应纳税额＝每次收入额×20％

4. 利息、股息、红利所得，财产租赁所得，财产转让所得和偶然所得的个人所得税的税率

利息、股息、红利所得，财产租赁所得，财产转让所得和偶然所得，适用比例税率，税率为 20％。其税率见表 11－7。

表 11－7　　　　　　　　　　个人所得税税率表五

（利息、股息、红利所得，财产租赁所得，财产转让所得和偶然所得适用）

每次应纳税所得额	税率
利息、股息、红利所得，财产租赁所得，财产转让所得和偶然所得	20％

11.2.6　居民个人取得全年一次性奖金

居民个人取得全年一次性奖金，在 2021 年 12 月 31 日前，不并入当年综合所

得，以全年一次性奖金收入除以 12 个月得到的数额，按照按月换算后的综合所得税率表（简称月度税率表），确定适用税率和速算扣除数，单独计算纳税。计算公式为：

$$应纳税额＝全年一次性奖金收入×适用税率－速算扣除数$$

居民个人取得全年一次性奖金，也可以选择并入当年综合所得计算纳税。自 2022 年 1 月 1 日起，居民个人取得全年一次性奖金，应并入当年综合所得计算缴纳个人所得税。

计算年终奖需要将居民个人综合所得个人所得税税率表中的年应纳税所得额除以 12 个月，换算为月应纳税所得额。其税率表见表 11-8。

表 11-8　　　　　　　居民个人综合所得个人所得税税率表

级数	月应纳税所得额（元）	税率	速算扣除数
1	不超过 3 000	3％	0
2	3 000～12000	10％	210
3	12 000～25 000	20％	1 410
4	25 000～35 000	25％	2 660
5	35 000～55 000	30％	4 410
6	55 000～80 000	35％	7 160
7	80 000 以上	45％	15 160

例 11-7

小王年终奖 36 000 元。

【解析】

全月年终奖＝36 000÷12＝3 000（元）

月 3 000 元处于第一档位，税率 3％，速算扣除数为 0。

□ 练习题

一、单项选择题

1. 根据个人所得税法的规定，纳税人的子女接受全日制学历教育的相关支出，按照每个子女每月（　　）元的标准定额扣除。

　A. 700　　　　　　　B. 800

　C. 900　　　　　　　D. 1 000

2. 以下所得中，应计入"综合所得"项目缴纳个人所得税的是（　　）。

A. 个人兼职取得的收入

B. 个人对其任职公司取得的股息

C. 个人取得的储蓄存款利息收入

D. 个人出租房屋取得的收入

3. 某上市公司员工张某出租土地使用权，按（　　）所得项目计征个人所得税。

A. 财产租赁所得　　　B. 财产转让所得

C. 经营所得　　　　　D. 综合所得

4. 下列说法中错误的是（   ）。

A. 财产转让方个人因受让方个人未按规定期限支付价款而取得的违约金收入，属于因财产转让而产生的收入

B. 个人提供著作权使用权所得应计入"财产转让所得"项目征收个人所得税

C. 个人取得特许权的经济赔偿收入，应按"特许权使用费所得"项目征收个人所得税

D. 个人取得的工资、薪金所得，应计入"综合所得"项目征收个人所得税

5. 中国公民张某是某高校的一名教授，2019年取得工资收入 60 000 元，同时担任某公司的独立董事，当年取得董事费收入 52 000 元，当即拿出 10 000 元通过国家机关捐赠给遭受严重自然灾害的地区，则张某 2019 年应缴纳的个人所得税为（   ）元。

A. 630　　　　　　　B. 736

C. 824　　　　　　　D. 948

6. 李某 2019 年 1 月在一次抽奖活动中获得奖金 1 万元，李某对获得的奖金所得应缴纳个人所得税（   ）元。

A. 2 000　　　　　　B. 2 800

C. 3 500　　　　　　D. 4 000

7. 下列各项中，应当按"偶然所得"项目征收个人所得税的是（   ）。

A. 个人从任职单位取得可公开交易的股票期权

B. 个人将珍藏的古董拍卖所得

C. 个人将文字作品手稿原件拍卖所得

D. 企业对累积消费达到一定额度的顾客给予额外抽奖机会，个人的获奖所得

8. 2019 年 3 月，某演员参加甲企业营业性演出，一次性获得表演收入 45 000 元，则甲企业 3 月应为该演员预扣预缴的个人所得税的税额为（   ）元。

A. 4 950　　　　　　B. 5 600

C. 6 390　　　　　　D. 8 800

9. 中国公民王某为国内某企业员工，2019年每月取得工资收入 6 300 元，全年共计 75 600 元，当年王某接受学历继续教育总共支出 5 000 元，王某 2019 年应缴纳个人所得税（   ）元。

A. 530　　　　　　　B. 468

C. 324　　　　　　　D. 318

10. 2019 年某职员在国内一家日报上连载小说取得稿酬收入 18 000 元，同时每月取得所在单位工资收入 6 000 元，其中包含单位向社保基金管理中心为其扣缴的基本养老保险 260 元、基本医疗保险 120 元、失业保险 40 元，则该职员 2019 年应缴纳个人所得税（   ）元。

A. 440.2　　　　　　B. 662.4

C. 580.6　　　　　　D. 511.2

11. 下列各项中，不符合个人所得税相关规定的是（   ）。

A. 居民个人的综合所得，以每一纳税年度的收入额减除费用 6 万元以及专项扣除、专项附加扣除和依法确定的其他扣除后的余额，为应纳税所得额

B. 经营所得，以每一纳税年度的收入总额减除成本、费用以及损失后的余额，为应纳税所得额

C. 财产转让所得，以转让财产的收入额减除财产原值和合理费用后的余额，为应纳税所得额

D. 利息、股息、红利所得和偶然所得，以每一纳税年度的收入额为应纳税所得额

12. 根据个人所得税法的规定，综合所得适用（   ）超额累进税率。

A. 3%～35%　　　　B. 3%～40%

C. 3%～45%　　　　D. 3%～50%

13. 根据个人所得税法的规定，下列各项中免征个人所得税的是（   ）。

A. 工资、薪金所得

B. 年终奖金

C. 稿酬所得

D. 军人的转业费、复员费、退役金

14. 下列个人所得中，适用比例税率的是（   ）。

A. 个体工商户的生产、经营所得

B. 对企事业单位的承包承租经营所得

C. 综合所得

D. 利息、股息、红利所得

15. 根据个人所得税法的规定，在中国境内

无住所但取得所得的下列外籍个人中，属于居民纳税人的是（　　）。

    A. M国甲，在华工作90天

    B. N国乙，2019年1月10日入境，2019年3月10日离境

    C. X国丙，在华工作190天

    D. Y国丁，2019年1月1日来华工作，2019年4月30日回国，其间临时离境15天

16. 下列所得中，不属于"经营所得"的是（　　）。

    A. 个体工商户从事股权投资所得

    B. 个人承包、承租、转包、转租取得的所得

    C. 个人依法取得执照，从事办学、医疗、咨询以及其他有偿服务活动取得的所得

    D. 个人通过在中国境内注册登记的个体工商户、个人独资企业、合伙企业从事生产、经营活动取得的所得

17. 2019年1月，某国企员工取得工资收入8 800元，应缴纳的各项社会保险金900元，当月该名员工通过政府机构向希望小学捐赠500元，则该名员工当月应预扣预缴的个人所得税为（　　）元。

    A. 70　　　　　　B. 72

    C. 87　　　　　　D. 90

18. 2019年1月，某外籍个人来华在境内某外资企业工作一个月，工作结束后立即离境，当月取得外资企业发放的工资15 000元，则其2019年1月在中国应缴纳的个人所得税为（　　）元。

    A. 300　　　　　B. 540

    C. 860　　　　　D. 790

19. 2019年2月，某企业员工贾某取得工资收入10 000元，需缴纳各项社会保险金800元，发生子女教育支出1 000元，约定教育支出的扣除方式为贾某扣除100%，其配偶不做扣除。则贾某2019年2月应缴纳的个人所得税为（　　）元。

    A. 110　　　　　B. 320

    C. 115　　　　　D. 96

20. 下列各项中，不符合专项附加扣除标准及规则的是（　　）。

    A. 纳税人首次享受专项附加扣除或者专项附加扣除信息发生变化的，应当将相关信息提交扣缴义务人或者税务机关

    B. 纳税人及其配偶不得同时分别享受住房贷款利息专项附加扣除和住房租金专项附加扣除

    C. 个人参加专业技术人员职业资格继续教育可在取得证书当年扣除3 600元

    D. 个人所得税专项附加扣除在纳税人本年度综合所得应纳税所得额中扣除，本年度扣除不完的，可以结转以后年度扣除

二、多项选择题

1. 以下选项中是我国居民纳税人的有（　　）。

    A. 在我国有住所，因学习在法国居住半年的张某

    B. 在我国工作3年的外籍专家

    C. 在我国工作2个月的外籍高管

    D. 2017年1月1日来华工作，次年12月31日回国的外籍人员

2. 个人取得的下列各项所得中，免征个人所得税的有（　　）。

    A. 县级人民政府颁发的环境保护奖金

    B. 保险赔款

    C. 福利费、抚恤金、救济金

    D. 国家发行的金融债券利息

3. 下列属于劳务报酬所得的是（　　）。

    A. 在校学生参加勤工俭学的所得

    B. 个人担任董事职务取得的董事费收入

    C. 个人兼职的收入

    D. 大学教授在所任职的大学讲课所得

4. 下列各项中，说法正确的有（　　）。

    A. 居民个人取得工资、薪金所得，劳务报酬所得，稿酬所得和特许权使用费所得为综合所得，按纳税年度合并计算个人所得税

    B. 综合所得，适用3%～45%的超额累进税率

    C. 经营所得，适用5%～35%的超额累进税率

    D. 个人将其所得对教育、扶贫、济困等公益慈善事业进行捐赠，捐赠额未超过纳税人申报的应纳税所得额30%的部分，可以从其应纳税所得额中扣除

5. 根据个人所得税法的规定，下列情形中，

纳税人应当依法办理纳税申报缴纳个人所得税的有（　　）。

　　A. 取得综合所得需要办理汇算清缴

　　B. 取得应税所得没有扣缴义务人

　　C. 取得应税所得，扣缴义务人未扣缴税款

　　D. 从中国境外取得所得

6. 李某 2019 年取得的下列所得中，应征收个人所得税的有（　　）。

　　A. 体育彩票中奖 2 万元

　　B. 获得省政府颁发的文学奖 2 万元

　　C. 连载刊登小说的稿酬所得 5 000 元

　　D. 转让持有的某合伙企业股份所得 2 万元

7. 下列各项中，属于个人所得税专项附加扣除的是（　　）。

　　A. 继续教育

　　B. 大病医疗

　　C. 赡养老人支出

　　D. 商业性补充养老保险

8. 下列各项中，适用 5％～35％的五级超额累进税率征收个人所得税的有（　　）。

　　A. 合伙企业的生产经营所得

　　B. 一人制有限责任公司的生产经营所得

　　C. 个人独资企业的生产经营所得

　　D. 对企事业单位的承包经营、承租经营所得

9. 按照个人所得税法的有关规定，下列各项个人所得中，属于稿酬所得征税范围的是（　　）。

　　A. 文学作品发表的所得

　　B. 文学作品手稿原件公开拍卖所得

　　C. 文学作品出版的所得

　　D. 非记者、杂志的专业作者在本单位的报刊、杂志上发表作品的所得

10. 下列各项中，关于专项附加扣除说法错误的有（　　）。

　　A. 个人接受本科及以下学历（学位）继续教育，符合规定扣除条件的，可选择由其父母扣除，也可选择本人扣除

　　B. 技能人员职业资格继续教育和专业技术人员职业资格继续教育，只能在取得相关证书的年度，按照每年 3 800 元定额扣除

　　C. 大病医疗专项附加扣除由纳税人办理汇算清缴时扣除

　　D. 住房贷款利息专项附加扣除，只能由夫妻双方其中一方扣除

11. 下列各项中，对于个人所得税相关规定表述正确的有（　　）。

　　A. 纳税人取得应税所得没有扣缴义务人的，应当在取得所得的次月十五日内向税务机关报送纳税申报表，并缴纳税款

　　B. 扣缴义务人每月所扣的税款，应当在次月十五日内缴入国库，并向税务机关报送纳税申报表

　　C. 居民个人取得综合所得按年计算个人所得税；有扣缴义务人的，由扣缴义务人按月或者按次预扣预缴税款，居民个人年度终了后需要补税或者退税的，按照规定办理汇算清缴

　　D. 非居民个人取得综合所得，有扣缴义务人的，由扣缴义务人按月或者按次扣缴税款，不办理汇算清缴

12. 下列所得中，应当作为"综合所得"缴纳个人所得税的有（　　）。

　　A. 小赵在业余时间的兼职所得 2 万元

　　B. 小李在国企任职的工资所得 6 万元

　　C. 小王出租商铺的租金所得 3 万元

　　D. 小钱出版专著的稿酬所得 3 万元

13. 下列应税项目中，按年计算征收个人所得税的有（　　）。

　　A. 个体工商户生产经营所得

　　B. 综合所得

　　C. 利息、股息、红利所得

　　D. 财产转让所得

14. 下列所得中，应纳入"经营所得"缴纳个人所得税的有（　　）。

　　A. 个人从事彩票代销业务的所得

　　B. 出租汽车经营单位将出租车所有权转移给驾驶员的，出租车驾驶员从事客货运营取得的收入

　　C. 对企事业单位的承包、承租经营所得

　　D. 出租汽车经营单位对出租车驾驶员采取单车承租方式运营，出租车驾驶员从事客货运营取得的收入

15. 下列各项中，适用20％比例税率的有（　　）。

A. 利息、股息、红利所得

B. 财产转让所得

C. 经营所得

D. 偶然所得

16. 下列各项中，说法正确的有（　　）。

A. 在中国境内有住所，或者无住所而一个纳税年度内在中国境内居住累计满 183 天的个人，为居民个人

B. 居民个人从中国境内和境外取得的所得，依照规定缴纳个人所得税

C. 在中国境内无住所又不居住，或者无住所而一个纳税年度内在中国境内居住累计不满 183 天的个人，为非居民个人

D. 非居民个人从中国境内和境外取得的所得，依照规定缴纳个人所得税

17. 根据个人所得税的相关规定，下列应计入"综合所得"的是（　　）。

A. 工资、薪金所得

B. 财产租赁所得

C. 稿酬所得

D. 特许权使用费所得

18. 下列各项中，关于个人所得税相关规定的说法中正确的有（　　）。

A. 居民个人向扣缴义务人提供专项附加扣除信息的，扣缴义务人按月预扣预缴税款时应当按照规定予以扣除，不得拒绝

B. 纳税人有中国公民身份号码的，以中国公民身份号码为纳税人识别号；纳税人没有中国公民身份号码的，由税务机关赋予其纳税人识别号

C. 专项扣除、专项附加扣除和依法确定的其他扣除，以居民个人一个纳税年度的应纳税所得额为限额；一个纳税年度扣除不完的，不得结转以后年度扣除

D. 居民个人的综合所得的个人所得税计算是按照全年应纳税所得额进行计算，即是指居民个人取得综合所得以每一纳税年度收入额减除费用 6 万元以及专项扣除、专项附加扣除和依法确定的其他扣除后的余额

19. 2019 年 1 月，甲企业员工取得工资收入 13 000 元，需缴纳各项社会保险金 1 200 元；同时将本人一部长篇小说手稿的著作权拍卖给乙影视公司取得收入 30 000 元，则下列说法中正确的有（　　）。

A. 拍卖本人长篇小说手稿的著作权取得的收入属于特许权使用费所得，应计入"综合所得"缴纳个人所得税

B. 缴纳不超过标准的各项社会保险金在计算个人所得税时准予扣除

C. 2019 年 1 月乙影视公司应为该员工预扣预缴的个人所得税为 4 800 元

D. 2019 年 1 月甲企业应为该员工预扣预缴的个人所得税为 470 元

20. 根据个人所得税的相关规定，下列说法正确的有（　　）。

A. 个人与其关联方之间的业务往来不符合独立交易原则而减少本人或者其关联方应纳税额，且无正当理由的，税务机关有权按照合理方法进行纳税调整

B. 居民个人控制的，或者居民个人和居民企业共同控制的设立在实际税负明显偏低的国家（地区）的企业，无合理经营需要，对应当归属于居民个人的利润不作分配或者减少分配的，税务机关有权按照合理方法进行纳税调整

C. 个人实施其他不具有合理商业目的的安排而获取不当税收利益的，税务机关有权按照合理方法进行纳税调整

D. 税务机关依照规定做出纳税调整，需要补征税款的，应当补征税款，并依法加收利息

三、计算题

中国公民张先生是某民营非上市公司的个人大股东，同时是一位作家。2019 年 5 月取得的部分实物或现金收入如下：

（1）公司为其购买了一辆轿车并将车辆所有权办到其名下，该车购买价为 35 万元。经当地主管税务机关核定，公司在代扣个人所得税税款时允许税前扣除的税额为 7 万元。

（2）将本人一间临街商铺出租，取得收入 6 000 元；同时拍卖一幅名人书法作品取得收入 35 万元。经税务机关确认，所拍卖的书法作品原值

及相关费用为 20 万元。

（3）受邀为甲企业培训班讲课两天，取得讲课费 3 万元。

（4）因购物发票中奖，得 1 000 元奖金。

要求：根据上述资料，回答以下问题，如有计算，需计算出合计数：

（1）计算公司为张先生购买轿车应代扣代缴的个人所得税。

（2）计算出租临街商铺取得收入应缴纳的个人所得税。

（3）计算书法作品拍卖所得应缴纳的个人所得税。

（4）计算甲企业就讲课费收入应为张先生预扣预缴的个人所得税。

（5）计算发票中奖收入应缴纳的个人所得税。

四、综合题

张某为一企业高管人员，2019 年取得以下收入：

（1）为改善住房条件，6 月 1 日将自购已居住 6 年的唯一普通住房对外转让，原价 100 000 元，合同标明转让价 120 000 元。

（2）1 月份购入某种债券 1 000 份，每份买价 15 元，支付相关税费共计 200 元。6 月份将买入的债券一次性卖出，每份卖出价 18 元，支付卖出债券的税费共计 150 元。

（3）取得有奖发票 2 张，中奖金额分别为 500 元和 1 000 元。

（4）11 月份有两篇论文在相关专业期刊上发表，分别取得稿酬 3 200 元和 4 500 元。

（5）从 A 国取得股息所得（税前）折合人民币 10 000 元，已在 A 国缴纳个人所得税 500 元；从 B 国取得全年财产租赁所得（税前）人民币 60 000 元，已在 B 国缴纳个人所得税 18 000 元（不考虑相关税费）。

（6）张某每月在企业取得工资薪金 8 200 元，全年取得工资薪金 98 400 元。

要求：根据上述资料，按下列序号计算回答问题，每问需计算出合计数：

（1）计算张某住房转让应缴纳的增值税和个人所得税；

（2）计算转让债券应缴纳的个人所得税；

（3）计算中奖发票应缴纳的个人所得税；

（4）计算全年综合所得应缴纳的个人所得税；

（5）计算从 A 国、B 国取得的所得分别应当补缴的个人所得税。

C 第12章

Chapter 12 其他税

12.1 房产税

12.1.1 房产税概述

房产税是以城市、县城、建制镇和工矿区的房屋不动产为征税对象，依据房产余值或租金向房产产权所有人或经营人征收的一种税，属于财产类税。

1. 房产税的纳税义务人

凡在我国境内拥有房屋产权的单位和个人都是房产税的纳税义务人。自2009年1月1日起，外商投资企业、外国企业和组织以及外籍个人也须缴纳房产税。具体规定为：

（1）产权属于全民所有的，其经营管理的单位是纳税义务人。（2）产权出典的，承典人是纳税义务人。（3）产权所有人、承典人不在房产所在地的，房产代管人或者使用人为纳税义务人。（4）产权未确定以及租典纠纷未解决的，房产代管人或者使用人为纳税义务人。（5）纳税单位和个人无租使用房产管理部门、免税单位及纳税单位的房产，应由使用人代为缴纳房产税。

2. 征税范围

房产税的征税范围为城市、县城、建制镇和工矿区，不涉及农村。房产税的征税对象是房产，即以房屋形态表现的财产。独立于房屋之外的建筑物，如围墙、烟囱、水塔、室外游泳池等不属于房产。

3. 房产税的税率

房产税的税率表如表 12 - 1 所示。

表 12 - 1 　　　　　　　　　　　房产税的税率表

征税内容	税率	备注
按房产原值一次减除 10%～30% 后的余值	1.2%	减除幅度由省级人民政府确定
按房产出租的租金收入	12%	
个人按市场价格出租的居民住房	4%	

4. 房产税的纳税期限和纳税地点

（1）纳税期限。房产税实行按年计算、分期缴纳的征收办法，具体纳税期限由省（自治区、直辖市）人民政府决定。

（2）纳税地点。房产税应向房产所在地的税务机关缴纳。房产不在同一地方的纳税人，应按房产坐落地点分别向房产所在地的税务机关缴纳。

5. 纳税义务发生时间

（1）原有房产用于生产经营的，自生产经营之月起缴纳房产税。（2）纳税人自建房屋的，自建成次月起缴纳房产税。（3）纳税人委托施工企业建房的，自办理验收手续次月起纳税。（4）在验收前使用、出租、出借的，自使用、出租、出借的当月起缴纳房产税。

6. 房产税的税收优惠

免纳房产税的房产包括：

（1）国家机关、人民团体、军队自用的房产。

（2）国家财政部门拨付事业经费单位自用的房产。

（3）宗教寺庙、公园、名胜古迹自用的房产。

（4）个人拥有的非营业用的房产。

（5）经财政部批准免税的其他房产。具体包括企业办的各类学校、医院、托儿所、幼儿园自用的房产，可以比照由国家财政部门拨付事业经费单位自用的房产，免征房产税。

 特别提醒

> 免税单位的出租房产以及非自身业务使用的生产、营业性用房，不属于免税范围。对房地产开发企业建造的商品房，在售出前不征收房产税，但对售出前房地产开发企业已使用或出租、出借的商品房，应按规定征收房产税。

12.1.2　房产税应纳税额的计算

1. 计税依据

房产税的计税依据是房产的计税余值或房产的租金收入。

（1）以房产的计税余值作为计税依据。

1）经营自用的房屋以房产的计税余值作为计税依据。

2）纳税人对原有房屋进行改建、扩建的，要相应增加房屋的原值。

3）自2006年1月1日起，凡在房产税征收范围内具备房屋功能的地下建筑，包括与地上房屋相连的地下建筑以及完全建在地面以下的建筑、地下人防设施等，均应当依照有关规定征收房产税。对于与地上房屋相连的地下建筑，如房屋的地下室、地下停车场、商场的地下部分等，将地下部分与地上房屋视为一个整体按照地上房屋建筑的有关规定计算征收房产税。

4）投资联营及融资租赁房产的计税依据。

①对投资联营的房产，在计征房产税时应区别对待。对于以房产投资联营，投资者参与投资利润分红，共担风险的，按房产的计税余值作为计税依据计征房产税；对于以房产投资，收取固定收入，不承担联营风险，以联营名义取得房产租金的，应根据《中华人民共和国房产税暂行条例》的有关规定，由出租方按租金收入计算缴纳房产税。

②对融资租赁房屋，由于租赁费包括购进房屋的价款、手续费、借款利息等，与一般房屋出租的"租金"内涵不同，且租赁期满后，当承租方偿还最后一笔租赁费时，房屋产权一般都转移到承租方，实际上是一种变相的分期付款购买固定资产的形式，因此在计征房产税时应以房产余值计算征收。至于租赁期内房产税的纳税人，由当地税务机关根据实际情况确定。

（2）以房产的租金收入作为计税依据。房产出租的，以房产租金收入作为房产税的计税依据。

（3）居民住宅区内业主共有的经营性房产的计税依据。对居民住宅区内业主共有的经营性房产，由实际经营（包括自营和出租）的代管人或使用人缴纳房产税。

特别提醒

2018 年 9 月 30 日财政部和国家税务总局联合下文规定，对按照去产能和调结构政策要求停产停业、关闭的企业，自停产停业次月起，免征房产税、城镇土地使用税。企业享受免税政策的期限累计不得超过两年。

2. 应纳税额的计算

（1）地上建筑物房产税应纳税额的计算。

$$应纳税额 = 房产计税余值（或租金收入）\times 适用税率$$

$$房产计税余值 = 房产原值 \times（1 - 原值减除比例）$$

 例 12 - 1

某企业年度自有生产用房原值 5 000 万元，账面已提折旧 1 000 万元。已知房产税税率为 1.2%，当地政府规定计算房产余值的扣除比例为 30%。

【解析】

从价计征的房产税，以房产余值为计税依据。

$$该企业年应纳房产税 = 5\,000 \times（1 - 30\%）\times 1.2\% = 42（万元）$$

（2）地下建筑物房产税应纳税额的计算。

1）工业用途房产，以房屋原价的 50%～60% 作为应税房产原值。

$$应纳税额 = 应税房产原值 \times（1 - 原值减除比例）\times 1.2\%$$

2）商业和其他用途房产，以房屋原价的 70%～80% 作为应税房产原值。

$$应纳税额 = 应税房产原值 \times（1 - 原值减除比例）\times 1.2\%$$

房屋原价折算为应税房产原值的具体比例，由各省（自治区、直辖市）和计划单列市财政和税务部门在上述幅度内自行确定。

3）出租的地下建筑，按照出租地上房屋建筑的有关规定计算征收房产税。

例 12 - 2

4 月 30 日，甲公司将原值为 200 万元的闲置用房向乙企业投资，协议规定，甲公司每月向乙企业收取不含增值税收入 2 万元，甲公司不承担经营风险。当年实际取得收益 16 万元。房产所在地规定计算房产余值的扣除比例为 30%。请计算甲公司该年应纳房产税。

【解析】

该企业以房产投资，收取不含增值税收入，不承担联营风险，视同出租。

$$应纳房产税 = 200 \times（1 - 30\%）\times 1.2\% \times \frac{4}{12} + 16 \times 12\% = 2.48（万元）$$

例 12-3

　　A公司从某年5月1日开始改建办公楼。办公楼账面原值450万元，为改造支付费用120万元，加装中央空调支付75万元，该中央空调单独作为固定资产入账，5月底完成改建，交付使用。房产所在地规定计算房产余值的扣除比例为30%。请计算A公司该年应纳房产税。

【解析】

$$应纳房产税 = 450 \times (1 - 30\%) \times 1.2\% \times \frac{5}{12} + (450 + 120 + 75)$$

$$\times (1 - 30\%) \times 1.2\% \times \frac{7}{12}$$

$$= 4.74 (万元)$$

12.2　城镇土地使用税

12.2.1　城镇土地使用税概述

　　2006年12月30日国务院第163次常务会议修改并颁布了《中华人民共和国城镇土地使用税暂行条例》，自2007年1月1日起施行。

1. 纳税义务发生时间

　　（1）纳税人购置新建商品房的，自房屋交付使用的次月起，缴纳城镇土地使用税。

　　（2）纳税人购置存量房的，自办理房屋权属转移、变更登记手续，房地产权属登记机关签发房屋权属证书的次月起，缴纳城镇土地使用税。

　　（3）纳税人出租、出售房产的，自交付出租、出售房产的次月起，缴纳城镇土地使用税。

　　（4）以出让或转让方式有偿取得土地使用权的，应由受让方从合同约定交付土地时间的次月起缴纳城镇土地使用税；合同未约定交付时间的，由受让方从合同签订的次月起缴纳城镇土地使用税。

　　（5）纳税人新征用的耕地，自批准征用之日起满1年时开始缴纳土地使用税。

　　（6）纳税人新征用的非耕地，自批准征用的次月起缴纳土地使用税。

2. 纳税地点

　　城镇土地使用税在土地所在地缴纳。纳税人使用的土地不属于同一省（自治区、直辖市）管辖的，由纳税人分别向土地所在地的税务机关缴纳城镇土地使用税；在同一省（自治区、直辖市）管辖范围内，纳税人跨地区使用的土地，其纳税地点由各省（自治区、直辖市）税务局确定。

3. 纳税期限

城镇土地使用税实行按年计算、分期缴纳的征收方法，具体纳税期限由省（自治区、直辖市）人民政府确定。

4. 城镇土地使用税的税率

城镇土地使用税的税率表如表 12 - 2 所示。

表 12 - 2　　　　　　　　　城镇土地使用税的税率表

级别	人口（人）	税额
大城市	50 万以上	每平方米 1.5～30 元
中等城市	20 万～50 万	每平方米 1.2～24 元
小城市	20 万以下	每平方米 0.9～18 元
县城、建制镇、工矿区		每平方米 0.6～12 元

特别提醒

　　各省（自治区、直辖市）人民政府可根据市政建设情况和经济繁荣程度，在规定的税额幅度内确定所辖地区的适用税额幅度。经济落后地区，城镇土地使用税的适用税额标准可适当降低，但降低额不得超过上述规定最低税额的 30%。经济发达地区的适用税额标准可以适当提高，但须报财政部批准。

　　自 2019 年 1 月 1 日至 2021 年 12 月 31 日，对农产品批发市场、农贸市场（包括自有和承租）专门用于经营农产品的房产、土地，暂免征收房产税和城镇土地使用税。对同时经营其他产品的农产品批发市场和农贸市场使用的房产、土地，按其他产品与农产品交易场地面积的比例确定征免房产税和城镇土地使用税。

5. 城镇土地使用税的税收优惠

（1）法定的免缴城镇土地使用税的情形。国家税务总局规定的免缴城镇土地使用税的情形主要包括：1）国家机关、人民团体、军队自用的土地；2）由国家财政部门拨付事业经费的单位自用的土地；3）宗教寺庙、公园、名胜古迹自用的土地（公园、名胜古迹内的索道公司经营用地，应缴纳城镇土地使用税）；4）市政街道、广场、绿化地带等公共用地；5）直接用于农、林、牧、渔业的生产用地；6）经批准开山填海整治的土地和改造的废弃土地，从使用月份起免缴城镇土地使用税 5～10 年；7）由税法另行规定免税的能源、交通、水利设施用地和其他用地。

（2）由省（自治区、直辖市）税务局确定的减免城镇土地使用税的情形。由省（自治区、直辖市）税务局确定的减免城镇土地使用税的情形主要包括：1）个人所有的居住房屋及院落用地；2）房产管理部门在房租调整改革前经租的居民住房用地；3）免税单位职工家属的宿舍用地；4）民政部门举办的安置残疾人占一定比例的福利工厂用地。

12.2.2 城镇土地使用税的计算

1. 计税依据的确定

城镇土地使用税以纳税人实际占用的土地面积为计税依据，土地面积计量单位为平方米。纳税人实际占用的土地面积按下列办法确定：

（1）由省（自治区、直辖市）人民政府确定的单位组织测定土地面积的，以测定的面积为准。

（2）尚未组织测量，但纳税人持有政府部门核发的土地使用证书的，以证书确认的土地面积为准。

（3）尚未核发土地使用证书的，应由纳税人申报土地面积据以纳税，待核发土地使用证以后再做调整。

纳税人因房产、土地的实物或权利状态发生变化而依法终止城镇土地使用税纳税义务的，其应纳税款的计算应截止到土地的实物或权利状态发生变化的当月末。

2. 应纳税额的计算

城镇土地使用税应纳税额的计算公式为：

$$应纳税额＝计税土地面积×适用税额$$

城镇土地使用税以纳税人实际占用的土地面积为计税依据。土地面积以平方米为计量单位。

例 12 - 4

某企业实际占地面积为 25 000 平方米，经税务机关核定，该企业所处地段适用城镇土地使用税税率为每平方米 2 元。请计算该企业全年应缴纳的城镇土地使用税税额。

【解析】

年应纳土地使用税＝ 25 000×2＝50 000（元）

12.3 耕地占用税

12.3.1 耕地占用税概述

2018 年 12 月 29 日第十三届全国人民代表大会常务委员会第七次会议通过《中华人民共和国耕地占用税法》，自 2019 年 9 月 1 日起施行。

1. 纳税义务人

在我国境内占用耕地建设建筑物、构筑物或者从事非农业建设的单位和个人，为耕地占用税的纳税人。

2. 纳税范围

占用园地、林地、草地、农田水利用地、养殖水面、渔业水域滩涂以及其他农用地建设建筑物、构筑物或者从事非农业建设的，依照规定缴纳耕地占用税。

 特别提醒

> 占用耕地建设农田水利设施的，不缴纳耕地占用税。耕地，是指用于种植农作物的土地。

3. 纳税义务发生时间

耕地占用税的纳税义务发生时间为纳税人收到自然资源主管部门办理占用耕地手续的书面通知的当日。纳税人应当自纳税义务发生之日起 30 日内申报缴纳耕地占用税。

自然资源主管部门凭耕地占用税完税凭证或者免税凭证和其他有关文件发放建设用地批准书。

4. 耕地占用税的税率

（1）实行地区差别幅度定额税率。人均耕地面积越少，单位税额越高。

（2）税目税额。耕地占用税的税额表见表 12 - 3。

表 12 - 3　　　　　　　　　　　　　耕地占用税的税额表

征税内容	税额
人均耕地不超过 1 亩的地区（以县级行政区域为单位）	每平方米 10～50 元
人均耕地超过 1 亩但不超过 2 亩的地区	每平方米 8～40 元
人均耕地超过 2 亩但不超过 3 亩的地区	每平方米 6～30 元
人均耕地超过 3 亩的地区	每平方米 5～25 元

（3）在人均耕地低于 0.5 亩的地区，省、自治区、直辖市可以根据当地经济发展情况，适当提高耕地占用税的适用税额，但提高的部分不得超过适用税额的 50%。

（4）占用基本农田的，应当按照确定的当地适用税额，加按 150% 征收。

5. 税收优惠

（1）免征耕地占用税的情形。

1）军事设施占用耕地；

2）学校、幼儿园、养老院、医院占用耕地。

（2）减征耕地占用税的情形。

1）铁路线路、公路线路、飞机场跑道、停机坪、港口、航道占用耕地，减按每平方米2元的税额征收耕地占用税。根据实际需要，国务院财政、税务主管部门会同国务院有关部门审核并报国务院批准后，可以对以上情形免征或者减征耕地占用税。

2）农村居民占用耕地新建住宅，按照当地适用税额减半征收耕地占用税。农村烈士家属、残疾军人、鳏寡孤独以及革命老根据地、少数民族聚居区和边远贫困山区生活困难的农村居民，在规定用地标准以内新建住宅缴纳耕地占用税确有困难的，经所在地乡（镇）人民政府审核，报经县级人民政府批准后，可以免征或者减征耕地占用税。

免征或减征耕地占用税后，纳税人改变原占地用途，不再属于免税或者减征耕地占用税情形的，应当按照当地适用税额补缴耕地占用税。

6. 税务机关与相关部门的信息共享

税务机关应当与相关部门建立耕地占用税涉税信息共享机制和工作配合机制。县级以上地方人民政府自然资源、农业农村、水利等相关部门应当定期向税务机关提供农用地转用、临时占地等信息，协助税务机关加强耕地占用税征收管理。

税务机关发现纳税人的纳税申报数据资料异常或者纳税人未按照规定期限申报纳税的，可以提请相关部门进行复核，相关部门应当自收到税务机关复核申请之日起30日内向税务机关出具复核意见。

12.3.2　耕地占用税应纳税额的计算

1. 计税依据

耕地占用税以纳税人实际占用的耕地面积为计税依据，按照规定的适用税额标准计算应纳税额，实行一次性征收。

各省（自治区、直辖市）耕地占用税平均税额表见表12-4。

表12-4　　　　　　各省（自治区、直辖市）耕地占用税平均税额表　　　单位：元/平方米

地区	平均税额	地区	平均税额
上海	45	北京	40
天津	35	江苏、浙江、福建、广东	30
辽宁、湖北、湖南	25	河北、安徽、江西、山东、河南、重庆、四川	22.5
广西、海南、贵州、云南、陕西	20	山西、吉林、黑龙江	17.5
内蒙古、西藏、甘肃、青海、宁夏、新疆	12.5		

2. 应纳税额的计算

耕地占用税以纳税人实际占用的耕地面积为计税依据，按照规定的适用税额标

准计算应纳税额，实行一次性征收。其应纳税额的计算公式为：

$$应纳税额＝纳税人实际占用的耕地面积×适用税额标准$$

 特别提醒

（1）国务院财政、税务主管部门根据人均耕地面积和经济发展情况确定各省（自治区、直辖市）的平均税额。（2）各地适用税额，由省（自治区、直辖市）人民政府在规定的税额幅度内，根据本地区情况核定。各省（自治区、直辖市）人民政府核定的适用税额的平均水平，不得低于规定的平均税额。（3）经济特区、经济技术开发区和经济发达且人均耕地特别少的地区，适用税额可以适当提高，但是提高的部分最高不得超过规定的当地适用税额的 50％。（4）占用基本农田的，适用税额应当在规定的当地适用税额的基础上提高 50％。

 例 12－5

农村某村民新建住宅，经批准占用耕地 200 平方米。假定该地区耕地占用税额为 7 元/平方米，则该村民应纳耕地占用税为多少？

【解析】

应纳耕地占用税＝200×7×50％＝700(元)

12.4 车辆购置税

12.4.1 车辆购置税概述

自 2019 年 7 月 1 日起，《中华人民共和国车辆购置税法》开始实施。

1. 征收范围

车辆购置税的征收范围包括汽车、有轨电车、汽车挂车、排气量超过 150 毫升的摩托车（统称应税车辆）。纳税人在中华人民共和国境内购置上述应税车辆的都应办理车辆购置税申报。

其中，购置是指以购买、进口、自产、受赠、获奖或者其他方式取得并自用应税车辆的行为。进口自用应税车辆是指纳税人直接从境外进口或者委托代理进口自用的应税车辆，不包括在境内购买的进口车辆。

 特别提醒

排气量在 150 毫升（含）以下的摩托车，不属于车辆购置税的征收范围，不需要缴纳车辆购置税。车辆购置税实行一次性征收。购置已征过车辆购置税的车辆，不再缴纳车辆购置税。

2. 纳税义务发生时间

车辆购置税的纳税义务发生时间为纳税人购置应税车辆的当日，以纳税人购置应税车辆所取得的车辆相关凭证上注明的时间为准。按不同的购置方式，纳税义务发生时间，按照下列情形确定：

（1）购买自用应税车辆的为购买之日，即车辆相关价格凭证的开具日期。

（2）进口自用应税车辆的为进口之日，即《海关进口增值税专用缴款书》或者其他有效凭证的开具日期。

（3）自产、受赠、获奖或者以其他方式取得并自用应税车辆的为取得之日，即合同、法律文书或者其他有效凭证的生效或者开具日期。

3. 纳税地点

纳税人购置应税车辆，应当向车辆登记地的主管税务机关申报缴纳车辆购置税；购置不需要办理车辆登记的应税车辆的，应当向纳税人所在地的主管税务机关申报缴纳车辆购置税。

4. 纳税申报时间

纳税人购置应税车辆后应当自纳税义务发生之日起 60 日内申报缴纳车辆购置税。

 特别提醒

> 纳税人购买新车后没有及时纳税，逾期申报缴纳车辆购置税时加收滞纳金。依据《中华人民共和国税收征收管理法》第三十二条的规定，纳税人未按照规定期限缴纳税款的，扣缴义务人未按照规定期限解缴税款的，税务机关除责令限期缴纳外，从滞纳税款之日起，按日加收滞纳税款万分之五的滞纳金。

5. 申报时纳税人需要提供的资料

（1）《车辆购置税纳税申报表》。

（2）车辆合格证明和车辆相关价格凭证。车辆合格证明为整车出厂合格证或者车辆电子信息单。车辆相关价格凭证，如果属于境内购置车辆的为机动车销售统一发票或者其他有效凭证。如果属于进口自用车辆的为《海关进口关税专用缴款书》或者《海关进出口货物征免税证明》。如果属于应征消费税车辆的还包括《海关进口消费税专用缴款书》。

6. 免征车辆购置税的车辆和提供的资料

（1）免征车辆购置税的车辆。

1）依照法律规定应当予以免税的外国驻华使馆、领事馆和国际组织驻华机构及其有关人员自用的车辆；

2）中国人民解放军和中国人民武装警察部队列入装备订货计划的车辆；

3）悬挂应急救援专用号牌的国家综合性消防救援车辆；

4）设有固定装置的非运输专用作业车辆；

5）城市公交企业购置的公共汽电车辆。

6）其他免征车辆购置税的车辆：①回国服务的在外留学人员用现汇购买1辆个人自用国产小汽车；②长期来华定居专家进口1辆自用小汽车；③防汛部门和森林消防部门用于指挥、检查、调度、报汛（警）、联络的由指定厂家生产的设有固定装置的指定型号的车辆；④"母亲健康快车"项目专用车辆；⑤北京冬奥组委新购车辆；⑥新能源汽车；⑦原公安现役部队和原武警黄金、森林、水电部队改制后换发地方机动车牌证的车辆（公安消防、武警森林部队执行灭火救援任务的车辆除外）。

（2）纳税人在办理免税减税时应提供的资料。

纳税人在办理车辆购置税免税、减税时，应当如实填报《车辆购置税纳税申报表》，除提供车辆合格证明和车辆相关价格凭证外，还应当根据不同的免税、减税情形，分别提供以下资料的原件或者复印件：

1）外国驻华使馆、领事馆和国际组织驻华机构及其有关人员自用车辆，提供机构证明和外交部门出具的身份证明。

2）城市公交企业购置的公共汽电车辆，提供所在地县级以上（含县级）交通运输主管部门出具的公共汽电车辆认定表。

3）悬挂应急救援专用号牌的国家综合性消防救援车辆，提供中华人民共和国应急管理部批准的相关文件。

4）回国服务的在外留学人员购买的自用国产小汽车，提供海关核发的《中华人民共和国海关回国人员购买国产汽车准购单》。

5）长期来华定居专家进口自用小汽车，提供国家外国专家局或者其授权单位核发的专家证或者A类和B类《外国人工作许可证》。

6）设有固定装置的非运输专用作业车辆，提供车辆内、外观彩色5寸照片。

12.4.2　车辆购置税应纳税额的计算

车辆购置税的税率为10%。其计算公式为：

应纳税额＝计税价格×10%

计税价格，按照下列规定确定：

（1）纳税人购买自用应税车辆的计税价格，为纳税人实际支付给销售者的全部价款，不包括增值税税款。

🔊 **特别提醒**

纳税人购买自用应税车辆的计税价格，依据纳税人购买应税车辆时取得发票上载明的价格确定。

（2）纳税人进口自用应税车辆的计税价格。

$$计税价格＝关税完税价格＋关税＋消费税$$

例 12-6

A 公司从境外购买一辆自用的小汽车，报关进口时缴纳关税 7.5 万元，缴纳消费税 12.5 万元，《海关进口关税专用缴款书》注明的关税完税价格为 30 万元。

【解析】

A 公司办理车辆购置税纳税申报时，需要计算该进口车的车辆购置税。

$$计税价格＝30＋7.5＋12.5＝50(万元)$$
$$应纳车辆购置税＝50×10％＝5(万元)$$

（3）纳税人自产自用应税车辆的计税价格，按照纳税人生产的同类应税车辆的销售价格确定，不包括增值税税款。

（4）纳税人以受赠、获奖或者其他方式取得自用应税车辆的计税价格，按照购置应税车辆时相关凭证载明的价格确定，不包括增值税税款。

特别提醒

单位纳税人缴纳车辆购置税，在申报车辆购置税时，需要在《车辆购置税纳税申报表》"纳税人声明"处加盖本单位公章，并对申报表的真实性、可靠性和完整性负责。在税务机关现场办理时，税务机关提供申报表免填服务，仍需要单位纳税人加盖公章。若纳税人不方便携带公章到现场加盖，可以在税务机关网站下载申报表，按要求自行填写申报内容并加盖公章后到税务机关办理车辆购置税申报。

12.5 车船税

2011 年 2 月 25 日第十一届全国人民代表大会常务委员会第十九次会议通过《中华人民共和国车船税法》，自 2012 年 1 月 1 日起施行。车船税具有涉及面广、税源流动性强、纳税人多为个人等特点。车船税是第一个从国务院条例上升为法律的税种。

12.5.1 车船税的基本内容

1. 纳税范围

车船税的纳税范围是指在机场、港口以及其他企业内部场所行驶或作业，并在车船管理部门登记的车船。车船管理部门是指公安、交通、农业、渔业、军事等依法具有车船管理职能的部门。

2. 纳税义务人

车船税的纳税义务人是指在我国境内的车辆、船舶的所有人或者管理人，其中包括在我国境内拥有车辆、船舶的单位和个人。这里所称的单位是指行政机关、事业单位、社会团体以及中外各类企业；这里所称的个人是指我国境内的居民和外籍个人。

 特别提醒

　　车船税按年申报缴纳。从事机动车第三者责任强制保险业务的保险机构为机动车车船税的扣缴义务人，应当在收取保险费时依法代收车船税，并出具代收税款凭证。

 特别提醒

　　保险机构代收车船税应在开具的增值税发票备注栏中注明相关信息，该发票可作为纳税人缴纳车船税及滞纳金的会计核算原始凭证。

3. 车船税的税目税率

车船税的税目税率表见表 12-5。

表 12-5　　　　　　　　　　　　　车船税的税目税率表

（自 2012 年 1 月 1 日执行）

税目		计税单位	年基准税额	备注
乘用车〔按发动机汽缸容量（排气量）分档〕	1.0 升（含）以下的	每辆	60 元至 360 元	核定载客人数 9 人（含）以下
	1.0 升以上至 1.6 升（含）的		300 元至 540 元	
	1.6 升以上至 2.0 升（含）的		360 元至 660 元	
	2.0 升以上至 2.5 升（含）的		660 元至 1 200 元	
	2.5 升以上至 3.0 升（含）的		1 200 元至 2 400 元	
	3.0 升以上至 4.0 升（含）的		2 400 元至 3 600 元	
	4.0 升以上的		3 600 元至 5 400 元	
商用车	客车	每辆	480 元至 1 440 元	核定载客人数 9 人以上，包括电车
	货车	整备质量每吨	16 元至 120 元	包括半挂牵引车、三轮汽车和低速载货汽车等
挂车		整备质量每吨	按照货车税额的 50%计算	
其他车辆	专用作业车	整备质量每吨	16 元至 120 元	不包括拖拉机
	轮式专用机械车			
摩托车		每辆	36 元至 180 元	
船舶	机动船舶	净吨位每吨	3 元至 6 元	拖船、非机动驳船分别按照机动船舶税额的 50%计算
	游艇	艇身长度每米	600 元至 2 000 元	

4. 税收优惠

（1）免征。下列车船免征车船税：1）捕捞、养殖渔船；2）军队、武装警察部队专用的车船；3）警用车船；4）依照法律规定应当予以免税的外国驻华使领馆、国际组织驻华代表机构及其有关人员的车船。

（2）定期减征或免征。省、自治区、直辖市人民政府根据当地实际情况，可以对公共交通车船，农村居民拥有并主要在农村地区使用的摩托车、三轮汽车和低速载货汽车定期减征或者免征车船税。

5. 纳税义务发生时间和纳税期限

（1）纳税义务发生时间。车船税纳税义务发生时间为取得车船所有权或者管理权的当月。

（2）纳税期限。车船税按年申报缴纳。具体申报纳税期限由省、自治区、直辖市人民政府规定。

6. 纳税地点

车船税的纳税地点为车船的登记地或者车船税扣缴义务人所在地。依法不需要办理登记的车船，车船税的纳税地点为车船的所有人或者管理人所在地。

12.5.2　车船税应纳税额的计算

车船税应纳税额的计算公式为：

$$应纳税额＝应税车辆数量×单位税额$$

如果购置新车船，购置当年的应纳税额自纳税义务发生的当月起按月计算。

例 12-7

某小型运输公司拥有并使用以下车辆：（1）农业机械部门登记的拖拉机5辆，自重吨位为2吨；（2）自重吨位为5吨的载货卡车10辆；（3）自重吨位为4吨的汽车挂车5辆。当地政府规定，载货汽车按自重吨位每吨96元缴纳车船税。问：该公司当年应纳车船税为多少？

【解析】在农业机械部门登记为拖拉机的车辆，免征车船税。

$$卡车应纳税额＝5×96×10＝4\,800（元）$$
$$汽车挂车应纳税额＝4×96×5×50\%＝960（元）$$
$$该运输公司应纳车船税＝4\,800＋960＝5\,760（元）$$

12.6　印花税

12.6.1　印花税概述

印花税是对经济活动和经济交往中书立、领受应税凭证的行为征收的一种税。

印花税属于行为税，其特点是使用范围广、税率低、纳税人自行完税。

1. 印花税的纳税义务人

（1）纳税义务人的一般规定。在中华人民共和国境内书立、使用、领受税法所列举凭证应履行纳税义务的单位和个人，都是印花税的纳税义务人。

（2）纳税义务人的具体规定。

1）立合同人，是指合同的当事人，不包括保人、证人、鉴定人。如果一份合同由两方或两方以上的当事人共同签订，那么签订合同的各方都是纳税义务人。

2）立账簿人，是指开立并使用营业账簿的单位和个人。

3）立据人，是指书立产权转移书据的单位和个人，如果书据是由两方或两方以上的当事人共同书立的，则各方都是纳税人。

4）领受人，是指领取并持有权利、许可证照的单位和个人。

5）使用人，在国外书立、领受，但在国内使用的应税凭证，其纳税人是使用人。

 解释

> 单位和个人包括一切内外资企业，各类行政（机关、部队）和事业单位，我国公民和外籍个人。

2. 印花税的征税范围

各类凭证不论以何种形式或名称书立，只要其性质属于《中华人民共和国印花税暂行条例》中列举的征税范围内的凭证，均应照章纳税。应税凭证是指在中国境内使用并具有法律效力，受中国法律保护的凭证。应税凭证无论在中国境内还是境外书立，只要在境内使用，均应依照印花税的规定贴花。

3. 印花税的纳税环节和纳税地点

（1）纳税环节。印花税应当在书立或领受时贴花。具体是指在合同签订、账簿启用和证照领受时贴花。如果合同是在国外签订，并且不便在国外贴花，应在将合同带入境时办理贴花纳税手续。

（2）纳税地点。印花税一般实行就地纳税。对于全国性商品物资订货会（包括展销会、交易会等）上签订合同应纳的印花税，由纳税人回其所在地后及时办理贴花完税手续；对地方主办，不涉及省际关系的订货会、展销会上签订合同应纳的印花税，其纳税地点由各省（自治区、直辖市）人民政府自行确定。

4. 印花税的纳税方法

印花税采取贴花纳税，其具体纳税办法有三种：

（1）自行贴花。自行贴花是指由纳税人自行计算应纳税额，自行向税务机关购买印花税票，自行在应税凭证上一次贴足印花，自行划红或盖章加以注销。这是使用范围较广泛的纳税办法，一般适用于应税凭证少或同一凭证纳税次数少的纳税人。

特别提醒

在应纳税凭证上未贴或者少贴印花税票的，或者已粘贴在应税凭证上的印花税票未注销或未划销的，按未履行纳税义务处罚，由税务机关追缴其不缴或者少缴的税款、滞纳金，并处不缴或者少缴的税款50%以上5倍以下的罚款。

（2）汇贴或汇缴。汇贴或汇缴是指对需频繁贴花的应税凭证，在税务机关批准的前提下，由纳税人在限期内（1个月）汇贴或汇缴印花税的纳税办法。对应纳印花税税额超过500元的一份凭证，经税务机关批准，纳税人可用填开完税凭证或缴款书的办法纳税，不再贴花。

（3）委托代征。委托代征是对国家有关部门发放、鉴证、公证或仲裁的应税凭证，由税务机关委托有关部门代征印花税的纳税办法。税务机关应发给代征单位代征委托书。该办法是实行印花税税源管控的有效手段。

（4）建立印花税应纳税凭证登记簿。自2017年1月1日起，纳税人应当如实提供、妥善保存印花税应纳税凭证等有关纳税资料，统一设置、登记和保管《印花税应纳税凭证登记簿》（以下简称《登记簿》），及时、准确、完整地记录应纳税凭证的书立、领受情况。

《登记簿》的内容包括应纳税凭证种类、应纳税凭证编号、凭证书立各方（或领受人）名称、书立（领受）时间、应纳税凭证金额、件数等。

纳税人发生纳税义务，应当根据应纳税凭证的性质，自行计算应纳税额，购买并一次贴足印花税票（简称"贴花"）。一份凭证应纳税额超过500元的，纳税人可以采取将税收缴款书、完税证明其中一联粘贴在凭证上或者由税务机关在凭证上加注完税标记代替贴花。

实行核定征收印花税的，纳税期限为一个月，税额较小的，纳税期限可为一个季度，具体由主管税务机关确定。纳税人应当自纳税期满之日起15日内，填写国家税务总局统一制定的纳税申报表申报缴纳核定征收的印花税。

下列凭证免纳印花税：（1）已缴纳印花税的凭证的副本或者抄本；（2）财产所有人将财产赠给政府、社会福利单位、学校所立的书据；（3）经财政部批准免税的其他凭证。

印花税实行减免税备案管理，减免税备案资料应当包括：（1）纳税人减免税备案登记表；（2）《登记簿》复印件；（3）减免税依据的相关法律、法规规定的其他资料。

5. 印花税的税目税率

印花税的应税凭证有五大类共 13 个税目，分比例税率和定额税率两种，比例税率有 1‰，0.5‰，0.3‰和 0.05‰四档税率。

▶ **特别提醒**

（1）具有合同性质的凭证应视同合同征税。具有合同性质的凭证是指具有合同效力的协议、契约、合约、单据、确认书及其他各种名称的凭证。由于目前同一性质的凭证名称各异，不够统一，因此，各类凭证不论以何种形式或名称书立，只要其性质属于条例中列举征税范围内的凭证，均应照章征税。

（2）办理一项业务（如货物运输、仓储保险、财产保险、银行借款等），如果既书立合同又开立单据，则只就合同贴花，履行完税手续。凡不书立合同，只开立单据，以单据作为合同使用的，其使用的单据应按规定贴花。

印花税的税目税率表如表 12-6 所示。

表 12-6　　　　　　　　　印花税的税目税率表

税目	范围	税率	纳税义务人	说明
1. 购销合同	包括供应、预购、采购、购销结合及协作、调剂、补偿、易货等合同	按购销金额 0.3‰贴花	立合同人	签订合同的各方都是纳税人
2. 加工承揽合同	包括加工、定作、修缮、修理、印刷、广告、测绘、测试等合同	按加工或承揽收入 0.5‰贴花	立合同人	签订合同的各方都是纳税人
3. 建设工程勘察设计合同	包括勘察、设计合同	按收取费用 0.5‰贴花	立合同人	签订合同的各方都是纳税人
4. 建筑安装工程承包合同	包括建筑、安装工程承包合同	按承包金额 0.3‰贴花	立合同人	签订合同的各方都是纳税人
5. 财产租赁合同	包括租赁房屋、船舶、飞机、机动车辆、机械、器具、设备等	按租赁金额 1‰贴花。税额不足 1 元的按 1 元贴花	立合同人	签订合同的各方都是纳税人
6. 货物运输合同	包括民用航空、铁路运输、海上运输、内河运输、公路运输和联运合同	按运输费用 0.5‰贴花	立合同人	单据作为合同使用的，按合同贴花
7. 仓储保管合同	包括仓储、保管合同	按仓储保管费用 1‰贴花	立合同人	仓单或栈单作为合同使用的，按合同贴花
8. 借款合同	包括银行及其他金融组织和借款人（不包括银行同业拆借）签订的借款合同	按借款金额 0.05‰贴花	立合同人	单据作为合同使用的，按合同贴花
9. 财产保险合同	包括财产、责任、保证、信用等保险合同	按保险费收入 1‰贴花	立合同人	单据作为合同使用的，按合同贴花

续前表

税目	范围	税率	纳税义务人	说明
10. 技术合同	包括技术开发、转让、咨询、服务等合同	按所载金额 0.3‰ 贴花	立合同人	签订合同的各方都是纳税人
11. 产权转移书据	包括财产所有权、版权、商标专用权、专利权、专有技术使用权等转移书据，土地使用权出让合同，土地使用权转让合同，商品房销售合同等	按所载金额 0.5‰ 贴花	立据人	立据各方都是纳税人
12. 营业账簿	包括生产经营用账册	记载资金的账簿，按实收资本和资本公积的合计金额 0.5‰ 贴花。其他账簿按件贴花 5 元	立账簿人	
13. 权利、许可证照	包括政府部门发给的房屋产权证、工商营业执照、商标注册证、专利证、土地使用证	按件贴花 5 元	领受人	

🔵 **特别提醒**

（1）在确定适用税率时，如果一份合同载有一个或几个经济事项，可以同时适用一个或几个税率分别计算贴花。但属于同一笔金额或几个经济事项金额未分开的，应按其中较高的税率计算纳税，而不是分别按多种税率贴花。

（2）自 2018 年 5 月 1 日起，对按万分之五税率贴花的资金账簿减半征收印花税，对按件贴花 5 元的其他账簿免征印花税。

6. 免征印花税的优惠

下列凭证免征印花税：

（1）已缴纳印花税的凭证的副本或者抄本。

（2）国家指定的收购部门与村民委员会、农民个人书立的农业产品收购合同。

（3）无息、贴息贷款合同。

（4）房地产管理部门与个人订立的租赁合同，凡房屋用于生活居住的暂免贴花。

（5）企业改制前签订但尚未履行完的各类应税合同，改制后需要变更执行主体的，对仅改变执行主体、其余条款未做变动且改制前已贴花的，不再贴花。

（6）对与廉租住房、经济适用住房相关的免征印花税。

12.6.2　印花税应纳税额的计算

1. 按比例税率计算

印花税按比例税率计算应纳税额的计算公式为：

应纳印花税＝计税依据×适用税率

比例税率适用于记载有金额的应税凭证，印花税的计算大部分采用比例税率。

（1）计税依据的一般规定。

1）购销合同的计税依据为购销金额。

2）加工承揽合同的计税依据分为两种方式：

①委托方提供原材料的，原材料不计税，适用税率为 0.5‰，计税依据为加工费和辅料金额之和。

②受托方提供原材料进行加工或者定做的，处理方式为：凡在合同中分别记载加工费金额与原材料金额的，加工费金额按"加工承揽合同"适用税率计税，原材料金额按"购销合同"适用税率计税，两项税额之和即为合同应纳印花税；合同中不划分加工费金额与原材料金额的，应按全部金额，依照"加工承揽合同"从高适用税率计征印花税。

例 12-8

甲企业与乙企业签订一份加工合同，甲企业给乙企业加工一批礼品赠送客户，甲企业（受托方）提供价值 50 000 元的辅助材料并收取加工费 20 000 元，乙企业提供价值 1 500 000 元的原材料。请计算甲企业应纳印花税。

【解析】

应纳印花税＝(50 000＋20 000)×0.5‰＝35(元)

3）建筑安装工程承包合同的计税依据。建筑安装工程承包合同计税依据为承包金额，不得扣除任何费用。施工单位将自己承包的建设项目分包或转包给其他施工单位所签订的分包合同或转包合同，应以新的分包合同或转包合同所载金额为依据计算应纳税额。

特别提醒

对将工程分包给他人的，印花税要重复征收。

4）财产租赁合同的计税依据为租赁金额，即租金收入。

5）货物运输合同的计税依据为运输费金额，即运费收入，但不包括所运货物的金额、装卸费、保险费。

例 12-9

某企业销售产品 1 000 万元，由某货运公司负责运输，并签订运输合同，载明运输费用 10 万元（其中含保险费 1 万元）。请计算货运合同应纳印花税。

【解析】

应纳印花税＝(100 000－10 000)×0.5‰＝45(元)

6) 仓储保管合同的计税依据为仓储保管费用。

7) 借款合同的计税依据为借款本金，不包括利息。

8) 财产保险合同的计税依据为支付（收取）的保险费金额，不包括所保财产的金额。

9) 技术合同的计税依据为合同所载的价款、报酬或使用费。技术开发合同的研究开发经费不作为计税依据。

10) 记载资金的营业账簿，以实收资本和资本公积的两项金额合计为计税依据。

(2) 计税依据的特殊规定。

1) 出现同一凭证记载两个或两个以上经济事项而适用不同税目税率的情况，并且分别记载金额的，应分别计算应纳税额，相加后按合计税额贴花；未分别记载金额的，从高适用税率计征印花税。

2) 按比例税率计算应纳税额不足1角的免税；应纳税额在1角以上且税额尾数不满5分的不计，满5分的按1角计算。

2. 按定额税率计算

印花税按定额税率计算应纳税额的计算公式为：

应纳印花税＝凭证件数×固定税额(5元)

定额税率也称固定税额，适用于无法记载金额或者虽载有金额，但作为计税依据明显不合理的凭证。13个税目中只有权利、许可证照，营业账簿中的其他账簿采用这种定额税率，每件应税凭证缴纳固定数额（5元）的税款。

例 12-10

某企业某年2月开业，领受房屋产权证、工商营业执照、商标注册证、土地使用证各一份，与其他企业订立转让专有技术使用权书据一份，所载金额为80万元；订立产品购销合同两份，所载金额为140万元；订立借款合同一份，所载金额为40万元。此外，企业的营业账簿中，"实收资本"科目载有金额200万元，其他账簿5本。请计算该企业2月应缴纳的印花税。

【解析】

权利、许可证照应纳税额＝4×5＝20(元)

产权转移书据应纳税额＝800 000×0.5‰＝400(元)

购销合同应纳税额＝1 400 000×0.3‰＝420(元)

借款合同应纳税额＝400 000×0.05‰＝20(元)

营业账簿中"实收资本"应纳税额＝2 000 000×0.5‰＝1 000(元)

其他账簿应纳税额＝5×5＝25(元)

应纳印花税税额＝20＋400＋420＋20＋1 000＋25＝1 885(元)

12.7 契 税

12.7.1 契税概述

1. 契税的纳税义务人

契税是指以所有权发生转移变动的不动产为征税对象,向产权承受人征收的一种财产税。即在土地、房屋权属发生转移时,按当事人双方所签订合同(契约)的成交价格的一定比例,向土地使用权、房屋所有权承受者征收的一种税。就房屋买卖而言,契税由买房者缴纳。

在我国境内转移土地、房屋权属,承受的单位和个人为契税的纳税人。土地、房屋权属是指土地使用权和房屋所有权。这里所称的单位是指企业单位、事业单位、国家机关、军事单位和社会团体以及其他组织;这里所称的个人是指个体经营者和其他个人,包括中国公民和外籍人员。

2. 契税的征税范围

契税的征税对象为发生土地使用权和房屋所有权权属转移的土地和房屋。具体征税范围包括:国有土地使用权出让;土地使用权转让,包括出售、赠与和交换;房屋买卖,即以货币为媒介,出卖者向购买者过渡房产所有权的交易行为。

(1)视同买卖房屋的情况。

1)以房产抵债或实物交换房屋。经当地政府和有关部门批准,以房抵债和实物交换房屋,均视同房屋买卖,应由产权承受人按房屋现值缴纳契税。

2)以房产作投资或作股权转让。该交易业务属房屋产权转移,应根据国家房地产管理的有关规定,办理房屋产权交易和产权变更登记手续,视同房屋买卖,由产权承受方按投资房产价值或房产买价缴纳契税。以自有房地产作股投入本人经营的企业,免纳契税。因为以自有的房地产投入本人独资经营的企业,房屋产权所有人和土地使用权人未发生变化,不需办理房产变更手续,也不用办理契税手续。

3)买房拆料或翻建新房,应照章缴纳契税。

(2)房屋的赠与。房屋的赠与是指房屋产权所有人将房屋无偿转让给他人所有。其中,将自己的房屋转交给他人的法人和自然人,称为房屋赠与人,接受他人房屋的法人和自然人,称为受赠人。房屋赠与的前提是产权无纠纷,赠与人和受赠人双方均自愿。以获奖方式取得房屋产权的,其实质是接受赠与房产,应照章缴纳契税。

(3)房屋的交换。

1)房屋使用权交换。经房屋所有人同意,使用者可以通过变更租赁合同,办理过户手续,交换房屋使用权。交换房屋价值相等的不征收契税。

2)房屋所有权交换。交换双方应订立交换契约,办理房屋产权变更手续和契

298

税手续。房屋产权相互交换，双方交换价值相等的，免纳契税，办理免征契税手续。双方交换价值不相等的，超出部分由支付差价方缴纳契税。

3. 契税的税率

契税的税率表如表12-7所示。

表12-7 契税的税率表

征税对象	纳税人	税率
国有土地使用权出让	承受方	3%～5% 由省（自治区、直辖市）人民政府根据本地区实际情况确定
土地使用权转让	买方	
房屋买卖	买方	
房屋赠与	受赠方	
房屋交换	付出差价方	

4. 契税的减免税优惠

（1）国家机关、事业单位、社会团体、军事单位承受土地、房屋用于办公、教学、医疗、科研和军事设施的，免征契税。

（2）城镇职工按规定第一次购买公有住房的，免征契税。

（3）因不可抗力灭失住房而重新购买住房的，酌情减免。

（4）土地、房屋被县级以上人民政府征用、占用后，重新承受土地、房屋权属的，由省级人民政府确定是否减免。

（5）承受荒山、荒沟、荒丘、荒滩土地使用权，并用于农、林、牧、渔业生产的，免征契税。

（6）对拆迁居民因拆迁重新购置住房的，对购房成交价格中相当于拆迁补偿款的部分免征契税，成交价格超过拆迁补偿款的，对超过部分征收契税。

特别提醒

> 政府主管部门对国有资产进行行政性调整和划转过程中发生的土地、房屋权属转移，不征收契税。
>
> 企业改制重组过程中，同一投资主体内部所属企业之间土地、房屋权属的无偿划转，包括母公司与其全资子公司之间，同一公司所属全资子公司之间，同一自然人与其设立的个人独资企业、一人有限公司之间土地、房屋权属的无偿划转，不征收契税。

12.7.2 契税应纳税额的计算

契税应纳税额的计算公式为：

应纳税额＝计税价格（或成交价、市场价、差价）×适用税率式中，成交价是指土地、房屋权属转移合同确定的价格，包括承受者应交付的货币、实物、无形资产或者其他经济利益。

土地使用权、房屋交换时，交换价格相等的，免征契税；交换价格不等的，由多交付货币、实物、无形资产或者其他经济利益的一方缴纳契税。

2009 年 10 月 27 日国家税务总局规定，出让国有土地使用权，契税计税价格为承受人为取得该土地使用权而支付的全部经济利益。对通过"招、拍、挂"程序（招标、拍卖和挂牌出让）获得国有土地使用权的，应按照土地成交总价款计征契税，其中的土地前期开发成本不得扣除。

 例 12 - 11

（2011 年初级会计职称考试试题）周某向谢某借款 80 万元，后因谢某急需资金，周某以一套价值 90 万元的房产抵偿所欠谢某债务，谢某取得该房产产权的同时支付周某差价款 10 万元。契税税率为 3%。请计算应纳契税税额。

【解析】

契税的纳税人是指在我国境内承受土地、房屋权属转移的单位和个人。本例中承受房屋权属转移的为谢某。

$$应纳契税 = 90 \times 3\% = 2.7（万元）$$

12.8　烟叶税

12.8.1　烟叶税概述

1. 烟叶税的征税范围

自 2018 年 7 月 1 日起施行《中华人民共和国烟叶税法》。在我国境内收购烟叶的单位为烟叶税的纳税人。这里所称的烟叶是指晾晒烟叶、烤烟叶。

对收购烟叶的单位，按照烟叶的收购金额征收烟叶税。

2. 烟叶税的税率

烟叶税的税率表见表 12 - 8。

表 12 - 8　　　　　　　　　　烟叶税的税率表

纳税人	征税内容	税率
境内收购烟叶的单位	晾晒烟叶、烤烟叶	20%

3. 烟叶税的征收及纳税期限

（1）烟叶税由税务机关征收。纳税人收购烟叶时，应当向烟叶收购地的主管税务机关申报纳税。

（2）烟叶税的纳税义务发生时间为纳税人收购烟叶的当日。

（3）纳税人应当自纳税义务发生之日起 30 日内申报纳税。具体纳税期限由主管税务机关核定。

12.8.2　烟叶税应纳税额的计算

烟叶税实行比例税率，税率为 20%。价外补贴统一按烟叶收购价款 10% 计算。

应纳税额＝（烟叶收购金额＋价外补贴）×税率

例 12-12

某卷烟厂 6 月收购烟叶生产卷烟，收购凭证上注明价款 100 万元，并向烟叶生产者支付了收购价款 10% 的价外补贴。问：该卷烟厂 6 月收购烟叶的烟叶税和可抵扣的进项税额分别为多少？

【解析】

烟叶收购金额＝100×（1＋10%）＝110（万元）

应纳烟叶税＝110×20%＝22（万元）

准予抵扣进项税额＝（110＋22）×11%＝14.52（万元）

12.9　社会保险基金

12.9.1　社会保险基金概述

2010 年 10 月 28 日，第十一届全国人民代表大会常务委员会第十七次会议通过了《中华人民共和国社会保险法》，自 2011 年 7 月 1 日起施行。

社会保险基金包括基本养老保险基金、基本医疗保险基金、工伤保险基金、失业保险基金和生育保险基金，俗称"五险"。各项社会保险基金应该按照社会保险险种分别建账，分账核算，执行国家统一会计制度。社会保险基金专款专用，任何组织和个人不得侵占或者挪用。

基本养老保险基金逐步实行全国统筹，其他社会保险基金逐步实行省级统筹，具体时间、步骤由国务院规定。社会保险基金通过预算实现收支平衡。县级以上人民政府在社会保险基金出现支付不足时，给予补贴。按照统筹层次设立预算，同时按照社会保险项目分别编制。社会保险基金存入财政专户，具体管理办法由国务院规定。

12.9.2　社会保险基金的具体内容

1. 基本养老保险

职工应当参加基本养老保险，由用人单位和职工共同缴纳基本养老保险费。无雇工的个体工商户、未在用人单位参加基本养老保险的非全日制从业人员以及其他灵活就业人员可以参加基本养老保险，由个人缴纳基本养老保险费。公务员和参照公务员法管理的工作人员养老保险的缴纳办法由国务院规定。

自 2019 年 5 月 1 日起，降低城镇职工基本养老保险（包括企业和机关事业单位基本养老保险）单位缴费比例。各省、自治区、直辖市及新疆生产建设兵团养老保险单位缴费比例高于 16％的，可降至 16％。

基本养老金由统筹养老金和个人账户养老金组成。基本养老金根据个人累计缴费年限、缴费工资、当地职工平均工资、个人账户金额、城镇人口平均预期寿命等因素确定。新型农村社会养老保险待遇由基础养老金和个人账户养老金组成。

参加基本养老保险的个人，达到法定退休年龄时累计缴费满 15 年的，按月领取基本养老金。参加基本养老保险的个人，达到法定退休年龄时累计缴费不足 15 年的，可以缴费至满 15 年，按月领取基本养老金，也可以转入新型农村社会养老保险或者城镇居民社会养老保险，按照国务院规定享受相应的养老保险待遇。参加基本养老保险的个人，因病或者非因工死亡的，其遗属可以领取丧葬补助金和抚恤金；在未达到法定退休年龄时因病或者非因工致残完全丧失劳动能力的，可以领取病残津贴。所需资金从基本养老保险基金中支付。

2. 基本医疗保险

职工应当参加职工基本医疗保险，由用人单位和职工按照国家规定共同缴纳基本医疗保险费。无雇工的个体工商户、未在用人单位参加职工基本医疗保险的非全日制从业人员以及其他灵活就业人员可以参加职工基本医疗保险，由个人按照国家规定缴纳基本医疗保险费。

国家建立和完善城镇居民基本医疗保险制度。城镇居民基本医疗保险实行个人缴费与政府补贴相结合的方法。享受最低生活保障的人、丧失劳动能力的残疾人、低收入家庭 60 周岁以上的老年人和未成年人等所需个人缴费部分，由政府给予补贴。

参加职工基本医疗保险的个人，达到法定退休年龄时累计缴费达到国家规定年限的，退休后不再缴纳基本医疗保险费，按照国家规定享受基本医疗保险待遇；未达到国家规定年限的，可以缴费至国家规定年限。符合基本医疗保险药品目录、诊疗项目、医疗服务设施标准以及急诊、抢救的医疗费用，按照国家规定从基本医疗保险基金中支付。参保人员医疗费用中应当由基本医疗保险基金支付的部分，由社会保险经办机构与医疗机构、药品经营单位直接结算。

不纳入基本医疗保险基金支付范围的医疗费用：

（1）应当从工伤保险基金中支付的医疗费用。

（2）应当由第三人负担的医疗费用。

（3）应当由公共卫生组织负担的医疗费用。

（4）在境外就医的医疗费用。

3. 工伤保险

职工应当参加工伤保险，由用人单位缴纳工伤保险费，职工不缴纳工伤保险费。国家根据不同行业的工伤风险程度确定行业的差别费率，并根据使用工伤保险基金、工伤发生率等情况在每个行业内确定费率档次。行业差别费率和行业内费率档次由国务院社会保险行政部门制定，报国务院批准后公布施行。

社会保险经办机构根据用人单位使用工伤保险基金、工伤发生率和所属行业费率档次等情况，确定用人单位缴费费率。用人单位应当按照本单位职工工资总额，根据社会保险经办机构确定的费率缴纳工伤保险费。

4. 失业保险

职工应当参加失业保险，由用人单位和职工按照国家规定共同缴纳失业保险费。失业人员符合下列条件的，从失业保险基金中领取失业保险金：

（1）失业前用人单位和本人已经缴纳失业保险费满一年的；

（2）非因本人意愿中断就业的；

（3）已经进行失业登记，并有求职要求的。

失业保险金的标准，由省（自治区、直辖市）人民政府确定，不得低于城市居民最低生活保障标准。失业人员在领取失业保险金期间，参加职工基本医疗保险，享受基本医疗保险待遇。失业人员应当缴纳的基本医疗保险费从失业保险基金中支付，个人不缴纳基本医疗保险费。

5. 生育保险

职工应当参加生育保险，由用人单位按照国家规定缴纳生育保险费，职工不缴纳生育保险费。用人单位已经缴纳生育保险费的，其职工享受生育保险待遇；职工未就业配偶按照国家规定享受生育医疗费用待遇，所需资金从生育保险基金中支付。生育保险待遇包括生育医疗费用和生育津贴。生育津贴按照职工所在用人单位上年度职工月平均工资计算发放。

> ⊙ **特别提醒**
>
> 2017年1月，国务院办公厅发布《国务院办公厅关于印发生育保险和基本医疗保险合并实施试点方案的通知》，通过先行试点探索适应我国经济发展水平、优化保险管理资源、促进两项保险合并实施的制度体系和运行机制。

12.9.3　社会保险费的征缴

用人单位应当自成立之日起30日内凭营业执照、登记证书或者单位印章，向当地社会保险经办机构申请办理社会保险登记。社会保险经办机构应当自收到申请之日起15日内予以审核，发给社会保险登记证件。

用人单位的社会保险登记事项发生变更或者用人单位依法终止的，应当自变更或者终止之日起30日内，到社会保险经办机构办理变更或者注销社会保险登记。

用人单位应当自用工之日起30日内为其职工向社会保险经办机构申请办理社会

保险登记。未办理社会保险登记的，由社会保险经办机构核定其应当缴纳的社会保险费。自愿参加社会保险的无雇工的个体工商户、未在用人单位参加社会保险的非全日制从业人员以及其他灵活就业人员，应当向社会保险经办机构申请办理社会保险登记。

> ◉ **特别提醒**
>
> 目前，社会保险费由税务局征收。国家建立全国统一的个人社会保障号码，个人社会保障号码为居民身份证号码。县级以上人民政府应当加强社会保险费的征收工作。

12.9.4　社会保险费缴费比例

不同的城市，单位社保缴费比例是不一样的，可以咨询当地社保部门。从每年 6 月 1 日起，各参保单位根据本单位缴费基数申报数据向主管税务局缴纳社保费款项。

2018 年度上海市职工社会保险缴费标准见表 12 - 9。

表 12 - 9　2019 年度上海市职工社会保险缴费标准

	缴费基数	养老保险		医疗保险		失业保险		生育保险	工伤保险
		单位	个人	单位	个人	单位	个人		
机关、事业、企业、社会团体等单位	4 279～21 396 元 *	16%	8%	9.5%	2%	0.5%	0.5%	1%	0.2%～1.9%
有雇工的个体工商户	4 279～21 396 元	个体业主缴付20%	个人（包括业主）缴付8%	个体业主缴付9.5%	个人（包括业主）缴付2%	个体业主缴付0.5%	个人（包括业主）缴付0.5%	个体业主缴付1%	个体业主缴付0.2%～1.9%
灵活就业人员（含非全日制从业人员）	4 279～21 396 元	28%		11.5%		—		—	—　＊＊

＊单位缴费基数按单位内职工个人月缴费基数之和确定。

＊＊按照《上海市工伤保险实施办法》的规定，非全日制从业人员由用人单位缴纳工伤保险费并享受相应的工伤保险待遇。

12.10　环境保护税

12.10.1　环境保护税的基本内容

2016 年 12 月 25 日全国人民代表大会常务委员会表决通过的《中华人民共和国环境保护税法》于 2018 年 1 月 1 日开始实施，环境保护税由此成为我国第 18 个税种。

我国排污费征收制度已实施多年。针对影响环境的重点污染源情况，我国选择对大气、水、固体、噪声等四类污染物征收排污费。征收环境保护税，可以倒逼高污染、高能耗的企业转型升级，推动经济结构调整和发展方式转变。

🔵 **特别提醒**

> 自 2018 年 1 月 1 日起，我国施行征收环境保护税，不再征收排污费。

1. 纳税人

在中华人民共和国领域和中华人民共和国管辖的其他海域，直接向环境排放应税污染物的企业事业单位和其他生产经营者为环境保护税的纳税人。

2. 征税范围

应税污染物指大气污染物、水污染物、固体废物和噪声。

有下列情形之一的，不属于直接向环境排放污染物，不缴纳相应污染物的环境保护税：

（1）企业事业单位和其他生产经营者向依法设立的污水集中处理、生活垃圾集中处理场所排放应税污染物的；

（2）企业事业单位和其他生产经营者在符合国家和地方环境保护标准的设施、场所贮存或者处置固体废物的。

依法设立的城乡污水集中处理、生活垃圾集中处理场所超过国家和地方规定的排放标准向环境排放应税污染物的，应当缴纳环境保护税。

🔵 **特别提醒**

> 应税大气污染物和水污染物的具体适用税额的确定和调整，由省、自治区和直辖市人民政府统筹考虑本地区环境承载能力、污染物排放现状和经济社会生态发展目标要求，在规定的税额幅度内提出，报同级人民代表大会常务委员会决定，并报全国人民代表大会常务委员会和国务院备案。

3. 纳税义务发生时间和纳税地点

（1）纳税义务发生时间为纳税人排放应税污染物的当日。环境保护税按月计算，按季申报缴纳。不能按固定期限计算缴纳的，可以按次申报缴纳。

（2）纳税人应当向应税污染物排放地的税务机关申报缴纳环境保护税。

12.10.2　应纳税额

环境保护税应纳税额按照下列方法计算：

（1）应税大气污染物的应纳税额＝污染当量数×具体适用税额。

（2）应税水污染物的应纳税额＝污染当量数×具体适用税额。

（3）应税固体废物的应纳税额＝固体废物排放量×具体适用税额。

（4）应税噪声的应纳税额为超过国家规定标准的分贝数对应的具体适用税额。

其中，应税污染物的计税依据，按照下列方法确定：1）应税大气污染物按照污染物排放量折合的污染当量数确定；2）应税水污染物按照污染物排放量折合的污染当量数确定；3）应税固体废物按照固体废物的排放量确定；4）应税噪声按照超过国家规定标准的分贝数确定。

12.10.3　税收减免

下列情形，暂予免征环境保护税：

（1）农业生产（不包括规模化养殖）排放应税污染物的；

（2）机动车、铁路机车、非道路移动机械、船舶和航空器等流动污染源排放应税污染物的；

（3）依法设立的城乡污水集中处理、生活垃圾集中处理场所排放相应应税污染物，不超过国家和地方规定的排放标准的；

（4）纳税人综合利用的固体废物，符合国家和地方环境保护标准的；

（5）国务院批准免税的其他情形。

特别提醒

> 纳税人排放应税大气污染物或者水污染物的浓度值低于国家和地方规定的污染物排放标准30%的，减按75%征收环境保护税。纳税人排放应税大气污染物或者水污染物的浓度值低于国家和地方规定的污染物排放标准50%的，减按50%征收环境保护税。

12.11　船舶吨税

自中华人民共和国境外港口进入境内港口的船舶（简称应税船舶），应缴纳船舶吨税（简称吨税），自2018年7月1日起执行。

1. 纳税人

自中华人民共和国境外港口进入境内港口的船舶为吨税纳税人。

应税船舶负责人缴纳吨税或者提供担保后，海关按照其申领的执照期限填发吨税执照。应税船舶在进入港口办理入境手续时，应当向海关申报纳税领取吨税执照，或者交验吨税执照（或者申请核验吨税执照电子信息）。应税船舶在离开港口办理出境手续时，应当交验吨税执照（或者申请核验吨税执照电子信息）。

应税船舶负责人申领吨税执照时，应当向海关提供下列文件：

（1）船舶国籍证书或者海事部门签发的船舶国籍证书收存证明；

（2）船舶吨位证明。

应税船舶因不可抗力在未设立海关地点停泊的，船舶负责人应当立即向附近海关报告，并在不可抗力原因消除后，依照本法规定向海关申报纳税。

 特别提醒

> 吨税由海关负责征收。

2. 纳税范围

吨税按照船舶净吨位和吨税执照期限征收。

3. 免税范围

下列船舶免征吨税：

（1）应纳税额在人民币50元以下的船舶；

（2）自境外以购买、受赠、继承等方式取得船舶所有权的初次进口到港的空载船舶；

（3）吨税执照期满后24小时内不上下客货的船舶；

（4）非机动船舶（不包括非机动驳船）；

（5）捕捞、养殖渔船；

（6）避难、防疫隔离、修理、改造、终止运营或者拆解，并不上下客货的船舶；

（7）军队、武装警察部队专用或者征用的船舶；

（8）警用船舶；

（9）依照法律规定应当予以免税的外国驻华使领馆、国际组织驻华代表机构及其有关人员的船舶；

（10）国务院规定的其他船舶。

 特别提醒

> 属于免税规定的，由国务院报全国人民代表大会常务委员会备案。

4. 纳税义务时间

吨税纳税义务发生时间为应税船舶进入港口的当日。应税船舶到达港口前，经海关核准先行申报并办结出入境手续的，应税船舶负责人应当向海关提供与其依法履行吨税缴纳义务相适应的担保；应税船舶到达港口后，依照规定向海关申报纳税。

 特别提醒

> 吨税执照期限，是指按照公历年、日计算的期间。应税船舶负责人应当自海关填发吨税缴款凭证之日起十五日内缴清税款。未按期缴清税款的，自滞纳税款之日起至缴清税款之日止，按日加收滞纳税款万分之五的税款滞纳金。

解释

▶▶▶▶▶

净吨位，是指由船籍国（地区）政府签发或者授权签发的船舶吨位证明书上标明的净吨位。非机动船舶，是指自身没有动力装置，依靠外力驱动的船舶。非机动驳船，是指在船舶登记机关登记为驳船的非机动船舶。捕捞、养殖渔船，是指在中华人民共和国渔业船舶管理部门登记为捕捞船或者养殖船的船舶。拖船，是指专门用于拖（推）动运输船舶的专业作业船舶。

5. 税目税率

吨税设置优惠税率和普通税率。吨税税目税率表见表 12 - 10。

（1）中华人民共和国籍的应税船舶，船籍国（地区）与中华人民共和国签订含有相互给予船舶税费最惠国待遇条款的条约或者协定的应税船舶，适用优惠税率。

（2）其他应税船舶，适用普通税率。

表 12 - 10

吨税税目税率表
（2018 年 7 月 1 日起执行）

税目（按船舶净吨位划分）	税率（元/净吨）					
	普通税率（按执照期限划分）			优惠税率（按执照期限划分）		
	1 年	90 日	30 日	1 年	90 日	30 日
不超过 2 000 净吨	12.6	4.2	2.1	9.0	3.0	1.5
超过 2 000 净吨但不超过 10 000 净吨	24.0	8.0	4.0	17.4	5.8	2.9
超过 10 000 净吨但不超过 50 000 净吨	27.6	9.2	4.6	19.8	6.6	3.3
超过 50 000 净吨	31.8	10.6	5.3	22.8	7.6	3.8

6. 吨税的计算

应纳税额＝船舶净吨位×适用税率

□ 练习题

一、单项选择题

1. 关于车辆购置税的陈述不正确的是（　　）。
A. 征收单位包括国有企业、集体单位、私营企业、股份制企业，也包括外商投资企业、外国企业和党政机关
B. 纳税人购买自用应税车辆，应当自上牌照之日起 60 日内申报纳税
C. 车辆购置税征税范围的调整，由国务院决定并公布
D. 对已办理登记注册手续的车辆，纳税人在补办纳税手续时，除了按照征管办法规定提供申报材料外，还应提供《机动车行驶证》原件及复印件等材料

2. 税务机关可以对（　　）的行为，处以 1 万元以上 5 万元以下的罚款。
A. 已粘贴在应税凭证上的印花税票未注销或者未划销
B. 在应纳税凭证上未贴或者少贴印花税票
C. 已贴用的印花税票揭下重用，情节严重的
D. 伪造印花税票，情节严重的

3. 自 2015 年 1 月 1 日起至 2019 年 12 月 31 日止，对物流企业自有的（包括自用和出租）大宗商品仓储设施用地，减按所属土地等级适用税额标准的（　　）计征城镇土地使用税。
A. 30%　　　　　　　B. 40%
C. 50%　　　　　　　D. 60%

4. 下列行为中，属于印花税列举应税合同范围的是（　　）。
A. 某银行向另一银行签订的拆借 50 000 万元人民币的合同
B. 企业与主管部门签订的租赁承包经营合同
C. 科技公司签订的技术服务合同
D. 某公司和会计师事务所签订的管理咨询合同

5. 下列有关房产税纳税义务表述错误的是（　　）。
A. 房屋出租的，由承租人纳税

B. 房屋产权出典的，由承典人纳税
C. 房屋产权未确定的，由代管人或使用人纳税
D. 产权人不在房屋所在地的，由房屋代管人或使用人纳税

6. 根据车辆购置税的有关规定，纳税人以外汇结算应税车辆价款的，按照（　　）中国人民银行公布的人民币基准汇率，折合成人民币计算应纳税额。
A. 购置应税车辆的当天
B. 购置应税车辆的当月 1 日
C. 购置应税车辆的当天或当月 1 日
D. 申报缴纳车辆购置税之日

7. 下列车船税减免税的规定中，表述不正确的是（　　）。
A. 纯电动汽车免征车船税
B. 其他混合动力汽车按照同类车辆适用税额减半征税
C. 警用车船免征车船税
D. 机场、港口内部行驶或作业的车船减半征税

8. 耕地占用税纳税人依照税收法律法规及相关规定，应在获准占用应税土地收到土地管理部门的通知之日起（　　）日内向主管税务局申报缴纳耕地占用税。
A. 10　　　　　　　　B. 15
C. 20　　　　　　　　D. 30

9. 甲企业受托分别为乙、丙企业各加工一批产品；与乙企业签订合同，原材料由乙企业提供，金额为 50 万元，甲企业向乙企业收取加工费 30 万元；与丙企业签订合同，原材料由甲企业提供，金额为 40 万元，丙企业只向甲企业支付加工费 10 万元。该加工业务，甲企业应缴纳印花税（　　）元。
A. 120　　　　　　　B. 200
C. 320　　　　　　　D. 400

10. 某企业 2016 年自建两栋完全一样的办公楼，6 月 30 日建成投入生产经营，入账金额 800

万元；7月31日将一栋办公楼用于出租，从8月1日起收取租金，根据合同，收取三年租金7.2万元；已知当地政府规定的计算房产余值的扣除比例为30%。计算该企业2016年应纳房产税（　　）元。

A. 20 800　　　　　　B. 19 600

C. 22 400　　　　　　D. 23 600

11.（2009年初级会计职称考试试题）根据契税法律制度的规定，下列各项中，应缴纳契税的是（　　）。

A. 承包者获得农村集体土地承包经营权

B. 企业受让土地使用权

C. 企业将厂房抵押给银行

D. 个人承租居民住宅

12. 某旅游公司2016年拥有插电式混合动力汽车40辆，其他混合动力汽车3辆，汽车核定载客人数均为8人；游船30艘，每艘净吨位1.3吨；4.5千瓦的拖船1艘。公司所在地人民政府规定8人载客汽车年应纳车船税额为600元/辆，机动船3元/吨。2016年该旅游公司应缴纳车船税（　　）元。

A. 130　　　　　　　B. 1 021.52

C. 1 066　　　　　　D. 1 930

13. 下列行为不符合契税减免税规定的是（　　）。

A. 事业单位购置的用于科学研究的科研楼

B. 某大学购买价值600万元的房产作为校办工厂的经营性用房

C. 承包的用于造林的荒山使用权

D. 城镇职工按规定第一次购买公有住房

14. 因不可抗力丧失住房而重新购买的住房，（　　）契税。

A. 免征　　　　　　B. 酌情减免

C. 减征　　　　　　D. 暂免

15. 下列各项中，应当征收城镇土地使用税的有（　　）。

A. 人民银行自用的土地

B. 机场飞行区用地

C. 老年服务机构自用的土地

D. 水电站发电厂生产、办公用地

二、多项选择题

1. 已缴纳车辆购置税的车辆，发生下列情形

之一的（　　），准予纳税人申请退税。

A. 车辆退回生产企业或者经销商

B. 符合免税条件的设有固定装置的非运输车辆但已征税的

C. 其他依据法律法规规定应予退税的情形

D. 税务机关要求提供的其他资料

2. 下列车船中，以"整备质量"作为计税单位的有（　　）。

A. 电车　　　　　　B. 摩托车

C. 三轮汽车　　　　D. 挂车

3. 以下占用土地行为不征收耕地占用税（　　）。

A. 农田水利占用耕地的

B. 建设直接为农业生产服务的生产设施占用林地、牧草地、农田水利用地、养殖水面以及渔业水域滩涂等其他农用地的

C. 农村居民经批准搬迁，原宅基地恢复耕种，凡新建住宅占用耕地不超过原宅基地面积的

D. 其他农用地

4. 下列有关车船税的表述中，正确的有（　　）。

A. 车船税由税务机关负责征收

B. 车船税的计税单位包括辆、整备质量每吨、净吨位、艇身长度

C. 经批准临时入境的外国车船，需征收车船税

D. 已完税的车船被盗抢的，可申请退还全部或部分已缴纳税款

5. 下列（　　）石油天然气生产建设用地暂免征收城镇土地使用税。

A. 地质勘探、钻井、井下作业、油气田地面工程等施工临时用地

B. 企业厂区以外的铁路专用线、公路及输油（气、水）管道用地

C. 油气长输管线用地

D. 其他用地

6. 下列房产中，应征收房产税的有（　　）。

A. 售出前房地产开发企业已使用或出租、出借的商品房

B. 融资租入的房屋

C. 投资者以房产投资联营，收取固定收益的

D. 纳税单位无租使用的房产

7. 按照现行车辆购置税的有关规定，下列说法中正确的有（　　）。

A. 征税环节选择在使用环节

B. 纳税人受赠的车辆，自取得之日起60日内申报纳税

C. 车辆购置税税款可以分次缴清

D. 车辆购置税税款须一次缴清

8. （2009年初级会计职称考试试题）根据印花税法律制度的规定，下列各项中，属于印花税征税范围的有（　　）。

A. 工商营业执照

B. 土地使用权出让合同

C. 土地使用证

D. 商品房销售合同

9. （2010年初级会计职称考试试题）关于城镇土地使用税纳税义务发生时间的下列表述中，正确的有（　　）。

A. 纳税人新征用的耕地，自批准征用之日起缴纳

B. 纳税人新征用的非耕地，自批准征用的次月起缴纳

C. 纳税人以出让方式有偿取得土地使用权，合同约定交付土地时间的，自合同给定交付土地时间的次月起缴纳

D. 纳税人以出让方式有偿获取土地使用权，合同未约定交付土地时间的，自合同签订的次月起缴纳

10. 下列房屋应从交付使用次月起缴纳房产税的是（　　）。

A. 纳税人购置新建商品房

B. 房地产开发企业自用、出借本企业建造的商品房

C. 纳税人购置存量房

D. 纳税人委托施工企业建设的房屋

11. 根据契税现行政策的规定，下列表述正确的有（　　）。

A. 以竞价方式出让的，其契税计税依据一般确定为竞价的成交价格、土地出让金、市政建设配套费以及各种补偿费用

B. 先以划拨方式取得土地使用权，后经批准改为出让方式取得该土地使用权的，应依法缴纳契税

C. 以自有房产做股投入本人经营企业，由于产权发生了转移，仍然应该征收契税

D. 符合减免税规定的纳税人，应在土地、房屋权属转移合同生效的10日内向土地、房屋所在地的征收机关提出减免申请

12. 下列行为中，不计征契税的有（　　）。

A. 以抵债方式取得土地使用税

B. 以相等价格交换房屋

C. 以划拨方式取得土地使用权

D. 转移农村集体土地承包经营权

13. 下列关于印花税计税依据的表述中，正确的有（　　）。

A. 对于由委托方提供原材料、受托方提供辅助材料并收取加工费的加工合同，以辅助材料和加工费合计数，依照加工承揽合同计税贴花，原材料按购销合同计税贴花

B. 货物运输合同的计税依据为所运输货物的金额

C. 建筑安装工程承包合同的计税依据为承包金额

D. 记载资金的营业账簿，计税依据为实收资本和资本公积之和

14. 车辆购置税的应税行为包括（　　）。

A. 受赠使用行为　　　　B. 自产自用行为

C. 获奖使用行为　　　　D. 进口自用行为

15. 下列关于印花税征收管理的表述中，正确的有（　　）。

A. 印花税一般实行就地纳税

B. 采用按期汇总缴纳印花税的纳税人应事先告知主管税务机关，缴纳方法一经选定，一年内不得改变

C. 印花税票可以委托单位或个人代售，并由税务机关付给5%的手续费

D. 对借款合同的应纳税额不足1角的，免贴印花

三、计算题

1. 某钢铁公司2016年发生的业务如下：

（1）与 A 建筑公司签订一项建筑承包合同，金额 3 000 万元，又将该工程的一部分分包给 B 建筑公司并签订合同，分包金额 500 万元。

（2）2 月 28 日，与 C 企业签订一协议，公司承租 C 企业设备一台，每月租赁费 5 万元，暂不确定租赁期限；与 D 公司发生融资租赁业务，租赁 D 公司的一个大型机械，合同注明租赁费总金额是 220 万元。

（3）在国外签订一项设备进口合同，合同注明价款 70.23 万元，已安装完毕。

（4）5 月，与保险公司签订财产保险合同，保险标的物价值总额 5 000 万元，按 12‰的比例支付保险费用，当月为本企业建筑队的 30 名建设人员签订人寿保险合同，支付保费 50 万元。

要求：计算该公司各业务应缴纳的印花税。

（1）建筑承包合同应缴纳的印花税。

（2）业务（2）应缴纳的印花税。

（3）进口设备合同应缴纳的印花税。

（4）保险合同应缴纳的印花税。

2. 2016 年甲公司发生的与房产税有关的业务如下：

（1）2 月 15 日，对刚建成的一座生产车间办理验收手续，同时接管基建工地上价值 100 万元的材料棚，转入固定资产，并于当月投入使用，原值合计 1 200 万元。9 月，企业因资金紧张，将该车间抵押给银行取得贷款 180 万元，抵押期间车间仍由企业使用。

（2）4 月 30 日，将原值为 200 万元的闲置用房向乙企业投资，协议规定，甲公司每月向乙企业收取固定收入 2 万元，甲公司不承担经营风险。当年实际取得收益 16 万元。

（3）5 月 1 日开始改建办公楼，办公楼账面原值 450 万元，为改造支付费用 120 万元，加装中央空调支付 75 万元，该中央空调单独作为固定资产入账，5 月底完成改建，交付使用。

（4）6 月 30 日，将原值为 150 万元的闲置房产转让给丙企业，转让价 100 万元，支付转让过程中发生的税金和费用 10 万元。账面显示该房产已提折旧 40 万元。（该省规定，计算房产税时按原值的 30% 作为扣除额。）

要求：根据上述资料计算：

（1）业务（1）中纳税人自建的房产应纳房产税税额。

（2）业务（2）中以房产投资应纳房产税税额。

（3）业务（3）中办公楼应纳房产税税额。

（4）业务（4）中闲置房产转让应纳房产税税额。

四、综合题

1. 龙泉公司 2016 年 3 月出租一间房屋给甲公司，每月租金 10 万元，租期 10 年；当月还出租一个车间给乙公司，月租金 8 万元，每年年底收取本年租金，同时商定是否续租，则龙泉公司当月应纳印花税为（　　）元。

A. 1 205　　　　　　B. 400

C. 12 600　　　　　　D. 12 005

2. 龙泉公司有一栋厂房原值 200 万元，2014 年年初对该厂房进行扩建，2015 年 8 月底完工并办理验收手续，增加了房产原值 45 万元，另外对厂房安装了价值 15 万元的排水设备并单独作固定资产核算。已知当地政府规定计算房产余值的扣除比例为 20%，2015 年度该企业应缴纳房产税（　　）元。

A. 20 640　　　　　　B. 21 000

C. 21 120　　　　　　D. 21 600

3. 龙泉公司与乙企业共同使用面积为 10 000 平方米的土地，龙泉公司使用其中的 60%，乙企业使用其中的 40%。除此之外，经有关部门批准，乙企业在 2016 年 1 月份新征用耕地 6 000 平方米。两家企业共同使用土地所处地段的城镇土地使用税年税额为 4 元/平方米，乙企业新征用土地所处地段的土地使用税年税额为 2 元/平方米。2016 年两家企业各自应缴纳城镇土地使用税（　　）。

A. 龙泉公司纳税 24 000 元，乙企业纳税 28 000 元

B. 龙泉公司纳税 24 000 元，乙企业纳税 16 000 元

C. 龙泉公司纳税 48 000 元，乙企业纳税 16 000 元

D. 龙泉公司纳税 48 000 元，乙企业纳税 28 000 元

4. 龙泉公司 2015 年发生两笔互换房产业务，并已经办理了相关手续。第一笔业务换出的房产价值 500 万元，换进的房产价值 800 万元，并支付 300 万元的差价款；第二笔业务换出的房产价值 600 万元，换进的房产价值 300 万元，并取得 300 万元的差价款。已知当地省政府规定的契税税率为 3%，该公司应缴纳契税（　　）万元。

A. 0

B. 18

C. 33

D. 9

课后练习题答案

第1章

一、单项选择题

1. D 2. A 3. A 4. C 5. B 6. D 7. A 8. C 9. B 10. B 11. B
12. C

二、多项选择题

1. ABCD 2. ABCD 3. AB 4. AC 5. ABCD 6. ACD 7. ABC 8. BD
9. ABCD 10. ACD

第2章

一、单项选择题

1. C 2. B 3. D 4. D. 5. A 6. C 7. A 8. C 9. C 10. C 11. C
12. A

二、多项选择题

1. ABCD 2. AD 3. CD 4. AC 5. ABCD 6. ACD 7. ABD 8. BCD
9. CD

第3章

一、单项选择题

1. A

【解析】

应缴纳的增值税＝82 400/(1＋3％)×3％＋30 900/(1＋3％)×3％＝3 300(元)

2. C

3. C

【解析】

对金银首饰以旧换新业务能够按销售方事实收取的不含税的全部价款征收。

上述业务应纳增值税税额＝[20×5 700÷(1＋13％)＋16 570÷(1＋13％)]×13％
＝15 021.33(元)

4. A 5. C 6. D 7. B 8. C 9. A

10．C

【解析】

　　可抵扣进项税额＝50×（1＋10％）×（1＋20％）×9％＝5.94（万元）

11．D

【解析】

根据规定，有形动产租赁服务适用13％的税率；不动产出租不属于营改增试点范围，接受运输业务，可以凭取得的增值税专用发票抵扣进项税。

　　应纳增值税税额＝50 000×13％－2 000×9％＝6 320（元）

12．D　13．B　14．A　15．C　16．A

17．D

【解析】

小规模纳税人征收率3％。

　　应纳增值税＝80÷（1＋3％）×3％＝2.33（万元）

18．A

【解析】

　　甲企业应扣缴增值税＝100×6.1÷（1＋6％）×6％＝34.53（万元）

19．B

【解析】

既用于增值税应税项目也用于非增值税应税项目的固定资产进项税额可以抵扣，其他各项均不得抵扣进项税额。

20．D

【解析】

来料加工复出口货物适用免税不退税的政策，从国内购进辅料，不可以抵扣进项税额。

二、多项选择题

1．ABCD　2．AC　3．BC　4．AB　5．ABC　6．CD　7．ACD　8．BD　9．BD　10．BC　11．ABC　12．ABCD　13．ABCD　14．CD　15．BD　16．BC　17．ABD　18．CD　19．BC　20．ABC

三、计算题

1．【答案】

（1）ABCD

（2）B

【解析】

可以凭票抵扣的项目，其中农产品的扣除率为9％，则1.2＋1.7＋100×9％＝11.9（万元）。

2. 【答案】

(1) 本月销项税额＝(200＋4)÷(1＋9％)×9％＋75×9％＋6×13％＝24.37(万元)

(2) 本月应转出的进项税额＝(2－0.3)×13％＋0.3×9％＝0.248(万元)

(3) 本月准予抵扣的进项税额合计 ＝30×9％＋55×13％＋22.6÷(1＋13％)×13％＋1.8×13％
$$＝2.7＋7.15＋2.6＋0.234＝12.684(万元)$$

(4) 本月应纳增值税＝24.37－(12.684－0.248)＝11.934(万元)

3. 【答案】

(1) 甲企业 2019 年 6 月份应缴纳的增值税计算如下：

销项税额＝35.1＋(9.04＋2.26)÷(1＋13％)×13％＝35.1＋1.3＝36.4(万元)

当期应扣除进项税额＝53÷(1＋6％)×6％＋23.4＋0.26＝26.66(万元)

应纳增值税＝36.4－26.66＝9.74(万元)

(2) 乙公司 2019 年 6 月份应缴纳的增值税计算如下：

销项税额＝23.4＋33.79÷(1＋9％)×9％＋288.15÷(1＋13％)×13％
$$＝59.34(万元)$$

应抵扣的进项税额＝35.1＋(30×9％＋3×9％)×(1－40％)＝36.88(万元)

应纳增值税＝59.34－36.88＝22.46(万元)

4. 【答案】

小规模纳税人提供应税服务，采用简易办法征税，销售额中含有增值税税款的，应换算为不含税销售额，计算应纳税额，购进货物支付的增值税税款不允许抵扣。

应纳增值税税额＝(8.24＋3.09)/(1＋3％)×3％＝0.33(万元)

5. 【答案】

应纳税额＝(1 100－500)÷(1＋9％)×9％－0.9－9＝39.64(万元)

6. 【答案】

不含税销售额＝105÷(1＋5％)＝100(万元)

增值税应纳税额＝100×5％＝5(万元)

7. 【答案】

企业销售烟酒商品同时收取的食品袋价款属于价外费用，应先作价税分离后并入烟酒商品销售额计算增值税销项税额。

销售烟酒商品应交的增值税销项税额＝(3 955 000＋2 260)÷(1＋13％)×13％
$$＝455 260(元)$$

8. 【答案】

预缴增值税额＝109÷(1＋9％)×3％＝3(万元)

应缴增值税额＝109÷(1＋9％)×9％－4－3＝2(万元)

第4章

一、单项选择题

1. D　2. D　3. C　4. C　5. C　6. D　7. D　8. A　9. B　10. D

二、多项选择题

1. ABC　2. BCD　3. ABCD　4. ABC

5. ABC

【解析】

商业企业一般纳税人零售的烟、酒、食品、服装、鞋帽（不包括劳保专用部分）、化妆品等消费品不得开具增值税专用发票。

6. ABC　7. ABC　8. ABC　9. AB　10. AB

第5章

一、单项选择题

1. D　2. B　3. C　4. D　5. C　6. A　7. B　8. C

9. D

【解析】

铂金戒指、金银镶嵌项链属于金银首饰，金银首饰零售环节征收消费税；镀金镶嵌手镯属非金银首饰，于生产环节征收消费税；金银首饰零售业务不包括修理、清洗业务。现行政策规定，钻石减按5%征收消费税。

$$该企业应纳消费税＝(58\ 950＋35\ 780)÷1.13×5\%＋235\ 794×5\%$$
$$＋12\ 378×10\%＝17\ 219.09(元)$$

10. A

【解析】

在批发环节加征消费税的只有卷烟，并不包含雪茄烟。卷烟批发环节从量税为0.005元/支，则

$$每条从量税＝0.005×200＝1(元)$$
$$该卷烟批发企业应纳消费税＝250×11\%＋5\ 000×1÷10\ 000＝28(万元)$$

11. A

12. D

【解析】

税法规定，实行从价定率办法计算纳税的组成计税价格计算公式为：

$$组成计税价格＝(材料成本＋加工费)÷(1－比例税率)$$

$$乙企业代收代缴消费税的组成计税价格＝(12＋1＋0.87)/(1－5\%)＝14.6(万元)$$

13. A　14. D　15. D

二、多项选择题

1. AC　2. ABCD　3. ABCD　4. ABCD　5. BD　6. ACD　7. BD　8. BD

9. ACD

10. AB

【解析】

从 2016 年 10 月 1 日起，普通化妆品不再征收消费税，高档化妆品消费税税率从 30％降至 15％。

销售 A 高档化妆品应纳消费税＝9×15％＝1.35(万元)

本期化妆品应纳消费税＝14×15％＋9×15％＝3.45(万元)

三、计算题

1.【答案】

(1) 销售给 A 商贸公司鞭炮应纳的消费税＝800×100×15％＝12 000(元)

(2) 销售给 B 商贸公司鞭炮应纳的消费税＝1 100×250×15％＝41 250(元)

(3) 门市部销售鞭炮应纳的消费税＝850×20×15％＝2 550(元)

(4) 用鞭炮换取原材料应纳的消费税＝1 100×200×15％＝33 000(元)

(5) 将鞭炮作为福利发放应纳的消费税＝1 100×50×15％＝8 250(元)

(6) 当月允许扣除的已纳消费税＝(12 000＋300×300－8 000)×15％＝14 100(元)

(7) 当月实际应纳的消费税＝12 000＋41 250＋2 550＋33 000＋8 250－14 100

＝82 950(元)

2.【答案】

(1) 应纳消费税＝25×10％＋400×20％＋36.16÷1.13×20％＋80×2 000×0.5

÷10 000＋150×10％＋120×20％＋10×2 000×0.5÷10 000＋80

×60％×20％＋16×60％×2 000×0.5÷10 000

＝147.46(万元)

(2) 应纳增值税＝25×13％＋6×13％＋400×13％＋36.16÷1.13×13％＋150×13％

＋120×13％＋80×60％×13％＋1×13％

＝3.25＋0.78＋52＋4.16＋19.5＋15.6＋6.24＋0.13

＝101.66(万元)

(3) 代收代缴乙企业消费税＝(10＋1)÷(1－10％)×10％＝1.22(万元)

3.【答案】

根据《国家税务总局关于印发〈消费税若干具体问题的规定〉的通知》（国税发〔1993〕156 号）第三条第（六）款规定，纳税人用于换取生产资料和消费资料，投资入股和抵偿债务等方面的应税消费品，应当以纳税人同类应税消费品的最高销售价格作为计税依据计算消费税。

甲烟丝厂同类烟丝的最高销售价格为 1.8 万元（不含税），因此用于抵偿债务的 100 箱自产烟丝的计税依据为 1.8 万元（不含税）。

甲烟丝厂当月共计
应纳消费税 ＝[1.8×(200＋100)＋300×1.6]×30％＝306(万元)

说明：关于用于交换、投资、抵偿债务方面的特殊确认，根据《国家税务总局关于印发〈消费税若干具体问题的规定〉的通知》（国税发〔1993〕156号）第三条第（六）款规定，纳税人用于换取生产资料和消费资料，投资入股和抵偿债务等方面的应税消费品，应当以纳税人同类应税消费品的最高销售价格作为计税依据计算消费税。对这一规定的理解是应防止价格操纵，故意压低价格，逃避或者少缴消费税。

第6章

一、单项选择题

1．B 2．D 3．A 4．B 5．A 6．B 7．A 8．A

二、多项选择题

1．BCD 2．ABCD 3．ABCD 4．ABCD 5．ABD 6．ABD 7．ABC

三、计算题

1.【答案】

（1）进口环节关税完税价格＝1 600＋120＋20＋50＝1 790(万元)

进口环节应纳的关税＝1 790×30％＝537(万元)

（2）进口环节应纳的增值税＝(1 790＋537)×13％＝302.51(万元)

2.【答案】

（1）进口小轿车的货价＝15×30＝450(万元)

进口小轿车的运输费＝450×2％＝9(万元)

进口小轿车的保险费＝(450＋9)×3％＝1.38(万元)

进口小轿车应缴纳的关税计算如下：

关税完税价格＝450＋9＋1.38＝460.38(万元)

应纳关税＝460.38×60％＝276.23(万元)

（2）进口环节小轿车应缴纳的消费税计算如下：

消费税组成计税价格＝(460.38＋276.23)÷(1－9％)＝809.46(万元)

应纳消费税＝809.46×9％＝72.85(万元)

进口环节小轿车应缴纳的增值税计算如下：

应纳增值税＝809.46×13％＝105.23(万元)

进口环节缴纳税金合计＝276.23＋72.85＋105.23＝454.31(万元)

第7章

一、单项选择题

1．C 2．C 3．A 4．B 5．D 6．A 7．C 8．B

二、多项选择题

1．BCD 2．ABCD 3．CD 4．BC 5．BD 6．ABCD 7．ACD 8．ABCD

三、计算题

1.【答案】

> 该矿山8月应纳的资源税=1 340 000×5%+336 000×8%=93 880(元)

2.【答案】

(1) 纳税人开采原煤直接对外销售的,以原煤销售额作为应税煤炭销售额计算缴纳资源税。

> 应纳资源税=400×6%=24(万元)

(2) 纳税人将其开采的原煤自用于连续生产洗选煤的,在原煤移送使用环节不缴纳资源税。

(3) 纳税人将其开采的原煤自用于其他方面(如用于职工宿舍)的,视同销售原煤,按同期对外销售价格计算应纳资源税。

> 应纳资源税=400/4×3×6%=18(万元)

(4) 纳税人将其开采的原煤加工为洗选煤销售的,以洗选煤销售额乘以折算率作为应税煤炭销售额计算缴纳资源税,且洗选煤销售额中包含的运输费用以及随运销产生的装卸、仓储、港杂等费用应与煤价分别核算,凡取得相应凭证的,允许在计算煤炭计税销售额时予以扣减。

> 应纳资源税=(900−100)×70%×6%=33.6(万元)

(5) 该煤矿当月应纳的资源税=24+18+33.6=75.6(万元)

第8章

一、单项选择题

1. C 2. D 3. A 4. B

5. B

【解析】

> 收入=12 000(万元)
> 扣除项目金额=0.2+0.5+1.5+25×60%=17.2(万元)
> 增值额=28−17.2=10.8(万元)
> 增值率=10.8/17.2=62.79%
> 应纳税额=10.8×40%−17.2×5%=3.46(万元)

6. C 7. B

8. B

【解析】

> 收入=2 000万元
> 扣除项目金额=500+1 200×70%=1 340(万元)

增值额＝2 000－1 340＝660（万元）

增值率＝660/1 340＝49.25％

应纳税额＝660×30％＝198（万元）

9．A   10．A

11．B

【解析】

收入＝1 000（万元）

扣除项目金额＝50＋200＋40＋60＋（50＋200）×20％＝400（万元）

增值额＝1 000－400＝600（万元）

增值率＝600/400＝150％

应纳税额＝600×50％－400×15％＝240（万元）

12．D   13．D   14．B

15．C

【解析】

土地直接转让不享受加计扣除的优惠。

可扣除项目金额＝1 200＋40＋35＝1 275（万元）

增值额＝1 800－1 275＝525（万元）

增值率＝525÷1 275×100％＝41.18％

应纳的土地增值税＝525×30％＝157.5（万元）

二、多项选择题

1．ABC   2．AB   3．ABD   4．AD   5．BCD   6．ABCD   7．ABCD   8．BCD

9．ABCD   10．BCD

三、计算题

（1）可以扣除的房地产开发费用＝（3 000＋4 000）×10％＝700（万元）

（2）可以扣除的"其他扣除项目"＝（3 000＋4 000）×20％＝1 400（万元）

（3）转让写字楼的增值额＝15 000－（825＋3 000＋4 000＋700＋1 400）

＝5 075（万元）

增值率＝5 075/9 925×100％＝51.13％

适用税率40％，速算扣除系数为5％。

应纳的土地增值税＝5 075×40％－9 925×5％＝1 533.75（万元）

第9章

一、单项选择题

1．D   2．C   3．A   4．D   5．B   6．A   7．A

二、多项选择题

1．BCD　2．ABCD　3．CD　4．AC　5．BD　6．BC　7．ABCD

第 10 章

一、单项选择题

1．A　2．C　3．B

4．D

【解析】

当年销售收入＝1 000＋200＝1 200（万元）

业务招待费按实际发生额的 60%（15×60%＝9 万元）和当年销售收入的 5‰（1 200×5‰＝6 万元）取小扣除，即实际可扣除 6 万元。

广告费和业务宣传费按当年销售收入的 15% 扣除，即可扣除 180 万元（1 200×15%）。

5．D

6．A

【解析】

纳税人以经营租赁方式从出租方取得固定资产，其符合独立纳税人交易原则的租金可根据受益时间均匀扣除。纳税人以融资租赁方式取得固定资产，其租金支出不得扣除，但可按规定提取折旧费用。本题企业 2016 年 3 月 1 日以经营租赁方式租入固定资产使用，租期 1 年，支付租赁费 12 万元，每个月应分摊 1 万元费用，2016 年使用受益 10 个月，在税前应扣除的经营租赁费用为 10 万元。

7．B　8．C　9．C　10．D　11．D　12．D　13．D　14．D　15．B

二、多项选择题

1．AC　2．AD　3．ABCD　4．BC．　5．ABCD　6．ABCD　7．ABCD　8．CD　9．BC　10．BD　11．CD　12．ABCD　13．ACD　14．ABC　15．AB

三、计算题

1．【答案】

（1）投资收益中属于应纳税的财产转让所得＝116－86＝30（万元）

注：投资企业从被投资企业撤回或减少投资，其取得的资产中，相当于初始出资的部分，应确认为投资收回；分配支付额超过投资成本部分的金额属于会计上的投资收益，其中相当于被投资企业累计未分配利润和累计盈余公积按减少实收资本比例计算的部分，应确认为股息所得（税法规定为所得税的免税项目）；其余部分确认为投资资产转让所得。

（2）外购机械设备应调增的应纳税所得额＝90－90×（1－5%）÷10÷12×8

＝84.3（万元）

（3）接受捐赠应调增的应纳税所得额＝50＋8.5＝58.5（万元）

（4）向贫困山区捐赠应调增的应纳税所得额：

注：本题所述的是会计师事务所审核发现的问题，注册会计师首先将企业账目处理中的不正确之处进行账簿调整（即购买设备、接受捐赠），然后再进行纳税调整。

公益捐赠税前扣除限额＝会计利润×12％

$$=(170+58.5+84.3)×12\%$$

$$=37.54(万元)$$

实际捐赠额＝80(万元)

实际捐赠超过税法规定的扣除限额。

调增的应纳税所得额＝80－37.54＝42.46(万元)

(5) 公司 2015 年应补缴企业所得税＝(170－86－49－15＋58.5＋84.3＋42.46)×25％

$$-42.5(已纳)+[49÷(1-15\%)×(25\%-15\%)]$$

$$=14.58(万元)$$

2.【答案】

(1) 计算该企业公益性捐赠支出所得税前纳税调整额。根据现行规定，企业发生的公益性捐赠支出，在年度利润总额 12％以内的部分，准予在计算应纳税所得额时扣除。

公益性捐赠支出所得税前扣除限额＝100×12％＝12(万元)

实际发生的公益性捐赠支出 18 万元，超过限额 6 万元，应调增所得额 6 万元。

(2) 计算该企业研究开发费用所得税前扣除数额。假定税法规定研发费用可实行 175％加计扣除政策，那么如果企业当年开发新产品研发费用实际支出为 20 万元，就可按 35 万元（20×175％）在税前进行扣除，利润总额中已扣除 20 万元，应调减所得额 15 万元。

(3) 计算该企业 2017 年度应纳税所得额。

在建办公楼工程款不得扣除，应调增应纳税所得额 20 万元。

向某足球队捐款不得扣除，应调增应纳税所得额 15 万元。

支付违反交通法规罚款不得扣除，应调增应纳税所得额 0.8 万元。

该企业 2017 年度应纳税所得额＝100＋6－15＋20＋15＋0.8＝126.8(万元)

(4) 计算该企业 2017 年度应纳所得税税额。

该企业 2017 年度应纳所得税税额＝126.8×25％＝31.7(万元)

(5) 计算该企业 2017 年度应汇算清缴的所得税税额。

该企业 2017 年度应汇算清缴的所得税税额＝31.7－25(已预缴)＝6.7(万元)

四、综合题

1.【答案】

(1) 利息收入应调减应纳税所得额 40 万元。

对利息收入，应按照合同约定的债务人应付利息的日期确认收入的实现。

商标使用权收入应调增应纳税所得额 60 万元。

对特许权使用费收入，应按照合同约定的特许权使用人应付特许权使用费的日期确认收入的实现。

（2）国债利息收入免税，应予调减。

调减的应纳税所得额＝100×（5％÷365）×365×2＝10（万元）

（3）非股权支付对应的资产转让所得＝（265－180）×（26.5÷265）＝8.5（万元）

应调减应纳税所得额＝（265－180）－8.5＝76.5（万元）

（4）应调减应纳税所得额＝15（万元）

（5）计算广告费和业务宣传费扣除的基数＝2 500＋1 300＝3 800（万元）

可以扣除的广告费限额＝3 800×15％＝570（万元）

当年发生的480万元广告费可全额扣除，并可扣除上年结转的广告费65万元，应调减应纳税所得额65万元。

可以扣除的招待费限额＝3 800×5‰＝19（万元）
实际可以扣除的招待费＝（30－20）×60％＝6（万元）
应调增应纳税所得额＝30－6＝24（万元）
可以扣除的福利费限额＝280×14％＝39.2（万元）
应调增应纳税所得额＝（20＋44.7）－39.2＝25.5（万元）
可以扣除的工会经费限额＝280×2％＝5.6（万元）

工会经费可全额扣除。

可以扣除的教育经费限额＝280×2.5％＝7（万元）
应调增应纳税所得额＝9－7＝2（万元）

（6）可扣除的借款利息＝500×2×5％＝50（万元）

应调增应纳税所得额＝105－50＝55（万元）

（7）技术转让所得＝1 200－300＝900（万元）

应调减应纳税所得额＝500＋（900－500）÷2＝500＋200＝700（万元）

（8）可以抵减的应纳所得税额＝500×10％＝50（万元）

可以免税的所得额＝30－13＝17（万元）

应调减应纳税所得额17万元。

（9）会计利润＝2 500＋1 300＋240－600－460－210－240－120－130－105＋282
　　　　　＝2 457（万元）

应纳税所得额＝2 457－40＋60－10－76.5－15－65＋24＋25.5＋2＋55－700－17－100
　　　　　＝1 600（万元）

应纳企业所得税税额＝1 600×25％－50＝350（万元）

第11章

一、单项选择题

1. D　2. A　3. A　4. B

5. D

【解析】

个人通过国家机关向遭受严重自然灾害的地区捐赠，捐赠额不超过应纳税所得额30%的部分，可以从其应纳税所得额中扣除。

$$捐赠扣除限额=[60\,000+52\,000\times(1-20\%)-60\,000]\times30\%=12\,480(元)$$

扣除限额大于实际捐赠支出10 000元，所以准予据实扣除捐赠支出10 000元。

$$张某2019年应纳的\\个人所得税=[60\,000+52\,000\times(1-20\%)-10\,000-60\,000]\times3\%$$
$$=948(元)$$

6. A　7. D　8. D

9. C

【解析】

纳税人接受学历继续教育的支出，在学历教育期间按照每年4 800元（每月400元）定额扣除。

$$王某2019年应纳\\个人所得税=(75\,600-4\,800-60\,000)\times3\%=324(元)$$

10. D　11. D　12. C　13. D　14. D　15. C　16. A

17. B

【解析】

$$捐赠扣除限额=(8\,800-5\,000-900)\times30\%=870(元)$$

实际发生500元，可以全额扣除500元。

18. D

【解析】

$$其2019年1月在中国\\应纳的个人所得税=(15\,000-5\,000)\times10\%-210=790(元)$$

19. A

【解析】

$$贾某2019年2月应纳的\\个人所得税=(10\,000-5\,000-800-1\,000)\times10\%-210=110(元)$$

20. D

二、多项选择题

1. ABD　2. BCD　3. ABC　4. ABCD　5. ABCD　6. ACD　7. ABC　8. ACD　9. ACD　10. BD　11. ABCD　12. ABD　13. AB　14. ABC　15. ABD　16. ABC　17. ACD　18. ABCD　19. ABC　20. ABCD

三、计算题

(1) 应代扣代缴的个人所得税＝(350 000－70 000)×20％＝56 000(元)

(2) 出租临街商铺取得收入应纳的个人所得税＝6 000×(1－20％)×20％＝960(元)

(3) 书法作品拍卖所得应纳的个人所得税＝(350 000－200 000)×20％＝30 000(元)

(4) 甲企业应为张先生预扣预缴的个人所得税＝[30 000×(1－20％)－5 000]×20％－1 410＝2 390(元)

(5) 发票中奖收入应纳的个人所得税＝1 000×20％＝200(元)

四、综合题

【答案】

(1) 个人将购买超过2年的普通住房对外销售的，免征增值税。

个人转让自用达5年以上并且是唯一的家庭住房取得的所得暂免征收个人所得税。

(2) 一次卖出债券应纳的个人所得税＝[(18－15)×1 000－200－150]×20％＝530(元)

(3) 个人取得单张有奖发票奖金所得不超过800元（含800元）的，暂免征收个人所得税。

中奖发票缴纳个人所得税＝1 000×20％＝200(元)

(4) 全年综合所得额＝98 400＋(3 200＋4 500)×(1－20％)×70％＝102 712(元)

全年综合所得应纳的个人所得税＝(102 712－60 000)×10％－2 520＝1 751.2(元)

(5)

1) 来自A国所得抵免限额＝10 000×20％＝2 000(元)

在A国实际缴纳个人所得税500元。

应补缴个人所得税＝2 000－500＝1 500(元)

2) 来自B国所得抵免限额＝60 000÷12×(1－20％)×20％×12＝9 600(元)

在B国缴纳个人所得税18 000元，超过了抵免限额9 600元，超限额部分不允许在应纳税额中抵扣，但可以在以后纳税年度仍来自B国的所得已纳税额低于限额部分中补扣。

第12章　其他税

一、单项选择题

1. B　2. D　3. C　4. C　5. A　6. D　7. D　8. D　9. C

【解析】

$$该加工业务甲企业\atop应纳印花税}=30×0.5‰×10\ 000+40×0.3‰×10\ 000+10×0.5‰×10\ 000$$

$$=320(元)$$

10. A

【解析】

从租计税＝72 000/（3×12）×5×12％＝1 200（元）

从价计税＝4 000 000×（1－30％）×1.2％×6/12＋4 000 000×（1－30％）×1.2％×1/12

$$=19\ 600（元）$$

合计应纳房产税＝19 600＋1 200＝20 800（元）

11. B

12. B

【解析】

插电式混合动力汽车免征车船税，其他混合动力汽车按同类车辆适用税额减半征收车船税，拖船按照发动机功率1千瓦＝0.67吨计算征收车船税，本题折合成净吨位为4.5千瓦＝3.015吨，船舶的车船税减半。

应纳车船税＝3×600×50％＋1.3×30×3＋3.015×3×50％＝1 021.52（元）

13. B 14. B 15. D

二、多项选择题

1. ABC 2. CD 3. ABC 4. BD 5. ABC 6. ABCD 7. ABD 8. ABCD
9. BCD 10. AB 11. ABD 12. BCD 13. CD 14. ABCD 15. ABCD

三、计算题

1.【答案】

（1）建筑承包合同应纳的印花税＝（30 000 000＋5 000 000）×0.3‰＝10 500（元）

（2）与C企业签订一协议，租期不确定，先按照5元贴花。

融资租赁业务应纳的印花税＝2 200 000×0.05‰＝110（元）

业务（2）共计应纳印花税＝110＋5＝115（元）

（3）购销合同应纳的印花税＝702 300×0.3‰＝210.69（元）

税法规定，印花税1角以上的，其税额尾数不满5分的不计，满5分的按1角计算。因此应纳的印花税是210.7元。

（4）人寿保险合同不属于应税凭证。

财产保险合同应纳的印花税＝50 000 000×12‰×1‰＝600（元）

2.【答案】

（1）材料棚交还或按估价转让给基建单位的，应从基建单位接受的次月起照章纳税；纳税人委托施工企业建设的房屋，从办理验收手续之次月起缴纳房产税。

应纳房产税＝1 200×(1－30％)×1.2％×10/12＝8.4(万元)

(2) 该企业以房产投资，收取固定收入，不承担联营风险，视同出租。

应纳房产税＝200×(1－30％)×1.2％×4/12＋16×12％＝2.48(万元)

(3) 办公楼应纳房产税＝450×(1－30％)×1.2％×5/12＋(450＋120＋75)×(1－30％)

$$×1.2％×7/12$$

$$＝4.74(万元)$$

(4) 甲公司闲置房1—6月份应纳房产税＝150×(1－30％)×1.2％×6/12

$$＝0.63(万元)$$

四、综合题

1. D

【解析】

财产租赁合同的计税依据为租金金额，即租金收入总额；对于签订时无法确定计税依据的合同，可在签订时先按5元贴花。

龙泉公司应纳印花税＝10×10×12×10 000×1‰＋5＝12 005(元)

2. C

【解析】

纳税人对原有房屋进行改建、扩建的，要相应增加房屋的原值。厂房的排水设备不管会计核算中是否单独记账与核算，都应计入房产原值，计征房产税。

应纳房产税＝200×(1－20％)×1.2％÷12×8×10 000＋(200＋45＋15)

$$×(1－20％)×1.2％÷12×4×10 000$$

$$＝21 120(元)$$

3. B

【解析】

新征用的耕地，自批准之日起满1年开始缴纳城镇土地使用税。

龙泉公司应纳土地使用税＝10 000×60％×4＝24 000(元)

乙企业应纳土地使用税＝10 000×40％×4＝16 000(元)

4. D

【解析】

房屋产权相互交换，双方交换价值相等的，免征契税；交换价值不等的，由多交付货币、实物、无形资产或者其他经济利益的一方按房屋的价格差额缴纳契税。

龙泉公司应纳契税＝300×3％＝9(万元)

教师教学服务说明

中国人民大学出版社财会出版分社以出版经典、高品质的会计、财务管理、审计等领域各层次教材为宗旨。

为了更好地为一线教师服务，近年来财会出版分社着力建设了一批数字化、立体化的网络教学资源。教师可以通过以下方式获得免费下载教学资源的权限：

在中国人民大学出版社网站 www.crup.com.cn 进行注册，注册后进入"会员中心"，在左侧点击"我的教师认证"，填写相关信息，提交后等待审核。我们将在一个工作日内为您开通相关资源的下载权限。

如您急需教学资源或需要其他帮助，请在工作时间与我们联络：

中国人民大学出版社　财会出版分社

联系电话：010-62515987，62515735

电子邮箱：ckcbfs@crup.com.cn

通讯地址：北京市海淀区中关村大街甲 59 号文化大厦 1501 室（100872）